本书受国家社会科学基金重大项目“东西方心灵哲学及其比较研究”（编号12＆ZD120）资助

心灵哲学丛书

高新民　主编

心理与物理

心灵哲学中的物理主义探究

刘明海　著

科学出版社
北京

图书在版编目(CIP)数据

心理与物理：心灵哲学中的物理主义探究/刘明海著．—北京：科学出版社，2014.7

（心灵哲学丛书）

ISBN 978-7-03-045016-6

Ⅰ.①心… Ⅱ.①刘… Ⅲ.①心灵学—研究 Ⅳ.①B846

中国版本图书馆 CIP 数据核字（2015）第 130803 号

责任编辑：邹 聪 王酋艳/责任校对：李 影
责任印制：赵 博/封面设计：黄华斌 陈 敬

科学出版社 出版
北京东黄城根北街 16 号
邮政编码：100717
http://www.sciencep.com

北京科印技术咨询服务有限公司数码印刷分部印刷
科学出版社发行 各地新华书店经销

*

2015 年 7 月第 一 版 开本：720×1000 1/16
2026 年 1 月第六次印刷 印张：21 1/2
字数：431 000

定价：188.00 元

（如有印装质量问题，我社负责调换）

总　序

心灵可能是世界上人们最为熟悉，也最为神秘的现象了，正所谓“适言其有，不见色质；适言其无，复起思想，不可以有无思度故，故名心为妙”①。在一般人看来，“心”无疑是存在的，然而却不曾有哪个人看到或碰到过它，但若据此就说它不存在，似乎又说不通，因为心不只存在，而且还可将自身放大至无限，正如钱穆先生所说：心“并不封蔽在各个小我之内，而实存于人与人之间”，它能“感受异地数百千里外，异时数百千年外他人之心以为心”。②

人类心灵观念的源头可追溯到原始思维。尽管其形成掺杂有杜撰的成分，其本体论承诺也疑惑重重，但它所承诺的心灵却在后来的哲学和科学中享有十分独特的地位。例如，迄今为止，它仍是哲学中的一个具有基础性地位的研究对象。正是由于存在心

① 天台智者：《法华玄义》卷第一上，《大正藏》第33卷，第685页。
② 钱穆：《灵魂与心》，桂林：广西师范大学出版社，2004年，第18、90页。

灵，才有了贯穿哲学史始终的“哲学基本问题”。当然它也历经坎坷，始终遭受着两方面的待遇：一方面是建构、遮蔽，另一方面是解构、解蔽。

心灵问题常被称为“世界的纽结”、“人自身的宇宙之谜”，是一个千古之谜、世界性的难题。它像一个强大的磁场，吸引着一代又一代睿智之士，为之殚精竭虑、倾注心血，而这反过来又给这个千古之谜不断地穿上新的衣衫，使之青春永驻、历久弥新。当然，不同的文化背景和致思取向在心灵的认识方面也会判然有别。例如，西方哲学在科学精神的影响下，更关注心灵的本质、结构、运作机制等“体”的问题，而东方智慧由于更关注人伦道德问题，因而更重视寻觅心灵对“修、齐、治、平”的无穷妙用。但不管是哪一种取向，在破解心灵之谜的征程上仍然任重道远，甚至可以说我们目前对心灵的认识尚处于“前科学”的水平。其原因是多方面的，但其中一个重要原因是我们的认识和方法犯了某种根本性的错误（如吉尔伯特·赖尔所说的“范畴错误”），未能真正超越二元论，因而对心灵的构想、对心理语言的理解是完全错误的。这样一来，当务之急就是要重构心灵的地形学、地貌学、结构论、运动学和动力学。

应该承认，常识和传统哲学确有“本体论暴胀”的偏颇，但若矫枉过正而倒向取消主义则无疑于饮鸩止渴。从特定意义上说，心灵既是“体”或“宗”，又是“用”，它不仅存在，还有无穷的妙用。说心是“体”，是因为人们所认识到的世界的相状、色彩等属性，以及世界呈现给人们的各种意义都离不开心，因而心是一切“现象”的本体和基质，是一切价值的载体，也是获得这些价值的价值主体。说心是“用”，是因为人的生活质量好坏、幸福指数高低、能否成为有德之人，在很大程度上取决于心之所使，正如天台智者所言：“三界无别法，唯是一心作，心能地狱，心能天堂，心能凡夫，心能圣贤。”[①] 由此看来，心不仅有哲学本体论和科学心理学意义上的“体”、本质和奥秘，也有人生价值论意义上的“体”和“用”。由于有这样的认识，中国自先秦以降很早就形成了一种独特的“心灵哲学”：从内心来挖掘做人的奥秘，揭示“成圣为凡”的内在根据、原理、机制和条件。从内在的方面来说，这是名副其实的心学，可称为“价值性心灵哲学”，而从外在的表现来看，它又是典型的做人的学问——“圣学”。

① 天台智者：《法华玄义》卷第一上，《大正藏》第33卷，第685页。

在反思中国心灵哲学的历史进程时，我们同样会遇到类似于科学史上的“李约瑟难题”：17世纪以前，中国心灵哲学和中国科学技术一样，远远超过同期的欧洲，长期保持着领先地位，或者说至少有自己的局部优势，但此后，中国与欧洲之间的差距与日俱增。李约瑟也承认，东西方人的智力没多大差别，但为什么伽利略、牛顿这样的伟大人物来自欧洲，而不是来自中国或印度？为什么近代科学和科学革命只产生在欧洲？为什么如今原创性的心灵哲学理论基本上都与西方人的名字连在一起？带着这样一些疑惑、觉醒意识和探索冲动，一些中国青年学者踏上了探索西方心灵哲学、构建当代中国心灵哲学的征程。本丛书是其中的一部分成果。它们或许还不够成熟，但毕竟是从中国哲学田园的沃土里生长出来的。只要辛勤耕耘、用心呵护，中国心灵哲学的壮丽复兴、满园春色一定为期不远。

高新民　刘占峰

2012年8月8日

前　言

黑格尔说：认识自己的心灵，这是多么费力的一件事。在人的一生中，上至达官显贵，下至贩夫走卒，甚或受过科学训练的专家学者，都会或早或晚地遇到一个颇为头痛的问题：心为何物？或者说我们的精神、意识、情感究竟是什么东西，为何它使得我们有时喜极而泣有时悲痛欲绝？进一步的问题是：心如果存在，它以什么形式存在于我们这个世界？它与我们的世界包括我们的身体是什么关系？我们能否知道他人的心？等等。这些问题就是哲学史上著名的“心物问题”（又称为“心身问题”）。

中国哲学认为，“致知在格物”，格物便是穷理，即物穷理，穷理便是穷究事事物物中的理，从而体认本体之理。天下万物都体现着理，有一事物便有一理。当我们研究心是什么的时候，就是穷究心之理，即心理；当我们研究物是什么的时候，就是穷究物之理，即物理。那么，心理与物理之间是什么关系呢？中国理学家反对从物理之中寻找二者同一的根据，王阳明著名的“格竹”便是证明，他尝试从人类的心理或心性之中寻找答案，“然学之道，必先明诸心”（程颢语），“本以心穷理，而顺理以应物”（朱熹语）。西方哲学家虽然赞同事物存在着一个理，即物自体或本质，然而认为心理与物理的关系要比人们想象的复杂得多，从而把其提升为哲学的基本问题，并给出了详细而多样的答案。

著名的法国哲学家、二元论代表人物笛卡儿认为，心理与物理是两种不同实体，心理能够思维而没有广延，物理具有广延而不能思维，因而分处两个不同的王国。这种思想被称为二元论，它不但在传统哲学家那里拥有较多的拥趸，而且深植于受到科学知识训练的专家学者和没有受到系统科学知识训练的普通民众的心底之中，以至于我们总是把心理王国从这个日常世界中独立出来。虽然，当代秉持二元论的哲学家不再坚持笛卡儿强硬的二元论形式，但是他们从独有的心理特征，如意向性、感受性这些“新大陆”出发，采用新颖的论证形式，如模态论证、知识论证、蝙蝠论证等，发展出了属性二元论。所有二元论均表明我们存在着一个心理的世界，心理是不同于物理的；取消心理的地位，我们的人类文化世界将会轰然倒塌。基于此，二元论假定心理实在的真实性而为普通民众、专家学者所赞同，并且可以用来解释我们人类的各种行为活动。

一贯精细和认真的某些哲学家发现，虽然二元论可以解释许多问题，但是面临致命性的缺陷：如果心理与物理是不同的，那么它存在于我们日常世界的何处？即便它存在于我们世界之中，两个不同质的实在之间如何作用？（笛卡儿的“松果腺”解释已经过时，并且科学证明也并不存在连接心理与物理的实体）如果它们存在因果关联，它们是遵循物理因果法则还是另外一种不同的因果法则呢？或者说心理可以同物理原因一样的地位而作用于物理世界？等等。唯物主义哲学家认为，如果二元论不能令人信服地回答这些问题，就应当坚持奥卡姆剃刀原则——“如无必要，勿增实体”，即心理与物理之间并没有必然分裂的鸿沟。

消除心理与物理界限的唯物主义传统可以追溯到古希腊的米利都学派和中国春秋时代的五行说。米利都学派的代表性人物泰勒斯说“万物有灵”，整个宇宙都是有生命的，因此心理应当是物理的部分。这种思想被后来的原子论所继承。德谟克利特提出了“灵魂原子”的说法，灵魂或心理只不过是大量精细的原子构成，受到自然法则的控制，灵魂原子离肉体而去，四处飞散，人的灵魂也随之消散。中国的五行说认为心在五行属火，位于心脏，主血脉，藏神志，也就是说，心分血肉之心和神明之心，前者形如未开莲花，居肺下肝上，后者主宰神志，精神之舍也。中国的传统唯物主义在对待心理与物理关系上，不像西方传统唯物主义把心理完全等同于物理，而具有现代唯物主义的功能主义之实质。它认为心理不同于物理，虽然心为阳脏而主阳气，但是脏器并不是心理，“心者，五脏六腑之大主也”；心理是神志，神分成五个方面，并分属于五脏，即“心藏神，肺藏魄，肝藏魂，脾藏意，肾藏志”（《素问·宣明五气论》）。人的精神意识思维活动，虽五脏各有所属，它们共同构成人的思维意识活动，是五脏的功能表现。因此，形具而神生，形者神之体，神者形之用，形存则神存，形谢则神灭。

然而，中国的传统唯物主义缺乏应有的自然科学作为支撑，同时缺乏对于心理与物理的形而上的梳理，自然难敌二元论的狂轰滥炸。西方传统唯物主义虽然消解了实体二元论留下的难题，但是它追求绝对的还原主义并走向了极端，因而无法回答当代二元论所提出的心理的独有属性本质问题。第一种属性是心理的感受性。心理的感受性是指心理现象所呈现出的现象特征，它具有主观性、私人性、第一人称性，而与人的身体感觉、情绪体验有关，像诗词中所描述的“人比黄花瘦”的凄凉感、“大漠孤烟直”的悲壮感。著名的蝙蝠论证提出者、美国哲学家托马斯·内格尔（Thomas Nagel）认为，按照唯物主义的说法，心理就是物理的，我们只需要掌握物理的知识就可以获得心理的知识，然而即使我们知道蝙蝠的所有生理构造，也知道蝙蝠发出超声波由声呐或回声来感知物理的距离、大小和形状，甚至可以模拟出蝙蝠接收到超声波而出现的神经冲动，但是人类仍无法知道蝙蝠脑中那种神经冲动是什么感觉，或者说我们无法知道身为一只蝙蝠的感觉是怎样的，由此我们可以得出这样的结论：唯物主义一定遗漏了什么东西，起码心理感受是无法还原为物理知识的。

第二种属性是心理的意向性。意向性是指人们心理意识活动、过程状态总是关于或指向某种内容的特性。例如，著名心理学家布伦塔诺认为：“每种心理现象都包含把自身之内的某东西作为对象，尽管方式各不相同。在表象中，有某种东西被表象了；在判断中，有某种东西被肯定或被否定了；……在愿望中，有某种东西被期望；等等。意向这种内在存在性是心理现象独有的特征。任何物理现象都没有表现出类似的特征。因此，我们可以这样给心理现象下定义，即心理现象是那种在自身中以意向的方式涉及对象的现象。”[①] 对于这种意向性特征，当代美国哲学家约翰·塞尔（John Searle）曾经提出了一个反对唯物主义之功能主义的中文屋论证。塞尔说，如果按照功能主义的思想，心理与物理类似于机器的软件与硬件，那么机器也是可以思维的，即通过了图灵测试。他设计了这样的一个思维实验：假定一个不懂中文的美国人，被锁在一个有两个窗口和一部说明书的屋子中；从一个窗口递入用中文写着的问题的纸条，屋里人根据说明书将这些纸条与写有中文符号的答案从另一个窗口递出。塞尔相信，这个不懂中文的人就像一个计算机，只会按照程序来加工所接受的东西，因此可以通过图灵测试，但是他仍然不懂这个问题，不知道这个问题的意义或内容是什么。塞尔表明，唯物主义，起码功能主义不能解决心理的意向性问题。

正是这些心理属性的难题催生了当代唯物主义的兴起。当代唯物主义一改过去传统唯物主义在解决心理与物理关系时的粗糙的说明与武断的结论，而倾向于精细论证和细致分析。因此，当代西方学者为了区别于传统的唯物主义，而把当代唯物主义称为物理主义。这种物理主义在心灵哲学领域中最为典型。“从心灵哲学来看，20 世纪已经是物理主义的世纪”[②] “任何时代都有它的世界观，在当代哲学中，‘物理主义’发挥着重要的作用”[③]。这些说法虽然有些夸张，但是在过去约 60 年里，物理主义或物理论（physicalism）确实成为出现频率较多、争鸣较为激烈的哲学流派。在一本由美国学者孔斯（Robert C. Koons）和比尔（Geroge Bealer）编撰的《唯物主义的衰落》的引言中，他们共列举了罗素（Bertrand Russell）以来至今天活跃在哲学舞台上或坚持物理主义或反对物理主义的哲学家，约 50 名。[④] 这还不包括已故哲学家，如戴维森（D. Davidson）、大卫·刘易斯（D. Lewis）等。

为什么物理主义在当代西方哲学中会大行其道呢？当然，物理主义兴起的原因十分复杂（这在后面章节会有详述），但是我们还是先从现代西方哲学危机

① 高新民：《心灵与身体——心灵哲学中的新二元论探微》，北京：商务印书馆，2012 年，第 308 页。

② Walter S，Heckmann H-D. Physicalism and Mental Causation：The Metaphysics of Mind and Action，Charlottesville：Imprint Academic，2003.

③ Loewer B，Gillett C. Physicalism and Its Discontents，Cambridge：Cambridge University Press，2001，p. ix.

④ Koons R C，Bealer G. The Waning of Materialism，Oxford：Oxford University Press，2010，p. ix.

开始谈起。现代自然科学的发展使西方不少科学家和哲学家认为，终极实在的问题不是一个形而上学的问题，而应当是一个科学的问题。黑格尔所提供的完美的、无所不包的体系纯粹是一种无意义的陈述。以维也纳学派为代表的逻辑经验和实证主义认为，哲学对世界的形而上学的解释完全可以科学的解释来取代。一般认为，物理主义起源于20世纪30年代的奥图·纽拉特（Otto Neurath）和卡尔纳普（Rudolf Carnap）。他们是第二次世界大战时期德国著名的维也纳学派的重要成员。这个由一群物理学家、数学家、哲学家组成的沙龙性质的学术团体共同向世界宣称，反对形而上学，捍卫科学的世界观，即“通过把逻辑分析方法应用于经验材料而达到的统一的科学。科学中每一个陈述的意义必须通过还原到有关给予的陈述来说明”①。对于纽拉特和卡尔纳普来说，他们相信物理学的语言是科学的普遍语言，能够“满足这个特定种类概念系统的条件，因此，人们把这种理论称为‘物理主义’”②。

如果说纽拉特和卡尔纳普最初提出的物理主义这个概念还只是一种科学纲领（因此有些学者称物理主义只是一经验的命题），当代物理主义不再被认为只是一种认识论主张，因为它触及了哲学的基本问题，即心理与物理的关系。理查德·罗蒂（Richard Rorty）说，即使是认识论也是根据对知识与心灵的性质的理解来进行的，心灵过程是成为知识可能的基础。美国哲学家蒯因（W. V. O. Quine）认为，认识论就是生物学自身的运用；物理学家欧内斯特·卢瑟福（Ernest Rutherford）形象地把人类认识称为“除了物理学，其余皆是集邮”。然而，当代自然科学有多种，有物理、化学、生物学等，甚至物理学也有宏观物理学、微观物理学，哪一个自然科学可以作为我们对世界的真实描述？如果我们把物理学作为最基础的科学，那么物理学描述的世界就是我们的真实世界吗？其他自然科学与物理学之间是什么关系，它们是否同一于或被物理学所取代呢？接下来，又有更深层次问题出现：物理学为什么具有基础性地位？物理学为什么具有解释上的优先性？这都是科学主义需要回答的问题，也被称为“多学科问题”。多学科问题已经涉及科学主义所当初最不愿碰到的形而上学的问题：物理学所描述的实在为何具有第一性？如果我们相信物理实在具有第

① 纽拉特：《科学的世界观：维也纳小组》，《哲学译丛》第1期，1994年，第40页。
② 克拉夫特：《维也纳学派》，李步楼、陈维杭译，北京：商务印书馆，1998年，第142页。

一性，那这就是一种形而上的命题，即物理主义。当代物理主义对于心理与物理的关系探讨已经转变成心与身、心与大脑的关系探讨。无论如何，美国学者波义德（Richard Boyd）[①] 认为，物理主义是“深化我们对自身及我们所居住的世界的理解的纲领，它根源于古代，并历经千年而牢牢不倒（期间虽有时代变迁，但并没有根本变化），直到今天，对于许多人来说，它仍然似乎是唯一值得探究的形而上学纲领”[②]。

进入19世纪50年代以后，物理主义开始打出鲜明的旗帜。起初是一群澳大利亚哲学家在心身问题上提出的，如斯马特（J. J. C. Smart）、阿姆斯特朗（S. Armstrong）等。他们高举“同一论”大旗，其新颖而大胆的主张令英美哲学界的学者或学生激动不已。然而，这个时期注定是沉寂多年的唯物主义开始复苏的时代，各种物理主义在自然科学促进下，于心灵哲学这个年轻的学科领域雨后春笋般地呈现出来。当代西方物理主义者分别根据现有的材料、证据及论证不断推出各种物理主义或反物理主义观点，其视角独特而新颖，论证大胆而巧妙，类型多样而更为细化，而且有时较有影响的理论出现前后相距仅10年。可以说，当代物理主义进入到了一个急剧变化的发展时期。功能主义、取消物理主义、随附物理主义、构成物理主义、实现物理主义等令人眼花缭乱，目不暇给（有学者把当代出现的物理主义类型归纳成如图0-1所示）。物理主义发展的蓬勃势头，表明西方唯物主义已经进入到一个新时代。

然而，我们也应当看到，作为唯物主义的当代发展，物理主义有着年轻的历史。截至目前，各种哲学文献和著述“仍没有清晰而详尽地说明物理主义之所以重要的原因，因此许多批评者从不同层面批评物理主义就没有太多的意义。……进一步讲，在关于物理主义应当如何表达上很少有一致的看法，也没有集中地讨论什么可以作为较好或较差的物理主义原则表述”[②]。也就是说，无论是支持者还是反对者尚缺乏清晰而明确的对物理主义的表述，以至于引起许多不必要的误解与争论。尽管奥本海默（Paul Oppenheim）和普特南（Hilary Putnam）于1958年详细地阐释了微观物理主义这个还原论表述，但并没有引起

① Boyed R. Materialism without reductionism：what physicalism does not entail//Block N. Reading in Philosophy of Psychology，Cambridge：Harvard University Press，1980，p. 86.

② Poland J. Physicalism：The Philosophical Foundations，Oxford：Clarendon Press，1994，p. 1.

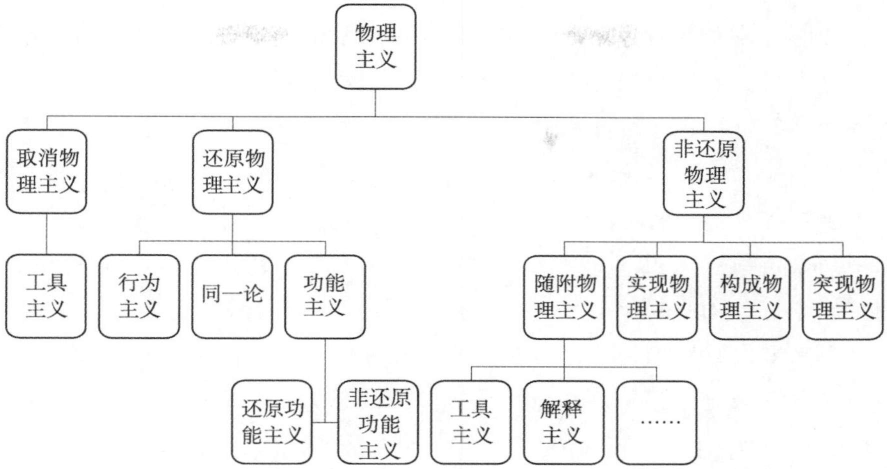

图 0-1　物理主义的类型

当时西方哲学界足够的重视。[①] 只有后来的哲学家戴维森提出了非还原物理主义的一种形式——异常一元论才引起了哲学家的广泛关注和讨论。英国著名哲学家艾耶尔（Alfred Jules Ayer）在 20 世纪 80 年代所著的《二十世纪哲学》中单独列出“物理主义”一章，介绍了以“澳大利亚异端”为代表的同一论以及戴维森的异常一元论。[②] 1990 年在德国比勒费尔德（Bielefeld）交叉学科研究中心举办了“突现、随附和非还原物理主义”的国际学术研讨会。会后出版了《突现抑或还原：论非还原物理主义前景》一书[③]，包含了非还原物理主义各种类型的讨论。总之，此时物理主义的研究还处在混乱和不尽如人意的状态，因此对于物理主义细致的探讨和适当的评价，特别对研究物理主义产生的动机、表述形式及基本原则的深入研究成为西方学者的重要任务。

从 20 世纪 90 年代开始，不少哲学家如波义德、菲尔德（H. Field）、福多（J. Fodor）、弗里德曼（M. Friedman）、赫尔曼（C. Hellman）、汤普森

① Paul O，Hilary P. The disunity of science as a working hypothesis，Minnesota Studies in the Philosophy of Science，1958，2：pp. 3－36.

② 艾耶尔：《二十世纪哲学》，李步楼译，上海：上海译文出版社，2005 年。

③ Beckermann A，Flor H，Kim J. Emergence or Reduction? Essays on the Prospects of Nonreductive Physicalism，Berlin and New York：De Gruyter，1992.

(D. Thompson）等围绕某些问题深入探讨和研究物理主义。例如，物理主义的决定论和随附性之间的关系，物理主义的最低限度表述，物理的基础，物理主义的主要内容，以及物理主义的意义等。从目前来看，西方学者对物理主义研究由原来个别的、零星的散见进入到一个系统性的研究时代。按照美国哲学家霍根（Terence Edward Horgan）的说法，现代的唯物主义进入到理论化的时期。各种对物理主义的研究论文、专著纷纷出现，如波兰德的《物理主义：哲学基础》①、赫托（D. Hutto）的《超越物理主义》②、沃尔特（S. Walten）和赫克曼（H. Heckmann）的《物理主义和因果性》③、金在权（J. kim）的《物理主义或者近乎完美的物理主义》④、休梅克（Sydney Shoemaker）的《实现物理主义》⑤、斯图尔加（D. Stoljar）的《物理主义》⑥，以及以唯物主义面目讨论物理主义的著作，如孔斯和比尔的《唯物主义的衰落》⑦ 等。

事实证明，物理主义在西方哲学界乃至思想界已经成为重要的思想流派。⑧李幼蒸在翻译 R. 罗蒂的《哲学和自然之镜》中提出，非还原物理主义已经成为西方哲学的重要思想类型，它反映了美国实用主义与分析哲学发展的最新趋势。⑨ 这一发展趋势随着罗蒂踏上中国的土地，并在中国社会科学院做了“非还原物理主义”的演讲而为中国学者所关注。虽然此前，也有中国学者介绍了西

---

① Poland J. Physicalism：The Philosophical Foundations，Oxford：Clarendon Press，1994.

② Hutto D. Beyond Physicalism，Amsterdam/Philadelphia：John Benjamins Publishing Company，2000.

③ Walter S，Heckmann H-D. Physicalism and Mental Causation：The Metaphysics of Mind and Action，Charlottesville：Imprint Academic，2003.

④ Kim J. Physicalism，or Something near Enough，Princeton：Princeton University Press，2005.

⑤ Shoemaker S. Physical Realization，Oxford：Oxford University Press，2007.

⑥ Stoljar D. Physicalism，London and New York：Routledge，Taylor & Francis Group，2010.

⑦ Koons R C，Bealer G. The Waning of Materialism，Oxford：Oxford University Press，2010.

⑧ 如叶峰在《我为什么相信自然主义及物理主义》（《哲学评论》第 10 辑，武汉大学出版社，2012 年）中说，2009 年曾有一个针对哲学系教授与学生的哲学观点调查，调查了以英语国家为主的 99 个哲学系的3000多名教师、研究生、本科生等（教师及已有博士学位者占 55%以上）。其中对“心灵：物理主义或非物理主义（Mind：physicalism or non-physicalism）”这个问题，大约 54%的被调查者选择了物理主义，而只有大约 29%的被调查者选择了非物理主义，剩下的选择了“问题有歧义”“不熟悉这个问题”“某种中间的观点”等其他选项。笔者对于这个调查出处真伪不置可否，但由于心灵哲学中的唯物主义占据主导地位，可能对于熟悉这个领域发展的教师或学生也许会赞同，也可能说明唯物主义对当代西方哲学的影响。

⑨ 罗蒂：《哲学和自然之镜》，李幼蒸译，北京：生活·读书·新知三联书店，1987 年，第 441 页。

方逻辑经验主义的物理主义，如舒炜光在1983年《吉林大学社会科学学报》第1期就发表了《物理主义》一文，但是他主要关注到卡尔纳普、纽拉特的物理主义，而这种物理主义主要关注于语言问题，并没有真正触及后面的本体论问题，甚至没有提到同一论。罗蒂对戴维森非还原物理主义的介绍与评述让中国学者耳目一新，甚至要比本格20世纪80年代所提到的科学唯物主义或者突现唯物主义引入到中国产生的震动还强烈。然而，真正让中国学者关注西方物理主义的还是华中师范大学的高新民教授。他在研究西方心灵哲学过程中发现，物理主义竟然是西方心灵哲学中的主流。在《现代西方心灵哲学》[①] 这本被评为“金岳霖学术奖”的书中，他浓墨重彩地介绍了行为主义、同一论、功能主义、取消唯物主义等西方物理主义的主要形式，并呼吁中国学者要关注这一学术动向。此外，他还在一些期刊上发表了重视取消唯物主义、同一论的论文。随着具有海外经历的中国学者的回归，他们也开始把西方物理主义的发展最新现状介绍到中国来。中国社会科学院的唐热风在1997年的《哲学动态》中详细介绍了物理主义的两种形式，即随附[②]物理主义和构成物理主义。她说，“这两种形式的物理主义已经成为物理主义的主导潮流”，但是它们又存在着根本的困境，“所以现在或许是我们对物理主义本身作彻底反思的时候了”。[③] 2001年，唐热风出版了《心·身·世界》[④] 一书，书中系统介绍了各种物理主义。无独有偶，田平这个直接受到图兰大学哲学教授、西方心灵哲学家博格丹（Radu J. Bogdan）指导的海归学者，也于2000年出版了《自然化的心灵》一书介绍物理主义。进入21世纪，随着心灵哲学在中国的逐渐升温，物理主义成为中国学者关注的重要对象，他们或者从丰富和发展马克思唯物主义的角度出发，或者从分析哲学的角度研究物理主义在西方哲学如此兴盛的“奇特”现象，主动地跟踪物理主义的研究前沿，如物理主义的新类型、新论证，以及物理主义与自然主义、二元

---

① 高新民：《现代西方心灵哲学》，武汉：武汉大学出版社，1994年。

② 即“supervenience”。国内翻译存在争议，后面有详述。笔者这里采用华中师范大学高新民教授的“随附”。

③ 唐热风：《物理主义的新形式——伴随物理主义和构成物理主义》，《哲学动态》第8期，1997年，第30－33页。

④ 唐热风：《心·身·世界》，北京：首都师范大学出版社，2001年。

论的关系。在2012年，国内还召开了“从唯物主义到物理主义”学术讨论会①。

物理主义在当代西方哲学如火如荼地发展，与此相伴而生出激烈的争论。有些争论确实促进了物理主义本身的发展，而有些争论却是表面上的、无谓的争论。造成无谓的争论的主要原因在于，物理主义飞速发展使得不少学者之间没有形成可以通约的范式，相互争论却无的放矢，各自坚持自己的观点或假设而不顾其他。为了对物理主义有清晰的认识，我们必须找出物理主义或反物理主义的基本预设或假设。因为“尽管基本假设经常难以清晰地理解，但是这些假设对精妙构造的哲学争论、问题和方案有着相当的影响力。然而，幸运的是，哲学家近来开始对物理主义持续考察，不管是正面的，还是反面的。物理主义如何确切地表达，它的意义是什么，它是否证明为正当的，以及其他一系列问题都成为近来讨论的主题”。② 随着物理主义发展及研究的深入，学界形成了以下重要的研究领域。

第一，物理主义的表述问题。讨论物理主义，首先必须明确什么是物理主义。一般而言，物理主义就是指所有存在的现象都是物理的。但是这样的陈述是含混不清的，如同哲学家经常批评归纳主义者说“所有的天鹅都是白色的”一样有着致命的缺陷。哲学家可以对“所有存在的现象都是物理的”提出：①什么是物理的，即著名的“亨佩尔难题”；即使给出了物理的说法，然而②“所有现象都是物理的”这句陈述中“是”如何理解，它是“同一”“随附”“突现”“实现”或“构成”吗？③这句陈述是必然的还是偶然的？如果是必然的，它是先验的还是后验的？斯图尔加把物理主义表述分成解释问题与真值问题。解释问题是指我们在什么意义上说所有现象都是物理的，它又分成完备性问题和条件问题。完备性问题是指物理主义的适用范围问题，条件问题是指事件满足什么条件才是物理的。真值问题是指物理主义如何成为一个形而上学命题的问题。

第二，物理主义的核心思想。如果说物理主义表述是物理主义研究的重要问题，但是当我们追问判断物理主义表述的标准是什么，物理主义的基本内容就成为更重要的一个问题。作为一种世界观，物理主义有着自己的基本内容，

① 2012年由《自然辩证法通讯》与东华大学合办的学术会议，会议论文部分刊登在《自然辩证法通讯》第6期。

② Loewer B，Gillett C. Physicalism and its Discontents，Cambridge：Cambridge University Press，2001，p. ix.

以区别于传统唯物主义、自然主义等哲学理论。物理主义的核心内容，一般认为包括两个部分：本体论上，所有现象都是或依赖于物理现象的，客观存在的只有物理现象；认识论上，物理解释具有优先性。然而，也有不少物理主义者并不完全赞同这种归纳，如认为所有现象虽然都依赖于物理现象，但物理现象并不具有解释优先性。

第三，物理主义论证问题。缺乏论证的主张是无法立足的。传统唯物主义因为没有鲜明的论证或者说在论证上不如二元论或唯心主义而备受指责。虽然物理主义产生于20世纪是与自然科学取得的巨大进展特别是物理学的成果分不开的，这为物理主义提供了经验支持，但是真正促使物理主义发展的却是鲜明的论证出现。在各种反物理主义论证攻击下，金在权等发展出“物理因果完备性”和“物理解释排他性”来论证物理主义。当然，物理因果闭合论证不但引起反物理主义的反驳，同时在物理主义内部也存在着争论。

第四，物理主义类型问题。关于物理主义的类型有不同的分法，如有还原、随附与取消物理主义之分，也有还原与非还原物理主义之分，更具体的则有同一论、功能主义、取消唯物主义。即使同一论，也有类型同一论和个例同一论之别。这也是当前物理主义争论最多的领域，直接影响到对物理主义的评论。例如，有学者认为，根据物理主义的核心内容或精神实质，物理主义只有一种类型，即同一论，但反物理主义继续就物理主义的整体困难提出了千奇百怪的论证，如僵尸论证、蝙蝠论证、颠倒光谱论证、感受性空缺论证、非具身论证、知识论证等，物理主义为此对“非还原性”充分解释，提出了随附物理主义、构成物理主义、实现物理主义，甚至提出了一种极端的形式——取消物理主义。随附物理主义、构成物理主义、实现物理主义等包含着“性质二元论”的物理主义。性质二元论的困难造成了“现象概念策略”运动，即转向概念二元论的物理主义。

第五，“概念革命”与后分析物理主义。当代物理主义者已经开始认识我们依靠内省的心理概念与依靠观察的物理概念之间存在着巨大的鸿沟，这主要源于我们的心理概念本质上是模糊的，先验上存在着某种“原型”结构。尽管取消物理主义开始了概念革命的尝试，但只到近来才引起了足够的重视，由此物理主义进入到“后分析时代”。目前有三种倾向：其一，心理属性和事件随附于物理属性和事件，但这种随附性是一种整体性，或者规范性，甚至是非具身性；

其二，心理属性或事件有因果或解释相关性，人身是一个因果完备物理系统；其三，层次间随附性原则上是可以解释的，但不是根本的和自成一体的。后分析物理主义也被称为“现象概念策略”，即心理概念不同于物理概念，但共同指向功能或物理属性。我们认为物理主义的重大突破就是要坚持这场“概念革命”，也是辩证唯物主义需要关注的地方。

第六，心理因果性与物理主义的“复归”。心理因果性是物理主义遇到的另一片充满危险的沼泽地。为了不至于陷入到二元论或者副现象论，当代物理主义或者坚持物理因果闭合性原则，把心理因果性还原到物理因果性，并提出“条件物理还原论”，如心理神经还原论、心理神经同一论、功能还原物理主义(Kim，Lewis)；或者把心理因果性归于物理属性的突现，如弱突现唯物主义(Bedau)、二元论突现唯物主义。这在一定程度是对最初物理主义形式的回归，但并不是完全的复兴，而是在原有基础上推进和调整。

第七，物理主义的价值审视与存在的问题。物理主义本身具有鲜明的特点：本体上的节俭性，即一元论世界图景；解释上的简单性，即相信物理解释是唯一的科学解释。因而对心灵、意义、价值等问题给出启示性的思路，同时也对自然科学、社会和个体的解释具有实践意义。但是，这也给物理主义带来了问题：世界只是一个物理描述的世界吗？物理解释是唯一的科学解释吗？生物现象、社会现象等高阶现象并不是真正存在吗？我们个体有没有自由意志？这些都是物理主义需要回答的问题。

第八，物理主义与实在论、自然主义、二元论等当代哲学流派的对比研究，与传统唯物主义、辩证唯物主义的对比研究。一方面，我们按照传统的划分，从本体论、认识论和方法论上进行比较；另一方面，对某些方面如产生的背景、物质的定义、心理或物理概念、具体论证等方面进行比较。通过寻找相同与差异，最终目标是探讨唯物主义的精神实质，为丰富与发展辩证唯物主义寻找思路。

在本书中，笔者试图借用科学哲学家拉卡托斯的方法，然而不是把物理主义作为一个科学纲领，而是把物理主义作为一种形而上的命题，采用正反面启示法，剖析辅助性假设构成的保护带，以寻找物理主义的硬核：从正面的物理主义论证和反面的反物理主义论证出发，分析物理主义者所坚持的主要原则及其所捍卫的领地，揭示物理主义的核心命题。笔者在研究过程中，不只局限于一个哲学家的描述，而是根据不同时期或不同代表人物，寻找一个为大多数人所承认的物理主义描述。对于哲学家存在着争论的描述，笔者不是以某一个人的观点作为权威，而是兼顾各方观点，综合比较，从而最终确定物理主义核心。除了采用上面拉卡托斯的方法，笔者还引入了“加法”和“减法”策略。减法策略是针对物理主义的争论而减去有争议的内容，进而凸显物理主义的基本内容和观点，即硬核部分，形成物理主义基本命题。同时，为了证明物理主义硬核的正确性，笔者从最基本的内容开始，不断地添加内容，以形成物理主义的公认的看法。例如，对于各种物理主义，逐步减去客观主义、认识物理主义、解释简单性等理论，最终发现物理主义的核心是物理一元论。在物理一元论的基础上，我们再不断添加认识物理主义、客观主义、解释简单性等，以还原到各种物理主义。

在评价物理主义的时候，笔者采用向前看的态度。笔者承认物理主义确实反对心理的神秘主义，而主张心理就是物理的，最低程度上是依赖于物理的，从而深刻地揭示了心理与物理的基本关系，然而物理主义要具有充分性和完备性不但需要反对常识的心理学，还需要反对常识的物理学，特别是要解决二元论提出的心理难题，如意向性、感受性问题。中国传统唯物主义虽然很早就提出了心理对物理的依赖关系，重生而养心，但是对于二者关系的描述与界定仍需要西方唯物主义或物理主义求真的研究。只有建立在“真”的基础，才会有心灵或心理的“善、美”的塑造。汲取中西唯物主义的优点，丰富和发展马克思唯物主义正是本书所追求的目标。

目　录

第一章
物理主义的“出世”

西方学者波兰德说，研究物理主义不能采用自由或随意的联想，我们应当从物理主义的起源与发展过程去界定物理主义的实质或核心内容。物理主义的起源不同于物理学的起源，也不同于唯物主义起源，它是在物理学取得强大地位及对传统唯物主义不满的背景下产生的，并且形成了一种对世界的普遍看法和观点。随着分析哲学的形而上学转向，这种物理主义世界观从原来的科学统一纲领转变成一种关于实在的形而上学。

第一节　物理主义起源界定

对于物理主义起源，在当代西方哲学特别是心灵哲学之中有着不同的看法，大致可以分成两种：一种认为起源于20世纪30年代的维也纳学派的物理主义；另一种认为起源于20世纪50年代的同一论，即被称为“澳大利亚异端”的心身同一论。我们认为这些起源说都不恰当，因为第一种起源说是把物理主义当成了一种科学研究纲领，而第二种起源说则把物理主义限定在某个类型，无法包含当成物理主义争论的所有类型，更无法说明物理主义发展。

一般来说，判定某个理论的起源最好从词源学角度入手，但是这对物理主义不太合适。首先，物理主义这个概念在当代西方哲学中经常与唯物主义交换使用，甚至被视为同义词，如此，我们是不是把物理主义追溯到古希腊的原子论或者中国的气说呢？显然这不能说明物理主义发展的实质，退一步说，也只能说是唯物主义在当代的复苏。其次，如果非要从词源学进行探讨，物理主义只能追溯到维也纳学派的纽拉特和卡尔纳普。但是，两位哲学家引入物理主义这个概念是为了科学统一体的需要，即用物理学的语言去描述所有科学的语言，并没有说明物理学为什么具有优先性，也没有说明物理学描述的实在是否是唯一的实在。换句话说，作为一个理论或主义，它应当是一个形而上学的命题，能够告诉我们世界为何。但这都是维也纳学派所反对的，视之为没有意义的问题。基于以上考虑，我们认为探讨物理主义起源要回答两个问题：一是物理主义为什么要与唯物主义分开；二是物理主义什么时候开始探讨形而上学的问题。

对于第一个问题，我们先从唯物主义发展史谈起。唯物主义思想有着悠久的历史，坚持世界统一于物质，如水、火、气、原子等具体物质。用具体的物质代替物质的哲学概念是唯物主义的局限性，也是唯物主义虽然一直存在，但很少占据统治地位的原因。尽管近代唯物主义把物质解释为抽象的原子，但是远不如唯心主义对"物质"的描述，如贝克莱认为物质是"惰性的、无感觉的实体，它通常被描述为有外延的、可以运动的"，笛卡儿说物质是"有广延而不能思想的实体"。然而，如果物质像唯心主义所描述的那样，它却又无法解释像力、场等物质的存在，更不要说心理的本质。其结果只能导致人们把唯物主义当成一种粗俗的、不顾及精神的理论，对于人生意义来说，就是一种追求物质享受的世界观。

美国哲学家霍根把传统的唯物主义称为前理论化的唯物主义，类似于物理学或化学学科建立之前的朴素的物理或化学知识。例如，我们所称的朴素唯物主义就是一种把我们日常生活中的可观察、可经验的具体物质形态作为对物质的理解。这种唯物主义虽然能够解释世界中的一些现象，但对于像心灵、灵魂等问题仍然缺乏说服力，甚至回到了唯心主义。即便是后来的机械唯物主义，对于心灵、灵魂也犯下同样的错误。霍根说，这种传统唯物主义在"处理物质上具有较明显的模糊性，而且偏于初期的、前理论化的概念和信念"①。

为了避免这种前理论化时期唯物主义在哲学上陷入的困境，特别是在心灵问题上所犯下的二元论或唯心主义，进入到20世纪之后心灵哲学兴起了一股不同于传统唯物主义的思潮，其明显的标志就是对心理的本质、心理与物质的关系、心理的因果性等问题进行唯物主义的探究。例如，他们不再像传统唯物主义对心理问题置之不理，甚至因为心理概念与物质概念不符而认为不存在心理事件，恰恰相反，他们认为心理是真实存在的，人类有心理状态或事件，具有心理因果性，它们都可以用物理状态或事件进行解释，进而出现了同一论、功能主义等物理主义解释。与传统唯物主义相比，这些物理主义表现出"对前理

---

① Horgan T E. Physicalism//Gluttenplan S. A Companion to Philosophy of Mind，Blackwell：Blackwell Published Ltd，1994，p. 471.

论化的概念或信念的描述与表达的一种更为明确、清晰的学说与命题”①。物理主义引入物理学或物理科学来详细说明物质，“物理学告诉我们，构成世界的其他一切的基本组成部分是什么”②。霍根说：“为了强调这种概念的局限性，我于是用‘唯物主义’指代那种前理论化的思想体系，并将各种潜在的精确化替代方案作为‘物理主义’。”①

唯物主义向物理主义的转化是一种由前理论化向理论化发展的过程，表现为用“物理”（physical）取代“物质”（material）的过程。因此，二者的区别仅在于理论化、系统化程度的高低。从本体论上来讲，唯物主义与物理主义没有区别，它们都认为世界统一于物质，区别在于物理主义对物质有更深入的阐释。例如，同一论，这个被称为物理主义的最早类型，就首倡者斯马特来说，他也是用唯物主义来描述自己的学说。所有当代西方哲学把唯物主义与物理主义当成同义词也就不难理解了。从方法论上讲，唯物主义与物理主义是有所区别的：唯物主义坚持把世界归结为我们日常经验所认识到的物质；物理主义则主张把世界归结为物理学所告诉我们的一切，通过这门较为成熟的科学来达到我们对事物的认识。考虑到唯物主义与物理主义主要是本体论的学说，是人们对世界本质的看法，即使在方法论上有所区别，这也只是人们认识发展过程中不断完善的过程。因此，我们赞同唯物主义与物理主义并没有根本的区别。

但是，出于研究的需要，我们同意霍根对唯物主义与物理主义的划分。这种划分具有以下鲜明的特点：第一，它表明唯物主义在哲学史上是不断发展的，是一个由不成熟不完善到不断成熟不断完善的过程。按照马克思唯物主义思想，唯物主义是一个在实践中不断前进的哲学，它不会停留在某个阶段而故步自封，也不会因某个结论而僵化不变。西方唯物主义的发展过程表明，唯物主义正经历着由不系统、前理论化的时期向系统化、理论化的时期过渡，并越来越证实它的实践性与开放性。第二，它表明物理主义是唯物主义的当代发展。一个哲学体系不能仅依靠信念来支撑，也不能完全交给经验来证实，同样，唯物主义要采用哲学精确的语言进行表述和论证。当物理主义把当代逻辑学的分析与自然科学的成果结合起来，加强自身哲学体系内部的逻辑一致性，本身就是唯物主义反击对手和站稳脚步的坚实基础。在当代西方心灵哲学中，物理主义正是凭借着严密的分析与详细的论证发展着唯物主义，是唯物主义的当代类型。因

---

① Horgan T E. Physicalism//Gluttenplan S. A Companion to Philosophy of Mind, Blackwell: Blackwell Published Ltd, 1994, p. 471.

② 威廉·西格：《物理主义》，成素梅、殷杰译，《科学哲学指南》，上海：上海科技教育出版社，2006年，第408页。

此，我们在下面的行文中，除非特别说明，一般把唯物主义与物理主义交替使用。

第二节　物理主义是形而上学吗

既然物理主义是一种理论化的唯物主义，它就有自己的系统本体论学说或先验的预设，也有完整的认识论或方法论内容。罗宾逊（Howard Robinson）[①]认为，“进入20世纪，唯物主义才被认为有完整的体系和类型”。[②] 当代物理主义的出现，大多有相同的本体论学说，但在认识论或方法论存在着不同看法，因而就有着不同的物理主义类型，如还原或非还原的物理主义。

国内学者曾经于2012年专门召开过“从唯物主义到物理主义”讨论会，会议曾经置疑物理主义是不是一个形而上学的问题。当然这个问题也并不是国内学者首先提出的，国外学者也曾经置疑物理主义在哲学中的地位。然而，如果物理主义不是一个形而上学的命题，那么它就是一个不成熟的哲学命题，甚至可以把它归为像自然主义一样只是一种运动，自然也没有更多的哲学家讨论物理主义了。我们在这里还是以张志林教授的论证为例。张志林教授在《物理主义是形而上学吗?》一文中是这样论证的：

（1）形而上学讨论的这样三个问题：①世界最一般的特征是什么？这世界包含着什么样的事物种类？世界［看起来］像什么？②为什么世界存在着——进而更具体地说，为什么存在着这样一个世界，它具有在对问题①的回答中所描述的那些特征和内容吗？③我们在世界中的位置是什么？我们人类是如何适应这个世界的?

（2）对于问题①，物理主义者的回答是：世界最一般的特征就是物理的，或者说，世界上的一切事物都可以归结为/随附于物理的事物。那么，什么是物理的事物呢？物理主义者的典型回答是：标准物理理论告诉我们的！但是，如上所说，物理学研究的是作为物质的/物理的事物，而不是这些事物何以可能存在的理由。因此，物理主义者没有从正面对问题①做出回答。

---

① 霍华德·罗宾逊（1945—　），英国哲学家，主要研究形而上学、心灵哲学。代表作为《物质与感觉：一种当代唯物主义的批评》（Matter and Sense：A Critique of Contemporary Materialism，Cambridge：Cambridge University Press，1982.）、《知觉》（Perception，London：Routledge，1994.）。

② Robinson H. Materialism in the philosophy of mind//Craig E. Routledge Encyclopedia of Philosophy，New York：Routledge，1998.

（3）物理主义回答不了问题①，自然也回答不了问题②，无法说明世界为什么是物理的世界。

（4）综合各种物理主义思想，物理主义告诉我们“人即物”“心即物”，我们在世界中的位置就是我们在特定时空中处于特定因果关系网络的位置，而我们在这个世界的适应过程不过是遵循了物理式的进化机制而达成的。因而物理主义无法避免莱布尼茨的“磨坊论证”，即我们不能用时空中的运动和机械因果关系来解释思想、感觉、知觉等人所具有的独特心灵特征。

（5）物理主义用物理学理论来解释一切，不能作为一个形而上学的命题，起码不是一种合格的形而上学。[①]

张志林教授论证的核心在于：物理主义不能回答形而上学的问题。但是，我们要注意到，物理主义不能回答形而上学的问题与物理主义回答或没有回答形而上学问题是两回事。如果物理主义没有回答形而上学的问题，按照张志林教授的标准，那肯定不是形而上学的问题。但是如果回答了形而上学问题，但没有达到满意就是另外一回事了。根据张志林的教授的说法，在哲学史上，唯物主义或唯心主义都提出对一切存在物的回答，因而是一种形而上学，但为什么当物理主义说一切存在物是物理的，它就不是形而上学的问题了呢？

另外，迄今哪一种主义能够让大家公认是回答③形而上学的①②问题的呢？别说物理主义，恐怕我们认为的辩证唯物主义也不能说给我们大家提供了满意的回答。那为什么就能据此断定物理主义就不是一个形而上学的问题呢？恰恰相反，就是对这些永恒的哲学问题的思考，才会引出各种哲学主张，才会有哲学的不断发展。

当然，张志林教授和其他学者都认为物理主义的最大问题在于，它把物理学和其他物理科学作为判断世界或存在的标准是不可靠的，哲学与科学不一样。张志林教授说，“一个物理学承诺的信仰者，却宣称有形而上学的关切，总难免给人以滑稽的印象”。[②] 郝刘祥教授说，即使物理主义是关于心灵的形而上学命题，它也不能作为整个世界的形而上学。因为物理主义主要来自方法论自然主义和因果闭合原则，而这两个论证都是自然科学提供给我们的世界图景，“形而上学一旦依附于科学，实质上取消了形而上学的独立地位和合法性”[③]。然而令人奇怪的是，既然科学不可靠，郝刘祥教授又说，“基于物理科学和认知科学的发展现状，物理主义不仅不是一种最可能的形而上学，而且可能是一种无益的

① 张志林：《物理主义是形而上学吗?》，《自然辩证法通讯》第3期，2013年，第9页、第10页。
② 张志林：《物理主义是形而上学吗?》，《自然辩证法通讯》第3期，2013年，第12页。
③ 郝刘祥：《物理主义是最可能的形而上学吗?》，《自然辩证法通讯》第3期，2013年，第18页。

甚至是有害的形而上学”。[①]

我们要问的是，科学提供的世界看法为什么不能被哲学借鉴？科学与哲学相冲突吗？我们知道，任何科学都表达了一种对世界某个方面的看法，并且会被哲学家借鉴过去加上思辨的论证形成一种形而上学的观点。例如，牛顿描述的物理世界运动的图景，就成为后来法国唯物主义的来源。笛卡儿正是依靠这种牛顿物质和运动概念构造出整个物理世界，并一直主张用机械论的术语去解释自然现象。实际上，笛卡儿是以力学运动规律为基础，把基于地上的力学原则应用于天体现象乃至整个自然界。后来，拉美特利沿着这种思路进一步提出了人是机器的思想，把物理学的原则运用到人体上，完全用机械论的观点来考察人和人的本质。当然还有恩格斯的自然辩证法思想，也是来源于达尔文的进化论。

物理主义并不是完全把对世界的认识交付给科学，也并不是完全以物理学或物理科学来作为对世界的认识最终标准。如果物理主义说世界是物理学所认识的世界，那它就是用科学家来取代哲学家的任务。根据物理主义的当代相关文献，无论是坚持物理主义或是反对物理主义的哲学家都没有这样说：一切事物都是由物理学来解释的。造成对物理主义不是一种形而上学的误解的根源在于，不少学者把唯物主义与自然主义相混合。

帕皮诺在《哲学自然主义》一书中声称，物理主义是比自然主义更为正式的表达。考虑到两个方面的原因，他还是选择了自然主义。因为物理主义可能会与当代物理学理论相关，但是帕皮诺认为物理主义不能仅根据当代物理学来表达，而是应当根据那些证明能够解释对象行为的科学范畴来表达，同时自然主义的表述更具有包容性。自然主义是在当代西方哲学中同物理主义一样出现频率较高的哲学术语，但不同于物理主义，它不是一种明确的哲学主张，而是一种哲学运动或趋势。自然主义最早起源于蒯因的哲学自然化思想，即反对哲学可以超越于科学而进行辩护，主张用科学来进行确认哲学研究的实在。自然主义认为科学是通向知识的唯一道路，需要采用“自然化”的方式来解决哲学问题。自然化是自然主义的核心纲领和操作方法。所谓自然化，就是通过一定的方法和程序使被自然化的对象具有科学上的合理性、合法性，进而说明它在自然界的存在的地位。例如，著名认知科学家、哲学家杰瑞·福多说，“自然化就是为心理现象构建自然主义条件”。[②]

---

① 郝刘祥：《物理主义是最可能的形而上学吗?》，《自然辩证法通讯》第 3 期，2013 年，第 10 页、第 19 页。

② 高新民、刘占峰：《心灵的解构》，北京：中国社会科学出版社，2005 年，第 205 页。

具体来讲，自然主义采用两种方式。第一，概念分析。就是要把自然化的概念分析为相应的自然科学概念，或者分析其适用的充要条件，以说明前者具有科学上的合法地位，从而论证这些概念所表示的现象在自然界中的地位与本质，也就是证明所谓的高层术语是一种自然类术语，如证明相信、愿望、怀疑等术语与神经元等生理术语相联。这是一种概念或定义还原论方式。第二，科学分析。这种自然化方案强调，没有科学研究及其成果就不可能完全揭示高层现象如心理现象的本质与地位。自然科学对自然主义来说是重要基础，科学是掌握知识的唯一渠道，除了科学的观察和认识之外，没有什么是能知道的。所有知识包括哲学必须最终由科学来组织，并没有先验的知识可接受，在方法论上必须自然化。在此意义上，自然主义就是一种认识论或方法论上的纲领，它并不对世界存在的事物是什么做出肯定的回答。研究物理主义的西方学者斯图尔加认为：“自然主义更多不是一种世界观，不是讨论世界的本质，更多是指一种方法论命题。”①

如果在自然主义策略方面来看，物理主义确实与自然主义有着关联，然而至多只是一种认识论上的关联。对于物理主义来说，它可以采用不同的认识论纲领，如有的物理主义采用还原分析，有的采用随附分析，有的采用突现分析，等等，不一而足，进而形成不同的物理主义，但在本体论上都坚持所有的事物都是物理的。自然主义不一定坚持物理主义的本体论学说。比如，查默斯（Chalmers）的自然主义二元论，认为意识是一种自然现象，其产生和存在都离不开物理实在所表现出的功能组织，同时又认为意识根源于物理实在隐结构中的存在“心原”，因而意识一经产生就有自己不同于物理实在的独立地位。因此，帕皮诺就认为，物理主义是一种本体论学说，而非认识论学说，“即任何事物都是物理的，而非任何事物应当是由物理科学的使用方法研究的”。②

在当代西方哲学中，哲学家普遍认为物理主义是一种关于世界本质的命题，是一种形而上学的命题。第一，它解决或至少部分解决了哲学的问题。按照罗蒂的说法，假如哲学变得过于自然化，那些实际确实存在的学科将会把它抛到一边；假如它变得过于历史化，那么理智历史、文艺评论和类似表现为“人文性”的软学科将会把它吞下去。也就是说，假如哲学问题是一个科学问题，那就不需要哲学家的专有逻辑思辨；假如哲学问题不是一个科学问题，那么它就是一个历史问题。物理主义给我们提供了这样一个关于世界的命题，它是有着

---

① Stoljar D Physicalism，London and New York：Rutledge，Taylor &Francis Group，2010，p. 16.

② Papineau D. The rise of physicalism//Gillett C，Loewer B. Physicalism and its Discontents，Cambridge：Cambridge University Press，2001，pp. 3 - 36.

科学的基础的，但是又与我们的日常生活存在着张力。这种张力要我们不可避免地面临着解决它的理智任务。这个任务是很重要的，因为我们既不能放弃物理主义也不能放弃日常生活，但是又不能用像科学或文学那样的方式去解决。例如，在心身问题上，如果不坚持物理主义，那就可能导致二元论；二元论固然与我们的日常经验相容，但它可能没有坚实的基础，或者说导致了一种“机器中的幽灵”。

第二，它提出了系统的概念分析、详细的论证等形而上学所具备的内容。虽然纽拉特和卡尔纳普最初提出的物理主义还没有明确的本体论内容，但从蒯因以后物理主义已经开始逐渐形成一个标准的图式。在1950年，他提出类似于当代的物理主义，即在《科学的范围与语言》中说：

> 我是坐在一个物理世界的一个物理对象。这个物理世界的某些力施加到我的体表。光线照射到我的视网膜上；分子轰击着我的耳膜与指尖。我的躯体发射着空气波并不断回击。这些波表现为一大股日常的桌子、人类、分子、光线、视网膜、空气波、基数、无穷层次、高兴与忧伤、善良与邪恶。①

蒯因所表达的物理主义主要关注的是世界是什么以及它像什么样，而不再是像卡尔纳普或纽拉特那样只提出语义或认识论上的物理主义。我们说，蒯因的物理主义已经是一种形而上学的问题，他把物理主义作为一个关于世界的假说与预设，以此反对逻辑经验主义的语义学观点，即著名的经验主义的两个教条。到20世纪60年代，许多哲学家接受蒯因的批评，开始形成这样的观念，即不同的哲学问题最好作为在物理世界中如何定位或寻找不同项目的问题。斯马特在《哲学和科学实在论》中提到的“唯物主义”（1963年）是一种综合哲学的观点，是提供一种连贯和科学合理的世界观，并捍卫自然的唯物主义观念，表达了哲学的作用在于为不同项目在物理世界寻找位置。从此以后，物理主义的基本命题就表述为“所有的事物都是物理的”。围绕这个命题又产生了以下具体的问题。

第一，概念问题。什么是“物理的”？物理概念与非物理概念之间是什么关系？

第二，条件问题。“所有的事物”除了具体的事物，还包括抽象的事物吗？物理主义适用于非具体的事物如感受性、价值属性吗？

第三，关系问题。“所有的事物都是物理的”这个命题中的“是”如何理

① Stoljar D. Physicalism，London and New York：Rutledge，Taylor & Francis Group，2010，p. 24.

解？它是还原、随附还是取消？

第四，论证问题。“所有的事物都是物理的”是真的吗？这个命题是一种先验为真，还是一种后验为真？如果是先验为真，它是如何推出来的？如果是后验为真，它又是如何论证的？

当代物理主义对于上述问题进行了细致的分析，并在与反物理主义的争论中，不断地深化相关的概念，并提出各种精彩的论证，以此稳固了其在西方哲学中的地位。

第三节　物理主义的“突现论”起源

综合以上分析，我们认为物理主义起源界定有两个标准：一是反对传统的唯物主义；二是涉及对“所有现象都是物理”命题的解释。根据这两个标准，我们把物理主义起源界定于20世纪20年代的布罗德（C. D. Broad）突现唯物主义。

在19世纪，唯物主义占统治地位的是机械唯物主义。机械唯物主义是受到伽利略、牛顿等人力学自然观的影响，而把世界看成一个机械力学系统，一个被在它之外的理智所设计好的，并且朝着明确目标运动的物体各部分排列的系统。机械唯物主义把世界看成是一个无机系统，因而无法解释生命为何存在，从而与当时的活力论展开了激烈的争论。活力论主张由某种特殊的非物质的因素支配生物体的运动，如杜里舒（H. Driesch）以海胆发育实验为例证明了活力论的正确性，产生了广泛的影响，甚至后来的柏格森（H. Bergson）也由原来拥护机械论转向了活力论。柏格森认为，物理学不能把握意识中被经验到的“绵延”的时间，生命冲动是生物活动的根本原因；生命是永恒的生成，不可分割，而物理学则将它变为静止的东西。如何拒绝活力论而又不回到机械唯物主义就成为当时哲学家的重要课题。

当时英国哲学家塞缪尔·亚历山大（S. Alexander）①、劳埃德·莫根（C. Lloyd Morgan）②、布罗德③继承了原来哲学家刘易斯（G. H. Lewes）的突现论思想，结合他们提出的层次观，发展出了一个突现唯物主义。布罗德说：“根据纯机械论，一切看上去不同种类的物质都是由同样的材料构成的。它们只是

① Alexander S. Space, Time, and Deity, 2 Vol, London: Macmillan, 1920.

② Morgan C L. Emergent Evolution, London: Williams&Norgate, 1923.

③ Broad C D. The Mind and its Place in Nature, London: Routledge and Kegan Paul, 1925.

在它们的构成微粒的数目、排列和运动方面不同。它们看上去不同种类的行为最终并无不同。因为它们都可以根据一个单一的简单构成原理，从一对一对微粒的相互影响中推演出来；这些相互影响都服从于一个单一的规律，该规律与这个些微粒恰好发现自己所处的结构和环境完全无关。我们所描述的这个理想可能称作‘纯机械论’。”①

英国突现论者指出，世界不是一个单一的世界，它是一个层次世界。所有事物本质上都是属于特定的存在层次，每个层次都有自己的特殊属性。存在的层次构成了一个复杂性不断增加的层级，它们明显对应于进化过程出现的现象层级。从物理层次这个基本层次开始，历经化学、生物、心理、社会等层次。英国突现论的层次观是在自然科学基础上提出来的。我们知道，20 世纪初期，自然科学正处于一个井喷阶段，科学成果向人类描绘出世界的不同层次，“这个世界自身的经验研究表明，实在证明自身是一系列突现层次，而不是理解为所有事物基本基石的物质的重组”。亚历山大说，自然存在着五个层次，即时空层次、物质层次、生命层次、心灵或意识层次、神性层次。莫根说：“实在的层次或次序……意味着①当新型关联相继随附时，在完整系统中存在着持续增长的复杂性。②在这个意义上，实在就是一个发展过程。③存在一个上向的标杆使我们能够说明实在的丰富性。④我们所知的最丰富的实在性位于演化到今天的突现金字塔的顶端。”② 布罗德说：“就突现理论来讲，我们本身甘愿接受外部世界的较少的统一和不同科学间的一个较松散的联系。充其量，外部世界和相关的各类科学将会形成一类层级。假如我们喜欢，我们可能保持这样的观点，即只存在一个基本类型的材料。但是我们应当必定认识到各类次序的聚合物。”③

因此，机械论不适合描述这个世界。为此，布罗德区分了两种不同的规律。他说：“我们就会不得不承认各种层级的聚合体。而这里有两类根本不同的规律，可分别称为‘同层’规律和‘跨层’规律。跨层规律是将相邻层次的聚合体的性质联系起来的规律。如果层次 B 的每个聚合体都由层级 A 的聚合体组成，如果它具有 A 的任何聚合体都不具有的某些性质，这些性质也不能根据在低层级上表现出来的合成规律，从 A 的性质和 B 的复合体的结构中推演出来，那么，A 和 B 是相邻的，并处在上升层级中。同层规律是将同一层级的聚合体的性质联系的规律。跨层规律陈述了如下不可还原的事实：由邻近的低层级诸聚合体

---

① Broad C D. The Mind and its Place in Nature，London：Rouledge and Kegan Paul，1925，pp. 45，46.

② Morgan C L. Emergent Evolution，London：Williams and Norgate，1923，p. 203.

③ Broad C D. The Mind and its Place in Nature，London：Rouledge and Kegan Paul，1925，p. 77.

以这样那样的比例和安排构成的一个聚合体，具有这样那样的特点和不可还原的性质。”①

布罗德反对生物机械论：“生物不是自动机器，而是具有突现特征并且这些特征不能机械地说明的系统。”② 同时，他也反对活力论借助超物质的东西来解释对象的行为。在坚持机械唯物主义的唯物主义和活力论的生成性基础之上，布罗德提出了突现论，即系统行为的特征可能从构成行为的完备知识中推导出来，它们不同于构成部分的属性。“就突现理论来讲，我们本身甘愿接受外部世界的较少的统一和不同科学间的一个较松散的联系。充其量，外部世界和相关的各类科学将会形成一类层级。假如我们喜欢，我们可能保持这样的观点，即只存在一个基本类型的材料。但是我们应当必定认识到各类次序的聚合物。”③

布罗德的突现论坚持生物等现象依赖于物理的，但不是还原于物理的。对于生物等现象与物理的关系，布罗德是这样理解的：“概括来讲，突现理论假定存在着特定的整体，它是由组分（比如）A、B、C 及其彼此间的关系 R 构成的；凡是由相同类型的 A、B、C，以及相同类型的 R 构成的整体都有特定的典型属性；A、B 和 C 能够出现在其他类型复杂体之中，但是这个复杂体却没有相同类型的 R；整体 R（A、B 和 C）的典型属性不能甚至在理论上从单独的 A、B 和 C 的属性或不是由 R（A、B 和 C）形成的其他整体的最完备的知识中推导出来。机械理论拒绝这个假定的最后条款。”④

相应的突现属性的概念表述为：“一个由组分 $C_1 \cdots C_n$ 并且彼此处于关系 R 所构成的系统的一个属性 F 是突现的，当且仅当（a）存在着一个定律保证凡是具有相同构成的系统都有 F，并且（b）F 仍不能甚至在理论上由单独的 $C_1 \cdots C_n$ 构成或与此构成不同的系统的属性的最完备知识推导出来。”⑤

除了对突现给以定义之外，布罗德还在《机械理论》中讨论了理论预测的局限性，提出了一个天使论证。假设有一个数学天使，她知道原子的微观结构，就像我们了解一堆干草一样，然而她无法预测银或氯的行为，甚至它们的属性。但是，我们应当知道，作为数学上的天使，她知道所有的微观结构，应当能够从银或氯原子的知识推导它们的行为，除非“存在着所谓的‘二阶性质’，或存

① Broad C D. The Mind and its Place in Nature，London：Rouledge and Kegan Paul，1925，pp. 77，78.

② Broad C D. The Mind and its Place in Nature，London：Rouledge and Kegan Paul，1925，p. 92.

③ Broad C D，The Mind and its Place in Nature，London：Rouledge and Kegan Paul，1925，p. 77.

④ Broad C D. The Mind and its Place in Nature，London：Rouledge and Kegan Paul，1925，p. 61.

⑤ Beckermann A. Introduction//Beckermann A，Flor H，Kim J. Emergence or Reduction? Essays on the Prospects of Nonreductive Physicalism，Berlin and New York：De Gruyter，1992，p. 17.

在着现象事实，它们虽然依赖于微观结构运动和物质微粒的排列，但是后者本身没有这些性质，那么这种依赖性的定律肯定是一种突现类型定律。”[①] 布罗德认为机械论的目标是统一科学，而突现论的目标是形成一个不同层级的科学。他并不否认世界最终是由某类材料构成的，但是他认为这些材料可以有不同的聚合方式，因而会有同层聚合和跨层聚合，在这些基础上形成的定律具有不可通约性。

从以上可以看出，布罗德突现论具有以下特征：①坚持高阶属性依赖于低阶属性或物理属性，②二者的关系不是还原关系，而是突现关系。这类似于后来物理主义提出的非还原物理主义。同时，布罗德提出的数学天使论证，也是后来反对还原物理主义的一种形式。因此，我们认为布罗德的突现论是物理主义的起源，这也能从后来的非还原物理主义的“突现论”复归来加以证明。虽然，自 1926 年突现论开始衰弱，但并不是来自哲学的批评，而是来自科学的发展。麦克兰克林（B. P. Mclaughlin）说，自布罗德《心灵及其在自然界中的地位》出版时，量子力学就开始发展了，它使得用电磁场开始解释化合价，从而导致了分子生物学的发展及 DNA 的发现。这些发现使得支持当时突现论的化学和生物的突现属性或定律的存在失去了意义。也就是说，物理主义发展离不开哲学与科学的相互促进。

第四节　物理主义的母体“孕育”

物理主义虽然在 20 世纪初期昙花一现，但是并没有消失，这主要还是哲学内在发展的逻辑必然。在《当代唯物主义选集》一书中，保罗·K. 莫泽（Paul K. Moser）[②] 和 J. D. 特劳特（J. D. Trout）[③] 认为：

> 现在，关于唯物主义或者物理主义的问题在各种哲学中占据主导地位，如形而上学、心灵哲学、语言哲学和价值论。唯物主义现在成为科学家和哲学家中主导的系统本体论，目前还没有可以与之竞争的本体论来取代它。结果就是，在哲学和科学中代表性的理论总是或明或暗地受到唯物主义所

---

① Broad C D. The Mind and its Place in Nature，London：Rouledge and Kegan Paul，1925，pp. 71，72.

② 保罗·莫泽（1957—　），美国分析哲学家，主要研究认识论和宗教哲学。

③ J. D. 特劳特（1959—　），美国科学哲学家，认知科学家、学者，主要研究为科学哲学。他和莫泽合编了《当代唯物主义导论》一书。

涉及的概念的影响。[①]

为什么当代西方哲学特别是分析哲学相信并受到物理主义影响呢？我们认为物理主义除了具有传统唯物主义的内在特点之外，刺激物理主义产生的原因还可以分成先验的原因和后验的原因，这也是物理主义的价值所在。我们先说一下先验的原因。先验的原因在于物理主义能够建构一个展示特定类型结构的知识系统，而这个特定类型的结构可以取得成功，可以解决许多问题。

一、消除人类对隐秘的恐惧

恐惧这种情绪是人类与生俱来的。当人类面对着浩瀚的星空和世间的沧桑变化，无助感和孤独感油然而生。根据考古学、人类学、民族志学等研究，人类很早就希望探讨事物变化的根源，在思维上表现出他们偏爱非个人化的解释，并试图给出理由以解释他们看到的一切现象。在古希腊人那里，他们把一切现象归为法则的支配，这种法则不能归结为一种神秘的力量，应当给出可以经验所理解的解释和理由。这种解释与理由最好不需要任何特殊的天赋去揭示，也就是说不需要掌握在巫婆、神汉、道士等之中，它可以为生活在经验中的人所理解。当泰勒士用水，德谟克利特用原子来解释世间万物，在一定程度上满足了人类对隐秘东西的理解。不过，随着人类社会的进步，人类视野的开阔，自然科学的发展，人类对于隐秘的恐惧丝毫没有减少，特别是像生命、意识、宇宙依然是困扰人类的神秘问题，不同的是，我们现在能够借助更为先进的自然科学，如物理学，去探讨隐秘的东西。

因此，“我们所能得到的唯一真正清楚的解释存在于物理科学之中。因此除非别的科学刚开始萌芽，否则它们的领域最好是同一于物理科学，不然的话，就会成为令人沮丧的非存在。而不同的方案则强调：合理性是以认知的有意义为前提条件的，后者进而又总是基于客观的观察。因此，假如只有物质对象（状态、事件等）才能客观地予以观察，那么只有它们才是合理的，从而才是真实的”。[②]

---

① Moster P K，Trout J D. Contemporary Materialism：A Reader，London and New York：Routledge，1995，p. viii.

② 约翰·豪格兰德：《本体论的随附性》，引自：高新民、储昭华：《心灵哲学》，北京：商务印书馆，2000 年，第 236 - 255 页。

二、满足人类对“一”的渴望

面对这个纷繁复杂的世界，各种事物千差万别，形态各异，那么有没有一个真实的存在统一它们？这是传统唯物主义始终思考的问题。随着人类知识的不断丰富，各个领域出现了不同的具体学科，它们表达了对这些领域的深入认识，如社会学、心理学、生物学、化学、物理学等。哲学家又在开始思考新的问题，这些学科反映或描述的实在是不是都是独立存在的？它们之间是什么关系，或者说有没有一个真实的实在统一它们？

20 世纪 30 年代，维也纳学派提出了科学统一体的纲领。纽拉特说：统一科学的统一语言就是物理学的语言。卡尔纳普也认为物理学语言是科学的普遍语言，这就是说，科学的任何领域内的语言可以保存原来的内容翻译成为物理学语言。致力于科学的统一，是维也纳学派逻辑实证主义思想的一个重要内容。卡尔纳普在《哲学和逻辑句法》（1934 年）一书中指出，各门科学为了实践的目的，的确可以被分开，但它们都立足于同一基础上，归根到底，它们构成统一的科学。他还强调，统一科学并不意味着科学的所有分支的对象都是属于同一种类，而是意味着科学的各个分支的名词是逻辑一致的。这就是说，在逻辑实证主义看来，统一的科学应当是建立在统一的物理语言的基础之上的。20 世纪 50 年代的奥本海默和普特南认为所有科学活动都可以被还原到一种科学统一体，因为它们对应于自然的不同次序，最终可以还原到一种最基本的实在，物理学所描述的实在。奥本海默和普特南的微观物理主义尽管没有得到当时哲学家的重视，但他们的思想对于后来的物理主义有着很大的影响。也就是说，对于如生命、心灵、价值、意识和社会问题，物理主义方案如果成功的话，那么它将应当展示出这些现象如何是真实和客观的，以及它们是如何适于自然次序的。物理主义将会对这些问题提供理论上的解释。

三、吝啬或节俭原则

在人类思想史上，为了消除对无知的恐惧，我们的祖先创造了多种实在，如灵魂、鬼怪等，并赋予了它们特别的属性，以至于“天下本无事，庸人自扰之”。同样，在哲学史上，出于激烈的争论和思维的需要，我们的哲学家也创造了多种实在概念，如质料、形式、动力、运动等，惹得不少哲学家为此兀兀穷年，耗尽心血。面对这种哲学上的问题，奥卡姆提出了“如无必要毋增实在”，即在没有必要、没有证据支撑的情况下，我们最好不必设定另一个实在。哲学上把它称为“奥卡姆剃刀”或“节俭原则”。这个原则为哲学家所欣赏和赞同，并且成为指导哲学家的主要原则，因为它符合了人们的思维经济原则，即在没有必要的情况下，我们要尽可能地吝啬，以便于我们理解。物理主义认为真实存在的只有物理学所描述的实在，其他科学所描述的实在同一或随附于物理学所描述的实在，完全契合了这种原则。在没有提供出完全能够让人们信服的证据下，哲学家或者科学家不能抛弃物理主义告诉我们的世界，不能轻易地抛出二元论或其他实体或属性的存在。

然而，在哲学史上，二元论不断地变换形式，在生命、精神和文化领域以其顽强的生命力和持续性而拥有广泛的群众基础，成为唯物主义的主要反对者。在当代，“许多现代哲学家以及某些处于哲学思考的科学家，在这样或那样的伪装下采纳了二元论，有些人是明显的，多数人则是较为含蓄的。所有学派都赞同这一点，如精神分析学及其谈论的寓于肉体中的非物质存在，又如人类学者和历史学家及其谈论的依赖于物质基础的精神上层建筑”①。特别是在心灵哲学中，原来被诟病的笛卡儿实体二元论转换成了属性二元论。

属性二元论虽然承认心理事物同一于物理事件，但认为心理属性独立于物理属性。不过，它仍然面临着以下哲学问题：①概念上不精确性，没有清楚地说明心理或精神是什么，没有给出心理或精神的定义。如果仅指出心灵或精神是不同于物质的，这就是一种循环定义。对于属性二元论，这个原有的问题仍然存在，即什么是心理属性，什么又是物理属性。②心理状态或事件不能与其他事件分离开来，如果分离开来，这就要说明心理状态或事件是如何与物理状态或事件发生作用的，即心理因果性问题。③心理是如何产生的也是二元论必然回答的问题。当它借助于突现论，甚至是一种弱的随附性，这就有点特创论。如果借助于进化论，借助于自然选择，它就回到了唯物主义。④二元论的最严重的错误在于它阻塞了科学研究。对二元论来说，各种问题都有现成的答案，我们只需要假定心理与物理分别存在就行了，不需要进一步研究。这也给有些人坚持心理疗法或者精神分析法留下了空间，甚至是给所谓的传心术或通灵术提供了地盘。所以，心理物理二元论不是一种科学的理论，甚至算不上一种理论，它只是古老的巫术和宗教世界观的重要组成部分，是一种常识的心理学的重要内容。按照笛卡儿分析，是一种实体二元论。按照赖尔分析，是一种范畴错误，它会造成一种机器中的幽灵。所以，剔除二元论或唯心主义，唯物主义就是必然的选择。

也有人在文化和价值领域坚持一种二元论，正如马克思恩格斯所说，传统

① 马里奥·本格：《科学唯物主义》，张相轮、郑毓信译，上海：上海译文出版社，1989 年，第 10 页。

的唯物主义对于历史、社会仍然持一种唯心主义观点。恩格斯说，物质环境和人类活动，即自然环境及其通过劳动而获得的转化成果，以及由这种活动所产生的社会关系决定了一切。然而，对于这种决定，马克思主义者没有做进一步的分析，而只是强调上层建筑的独立性，这显然给一些研究者留下了二元论的口实，甚至表面上打着唯物主义旗号，私下仍然行二元论之实。对于唯物主义来说，要想不给二元论留下空间，必须用唯物主义说明经济基础与上层建筑之间的关系。本格说："对于真正的唯物主义来说，不存在那种凌驾于物质实体之上的非物质的（或观察的）实体。另外，考虑到一种社会变化可以由经济、或文化、或政治而引起，而且某些文化上的变化——诸如文字、计算或科学的引进——具有重大的经济和政治效果，关于经济绝对居于其他部分之首的观点显然是不充分的。一个可以用来取代的观点是这样的：人类社会可以被设想为由人类构成的实在的（物质）系统。"①

具体来讲，本格通过突现唯物主义来说明社会或文化现象是物质的。他认为人类社会这个物质系统可以分成四个子系统，即生物、经济、文化和政治系统。一个社会的文化是由信息联系结合形成的系统，就像生物是由亲属关系和社会关系结合起来的，经济是由劳动和交换联系起来的，政治是由管理和权力关系结合起来的，我们可以把它看作是一个物质系统的突现性质。文化活动是大脑的某种活动，它影响着其他人的思想、感情或活动方式。这种活动的产品称为文化客体，如理论、诗歌和艺术。只要它们停留于创造者的大脑中，它就只是大脑的活动过程。虽然我们可以把它们称为抽象或观念的客体，但是没有我们大脑活动的存在，它们是不存在的。就像波普尔宣称的世界 3，如果我们不存在了，它也不存在了。文化物质化并不是贬低了文化，唯物主义只是让它不至于神秘化。如果有人说，文化在没有人使用的情况仍然有固有价值，那么他就不是在抬高文化的地位，相反，他是把文化商品化。"通过避免具体化、避免把价值置于作出评价的大脑之外，彻底的唯物主义提高个人这仅有的文化产品的已知创造者和消费者的价值。这样，唯物主义就成了人本主义的一个组成部分。"② 无论从哪种情况来看，文化产生于我们之中，而我们是物质系统。而作为系统来看，这个系统由文化客体的生产者和消费者构成，文化也是物质的东西。认为文化永远是派生的或附带的东西，这是不正确的；每一个重大的社会事件或过程都具有生物的、经济的、文化和政治的成分。从而单纯从经济上发

① 马里奥·本格：《科学唯物主义》，张相轮、郑毓信译，上海：上海译文出版社，1989 年，第 12 页、第 13 页。

② 马里奥·本格：《科学唯物主义》，张相轮、郑毓信译，上海：上海译文出版社，1989 年，第 13 页。

展一个民族是不可能的。真正的发展同时是生物学的、经济的、文化的和政治的：这样，本格从我们关于人类社会四元成分概念必然推出唯物主义。

物理主义的价值在于它能给出本体论上的统一，可以说，本体上的统一是物理主义存在的根本原因。对于本体上的统一可以有不同的理解，它可以统一于物理基础，也可以作为一个整体的统一。物理主义的突破很大程度上在于物理本体论框架的统一的根本说明。如果把物理基础作为唯一的真实存在的事物，那么物理主义只能求助于还原，进而把世界作为一个由物理组建的世界。当物理主义把世界看作一个整体统一的时候，它是把物理作为基础不断地添砖加瓦，各种事物之间的关系表现为依赖、随附或实现的关系，从而世界蕴涵着差异与区别，而不是像上面还原物理主义的同一关系。包含差异与区别的统一被认为有价值，是因为正如节俭性一样，统一并不是内在有价值的，而是在于它给我们提供了对于世界的解释，加深了我们对世界的理解。

四、解释上的简单性

对于节俭性来说，不但有本体论上的节俭和统一性，还有理论上的简单性、一致性、统一性和完整性。本体论上的节俭性只是为解释与理解统一性提供了重要基础。因为，对于本体论节俭性来说，它是指相互独立的本体论之间的节俭，而并不是把所有的实在概念还原到另一个实在概念，如我们仍然可以承认心理实在或心理属性实在的概念。这些不同的概念可以因为本体上的统一性而关联在一起，因而具有了重要的价值。

我们知道，进入 20 世纪以后，随着学科日常细致化和分化，科学主义与人文主义争论之声鹊起。20 世纪 40～50 年代，以哲学家亨佩尔（C. Hempel）和 A. J. 艾耶尔为一方与以哲学家德雷（W. Dray）、温奇（ P. Winch）为一方围绕心理学的科学化展开了激烈的争论，史称“理由与原因之争”。这场争论实际上是始于 19 世纪以来关于人文科学的地位的争论，后来重点转移到心理学在科学中的地位。主要焦点集中在：心理解释的地位如何？或者说按照现有的民间或常识心理学术语解释是科学解释吗？

当时的亨佩尔和艾耶尔认为理由就是原因，也就是说我们的心理理由就是我们行动的原因，心理解释是根据经验归纳或概括出来的，它隐含或潜藏在人们的日常思维中，关联着我们信念或渴望的心理状态与相应的行为。1942 年，亨佩尔在《普遍规律在历史中的作用》一文中明确提出历史学中的心理学解释与自然科学中的解释并无二致，它们都是一种科学的解释。然而，历史哲学家德雷反对理由与行为的关联是一种经验的关联，而认为是一种逻辑或有意义的关联。如果按照逻辑或有意义的关联的标准，理由就不能作为一种原因。这场争论影响深远，一度有很多哲学家认为心理解释并不能作为一种科学解释，并逐渐演变成日常心理术语是不是科学术语或者常识心理学是不是一种科学的争论。

在 20 世纪 50 年代之初，“理由与原因之争”并没有关涉心灵如何与大脑关联的问题，大多争论者只是集中于有没有心理和行为关联的经验定律，而没有注意到背后的深层次问题，即心理与大脑的问题。换句话说，他们只是关注心理学是不是科学宏伟蓝图中的一部分，像信念或渴望等心理概念是否遵循一定的物理规律或定律，而没有考虑到与物理层次关联的问题。只有当时的分析哲学家开始关注到这个根本问题，如戴维森明显地提出心理与物理并没有严格的定律关联，心理解释即行为和理由的关联是合理解释的问题，但是心理事件仍然是物理事件。从 20 世纪 50 年代后期到 60 年代，心脑同一论提上了日程，整个主流哲学家开始支持物理主义。首先是费格尔（H. Feigl）提出的心理与物理的同一论，其次是澳大利亚的斯马特、阿姆斯特朗等提出的“中心状态的唯物主义”，然后是戴维森的异态一元论、D. 刘易斯和普特南的功能主义。可以说，“理由与原因之争”重新转换成心脑问题的争论，进而促进了物理主义的兴起。

物理主义认为，所有现象都可以嵌入物理主义建构的本体论框架，进而可以提供所有非基本现象的出现的解释。这样的本体论统一可以做到降低或减少自然界无法解释的现象，也可以排除那些本体上突现的对象和属性。特别是后者具有重要的意义。因为，排除了本体上的突现就可以证明所有高层现象和过程之间的关系都是以物理现象和过程之间的关系为基础的，并不存在着任何神秘的东西。所有现象都嵌入物理本体框架之内，这揭示和提供了自然现象之间相互作用界限和解释的基础。任何超出以物理为基础范围的作用都是虚假的，最终都可以用物理基础进行解释。比如，类似心理作用这样的现象，也可以用物理进行解释。所有高层现象可以通过确定本质上实现它们的低层、物理的过程的规则来解释。按照物理主义的思路，通过寻找高层现象和过程背后所嵌入的低层的物理现象和过程，揭示这些低层的物理现象和过程的规则，表明它们是由本体上统一的部分所构成的，进而解释高层现象和过程的规则性存在。尽管高层现象可能会涉及外在环境条件和内在构成因素，但就物理主义的统一概念来说，它们仍然是在本体上统一于物理主义框架范围之内的。

因此，波兰德认为：“重要的是，物理主义应当首先被认为是一个建构主义方案，而不仅是一个形而上学教条。”[①] 就物理主义的目标来看，是达到科学的统一，而这个统一是以对学科的详细而深入的研究为基础的；即使从物理主义所要达到的垂直解释来看，没有各个层次的理论、定律和实在的具体研究，就无法寻找它们之间的关系。如果我们达到垂直解释，就可以不断拓展我们对世界的深入认识。在这个意义，物理主义是一个建设性乃至建构性意义的方案，它不是“单个人的哲学方案”，而是不同领域共同密切合作、相互配合的方案。就此看来，“物理主义系统的建构和统一的所有目标就是一个在我所宣称的各个方面达到的理解的整体增进”。因而，物理主义方案不但是为了消除神秘的幽灵，还是为了增强对人类活动的不断的深入理解。

除此之外，物理主义方案的价值性特征还有理论知识系统的完善。传统定义还原和推导性还原被作为促进科学知识，特别是理论知识增长的主要方式。科学哲学家欧内斯特·内格尔（Ernest Nagel）曾经说过，成功的还原是知识增长的主要表现，它达到了理论知识的简单性、一致性、统一性和综合性。像本体节俭性一样，理论系统的简单性并没有内在价值，然而它达到理论的统一并提高了理论的解释力，从而最终具有范式价值。理论的一致性也是物理主义的重要价值特征，它保证了我们的理论与解释力在各种情况下是可以融合的，并没有必然的冲突。当我们面临理论的冲突时，物理主义方案告诉我们，它们是内在统一于物理基础上的理论，并进而使我们相信这些理论具有同等重要的地位和价值，甚至可以通过依赖、随附和实现于物理而加以整合。例如，心理学与经济学的整合，以及心理学与社会学的整合。这样的整合会出现跨学科研究，如认知科学、神经心理学。在所有这样的情况中，不同区域的理论可以被应用于理论和经验研究，甚至达到实践目标。由于系统是一个整体并且都是基于物理的，物理主义具有综合性，即根据任何事物都是依赖、随附和实现于本体上物理的基础，作为整体的物理系统具有包含一切事物的全面性、综合性和完备性。由于一切事物都在物理系统内部，它们都可以依据物理进行解释。

五、推动了学科发展

物理主义不但源于哲学上的必然，同时也有学科的需要。波兰德认为，当代学科发展不但促进了物理主义的诞生，而且物理主义反过来也对人类科学活动产生了深远影响。

第一，物理主义为跨学科研究提供了基础。在当代科学领域不再是各自为

---

① Poland J. Physicalism：The Philosophical Foundations，Oxford：Clarendon Press，1994，p. 34.

战、互不侵犯，而是你中有我，我中有你，从最早的化学物理学，到后来的生物化学、化学生物学、生物物理学、神经生物学、生物信息学、化学基因组学、认知心理学、认知神经学等交叉性学科开始纷纷兴起。这种跨学科融合了不同学科的范式，推动了传统学科所忽视的研究领域，形成了许多新兴学科，解决了许多重要实践问题，然而这些交叉性学科的基础是什么？它是如何整合的？这是科学家最终需要反思的问题。物理主义通过分析实现的属性、过程和机制，提出低层的物理过程可以提供不同的现象如何实现和特定系统如何工作的理解。这样的理解不但可以解释交叉学科的基础，而且启发人们通过寻找新的因素和关联而对现象重新定义，开拓应用新领域理论。由于理论整合最终是基于联结不同领域的物理基质而构建的，物理主义方案将有益于改进不同领域之间整合与跨学科研究。

第二，物理主义创造了以“问题解决”研究为中心的范式，增强了对现象的干预研究。物理主义的范式特征是，由于这样的系统是一个基于物理学的综合性和整合性的结构，它将会有效促进人们进行介入并影响到事件过程。在特定系统中的作用模式可以被人们理解与探讨以不断增进人们对这样垂直系统的理解。比如，在临床精神病学中，一个物理主义框架能够完全理解药物疗法如何影响思想过程和“谈话疗法”如何影响大脑病理学。进一步讲，日常物理主义框架的发展将会揭示人类感兴趣的不同领域之间如何彼此相互关联。这样的深化理解可以通过适当干预或介入其他相关领域的因素而增强对研究问题的探讨能力，如通过操纵外界环境而影响心理过程。因此，在临床精神病学中，面对心理错乱问题，我们可以适当介入生物、社会学研究。所以，有效的干预建立在充分地对相关物理因素，以及与之相关因素的确认和整合基础之上，这样才有可能寻找恰当的干预途经。物理主义系统就会为之提供一个这样宽泛的系统。

物理主义引导人们对社会组织和个体活动意义的认识。社会和个体活动是人类关心的重要问题，即我们如何看待自身以及我们如何生活的问题（这里我们要指出，对于自身的理解以及我们如何生活是西方哲学关注的古老问题，然而现代哲学特别是语言和分析哲学只关注于逻辑问题导致了哲学的科学化）。物理主义关于个体和社会的关心对于我们塑造我们自身的看法、他人的看法以及世界的看法具有重要的意义。它告诉我们生活的世界的特征并且为下面问题提供了答案：在世界中什么是客观的、真实的和可能的？我们与这个自然次序有什么联系？我们如何受到我们周围世界的影响？我们又如何影响到世界？我们如何起源并且最终命运如何？世界的起源和归宿是什么？在事实的世界中，价值问题如道德、美、人格和宗教的位置何在？当然，这些问题并不是说物理主义能够给我们提供唯一的答案，那么这些答案与其他主义之间是什么关系，它们哪个更为根本？当代唯物主义发展重新掀起了人们对意识这个困难问题的探讨，意识的原初性和非还原性得到重视，同时反唯物主义甚至提出了自我意识的意向状态、感受性问题。另外，在与反唯物主义争论过程中，当代哲学家提出了人身同一性或人格同一性问题，即人学问题（人的本质是什么）。

第五节　物理主义的“破茧而出”

如果说，最早的唯物主义者还只是一种通过日常见到的事物而进行的大胆类比、推测与设想，那么随着自然科学的发展，原来被认为不可能是物质构成的东西也被认为是由物质构成的，甚至推广到更遥远的地方，如我们认为是神仙居住的非物质世界的月球被认为是物质的，我们的生命被认为是由无机物质进化而来的，甚至我们的意识也被认为是由神经元的作用构成的。“似乎运动的物质已一再被证明取得了决定性胜利——别的一切纯属多余。”[①] 物理学告诉我们，世界是一个物理世界，任何事物在这个世界中都是相互作用的，并没有非物理的东西存在。所以，这个世界遵守着物理规律，没有超出这个物理规律之外存在的东西。如果无法用这个规律来解释，那么这个事物是不存在的。按照这个规律，世界从基本的物质微粒开始依次提升，经过化学、生物层次到心理、社会层次。这种世界图景已经为当代科学家和哲学家所普遍赞同。蒯因说：“（宣称没有物理的区别就没有意识区别的主张）等于说一个基本对象是一个物理对象。它给予物理学以基本自然科学的相应位置，而丝毫不怀疑能还原其他学科的期望。”[②] 他还说：“我是坐在一个物理世界的一个物理对象。这个物理世界的某些力施加到我的体表。光线照射到我的视网膜上；分子轰击着我的耳膜与指尖。我的躯体发射着空气波并不断回击。这些波表现为一大股日常的桌子、人类、分子、光线、视网膜、空气波、基数、无穷层次、高兴与忧伤、善良与邪恶。”[③]

那么，为什么物理主义会在20世纪50～60年代突然兴起呢？有人说这是一

---

① 约翰·豪格兰德：《本体论的随附性》，引自：高新民、储昭华：《心灵哲学》，北京：商务印书馆，2000年，第241页。

② Poland J. Physicalism：The Philosophical Foundations，Oxford：Clarendon Press，1994，p. 14.

③ Stoljar D. Physicalism，London and New York：Rutledge，Taylor &Francis Group，2010，p. 24.

种对物理科学的狂热信仰而促成的当代世界观的结果。我们为物理科学的发展神速和成果斐然所陶醉和痴迷，进而相信物理科学描述的世界图景正是哲学家追求的世界图景，像克拉克（Stephen Clark）所说，这样的科学成果使我们崇拜科学的权威，科学使无神论唯物主义深入民众心理。但如果把物理主义兴起简单地归结于一时的时尚风潮，无疑会大大消弱物理主义的意义和价值，也并不能回答物理主义产生的真正原因。像我们前面所提到的，这会让我们产生物理主义并不是一门形而上学，至多只是一种不合格的形而上学的疑虑。客观地讲，物理学的成就和人们对其的崇拜已经持续了300多年，为什么没有达到今天的地位，甚至在牛顿力学成功下产生的机械唯物主义为什么没有为当时的人们所广为接受并且一统天下呢？只有今天的物理主义哲学成为20世纪乃至21世纪哲学的一道亮丽的风景线呢？主要原因有两个，一个是与另一个对立的哲学主张即现象主义的式微有关；另一个是物理主义的中心假说与论证所具有的魅力征服了许多哲学家。

我们先说第一个原因。帕皮诺说："物理主义的兴起与另一面现象主义的衰落有关。"[①] 在20世纪上半叶，在维也纳学派的逻辑实证主义内部，围绕选择什么语言作为一切科学知识的普遍语言，形成两个倾向，即现象主义和物理主义。20年代末至30年代初，现象主义在逻辑实证主义内部占主导地位。现象主义主张用现象语言作为科学知识的基础。现象语言是以个人主观的感觉经验为基础的语言。现象主义的基本特征就在于从感觉、直接经验、所与材料出发，把主观的感觉经验看作是一切科学知识的基础。他们认为，主观感觉、直接经验是自明的、无可怀疑的，不需要任何检验和证明，也不是从什么命题推论出来的。因此，一切科学命题归根结底都可以还原为表示主观的感觉经验的命题。根据现象主义的观点，整个世界就是感觉经验的逻辑构造，一切科学知识都是借助逻辑在经验的基础上建立起来的。因此，科学知识应采用以感觉经验为基础的现象主义的语言。但是，现象主义并没有为所有的维也纳成员所赞同。维特根斯坦是首先的发难者，他提出了一个"私人语言论证"，即我们普遍所认为的公用语言并没有普遍性、公共性，因为它们都是以每个人的感觉为基础的，而以感觉为基础的语言是其他人所不能理解的。[②] 同时，他的"匣子里的甲虫"也表达了这种思想。美国物理主义哲学家（也被称为自然主义哲学家）的塞拉斯

① Papineau D. The rise of physicalism//Gillett C. Loewer B. Physicalism and its Discontents, Cambridge: Cambridge University Press, 2001, p. 4.

② 维特根斯坦：《维特根斯坦全集》第8卷，《哲学研究》，涂纪亮译，石家庄：河北教育出版社，2003年，第123页。

（W. Sellars）也认为，许多经验主义者把直接感觉或者呈现到我们意识中的材料作为我们的知识，这只不过是一种“所予的神话”，它根本不能作为我们知识的基础。

为了克服石里克、魏斯曼为代表的现象主义问题，纽拉特和卡尔纳普主张我们表述物理对象的物理语言是科学的普遍语言，应以表达物理语言作为实现科学统一的基础。后人把它称为最早的物理主义。物理主义认为，世界上发生的一切事情都是自然界的一部分，都是物理的事物和事件。因此，构成科学知识的命题不应当是表述个人直接经验的感觉命题，而应当是表述所有人都能观察到的物理事件的记录和陈述。感觉命题采用的是现象主义语言，记录和陈述采用的是物理主义语言。所谓物理语言，是指人们在日常生活中或物理学中所使用的描述物理事件的语言。由于物理事件是处在一定的时空之中的，物理语言也就是对物理事件的时空点的描述。物理语言的特点是使用度量概念，如温度、速度、体积、比重、压力等。卡尔纳普指出：物理语言是普遍的和主体间的。这已经是物理主义的论点。物理主义之所以主张用物理语言作为一切科学的普遍语言，就在于物理语言具有普遍性和主体间性。所谓主体间性，指主体之间可以互相了解、互相交流。比如，这块黑板有多长，不必争论，只要用尺测量一下就行。现象语言就不具备这一点，因为现象语言是以个人感觉为基础的，我的感觉别人无法了解，反之亦然，所以现象语言是不能相互了解、相互交流的私人语言。卡尔纳普认为，物理语言的最重要的优点之一，就在于这种语言有主体间的交流性，也就是说，它原则上能够使所有使用这种语言的人都观察到为这种语言所描述的事件。所谓普遍性，是指世界上的一切事情都可以用物理语言来表述，因为世界上的一切事情都是物理的事物和事件。物理语言即关于物理事件的记录陈述不仅适用于物理学，同时也适用于一切其他学科。

我们得承认，逻辑实证主义内部的现象主义和物理主义争论还并不是后来意义上的反物理主义与物理主义在本体上的争论，它实质是一种方法论或认识论上的争论。所以，纽拉特、卡尔纳普等认为，现象主义是方法论的唯我论，物理主义是方法论的唯物论。我们认为，这场争论以现象主义的衰落为标志，物理主义从此开始引起了许多哲学家的重视。特别是随着卡尔纳普移居美国，物理主义也在美国特别是被那些受到物理科学训练的哲学家所重视。

然而，无论是由于物理主义解决了一些哲学问题，还是因为其他哲学的衰落或存在问题，充其量只是物理主义产生的背景，都不能作为物理主义产生和兴起的重要原因。论证是一个哲学成熟的重要组成部分。如果说传统唯物主义之所以被称为前理论的唯物主义，就在于它只是从经验中提出中心假设，没有成熟有力的论证。当面对来自反唯物主义的攻击时，传统唯物主义只能疲于应付。物理主义的中心假设不再是传统的经验主义主张或证据，而是有着清晰、明确的论证。它“以经验为基础的论证，即物理学的完备性，所有的物理结果都有或可归结为物理原因”[①]。帕皮诺说：“假如这个解释是正确的，那么它会对物理主义有不同的看法。物理主义被强加于哲学家身上就不是流行或时尚，而是一种新颖可得的论证。”[①]韩裔美国哲学家金在权（J. Kim）[②] 就曾经在《物理世界中的心灵》一书中谈到最初接触物理主义时的感受，“对于我们中的大多数人，包括我在内都是毕业于 20 世纪 50 年代后期和 60 年代早期的学校，斯马特和费格尔的唯物主义是当时我们碰到的第一个把心身问题作为一个系统哲学问题的理论。他们的理论新颖大胆而又充满着那个时代乐观的科学情怀。就像科学告诉我们光是电磁发散、基因是 DNA 分子一样，主张心理事件只不过是大脑的过程而且能够用科学研究证明，这是多么令人神往而又激动的思想”。[③]

帕皮诺说，物理主义论证是物理兴起的主要原因。[①]这个论证就是为当代西方哲学广为熟知的物理因果闭合论证，并且形成了自己的中心假设与命题。物理因果闭合论证最初是由斯马特、阿姆斯特朗、D. 刘易斯、戴维森等提出的，后来经金在权进行了系统的阐释。这种论证大致分为两种：一种认为，假如物理完备性是正确的，所有的物理结果都有物理原因，那么任何物理结果的事物必定是物理的。斯马特认为，我们心理状态必须等于大脑状态，否则的话，它在行为解释中就没有地位，即心理不能作为原因。阿姆斯特朗和 D. 刘易斯也认为，既然心理状态具有因果角色，是行为的原因，并且物理状态也具有这些因果角色，那么二者应当是相等的。另一种认为，假如物理完备性是正确，那就没有什么非物理的东西存在。例如，戴维森认为，既然控制行为的定律只有那种行为和物理前件的关联，那么心理事件只能是行为的原因的条件是，它同一于物理事件。可以看出，如果物理完备性不正确，那么某些物理结果就不是物理定律决定的，而是自成一种定律，斯马特担心的“非律则陷阱”就是多余的，D. 刘易斯和阿姆斯特朗的心理状态所具有因果角色也不是必然的，戴维森的控

① Papineau D. The rise of physicalism//Gillett C，Loewer B. Physicalism and its Discontents，Cambridge：Cambridge University Press，2001，p. 4.

② 金在权，现为美国布朗大学退休教授，主要研究方向为心灵哲学和形而上学。他因对心理因果性的分析和随附性的深入研究而在国际哲学界享有盛誉，其提出的物理主义也是国际哲学界讨论的热点。

③ Kim J. Mind in a Physical World：An Essay on the Mind-Body Problem and Mental Causation，Cambridge，MA：The MIT Press，1998，p. 2.

制行为的定律也可能是心理学定律，并不必然是物理与行为的定律。具体的因果闭合论证，我们将在后面的章节进行详细的解释。

当然，并不说物理主义的中心假说和论证没有争论，也不是说绝对正确，而是说“物理主义值得严肃地重视，即使反对它的人必须有义务指出支持它的论证错在何处”①。

第六节　物理主义的核心透视

通过以上对物理主义起源的介绍，物理主义的核心内容也开始逐渐凸显。波兰德说，当代物理主义的核心是物理学在与所有相关的知识分支中占有特定的优先地位。他引用了赫尔曼和汤姆逊的话说：“作为科学中最基本和完备的科学，数理物理学在所有科学框架中占有特殊地位。就保守的看法，物理主义是对这种特殊地位的确认。”② 同时他还引用了蒯因的话说：“（宣称没有物理的区别就没有心理区别的主张）等于说一个基本对象是一个物理对象。它给予物理学以基本自然科学以相应位置，而丝毫不怀疑能还原其他学科的期望。”也就是说，一般认为，物理主义是根据物理学的优先性而统一科学的方案，它的目标似乎就是按照特定的方式把其他科学与物理学关联起来形成一个知识系统。然而，如果仅仅这样理解，还只是把物理主义作为一种科学研究纲领。我们认为，物理主义的核心内容并不仅是一种科学研究纲领，它实际上关心的是背后的哲学基础，即物理学为什么具有优先性地位。对于这个问题的回答，我们需要区分一组相关概念。

第一，知识增长与知识结构。如果把物理主义作为一种纲领，那么就有人认为物理主义是为了增长我们的知识，其目的是把其他科学的理论还原到物理学。但是，在物理主义还原过程中，涉及被还原理论和还原理论如何关联，以及这个关联的本质是什么的问题。这就是一个知识结构的问题。知识的结构在E. 内格尔那里称为科学的结构，他研究的就是科学还原方案背后的哲学问题。物理主义即使作为一种科学的纲领，也应当考察知识结构问题，即研究不同领域间的逻辑与认识论关系是什么。波兰德说，物理主义理想表述应当包含所要

---

① Papineau D. The rise of physicalism//Gillett C，Loewer B. Physicalism and its Discontents，Cambridge：Cambridge University Press，2001，p. 4.

② Papineau D. The rise of physicalism//Gillett C，Loewer B. Physicalism and its Discontents，Cambridge：Cambridge University Press，2001，p. 14.

达到的目标状态，这个目标状态是指导研究和评价物理主义发展的重要方法论作用。波兰德把知识和实在的结构作为物理主义的首要方案。

第二，科学一体化（unitary science）和科学统一化（unified science）。当初的维也纳学派的物理主义目标是科学一体化。科学一体化的观点是指寻找一种理想的科学，它可以用自己的语言和理论描述所有的科学。对于物理主义来说，物理学被认为构成了所有科学系统的基础，物理术语及其解释原理被认为是所有科学描述和解释的表述方式。这种观点认为所有科学最终只有一个，那就是物理学，而对于具体科学来说只是一种启示性的科学，它们原则上由物理学作为支撑。科学一体化表达了一种取消主义的观点，成为取消唯物主义的基本目标。因此，知识的结构就只能由理想的物理学构成，而知识的增长就是不断地还原到物理学以至于最终取消具体科学。这种科学一体化的目标后来被认为是不可能实现的。

相比而言，科学统一化认为科学有不同的分支学科，只是由于与物理学的关系而相互关联。科学统一化的目标不是取消所有的具体学科，而是寻找它们之间的关联。当然，统一科学并不排除某个学科有被取消的可能，但是这个取消既不是普遍的情况也不是科学活动的目标。波兰德说："按照我的看法，物理主义蕴涵着统一科学的精神，然而它不仅仅关心科学的问题。"[①] 物理主义方案作为一个统一的方案，主要是建立一个以物理学为基础并且按照一套描述统一关系的原则而建构的知识系统。因此，波兰德认为有两点需要指出：①有一种物理主义不是取消的，相对于彻底的取消唯物主义（这种物理主义认为世界完全是物理的，而且物理学告诉我们的是世界的全部），它表明所有的理论和语言都有存在的价值和意义，都是真实存在的描述，但是有必要把存在的非物理方面和非物理的事实融合到一个系统。②物理主义的精神并不排除其他统一方案，也许其他方案可能成功实现统一的目标。一般来讲，统一方案依赖于它们预设的实在。

第三，普遍方案和个别方案。既然物理主义是为了统一科学，那么这种统一就分成普遍方案和个别方案。普遍方案是指研究所有知识分支必然指向物理学的关系，而个别方案是指对于某个知识分支满足普遍方案的方法研究。例如，我们在研究心灵哲学中意向性、意识问题的物理主义时就是个别方案，但是当涉及意义、价值甚至生命现象问题时就是一种普遍方案的问题。

第四，物理主义的学说和方案。物理主义学说包括：命题，它是指对基本

---

① Papineau D. The rise of physicalism//Gillett C，Loewer B. Physicalism and its Discontents，Cambridge：Cambridge University Press，2001，p. 12.

实在和统一关系的精确陈述，如所有事实都是由物理事实决定的；预设，它是指由命题所预设的主张，如在物理和非物理之间存在着根本的区分；元命题，它是指对命题的主张，如先验或后验的主张。物理主义方案是指由下列内容所构成的计划：物理主义学说的界定、物理主义的辩护、评估相关证据而验证物理主义、建构由命题所描述的属性而构成的知识系统。这个任务被称为“方案的制订”。

波兰德明确地表述，物理主义是这样一种方案或计划，即按照某种物理学的优先性而进行非取消的、结构统一的计划。然而，这样的界定仍然是模糊的，并没有表述出统一实在和关系的本质是什么，同时，因为统一的方案还有多种，为什么非要根据物理学优先性的原则来进行统一呢？“为了恰当地实现界定物理主义学说的任务，关键在于了解刺激物理主义的根本动机是什么。”也就是说，在决定物理主义方案的采用那类原则之前，我们必须很好理解它们要达到统一功能，清楚地把握物理主义思想核心和价值。

从对物理主义的优先性理解来看，物理主义核心包括本体上的依赖性、物理的客观性、物理解释优先性三个方面。

1. 本体上的依赖性

就本体论来看，物理主义认为本质上存在或显现的事物在本体上依赖于物理领域。也就是说，如果缺乏物理对象、属性和事件就根本什么都不存在。按照豪克兰德（Haugeland）的说法，假如你拿掉了所有的原子，就没有什么可以存在。依赖性被认为是非对称的，这种非对称的意义在于依赖于物理对象的对象不能离开物理对象，但是没有它们，物理对象仍然可以存在。

然而，这种本体论上的依赖性并不能充分保证物理学的优先性。为什么这样说呢？我们可以借用物理主义现在引入的随附性概念，来进行说明。随附性表明任何物理属性一旦被固定，那么所有事物的属性就被固定。这种决定性关系超出了所有事物对物理属性的本体上的依赖性，因为本体依赖性并没有随附性关系。既然随附性或依赖性关系只是属性组间系统共变关系，假设把它与本体依赖性关系合在一起也不能充分把握物理本体上的第一性的深层意义。一般来说，从本体角度来看，物理主义通常是排除任何类型的“本体突现”现象。这样，物理主义就穷尽了所有存在，因为不存在既不是基本物理对象，又不是由基本物理对象所构建或实现的对象。当然，对于建构或者实现的理解需要澄清，我们暂且等到以后再进行解释。这里只不过表明，物理主义根本不承认任何神秘东西的存在。

还有，物理反对存在着诸如突现属性，但是本体上的依赖性或随附性无法实现这个目标。因为尽管本体上依赖或随附于物理属性，但是无法阻止可能会以一种神秘方法出现的属性，后者独立于物理基础属性。那么，在这个意义上，物理世界无法容纳这个属性。例如，在心灵哲学中，我们谈到心理属性是由物理属性突现的，这个突现并不反对心理本体上依赖或随附于物理属性，然而，按照二元论者说法，心理属性不同于物理属性。

波兰德说，除了本体上依赖或随附于物理基础属性之外，还存在着一种方式，即由物理属性所实现。实现关系对于物理主义方案来说也是很重要的。这种实现关系可以表述成：一个属性凭借一组物理属性的一个物理属性而例示。实现关系表明在物理属性组间存在着两种区分，一种是与例示某属性相关的物理属性，另一种是与例示某属性无关的物理属性。因此，非物理属性并不存在于此属性与物理属性联结的普遍原则之中，而是根据不同情况进行的例示。但如果这种例示是一种偶然的关系，那就成了一种十分微不足道的物理主义，或者说琐细的物理主义。作为物理主义，显然需要被例示的属性与物理属性之间的共变关系，这种共变能够用律则进行概括而达到一种模态的必然性。但是，我们上面说到，由于例示的属性只与物理属性组之中的某些物理属性有关，很难保证这种律则的必然性。

波兰德认为，解决的办法只能是非物理属性的例示是由物理属性组中的某些物理属性的例示所构成的。那么这个构成是什么意思呢？粗略地说，“这个概念就是某些N（即非物理属性）具有某种本质，即当R（物理属性）的部分属性例示时产生出物理对象和属性的具体构形，它可以例示这种本质”[①]。物理属性组的相关性构成了非物理属性。例如，水的透明性本质上就是能够被看透，而构成这个本质的是许多不同物理构形。构成物理主义排除了突现属性，这样物理本体论具有优先性就在于，所有属性必定被物理属性实现是因为物理对象和属性的构形构成了本质上被例示的所有属性的例示。

总之，物理主义的本体论核心思想是所有事物都在由物理学构成的本体论之中有一个位置，物理本体论相对于其他所有本体论更为根本而且更为完备，在某种意义上所有对象和属性依赖、随附和实现于物理对象和属性。任何存在的事物要么是物理基础的部分，要么是由物理基础部分所构成的。波兰德用“本体上基于”物理域而描述存在的事物。

因此，波兰德说，在本体问题上，物理学的第一性并不意味着任何事物都是严格物理本体上的一部分。他所说的物理主义允许非物理对象、属性和关系的存在。也就是说，物理本体的第一性是说所有事物都是本体上基于物理

---

① Poland J. Physicalism: The Philosophical Foundations, Oxford: Clarendon Press, 1994, p. 17.

学，但是并不是物理学包含所有一切事物。物理学的第一性并不等于所有理论形式都归结或还原到物理学。波兰德相信，在物理学基础上形成了一个层级结构，它们之间是一种实现关系，所有对象都是个例同一于物理对象，其中并没有任何神秘的东西存在。还有需要特别指出的，像非物理的东西，如艺术作品或社会机构都是真实的，并在物理系统中具有一席之地，因为它们本体上是基于物理域的。进一步讲，“根本没有理由去假定只有一类实现关系存在，即所有实在都是指向实现它们的物理实在”①。这个世界是一个丰富的、具有层级组织的，包含着多类不同对象和属性的多面体，并以不同方式进行复杂变化和构成。波兰德说，我们的世界可能是在物理基础上根据许多不同的构成模式而实现的。

不过，需要我们注意到的是在物理主义框架上，我们要解释为什么事物多样性和物理基础单一性的关系，这也是对物理主义的挑战和发展的问题。“既然物理主义最高目标是不想留下无法解释的问题，那么物理主义最好不要在一开始就受到有可能被建立成物理基础的某种不必要和不恰当的结构所困扰。”构成物理主义看法的实现关系应当是我们探讨的问题，而不应当用简单的术语一笔带过。这在后面的章节中，我们会进一步讨论。

2. 物理的客观性

物理学被认为具有优先性的第二个方面就是：物理真理与事实为所有客观真理和事实提供了条件。近年来，许多主张认为物理事实决定了所有事实，没有物理上的区别就没有个体上的差异。也就是说，“对于在某些领域中要是存在客观的事实和真理对象，要是个体某些方面存在着客观的相似和差异之处，那么必定是某种适当相关的物理事实、真理的相似和差异。这些适当的关系，无论它们被证明是什么，都被物理主义者视作为公开要求客观性的主张所建立的充分物理基础”②。这样客观的事实、真理等要么是严格物理的，要么是与物理事实、真理等有适当关联的。

当然，这个客观性定义需要进一步澄清。一般来讲，它存在三个意义，即主体间性、无偏见和事实性。就这里所指的主体间性来说，它是指在一定的共同体内的成员所达成的一致性或公认的标准，类似于当代现象学或解释学所称为的主体间认识方式，但不是一种本体论生存方式。这个概念是指，一个客观事实就是能够得到大家承认的事实，不过这种客观事实具有一定背景特别是在不同时期、不同人群会有所变化，它是科学哲学中所称为的范式。而无偏见性

① Poland J. Physicalism：The Philosophical Foundations，Oxford：Clarendon Press，1994，pp. 18，19.

② Poland J. Physicalism：The Philosophical Foundations，Oxford：Clarendon Press，1994，p. 19.

则尽量避开因为受到理论背景或专家权威的影响而歪曲事实，遮蔽真理，尽量达到客观的事实或事物原貌。这两个概念都是一种认识论意义的客观性。对于第三种意义，事实性则强调独立于认识或其他认知对象，也就是它独立于人类的活动、知识和兴趣等方面。就此观点来看，客观事实就是那些不因观点或兴趣而变化的事实，无论我们是否存在，它都是不以我们意志为转移而存在的。它们是我们公认的知识对象，但是独立于我们的知识。所以，蒯因说，并没有物理事实决定翻译的事实，即不可翻译性问题，因为在语义学或心理学中并没有物理主义的客观性标准可以适用。客观事实是那种描述什么为真的事实，而不是在特定情况下虚构或投射的东西。对于物理主义来说，在一定情况下什么为真和事实根源于按照物理学来判断的什么是为真和事实的。

对于这种以客观性来判别物理学的优先性需要注意两点：第一，假如物理学的客观性本身可能有问题，那么客观性的标准是什么。也就是说，物理学能否作为一种客观真实的是一个我们首先要碰到的问题，否则就无法用物理学的客观性去判断其他事物是不是客观的。比如，我们认为牛顿力学是客观的理论，那么爱因斯坦的力学为什么又比它更接近客观事实呢？第二，如果客观性不被视为一种外在的属性，而是相对语言、理论的一种内在属性，它存在于何处。T. 内格尔曾将客观性当作一种理解方式，并且认为："如果一种观点或一种思想方式更少依赖于个人构造的特性和个人在世界上的特殊位置，或者更少依赖于它所属生物种类的特性，那么它就比另外一种更客观。一种理解方式越容易为更多的主体所理解——越少依赖于特殊的主体能力，它越客观。"[①] 再进一步讲，这种客观性是在语言或理论背景下才被称为客观性，那么有可能我们认为有比物理学更为客观的理论存在。

3. 物理解释优先性

物理主义所表明的物理学特殊地位的根据是在解释意义上来说的。对此看法，波兰德说："主要思想是：在一个统一的解释系统中，各个不同知识按照以物理学为基础而逐层构成层级，在这个层级中每个层次上的定律和现象都是依据较低层的定律和现象进行解释。在这样一个层级中，物理学被看作是机制、状态和过程等的知识库，它能够适用于解释为什么某些现象出现或者为什么某些规则有效。"所有的现象和过程都可以用较低层次的现象和过程进行解释，虽然不必然由物理的现象和过程来解释，但是后者却是所有现象和过程的基础。这种解释我们称为垂直解释，即所有解释都最终关联于物理的现象和过程，尽

① 托马斯·内格尔：《什么是客观性》，姚大志译，《世界哲学》第3期，2003年，第86页。

管有长有短，长的如心理或社会过程的解释，短的如化学键的解释。

当然，这种解释的优先性与上面我们谈的本体优先性问题密切相关。假如任何事物都依赖、随附和实现于物理现象，那么这些物理现象将明显提供了一个最终的构成，以解释为什么某些现象和定律出现。物理主义的本体论表明所要解释的现象必定会匹配着要么是物理构成，要么是以物理构成为基础的。因此，这种层级系统中的垂直解释就映射着基于物理域构成的一个本体论层级。对于物理主义者来说，他们期望物理解释能够提供对自然界通常出现的事物以全面的理解。

在对待这个优先性问题上，有以下方面需要注意。

第一，并不是什么现象或规则都可以用物理学解释。物理学只是知识系统中的一部分，它研究的是基本的实在和过程，并在此基础上构成一个知识层级系统。高层的现象和过程可以用较低层次的现象和过程解释，但不能直接用物理学解释，如我们的心理活动或社会现象就不能直接用分子和原子进行解释。按照薛定谔的说法，科学家面前会有两个不同的桌子，一个日常经验到的桌子，一个是科学的桌子。

第二，垂直解释也不是唯一的解释。虽然垂直解释通过还原或者间接指向物理解释而作为有价值或富有意义的解释，但是并不排除其他解释的合理存在。比如，合理解释对于人们在研究社会现象或心理现象过程中就具有重要的作用，这也是现代以来哲学家所经常讨论的合理解释与科学解释的问题，事实上，我们也通常把理由作为原因。戴维森就把心理解释作为不同于物理解释的一种解释。

第三，事实上，也存在着某些现象是根本的和无法解释的。波兰德说，有三类无法解释的现象：最基础的现象、作为实现的终极竖向事实、无法用低层解释的高层现象。第一类现象显然是无法解释的，如果它能解释，那么它就不是最基础的。第二类现象类似于突现出来的事实，它虽然是由物理现象实现的，但是并不能还原到物理现象。第三类现象则造成了对物理主义的反驳，假如物理主义方案是成功的，必须要避免这个问题。

第七节　物理主义的论证

我们前面说过，无论物理主义是由于解决了一些哲学问题而具有吸引力，还是因为其他哲学的衰落或存在着问题，充其量只是物理主义产生的背景，都不能作为物理主义产生和兴起的重要原因。它的重要原因还是在于，“它以经验为基础的论证，即物理学的完备性，所有的物理结果都有或可归结为物理原因”①。

论证是一个哲学成熟的重要组成部分。如果说传统唯物主义之所以被称为前理论的唯物主义，就在于它只是从经验中提出假设。当面对来自反唯物主义的攻击时，传统唯物主义只能疲于应付。最早的唯物主义论证是由列宁发起的。1908 年流放期间，列宁在维也纳为了革命实践的需要写下了《唯物主义与经验主义的批判》。在该书中，列宁针对一些反唯物主义根据物理学的发展得出唯心主义的结论，指出造船厂和农场的工人如果认为共产主义的基础（即唯物主义）与物理学不一致，那么他们很少可能是共产主义者，因为如此的话，这种观点至少会淡化工人们如何劳累的问题。相反，如果工人们要想减少劳累的话，就会相信物理学，进而相信唯物主义。这种论证尽管还是多少有些实践来检验真理的味道，但它可能是最早通过物理学来证明唯物主义的论证。

虽然物理学的发展历史并不是现当代的事情，为什么它在当初没有形成物理主义的论证而到现在才形成呢？因为物理学在当初还并没有完备性。虽然很早时期，亚里士多德就写了一本《物理学》，但是他的物理学是比较粗糙的，即使在伽利略以后物理学稍微开始细致化，然而在完备性方面仍有问题，并没有足够的说服力去解释自然界的现象。我们认为，物理学不具备完备性的主要标志是宇宙守恒定律，因为在对待守恒定律上，从笛卡儿以来就一直存在着分歧和争论。在笛卡儿那里，他称为“运动量”守恒，这种运动量是指时间、空间和速度，是一种没有方向的量，而不是牛顿的矢量，所以躯体运动的方向可以在没有改变运动量的情况下而改变。原纽约大学教授、著名哲学家伍尔豪斯（R. S. Woolhouse）曾经谈到 17 世纪心脑关系的力学，他打了一个比方，一个拐角匀速运动的车在运动量没有变化的、恒定的情况下，但是受到向心力的作用，这表明躯体的运动可以在不违背笛卡儿的守恒定律下，仍然受到心理的作用。莱布尼茨在笛卡儿的基础上提出了线性运动守恒和动能守恒。运动守恒排除了心理会改变躯体的方向，能量守恒固定了物理的速度和方向。这个守恒保证了物理决定论，但是对于物理因果的闭合则是不充分的，因而他得出了前定和谐的心身观，即心与身各自因果闭合，上帝或自然预先安排，同步展示出心身的关联，从而否认心理会有物理原因。

无论笛卡儿的力学还是莱布尼茨的力学都显示出那一特定时期的人们的普遍认识，即凡是因果作用都是因为接触而产生的。不同的是，笛卡儿认为物理

---

① Papineau D. The rise of physicalism//Gillett C，Loewer B. Physicalism and its Discontents，Cambridge：Cambridge University Press，2001，p. 4.

变化是非心理的原因，而莱布尼茨认为不可以由心理原因直接作用于物理原因。只有从牛顿以后，物理学在因果问题上才开始趋于完善。牛顿认为动力学或因果力学不一定是接触的，他提出了外加力的概念，即把那种视为内在于质体内部、通过接触而传递的东西转化为与质体相脱离的、无需接触而施加影响的实在。外加力有不同的起源，有打击力、压迫力或向心力。重力是一种常见的范式，它来自于有质量物体的压力，并不是必然发生在有接触的两物体之间。这就消弱了莱布尼茨的线性守恒定律。但牛顿的运动守恒定律为什么没有保证物理学的完备性呢？因为牛顿的守恒定律只是运动守恒而没有谈到能量守恒，以至于把运动的第一原因归为上帝的推动力。只有进入到 19 世纪上半叶，焦耳（James Joule，1819—1889）提出了热和机械能相等的实验才揭开了能量守恒的规则。在传统的理性力学提供的数学分析下，这些实验表明了不同的自然过程涉及单个潜在的量可以用不同形式来表达，从而揭示了表面上不守恒的力像摩擦力完全是更为恒定力的宏观表现。后来在赫尔姆霍兹（Helmholtz，1821—1894）综合数学家和物理学家的分析和实验科学成果的基础上，才提出了基本力是守恒的，保证了各种自然过程是守恒的，从而为物理学完备性打下了坚实的基础。

当代物理主义的论证正是基于这种物理学的完备性而提出的。没有这个完备性前提，就没有物理主义的“物理因果闭合论证”。斯马特、阿姆斯特朗、D. 刘易斯、戴维森等提出了物理因果论证，特别是金在权更为系统地阐释了论证的过程。这种论证大致分为两种：一种认为，假如物理完备性是正确的，所有的物理结果都有物理原因，那么任何具有物理结果的事物必定是物理的。另一种认为，假如物理完备性是正确，那就没有什么非物理的东西存在。斯图尔加对当代物理主义的因果闭合论证进行了系统的总结，他将其分为事件因果论证和属性因果论证。

1. 事件因果论证

> (1) 物理因果闭合或物理的完备性，即“世界中的物理因果系统在下列意义上是因果闭合的：系统中的任何事件结果都是一个系统内部的一个原因引起的”。

也就是说，所有物理结果都受到物理定律的决定。可以表述为：对于所有物理事件 e，假如有一个事件 e^* 以至于 e^* 引起 e，那么 e^* 是一个物理事件。我扔了一块砖打碎了一扇窗户。这个事件即窗户的破碎明显有一个原因，即我扔的一块砖，而我扔一块砖的事件是一个物理事件，它引起了另一个物理事件——窗户破碎。当然，(1) 并不能排除某些事实是没有原因的。例如，宇宙起源可能是没有原因的，或可能是偶然的无原因事件。它只是说被引起的物理事件的原因是物理原因。

(2) 因果有效性或因果作用：所有心理事件都有物理结果即心理的因果性。

对于任何心理事件 e，一定有一个物理事件 e^*，以至于 e^* 引起 e。假如我接触到火炉，我的手会马上缩回。我的手就是一个物理事件，我接触到火炉感到疼痛是一个心理事件。因此，我的心理事件有一个物理结果。

有人说，心理因果性过于武断而不合理。有些心理事件有物理结果，但有些心理事件可能没有物理结果。或者说造成物理结果的可能不是心理事件而是其他物理事件，或者说心理事件造成的还是心理事件。比如，邦茹（L. Bonjour）认为这个因果封闭原则并不能推出物理主义是正确的，因为它留下了非物理区域，也就是说，如果这些非物理的东西不与物理东西发生因果关系，它们仍然可以在这个世界中，只不过它们可能是副现象的，比如意识现象只是像我们汽车发动时发出的噪声一样，虽然产生了，但没有因果作用。

不过，物理主义可以这样回答：第一，这里宣称的只是任何心理事件都有某些物理事件或其他事件，它并不是说任何心理事件都由空间上有距离的物理事件产生。第二，如果心理事件既有心理结果又有物理结果，那么：

(3) 反多元决定论或者排他性原则：心理原因的物理结果并不是多元决定的。

对于所有事件 e 和 e^*，假如有一个事件 e 引起 e^*，那么没有这样的事件 e^{**} 以至于 (a) e^{**} 不同于 e，并且，(b) e^{**} 引起 e^*。比如疼痛这个心理事件，根据因果有效性，它引起一个物理事件，即手的缩回。同时又根据因果闭合原则，我们知道这个物理事件有一个原因即物理原因，但是这个手的缩回就有了两个原因，一个心理原因，一个物理原因。按照排他性论证，这些原因必定是没有区别的，因此它们是等同的。①

(4) 结论：从 (1) 到 (3)，我们可以得出任何心理事件同一于一个物理事件。

2. 属性因果论证

我们前面说过，当代物理主义是一个形而上学的命题，它不但是关于殊相的命题，也是关于属性的命题。按照一般分析哲学家如戴维森所说，事件是

① Stoljar D. Physicalism，London and New York：Rutledge，Taylor & Francis Group，2010，p. 221.

一个殊相，是一个特殊的个体，一种不可重复的或者说是短暂的抽象殊相。由于不同的事件可以发生在同一时间、同一地点，事件是抽象的；由于一个事件不可能同时完整地发生于不同的地点，事件是殊相而非共相；一个事件也不可能在不同的时间完整地发生于不同的地点，因而事件是不可重复的或者短暂的。但是，如果事件是一个殊相，就会存在着同一性难题。例如，“司马迁遭受了宫刑”和“《史记》的作者遭受了宫刑”，虽然这两句话按照上面的标准是同一事件，但是表述的意义是不同的，或者说命题态度是不同的。在心灵哲学中，有些二元论者也承认心理事件同一于物理事件，但是两个事件又有所不同，即心理事件与物理事件例示的性质或关系有差异。按照金在权的说法，事件是一个具有内在结构的复合物，性质或关系才是事件的本质。这种性质或关系在当代形而上学中被称为属性。为了反对属性二元论，物理主义发展出了属性因果闭合论证。

属性二元论认为，不是心理事件的因果性产生物理事件，而是属性造成一个事件产生另一个事件。物理主义所要回答的问题就是：是否在引起另一个事件的某事件中具有有效的属性必定是物理的？因此，我们对事件因果性论证作适当的调整：

> (5) 对于所有物理事件 e，假如存在着一个事件 e*，以至于 e* 引起 e，那么 (a) e* 有一个物理事件，并且 (b) 存在着一个物理属性 F 以至于 F 在引起 e 的 e* 中是因果有效的。

因而，心理的因果有效性变成：

> (6) 对于所有心理事件 e，存在着一个物理事件 e* 以至于 e 引起 e* 和存在一个心理属性 F 以至于 F 在引起 e 的 e* 中是因果有效的。

最终排他性原则变成：

> (7) 对于所有事件 e 和 e*，假如 e 引起 e*，假如存在着一个属性 F，它在 e* 引起的 e 中具有因果有效性，那么就没有属性 G 以至于 (a) G 不同于 F，并且 (b) G 在引起 e* 的 e 中具有因果有效性。
>
> (8) 从 (5) ～ (7) 我们可以得出，任何心理属性都是物理属性。

比如，我感觉到疼痛，这个疼痛感觉引起一个物理事件，即存在着感觉的属性，它与引起手的缩回的疼痛因果相关。但是手的缩回是一个物理事件，因此有一个物理属性，如神经状态 N，它因果相关于这个事件的产生结果。那么，在心理属性与物理属性之间是什么关系？根据 (7)，它们只能是等同的。

第八节 对物理主义论证的分析

物理因果闭合论证是物理主义的坚实基础。虽然有不少学者认为物理主义应当有两个基础，除了物理因果闭合论证，还有方法论自然主义论证①，但后来反物理主义主要还是围绕前者展开的，物理主义的主要研究内容也大多与此有关。可以肯定的是，物理因果闭合论证并不是为许多哲学家公认的论证，它的前提也是当代哲学讨论的中心问题。

一、关于因果的本体论

物理因果闭合论证涉及因果的形而上学问题，尤其是因果的本体论问题。物理因果闭合原则究竟适用于事件之间还是属性之间引起了诸多的讨论。

一般认为，因果关联项是事件，而事件又是基本的殊相。戴维森认为："因果关系和同一关系是个别事件之间的关系（无论人如何描述它）。"② 在物理主义因果论证的前提中，特别是事件因果论证中，因果关系就是发生在事件之间。当因果关系是事件之间的关系时，按照因果关系的哲学讨论，它或者遵守律则性关联，或者是反事实关联，或者是概率性关联，但无论哪一种关联，事件都是同一构成内的事件，即物理事件。既然都是同一事件，为什么还存在着关联呢？戴维森说："仅仅是由于事实被按照某种方式来描述，那些事件才能例示规律，从而才能依据规律来使那些事件作为说明或预言。关于互为因果作用的原理从外延角度来处理事件，因此它并没有涉及心理-物理二分法。……因为事件仅当被描述为心理事件时才是心理事件。关于因果关系的法则性质的原理必须

---

① 方法论自然主义论证如下：i. 我们有合理的理由接受自然科学方法做出的本体论承诺；ii. 事实上，由自然科学方法所引导的关于世界的形而上学图景是物理主义；iii. 我们有理由接受物理主义。由于笔者前面谈到过物理主义与自然主义的关系，它们只是一种方法论上的联系，并不是形而上学的关联。自然主义本身只是一种哲学运动，而不是一种很固定的形而上学，是否有为哲学家所公认的本体论承诺尚存在问题，因此，用自然主义来证明物理主义实在值得商榷。邦茹认为，假如有种自然主义承认形而上学应当通过自然科学方法来解决，并且有种自然科学方法能够支持物理主义的假设，那么这种自然科学方法是什么呢？显然，根据目前所能知道的自然科学方法，只能是物理学。(Bonjour L. Against materialism//Koons R C，Bealer G. The Waning of Materialism，Oxford：Oxford University Press，2010，p. 7.) 因此，我们说，这又回到了物理因果闭合原则这个问题。

② 唐纳德·戴维森：《真理、意义、行动与事件——戴维森哲学文选》，牟博等译，北京：商务印书馆，1993 年，第 252 页。

仔细地加以理解：它说的是，当一些事件作为原因和结果而被联系在一起时，它们具有例示一个规律的描述表达式。它并没有说，每一个单称因果陈述例示一个规律。”①

假如物理主义因果性只适用于事件之间，那么属性二元论就无法避免。普特南和福多提出了多样可实现性论证以反对物理主义。多样可实现性表明，高阶事件特别是心理事件可以在各类具有不同属性的事件上实现或例示。如果物理主义因果闭合或完备性原则是正确的话，因果性就会适用于属性之间，从而得出米勒（Mellor）或金在权的强论证，即心理属性同一于物理属性。金在权提出因果继承原则，随附属性的下向因果性也即是其功能来自引起它的基础属性，简言之，根源于基础属性的微观结构。通过功能还原，心理属性可以原物理属性。

二、反多元决定论问题

物理主义闭合原则坚持反多元决定论，即认为原因与结果之间是一种律则性关系，原因是结果的充分条件。对于这种律则性的因果关系，很多哲学家提出了不同的看法。

这种律则性因果关系普遍被认为具有决定论意义。除了休谟的习惯性联想之外，当代最有影响的形式就是借用自然必然性来表达因果的基础，表述为全称量词条件句就是：对于所有 x，如果 Fx，则 Gx。随着人们认识到微观世界的非决定情况，因果关系可以在没有充分性的场合仍能发挥作用的思想也得到了认可。在因果关系的决定论情况下，哲学家开始提出这样的问题：是原因的充分性还是结果的必然性对因果关系具有重要的影响？多元决定论认为，每个结果有多个原因，它们独立形成因果链，共同汇成一个单个的结果。也就是说，充分性并不能成为因果关系的基础。事实上，我们在经验生活中发现，许多结果并不是一个原因，如一个人的死亡，他可能是器官衰竭，也可能有手术不当，但哪个是真正的原因导致他这样的结果呢？即使对于属性因果来说，也存在这样的问题。例如，对于所有事件 e 和 e^*，假如 e 引起 e^*，假如存在着一个属性 F，它在 e 引起的 e^* 中具有因果有效性，那么就没有属性 G 以至于（a）G 不同于 F，并且（b）G 在引起 e^* 的 e 中具有因果有效性。比如一个白球运动引起了一个红球运动，接下去引起了黑球运动。那么这里我们就有了三个事件：白球运动、红球运动和黑球运动。

① 唐纳德·戴维森：《真理、意义、行动与事件——戴维森哲学文选》，牟博等译，北京：商务印书馆，1993 年，第 252 页。

白球运动引起了红球运动，然后引起了黑球运动。有这种情况中，红球运动引起了黑球运动，可以推断存在着一个红球运动的属性，如涉及特定的碰撞，造成红球运动因果引起了黑球运动。但是也有这种情况，白球运动引起了黑球运动，因为白球运动引起了红球运动，进而红球运动引起了黑球运动，可以推断有一个白球运动的属性，它涉及不同的碰撞，引起了黑球运动的运动。那么到底是哪个属性引起了黑球运动呢？

美国罗格斯大学（Rutgers University）教授、哲学家伯里·卢瓦尔（B. Loewer）认为，物理主义闭合原则把因果关系看成一个充分条件关系。不同于这种因果关系，卢瓦尔把因果关系理解为一种反事实因果关系。他根据D.刘易斯的理论，假如“没有M就没有E”，那么M引起E。反事实因果关系支持因果关系是由反事实所决定的，前件与后件不仅是充分条件而且是必要条件，能够准确地传达前后件之间的相关性。因此，假如M引起E，必定是$\overline{M}$必然$\overline{E}$，并没有另外一个事件先占有这种关系。如果对于E，N先于M，那么这个条件就是$\overline{N}$必须$\overline{E}$，并且N和$\overline{M}$必然E，也就是M引起E条件就是E反事实依赖于M。总之，N和M是形而上可能并存在的，非还原物理主义认为M才是公认的心理原因。卢瓦尔指出物理闭合原则的产生因果关系与当代物理学是不相适应的。他借用罗素的话说，因果是过去的遗物，像帝王一样存在，之所以如此只是因为它是无害的。但是物理学定律和事实并没有提到因果性，而只是由定律关联事件。如果按照金在权的说法，那就是整个微观事件产生另一事件。不过，真正抓住事件关系的只有反事实解释，可能反事实不能解释因果概念，但有理由相信可借助于基本定律和非因果事实解释它。卢瓦尔指出因果充分条件关系概念无法解释随附性事实，它似乎同意存在两个完美并行的世界，然后用一个世界的事件产生另一个世界的事件，但是天下哪有免费的晚餐，这是无法消除的形而上学问题。所以，霍根说：“主流的观点是：因果属性就是那些在众多属性之中出现的强硬的、客观的、历时的反事实依赖性模式的属性……”[1]

三、心理因果性问题

心理因果性问题是物理主义面对的一个重要难题。当物理主义说心理具有因果有效性，并且具有物理结果时，副现象论或预定和谐论认为心理状态本身并没有因果力，既不能影响身体的行为，也不能影响其他的精神，也就是说虽

① Horgan T E. Kim on mental causation and causal exclusion, Philosophical Perspectives, 11, 1997, pp. 165－184.

然每个心理都可以根据某个或某些身体事件得到充分解释，但对物理事件并没有作用。英国哲学家艾耶尔说，心理事件不是一种因果因素。

否定心理因果性，就会排除副现象主义或前定和谐论，然而物理主义的功能主义似乎无法避开这个问题。根据功能主义，心理状态是一种由它们的实现者的物理状态所占据的因果角色来定义的，即是一种二阶状态，而不是一种由物理状态的本身属性所决定的。因为二阶物理状态不能同一于一阶物理状态，我们也就不清楚是什么造成我们的身体行为。如果是由物理状态的二阶状态所引起的，那么心理状态就是副现象。物理主义特别是在非还原物理主义之中存在着严重的心理因果性问题。这在后面章节会详细地讨论。

四、非因果区域问题

副现象论者认为，物理因果闭合论证只适用于与物理结果有关的事件或属性，离开后者，就可能存在着不适用这一原则的区域，如数学、道德、价值事实等可能没有因果结果。假如我们否定数学、道德、价值事实有因果结果，那么我们物理因果论证就无法提供它们同一于物理事实的基础。

帕皮诺说：“我自己认为，（物理主义）因果论证的局限性为物理主义雄心计划划定了一个真实的边界。我想，物理主义的最好概括是不能宣称任何都是物理的，而是在弱的意义上坚持任何与物理世界有因果的东西都是物理的。”① 也就是说，物理主义讨论的区域不能直接适用于任何事物，只有与物理世界有因果关系的事物才能适用于物理主义。亚历山大说，凡是有因果能力就是实在的。我们可以推出，这种实在都要遵循物理主义。

五、物理概念问题

物理学的完备性是物理因果论证的前提条件。如果物理只被认为是物理学研究的对象，那么很明显物理学是不完备的，因为物理学有多种理解。假如是指向目前的物理学，无论是宏观物理学还是微观物理学，都不是完备的物理学，否则爱因斯坦也不会说“上帝不会掷骰子”。假如指向未来的物理学，我们也无法确定未来物理学会是什么样，很可能物理学包括心理的东西。这就是著名的“亨佩尔悖论”。

如果像有些物理主义者把物理说成非心理的东西，然而心理本身就不是一

① Papineau D. The rise of physicalism// Gillett C，Loewer B. Physicalism and its Discontents，Cambridge：Cambridge University Press，2001，p. 11.

个明确的概念，物理与心理在什么意义上是相对的，我们也不清楚。列宁说过，物质与意识只是在认识论上是对立的。认识论上的对立并不能推出本体论上的对立。我们还可以借用哲学家赖尔的说法，物理与心理的对立本身就是我们犯下的语言错误，即把不同的范畴放在一起而造成的“范畴错误”。无论如何，对于物理主义来说，物理必须要用它单独的范畴体系来概括。

综上所述，由于物理主义的假设或中心命题并不是举世公认的公理或定律，它涉及哲学上讨论的重要问题。所以，下面我们将围绕这些问题来研究物理主义的内容和反物理主义者的挑战。

第二章 亨佩尔悖论

尽管物理主义世界观对当代西方哲学产生了重要影响，然而关于物理主义表述却存在着争议。有人认为物理主义是还原物理主义，有人认为物理主义是随附或非还原物理主义，也有人认为物理主义是取消唯物主义，由此造成了学术界对物理主义众说纷纭，评价各异，甚至出现相互矛盾的现象。如何表述物理主义就成为当代物理主义与反物理主义的争论焦点。

第一节 物理主义的两个问题

从物理主义产生起，就有着各种不同的表述。

(1) D. 刘易斯 (D. Lewis)："世界就是物理学所说如是，其他没有什么可说的。"①

(2) 查默斯 (Chalmers)："物理主义的学说是指……世界中存在的任何事物包括人类心灵要么它自身是基本物理实在，要么是基本物理实在构成的。"②

(3) 休梅克 (Shoemaker)："物理主义即称它为本体论物理主义是这样

---

① Lewis D. New work for a theory of universals, Australasian Journal of Philosophy, 61, 1983, p. 361.

② Chalmers D. The Conscious Mind: In Search of a Fundamental Theory, Oxford: Oxford University Press, 1996, p. 41.

的命题：无论存在或出现的什么都最终是由物理实在构成的。”①

(4) 沃尔（Waler）：“物理主义学说……一般被认为是指世界中任何事物都是物理的，或者只不过都是物理的，或者在特定意义上的物理事实穷尽了所有世界中的事实。”②

无论如何表述，他们一般都认为，物理主义就是：所有的事物都是物理的。

初看上去，这里面没有什么大的问题，然而仔细研究则发现这种表述是十分模糊的。我们可以发现，它们并没有达到我们所说的标准，既没有实现充分性，也没有达到为大家所接受的程度。要达到这个目标，这“涉及界定一套表述物理主义思想和价值的充分共有的原则”。我们要从根本上去考察这些存在原则背后的范畴，以及界定这些范畴的优点和缺点。“它需要在结构上更为精确，以便在讨论时提供给我们清晰的看法。”③

我们仔细分析一下这个物理主义命题：它是关于两类关系的主张。如果我们用谓词逻辑表述就是“对于所有 x，如果所有 F 是 x，则 G 是 x”。其中，无论是 F 或是 G 都涉及对实在的看法，但是，它是一种物理实在，还是非物理的实在呢？波兰德说：“物理主义学说的任何充分的表述都需要一个对物理的先行的概括。进一步讲，既然物理主义命题可以并且通常随着所涉及的实在类型和关系变化（例如，语言和非语言实在、还原和非还原关系），那么就有必要说明作为物理的东西是由潜在于物理主义命题表述中什么类型实在构成的。”④

在考察物理主义的命题之前，我们要区分物理主义的本体论、观念体系和学说。作为一种哲学主张，物理主义是一个学说，它是由一套观念体系构成的，即由语言所表达的真句子构成。真句子分成被认为真的句子和事实为真的句子。后一种句子是我们通常所称为的真理、理论、解释和定律；前一种句子为真实的句子、理论公式、定律句子和解释公式。观念体系是指什么观念或思想可以用一个理论语言表达出来：在形成理论中所采用的是什么符号？哪个符号是根本的？哪个符号是推导出来的？这些符号意指着什么？概言之，观念体系问题是语言表达能力问题，它们关注语言结构和它的解释。一个实在的观念地位是由表达它的谓词所决定的，但什么实在能够被表达出来呢？按照蒯因的说法，

① Shoemaker S. Physicalism//Audi R. In the Cambridge Dictionary of Philosophy, Cambridge: Cambridge University Press, 2001, p. 706.

② Walter S, Heckman H-D. Physicalism and Mental Causation: The Metaphysics of Mind and Action, Charlottesville: Imprint Academic, 2003, p. v.

③ Stoljar D. Physicalism, London and New York: Rutledge, Taylor &Francis Group, 2010, p. 28.

④ Poland J. Physicalism: The Philosophical Foundations, Oxford: Clarendon Press, 1994, p. 110.

“一个理论的观念或思想体系是一个关于符号代表或意指什么的问题；一个理论的本体是一个断言说什么或意味存在什么的问题。一个理论的本体论可能确实被认为内隐于它的观念或思想中；对于量化的范围问题可能被认为是量词的完整意义问题”。①

对于一个理论的研究，我们所探讨的哲学问题就是它的本体论，即假如这个理论被认为是真的，那么所考察的量化的什么变项才是实在的。本体论研究的就是存在着什么，即存在着什么类的个体、属性、事件等，以及对心理、物理、抽象和具体等类型的量化。任何实在都满足于一个或多个本体论类的谓词，任何事物都有某些本体地位。对于物理主义来说，本体论对象的核心是理解本体论的物理基础是由什么构成的，以及与其他本体是如何关联的。

从物理主义的学说、观念体系和本体论内容来看，物理主义主要存在着两个主要问题，即解释问题（the interpretation question）和真值问题（the truth question）。

解释问题是指：

在什么意义上我们说任何事物都是物理的？

解释问题是物理主义的基础问题。在我们不清楚物理主义命题的意义前提下，直接讨论物理主义正当与否，显然是许多哲学家所无法接受的。那么，“如何形成一个‘物理的’的概念，使它不至于强到塌缩成一个不合理的取消主义，也不至于弱到用心理来定义物理。在定义物理的时候，物理主义者必须在下面左右为难的境地选择一条出路：物理主义不能使得物理主义明显错误的方式来定义，也不能使得物理主义无疑为真的方式来定义”②。也就是说，如果物理主义把物理定义为某个具体科学所表述的对象，通过自然科学的经验研究区分物理与非物理的，物理主义本身的命题就是一个经验的问题，它将面临着传统唯物主义遭受的指责。例如，像具有命题内容的意识状态就不能用传统物理基础进行解释，基于传统物理系统的物理基础并不包含着心理实在。如果物理主义把物理定义为非心理的，那就需要通过概念或语言分析，或通过先验论证提供区分物理与非物理的基础。例如，从非心理的概念来先验地推导命题的真，那么心理如何定义又是一个问题。正是在这个意义上，罗蒂说，如果心理是物理的对立面，它们的本体论范畴就解体了。同时，被认为包含有物理基础的先验

① Quine W V. Ontology and ideology, Philosophical Studies, 2, 1951, p. 15.

② Crane T. Physicalism//Gluttenplan S. A Companion to Philosophy of Mind, Blackwell: Blackwell Published Ltd, 1994, p. 479.

约束条件可能也排斥价值、系统属性和抽象物，它们可能被视为不可通约和拥有独立的地位。波义德说："界定物理主义基础的问题是物理主义者面临的最深刻的基本问题之一。"①

在物理主义命题的相关概念得到界定以后，命题的真假与否又成为讨论的重要话题。当我们说所有的事物都是物理的，这是一个先验为真的命题，还是一个后验为真的命题，即物理主义真值问题：

"任何事物是物理的"是不是为真的？

物理主义的真值问题关系到物理主义能不能成为一个形而上学的问题。当代反物理主义者认为物理主义只是一个经验的问题，或者说不能成为严格的形而上学问题。物理主义者在本体论框架内提出了"还原性""随附性""实现性""突现性"等多种理解方式，以此证明物理主义命题是为真的。

物理主义的两个问题密切关联。真值问题以解释问题为前提，解释问题又影响到真值问题的讨论。同时，解释问题的目标是真值问题，真值问题的答案反过来会影响解释问题。它们共同构成了物理主义当前讨论的重要话题。鉴于解释问题的基础性，我们先讨论解释问题。

由于强调的重点不同，解释问题又分成所谓完备性问题（the completeness question）和条件问题（the condition question）。完备性问题是指：

在什么意义上说任何事物都是物理的？

完备性问题强调物理主义命题的全称量词"所有事物"，也就是说对于哪些事物能够满足作为物理的条件，或者说能够充当物理的角色。在这个意义上，我们可以换成这样的说法："对于什么事物能够满足是物理的？"完备性问题是物理主义作为一个形而上学命题必须回答的问题，否则物理主义的普遍适用性就会大打折扣。传统的唯物主义如机械唯物主义为什么在自然界适用，而当它推广到社会领域就变成了唯心主义，就是因为它忽视了一个命题的完备性条件。

当我们在判定一个事物能否作为物理的，"物理的"的标准或条件又成为判断者需要回答的问题。物理主义解释问题的第二个问题就是条件问题：

在什么意义上说任何的事物都是物理的？

条件问题也可以说成：事物满足什么条件才是物理的。由于不同的物理主义者提出不同的标准，造成了物理主义本身表述的混乱，也为反物理主义提供

① Poland J. Physicalism: The Philosophical Foundations, Oxford: Clarendon Press, 1994, p. 119.

了口诛笔伐的理由。甚至出现这样的情况，不少物理主义者仍然沿用前理论化唯物主义概念，把物理定义为具有时空等特性的可观察的实在，结果重新回到传统唯物主义的窠臼。即使有学者用物理学来定义物理，也没有明确物理学是哪种物理学，招致了亨佩尔难题。波兰德说："物理主义学说的任何充分的表述都需要一个对物理的先行的概括。进一步讲，既然物理主义命题可以并且通常随着所涉及的实在类型和关系变化（例如，语言和非语言实在、还原和非还原关系），那么就有必要说明作为物理的东西是由潜在于物理主义命题表述中什么类型实在构成的。"①

第二节　完备性问题

有些哲学家认为，如果物理主义的学说为真，那么就是一个全称命题，即整个世界的所有事物包括绝对或相对的、共相或殊相的、事件或属性的。具体说，包括自然、社会和思维领域等各个领域的事物，甚至是我们还无法想到的世界，如黑洞世界。即：

（1）物理主义是真的当且仅当任何事物无论什么绝对都是物理的。

这个解释被称为绝对的、较强的表述，类似于"任何事物都是自身等同"命题中的"任何事物"一样。但是按照 D. 刘易斯说法，存在着多种可能世界，日常世界只是我们众多世界中的一种。物理主义是说我们日常世界是物理的，还是说所有的可能世界都是物理的？

波普尔有三种世界的划分，一个是物质世界，一个是精神世界，一个是文化世界。如果物理主义是正确的，后两者也应当是物理的。但是像我们的主观感受性和我们的文化产物显然不是我们日常世界所经验的东西那样具有时空位置或形状，我们怎么才能说它们是物理的呢？我们可以设想存在着这样的世界，它们都是由我们日常世界的具体事物实现的，但是它们却包含着我们某些东西是与实现它们的东西没有因果关系的。霍根②和 D. 刘易斯③把它称为"副现象媒质问题"，即按照绝对物理主义的定义，所有事物都是物理的，那么这个副现象的东西也是物理的，不过却与我们的经验世界中的东西不一样，我们也无法

① Poland J. Physicalism: The Philosophical Foundations, Oxford: Clarendon Press, 1994, p. 110.

② Horgan T E. Supervenience and microphysics, pacific philosophical quarterly, 63, 1983, pp. 29 – 43.

③ Lewis D. New work for a theory of universals, Australasian Journal of Philosophy, 4, 1983, p. 61.

证明它的存在。这个副现象的东西不是不可能的，即使它存在我们也无法认识。副现象媒质问题提醒物理主义：绝对物理主义表述太强，它包含有无法例示的事件，以至于远远不是当代物理主义者所能够有充分的信心去坚持的。

物理主义者不能轻易地说，物理主义是正确的，但数字、文化、社会机构不是物理的。否定数字、文化、社会机构是物理的，那就是跛足的物理主义。我们认为最好的办法是给"所有的"下一个限定词。比如说，"任何人都是要死的"，这里的"任何"是指具体的事物，就是殊相的存在。因此，我们给物理主义下个限定的量词：

（2）物理主义是真的，当且仅当任何具体的殊相是物理的。

在哲学中，殊相有多种说法。一般来说，它是指存在于时空中的个体实在，像电脑、桌子、学校、数学 2 等。殊相有两种，一种是抽象的殊相，一种是具体的殊相。抽象的殊相是无法例示的事物，就像我们前面说的副现象媒质。我们只能把事物定义为具体的殊相。但这种具体的殊相可以包含着二元论所说的灵魂、鬼等存在，它们虽然不与物理主义相符，但并不排除它们的实在地位，比如在天堂、地狱中。特别是在当代的属性二元论，它们预设了一种实体，但是存在着两种不同的属性，如物理属性和心理属性，心理属性就是具体的殊相。因此，"它说任何殊相是物理的，但是留给某些殊相是非物理的属性。因此，（2）将不会作为一种物理主义的公式"。① 假如（2）不能排除属性二元论，我们只好对此进行适当的调整，即：

（3）假如物理主义为真，当且仅当任何属性是物理的。②

（3）可以排除二元论的可能，包括实体二元论和属性二元论。但是它像（1）一样太强了，虽然避免了存在无法证明的事件，但并不能排除存在着无法例示的属性。比如，作为明朝皇帝的属性，它似乎为某个人所具有。但事实上，朱元璋、朱棣没有，任何人也没有。这个属性是无法例示的。然而，按照某些哲学家所说，它无法例示，但是它存在。再比如，飞马存在不存在？我们可以合理地假定作为飞马的属性是存在的，只是无法例示而已。我们可以再深入一点，如果（3）是正确的，那么作为飞马的属性、作为孙悟空的属性都是物理的。因此，我们只能用例示的属性来取代原来的没有严格限定的"属性"，即：

---

① Stoljar D. Physicalism，London and New York：Rutledge，Taylor &Francis Group，2010，p. 32.

② Stoljar D. Physicalism，London and New York：Rutledge，Taylor &Francis Group，2010，p. 33.

(4) 物理主义是真的，当且仅当任何例示的属性是物理的。②

我们再分析这个“例示的属性”。例示的属性有多种，比如，我既例示了父亲的属性，又例示了丈夫的属性，同时也有儿子的属性，还有教师的属性，等等，但是哪个属性是物理的。我们可以说，它只是一种社会、法律属性，而不是一种物理属性。在众多属性中，我们必须要区分出一种基本属性。

按照D. 刘易斯的说法，很少属性是基本的，一个基本的属性是例示共同分有的本质。比如，偶然事实为真是因为共同例示基本属性和关系的原因。假如两个可能世界在例示基本属性和关系的模式上是同构的，那么它们是绝对相似的。这样，我们可以得出：

(5) 物理主义为真当且仅当任何例示的基本属性是物理的。①

如果一个属性例示，并且它是一个非物理属性，并且如果 (4) 为真，则物理主义是错误的。但是假如 (5) 为真，它不能推出物理主义是错误的，因为这个属性并不是基本属性。但是这个基本属性是一种形而上学的预设。什么是基本的？什么不是基本的？这需要设定一个先验的原则。

斯图尔加说，对于 (4) 还可以另外进行修正：

(6) 物理主义是真的，当且仅当任何例示的属性要么是物理的，要么产生了与一个例示物理属性有着特定关系R。②

这个定义表明我们不需要什么基本属性，我们只需要找到这个与物理属性的关系就行了。然而，这个关系是什么呢？是一种形而上学的必然性、随附性、实现性等？不同于其他唯物主义者，斯图尔加认为这种关系是一种形而上学的必然性。

(7) 物理主义为真，当且仅当任何例示的属性要么是物理的，要么是由某些例示的物理属性必然的。②

斯图尔加认为这个必然性是一种合理的假定。这个必然性是什么意思呢？即属性F使另一个属性成为必要是必然假定F被例示，那么G被例示；同样，假如F被例示，那么G必定被例示。这个必然性适用于所有可能世界。例如，作为红色的属性必然是在所有可能世界作为颜色的属性，即假如是红色的，那么它是颜色的。这里要区分可能性和必然性。可能性是有限定的量词，而必然性是没有限定的量词而是全称量词。比如，我不可能买一套别墅，这是在限定

---

① Stoljar D. Physicalism, London and New York: Rutledge, Taylor &Francis Group, 2010, p. 35.

② Stoljar D. Physicalism, London and New York: Rutledge, Taylor &Francis Group, 2010, p. 37.

我的财力状况下，但在没有这个限定的区域内，我可能会买一套别墅。因此，如果（7）为真的，即使行政、司法机构是一种社会、法律抽象的属性，但它成为必然的主要还是物理属性的使然。

关于物理主义的必然性问题我们会在后面章节详细地讨论，这里我们只要知道物理主义的完备性是指，物理主义所指的事物是指任何例示的属性要么是一个物理属性，要么是由其他物理属性必然的结果。但是，这样并不能完全让我们清楚明白什么事物是物理的，它关系到物理主义的解释问题的第二个问题，即我们需要知道物理属性是什么的条件问题。

第三节 条件问题

非唯物主义者瞧不起唯物主义者，在他们看来，唯物主义对物质的定义语焉不详，甚至是模糊的。本格说，这是因为唯物主义的物质“并未得到现代自然科学所详加阐述的成熟物质理论的支持”①。当代物理主义用物理学这个现代成熟的科学来描述物质的时候，是不是就避免了非唯物主义的指责呢？事实上，物理主义不但没有摆脱非唯物主义的非难，反而引起了更大的争论。

对于物理属性的判断标准，在哲学史多有论述。我们先从两个方面做起：第一，传统哲学家是如何界定物理属性的。第二，我们要比较当代物理主义与反物理主义是如何界定物理属性的。

传统哲学家对物理属性的界定与他们的物质观有着紧密的联系。物质是各种属性及其内在关系的统一体，有什么样的物质观，就会有什么样的关于物理属性的看法。在古老的物质观中，物质是一种形式或属性的被动容器（柏拉图语），只有灵魂或精神者才是自动的。即使是亚里士多德四因说认为灵魂或精神是肉体质料产生出来的，但他还是认为作为物质的肉体并不具有自动的属性。也就是说，在古代哲学家那里，物理属性等于物质属性，什么样的物质形态决定了什么样的物质属性。由此，泰勒士的水虽然有流动性，但无法解释人的灵魂。德谟克利特的原子论也只是由原子和虚空构成，原子没有属性的区别，只有形状、体积和序列的不同，后者的不同构成了万物。总是，物理属性是一种惰性的属性。

近代的物质观是在近代物理学的发展下形成的，它认为物质“一定是不能动，不能知觉，不被感知的，因为他们说物质，物质是一个无活力、无感觉而

① 马里奥·本格：《科学唯物主义》，张相轮、郑毓信译，上海：上海译文出版社，1989年，第3页。

又不可知的实体”[①]。这是反唯物主义的贝克莱对当时唯物主义的普遍看法的总结，即物质属性仍然是一种惰性。后来笛卡儿又加上一个广延性，能存在于特定空间的属性。因此，事物的运动必须有外界的力来施加。

这种机械物质观到了现代有所改变，出现了物质的“非物质化”。非物质化有四种倾向：第一种是物质仅是一种理论描述，它反映的是理论对象；第二种是物质是一种场，而场并非物质；第三种是物质的量子化，即每一个物质事件都是某人所作的任意决定的结果。这样一来，高度准确的理论就将涉及物质-精神的复合体，进而物质和精神之间的界限又可能由实验者任意地划定，以至于没有任何客观的或绝对的存在物。第四种是，现代物理学已经证明世界是由事件而非事物构成的。事实上，根据定义，事件是某种事件或物质实体的状态的变化，事件本身并没有事件，它们仅存在于这种或那种事物，即实体或场或任何别的物质客体之中，以至于对事件这一概念的最简单的分解是“X 是事物 Y 中相对于参照系 Z=df_i 的一个事件，f 是事物 Y 相对于参照系 Z 的可能状态，X 等于有序偶〈i，f〉”。物理学并不把世界看成是由非物质的事件或没有任何变化的物质等实体所构成的：物理现象的世界是变化事物的系统，即是这一类型系统中最丰富的。

我们评论一下这四种物质观。第二种把场说成非物质，这是一种沿用近代的物质观看法，事实上，科学告诉我们场也是一种物质。第三种物质的量子化是基于哥本哈根解释。哥本哈根的解释有这样的缺点，即没有一个量子论的公式中包含着描述人类主体的任一特性，特别是心理学特性的变数。另一个缺点，许多实验可以自动化到这样的程度，直到实验完成以后其结果被打印出来并由实验者读出来，这是保证主体不介入实验过程的一种方式。或者我们可以按照科学哲学的解读，哥本哈根解释只不过表明，在任何实验过程中，所谓的理论先于实验，即客观性总是与主体性相关的。

第一种和第四种物质观在当代物理主义仍然在讨论，也被称为“以理论为基础的概念”和“以对象为基础的概念”。我们先从“以对象为基础的概念”谈起。

对于物理对象，我们的日常经验给出一个自认为明白无误的答案，那就是它有大小、形状和空间外延，能够运动，可以变化，等等。当然这不足以详细地说明物理对象的特点。有些物理对象可能并不具有上面的特征，如场、暗物质等。这也是传统物质观存在的缺陷。因此，我们不能用上面列出的特征来说明物理属性。物理对象和物理属性是两个不同的本体范畴。属性是一个对象可据此得以描述或刻画的特征，它是一物所拥有的特点，但它并不是与此物必然

① 贝克莱：《人类知识原理》，关文运译，北京：商务印书馆，1973 年，第 51 页。

对应的。比如，我们说海瑞是个好人，“海瑞”就是一个对象，而“是个好人”则是属性。按照谓词逻辑来说，海瑞是一个对象，“是个好人”是一个谓词，进行量化，这里只有一个存在量词，而不是全称量词。“是个好人”可能适用于其他人，也可能不适用于其他人。

因此，我们谈的物理对象不是具体的物理事物而是物理属性。这个物理属性可以从以下方面进行定义。第一，日常定义。一个属性是物理属性就是物理对象所具有的属性。第二，个别定义。物理属性是由某个物理对象例示的属性。第三，概括定义。物理属性是由所有的物理对象例示的属性。这三个定义都是直接定义。第四，间接定义。物理属性是非心理的属性。把它们概括起来就是：

> 一个物理是属性的，当且仅当，（1）它是用来说明我们范式规定的物理对象和它们的构成的内在本质的某类属性，（2）它是由我们范式规定的物理对象和它们的构成的内在本质的属性所逻辑上或形而上的某类属性。

我们来分析一下这些定义存在的问题：

（1）循环定义。

直接定义往往会犯循环定义的错误。循环定义是指用于定义某术语的物件（或用于定义此物件之物件）最终需要用某词语本身来定义。例如，松树是会长出松果的树。这个定义的定义项和被定义项，均出现了“松”，它无法使我们对松树有新的知识，我们还是不理解“松”的意思。同样，用物理对象来解释物理属性也不会让我们对物理属性有更多的理解。即使是间接定义也仍然会犯循环定义的问题，比如用非心理的定义物理的，那么什么是心理的呢？你可能会说是非物理的。这也就是循环定义的另一个类型。

对于说明或定义一个概念不能采用命名式，即通过指向一个实在东西而进行定义。这除了犯我们逻辑上所讲的循环定义之外，还会犯维特根斯坦所讲的盒子里的甲虫的问题①，以及蒯因的翻译不确定性问题②。比如，我们认为物理的东西，

---

① 维特根斯坦反对私人语言之可能性的论证的一部分。假定每个语言使用者都有一个任何其他人都不可能看到的私人盒子，并且假定我们把这些盒子里的内容称为“甲虫”，因为不同的盒子里的内容是不同的，所以甲虫一词在语言游戏中完全不起作用，因为其他的语言使用者不知道它是什么意思。他们使用同样的词汇“甲虫”，但可能指的是完全不同的东西。依此类推，如果一个人将一个私人定义或名称归于私人感觉，那么它在语义上就是无关的，因为它没有真正的意义，不能被用作名称。“假定每个人都有一个装着我们称为‘甲虫’的某种东西的盒子。谁也不能看到任何其他人的盒子的里面，而每个人都仅仅因为看到自己的甲虫而说他知道甲虫是什么，……如果是这样，它就不能被用作一个东西的名称。”（维特根斯坦：《哲学研究》，第 293 节）。

② 蒯因认为，人们对命题或陈述都有不同的解释，这是根据语境来变化的。物理事实并不能决定我们谈论的语言的意义。

在古人或者在其他地方的人看来，这并不是物理的。就像在一个以丑为美的国度里，一个外来人是无法理解这个美的概念的。再如，麦金提到空间概念时，他提到一个科幻小说，它是爱德温·A. 艾伯特（Edwin A. Abbott）所写的《平面国》（*Flatland*），[①]书中的平面生物居住在一个二维世界中，对比它们自己较高的空间茫然无知。它们以不同的二维形态出现，但它们的视线显现的只是一个直线。英雄四边形先生（A. Square）在接待高贵的球形生物（Lord Sphere）时为需要额外维度的现象而困扰，它很难形成一个额外维度的观念。对于平面国的居民来说，这个平面世界就是它们的世界；它们把它们有限知觉的世界作为穷尽所有的实在。但是我们三维生物知道它们正在遗漏一个完整的维度，没有这个维度，我们所知道的世界将是不可能的。艾伯特的书中告诉我们一点，一个空间贫乏的概念具有巨大的无知海洋，因为空间是宇宙的一个基本特征。

（2）薛定谔的“两个桌子”。

著名的物理学家薛定谔提出一个令人瞠目结舌的论证。在他看来，摆在我们面前的一个桌子并不是一个，而是有两个：一个是日常的桌子，一个是科学的桌子。日常的桌子有形状、大小、空间、质量等，而科学的桌子则不具有这些，它是空的，因为我们可以把组成它的基本粒子一直分到量子。那么这种科学的桌子不就证明物理主义的错误了吗？

这两个桌子都是以对象为基础的定义。日常的桌子是以我们日常经验的物理对象为基础而定义的，科学的桌子是以我们科学所研究的物理对象属性为基础而定义的。如果是这样，物理对象是以科学家所说的还是我们日常经验所说的为基础呢？另外，如果说以科学家所说的物理对象属性为基础，那么是以哪个物理学家为准呢？宏观物理学家还是微观物理学家？

即使有一个科学家提出一个基本物理属性参照标准，属性本身仍然有丰裕（abundant）属性和稀缺（sparse）属性。所谓丰裕属性是指为一类事物所具有的属性，如作为男同学的属性，和作为一类马克思主义者的属性；而稀缺属性是指区别于其他事物的属性，称为基本属性。那么我们所讲的物理属性是一种丰裕属性还是稀缺属性呢？另外，如果对于把属性定位于某个事物上，它就是

① 《平面国》是一本关于二维世界里生命的经典著作，由埃德温·A. 艾博特（E. A. Abbott）于1884年所著。书中描述了“四边形先生”（A. Square）的冒险经历。四边形先生是一个生活在二维世界里的角色，在那里居住着能够活动的各种几何图形，如三角形、四边形、五边形等。在故事接近尾声的时候，即2000年的第一天，一个来自三维“空间地带”的球形生物途径平面国，将四边形先生带离他的二维世界，向他展示出更大世界里的三维面貌。当四边形先生逐渐了解球形世界所展示的一切时，他断定“空间地带”本身可能作为一个很小的子空间而存在于一个更大的四维宇宙中。

一个内在属性，但如果是两个事物之间的属性，那就是关系属性或外在属性。关系属性也是一种类型属性。如果物理属性限定于内在属性，那就是太弱了。

既然这么多类型的属性，对于物理主义确切定义来说显然是不够的，我们不知道它指向哪个属性。因此，有人说，物理主义不是关于属性而是关于事态的，这个事态是由具有某个属性的对象或处在一定关系中的两个对象构成的。物理主义的命题就表述为："物理主义为真，当且仅当任何事态都必然是某些物理事态，其中对于一个事态来说它是作为另一个事态的必然结果，这意味着一个出现的，另一个必然会出现。"[①] 但也有哲学家认为物理主义不是关于属性而是关于事实的，即任何事实必然是某些物理事实，其中一个事实是另一个事实的必然结果意味着假如一个事实为真，那另一个事实必然也为真。无论是物理事态还是物理事实，到最后都会与属性有关。

(3) 泛心论问题。

杰克逊（Frank Jackson）用泛心论的可能性来反对以对象为基础的物理概念。[②] 假设我们熟知的物理对象都像我们一样是有意识的存在，物理主义在此情况下会是真的吗？直觉上似乎不可能，然而假如我们是以物理属性为对象的概念进行定义的，那么很难说为什么不可能。在我们经验世界中，按照以物理对象为基础的概念，某物是否具有物理属性只需根据我们常见的物理对象来进行解释。在泛心论可能的世界中，按照以物理对象为基础的概念，它不能指向我们经验世界中的物理对象，而只能指向具有和我们一样有意识的物理对象，因此这种定义的物理属性就具有了意识的属性。

我们姑且不说泛心论是否正确，但就这种定义无法排除泛心论而言，物理主义是有问题的。为什么物理主义会与泛心论并不矛盾呢？问题的关键在于，我们概括物理的特征或属性并不能以我们所研究的物理对象来确定，它们可能为科学理论所证明是具有心理属性的。著名英国哲学家考林·麦金说，我们的意识可能来自前宇宙时代，作为一种前宇宙的物质的活化石，它本身就具有不同于现在物质的属性。

我们所研究的物理对象受到我们范式的影响，抽取的样本打上了我们对物质理解的概念框架。比如，我们在研究红色的时候，可能会选取血作为样本，它构成了我们日常范式样本和共同知识。如果有人说，血是绿色的，那可能是错误的（由于人的血液中含有血红蛋白，故呈现红色），但这只是关于血的论述

---

① Stoljar D. Physicalism，London and New York：Rutledge，Taylor & Francis Group，2010，p. 44.

② Jackson F. From Metaphysics to Ethics：A Defense of Conceptual Analysis，Oxford：Clarendon Press，1998.

是错误的，对于红色的表述并不是错误的。同样，我们说物理属性具有心理属性，只是关于我们的物理对象是错误的，但不能说关于物理属性本身是错误的。

第四节　“物理”的理论概念

以物理对象为基础的概念的直接定义要么导致循环定义，要么碰到薛定谔的“两个桌子”或者泛心论问题，物理主义的回应是“放弃以先验的术语来定义物理的，代替以物理科学提供的实在来定义它”①。物理科学被认为有着特定的本体论，它们提供的实在可以避免我们上面所犯的错误。赫尔曼（Hellman）和汤普森（Thompson）认为：“一个有资格称为本体物理主义的命题……，概括而言，是假定：在被解释的意义，任何事物都可用精确的物理实在而穷尽，因为这些实在被指定为满足（相关对象语言）L的基本真正物理谓词清单中的任何谓词。例如，这个清单可能包括，如‘是一个中微子’‘是一个电磁场’‘是一个四维体’‘相关于遵守列出的公式（如爱因斯坦公式）的力’等。”②

为什么当代物理主义者认为物理理论能提供物理属性的定义呢？第一，当代物理学特别是量子力学提供对电磁力、弱核力和强核力解释的标准模型，而广义相对论又提供了重力的解释。这种成功使得我们相信物理学提供了一个基本实在的本体论基础。第二，这种物理学提供的本体论解释表明了不同自然科学所研究的实在只不过是物理学所研究的实在。例如，化学现象只是量子现象的突现，生物现象只不过是分子现象的结果。所以，我们可以说，关于重力的理论可以解释宏观物理对象或属性，电磁学可以解释固体、液体和气体现象，强核力和弱核力的理论可以解释微观物理对象或属性。这些表明当代物理学可以支持物理主义。

爱尔兰哲学家菲利普·佩蒂特（Philip Pettit）③ 反对克兰和米勒提出的物理主

---

① Crane T. Physicalism//Gluttenplan S. A Companion to Philosophy of Mind，Blackwell：Blackwell Published Ltd，1994，p. 480.

② Hellman G，Thompson F. Physicalism：ontology，determination，and reduction，Journal of Philosophy，72，1975，pp. 551 - 564.

③ 菲利普·佩蒂特（Philip Pettit）（1945—　）：爱尔兰哲学家和政治理论家，曾任职于美国普林斯顿大学、澳大利亚国立大学，主要研究政治哲学和心灵哲学。代表作为《结构主义的概念：一种批判的分析》（The Concept of Structuralism：A Critical Analysis，1975）、《日常心灵：心理学、社会学和政治学论文集》（The Common Mind：An Essay on Psychology，Society and Politics，1993）、《共和主义：一种自由和政治理论》（Republicanism：A Theory of Freedom and Government，1997）、《日常心灵：菲利普·佩蒂特哲学专集》（Common Minds：Themes from the Philosophy of Philip Pettit，2007）。

义无定义论[①]，提出物理主义可以由物理学来进行定义：①经验世界是由物理学所区分的物质构成的，②经验世界是由物理学所描述的规律来支配的，这两个思想构成了物理主义的内容。[②] 佩蒂特对这个物理主义定义进行了具体分析：

第一，存在着微观物理的实在。佩蒂特从物理实在论的观点出发，坚持物理学家能够告诉我们关于客观世界的内容，即确实存在着一个为物理学家描述的世界，经验世界是由物理学家预设的实在构成。在这基础上，我们的经验世界就是由不同类事物构成的，它们是由物理学特别是微观物理学所预设的那类实在构成的，“微观物理学可以被视为一种覆盖那个实在域所有事物的科学，无论在什么构成层次上”[③]。也就是说，物理学不会像心理学、生物学限定在特定的实在区域，它跨越各个学科的实在区域，而定位于一个更小或更基本的微观实在区域。考虑到传统唯物主义的问题，这种微观物理实在不能按照原子式的定义，而是一种基本属性。

第二，微观物理实在构成了所有事物。佩蒂特为了避免物理决定论的需要，引入了“构成”概念，“经验世界中的任何事物在某种方式上（无遗漏地）是由微观物理学预设的那类实在（亚原子）构成的，或者说它自身是不需要构成和微观物理的”。[④] 这种构成涉及多种关系，如同一、实现等，其核心是：所有高层事物都依赖于微观实在，没有微观实在的变化就没有高层事物的变化。无论是内在属性，还是关系属性，它们的变化都与微观属性有关。

第三，存在着微观物理规则。佩蒂特指出，在微观物理属性和关系之间存在似律的规则。这种规则可能是概率性，也可能是决定性，但无论何种性质，它都不是在认识论上决定所有其他定律的规则，而是一种原初性的规则。如果存在着高层定律，这些高层定律不能与微观物理规则冲突。

第四，微观物理规则控制着所有事物。不少学者认为，高层定律的存在表明它们描述了不同于微观物理的实在，因而控制着这些实在。佩蒂特说，一旦微观条件和微观定律被固定，所有世界的特征就被固定了。但是，这个固定不应理解为还原或取消高层实在，也不是关于高层实在的副现象论者，它是一种本体上的依赖。

由此，佩蒂特提出了用物理学定义的好处在于：第一，这个定义具有经济性和简单性。第二，这个定义是抽象的，但又是具体的。一方面，说它是抽象

---

① 可参见，Crane T，Mellor D H. There is no question of physicalism，Mind，99，1990，pp. 185－206.

② Pettit P. A definition of physicalism，Analysis，4（53），1993，p. 213.

③ Pettit P. A definition of physicalism，Analysis，4（53），1993，p. 214.

④ Pettit P. A Definition of Physicalism，Analysis，4（53），1993，p. 215.

的，因为它是建立在层次世界观下，通过对各层次间关系的考察，而得出的微观实在的基本性；一方面，说它是具体的，因为它是由微观物理学所预设的实在。第三，这个定义提供了一种工作假说；物理主义描述世界图景并不与日常话语所描述的世界相冲突。

第五节　亨佩尔悖论

这种以物理理论为基础的，由理论谓词来表达的物理属性称为“以理论为基础的概念”。斯图尔加称之为“理论观点的物理主义”。这个观点有两个部分：①一个属性是理论属性，当且仅当它是由物理理论的谓词所表达的。②物理主义为真，当且仅当任何例示的属性必然是由某些例示理论为基础的物理属性为基础的，即：

> 一个属性是物理的，当且仅当，(1) 它是某种物理理论告诉我们的那类属性，(2) 它是由某种物理理论告诉我们的那类属性所推导出来的属性。

根据这种定义，物理理论是判断物理属性的标准。问题在于什么样的物理理论能够承担这样的任务呢？很明显，物理理论有很多分支，如力学、电磁学、热力学、量子力学等，然而，没有一个物理学家能够完全坚信他的物理理论是完备的理论。甚至，有时我们也把化学、分子生物学视为关于物理的理论，它们是否也是判断物理属性的理论呢？这就是著名的“亨佩尔悖论”。

著名哲学家亨佩尔在 1980 年的论文《世界制造的方法》中提出：“我将补充道：物理主义主张即物理语言能够作为一个统一语言是内在模糊的，它是指什么物理语言？显然不是那种物理学，比如 18 世纪的物理学；因为它包含着像‘热素’这样的语言，它们的用法是受到现在认为是错误的理论假设所支配的。当代物理学的语言也不能宣称具有统一语言的地位，因为它无疑也会经历变化。物理主义的命题将似乎需要这样一种语言，即能形成一个适用于所有物理现象的真理论。但是明显不清楚的是，这里什么才能被认为是物理现象，特别是在已经发生语言转向的学科背景下如何理解。”①

亨佩尔最初只是表明纽拉特和卡尔纳普的语义物理主义存在着问题。语义物理主义表明物理语言是普遍的语言，任何语言都可以翻译成物理语言。亨佩尔认为这个物理语言是有问题，它达不到纽拉特当初的目的，因为这个物理语

① Hempel C. Comments on Goodman's ways of worldmaking，Synthése，45，1980，pp. 194，195.

言是什么语言尚不清楚的，明显在不同时期有不同的物理语言。然而，这个问题得到当代许多哲学家的关注，他们把从对语义物理主义的考量转向了形而上的物理主义。像赫尔曼就认为："可能对所有努力形成物理主义的结果来说是一个最严重的打击。"接着，他补充说："当代物理学确实是不完备的（甚至就它的本体论也是如此）以及不精确的（在它的定律上）。这提出一个困境：要么物理主义原则是基于当代物理学，在这种情况下，我们有任何理由认为它们是错误的；或者物理主义不是基于当代物理学，在这种情况下，它又难以解释它们，因为它们是基于一个的'物理的'——它是不存在的，我们缺乏任何由独立于物理理论而形成的普遍标准去定义'物理对象、属性或定律'。"①

对于亨佩尔悖论可以总结如下：

(1) 假如物理属性是由当代物理理论的谓词所表达的属性来定义的，那么物理主义是错误的。

(2) 假如物理属性是由一个理想的物理理论的谓词所表达的属性来定义的，那么我们不知道这个物理主义说什么。

(3) 要么它是这样的情况，物理属性是由当代物理理论的谓词所表达的属性来定义，要么它是这样的情况，物理属性是由一个理想的物理理论的谓词所表达的属性来定义。

(4) 要么物理主义是错误的，要么我们不知道它说什么。

亨佩尔悖论告诉我们：如果物理属性是由物理理论定义的，那么它就会面对一个不知如何选择物理理论的困境。如果物理理论是由物理学、化学、分子生物学所构成的理论，那么物理学、化学、分子生物学等理论就存在着哪个更为根本的理论？如果化学、分子生物学被认为能够还原到物理学，为什么我们不能说心理学也能还原物理学而视为物理学呢？如果物理理论仅是指物理学，那么是当代的物理学还是未来理想的物理学？如果说当代的物理学明显不完备，那么谁又能保证未来的物理学是完备的呢？当然你可以说未来的物理学指的是我们理想的、完备的物理学，那么为什么我们不能说这种物理学有可能把心理属性包括在内呢？物理主义如果不能在亨佩尔悖论下给出一个答案来，那么就无法保证物理主义是正确的。

(1) 科学实在论态度。

尽管亨佩尔悖论认为以当代物理学定义物理是不可靠的，但安德森·梅尼克（A. Melnyk）仍然捍卫这个观点。他说，正如科学实在论者尽管知道当代物

① Hellman G. Determination and logical truth, Journal of Philosophy, 82/11, 1985, p. 609.

理学的不足一样，他们仍然相信他们的实在论，同样，物理主义也可以相信当代物理学为基础的物理主义。梅尼克把他的科学实在论态度称为 SR 态度，即对待科学假说的态度：①根据独立于心灵的世界是什么的方式来判断科学假说的真或假；②赋予这个科学假说有比其他竞争性假说更为真实可能性。

一般我们对待假说的态度是通过比较，梅尼克把这种态度称为相对态度（RR）。如果我们把某个假说称为 H_1，另一个假说是 H_2，那么当且仅当"（a）H_1 明显地倾向于达到 H_2 理论的许多目标；（b）H_1 和 H_2 假说彼此并不随附；（c）H_1 通常已被描述出来"[①]。显然，这种相对态度并不反对我们假定的这个假说，而只是说这个假说没有达到另一个假说的更多的理论目标。既然如此，我们对待这个假说的态度需要的就是要比对手更为接近真，而不是说它达到或达不到比对手的更多的理论目标。同样，我们对于以当代物理学为基础的物理主义也应当持这种科学实在论的态度。

梅尼克说："假定一个物理主义者完全是那些对物理主义持科学实在论态度的人，物理理论化的历史使得物理主义不可能是真的这样单纯的事实，并不能自个提供理由去抛弃作为一个物理主义者；某人可以保持一个物理主义者，正如物理主义，尽管不可能，仍一直比它的有关对手更有可能性。"[②] 对物理主义持科学态度不需要假定物理理论比其他理论具有更高的可能性，也不需要物理理论本身具有多高的概率性。

然而，像亨佩尔悖论中所说，如果当代物理学本身是有缺陷的，解释是完备的，如何能够作为物理的定义呢？梅尼克说，即使是这样，这可能与我们的理性有关。因为判断一个物理学的合理不合理，我们必须对物理学有充分的理解，如对相关内容的逻辑性、完备性的完全把握，否则仓促得出结论本身就是不合理的。对于当代物理学中的标准模型与广义相对论之间的不一致性，可能并不是它们本身的不一致性，而是我们对这些理论尚没有完全地理解，但这并不影响我们得出它们本体实在性的结论。

有些学者提出，我们可以把当代物理学作为一个近似为真的理论，这也不违反科学实在论。梅尼克说："你可能说一个物理主义者就是这样的人，即坚持物理主义表面是错误的，但是一个近似为真的，是比它的竞争理论更接近事实的。但是（这种看法）实际只是等同于依赖于逼真或近似为真的说明，而此理论的概念

---

① Melnyk A. How to keep the "physical" in physicalism, Journal of Philosophy, 94, 1997, pp. 622－637.

② Melnyk A. How to keep the "physical" in physicalism, Journal of Philosophy, 94, 1997, p. 632.

很难给人满意的解释。”[①] 近似为真的理论中所用的概念只能说是一个前理论的概念，这和民间物理学又有什么区别，何况物理主义本身也不允许任何概念都可以进入它的命题。近似为真的当代物理学，与其说是赞同物理主义，倒不如是消弱物理主义。我们还可以推理下去，如果当代物理学是一个近似为真的理论，那么就等于说它还不完善，未来的物理学会比它做得更好，结论就是：当代物理学还不能提供一个物理的根本性解释，它需要发展到未来理想的物理学。

（2）非基本心理性限定。

未来的物理学能担当物理的定义吗？这是亨佩尔悖论置疑物理主义的第二个方面。不少反物理主义者，如克鲁克（Crook）和吉勒特（Gillett）指出，未来的物理学是模糊的，没有确定的内容；乔姆斯基（Chomsky）认为未来的物理学可能导致物理主义是一个微不足道的学说。

美国多伦多大学学者杰西卡·威尔逊（J. M. Wilson）认为，没有确定的内容或微不足道的解读都不能说明以未来物理学对基础的定义是错误的。第一，物理学是一种科学的理论，在最低程度上，它的研究对象也是一种相对基本的实在，后者构成了分子、蛋白质、生物和人类的基础。未来的物理学也肯定是研究这些实在，怎么能说没有确定的内容？第二，即使未来的物理学研究的实在对象有所扩大或缩小，但也是一门研究具体实在的学说，为什么说是微不足道呢？[②]

杰西卡·威尔逊指出，事实上，亨佩尔悖论担心的是：未来或理想的物理学不能排除会存在着我们目前所无法接受的实在，如包括具有心理实在或属性等特征的亚原子或粒子，或具有心理的力。例如，卢瓦尔（B. Loewer）[③] 说，如果用完整的物理学理论来概括物理的，那么这个理论就要包括基本的意向性或现象性等属性存在的解释。同样，帕皮诺也说，重要的不是一个完整的物理学会包括什么，而是要知道它不能包括感觉、意向等东西。因此，杰西卡·威尔逊以未来物理学为基础的物理说明不是说它“提供给物理主义以确定性的内容，而是说它所安置的哪些确定性内容与根本上是心理的物理实在是相容的。它也不是担心这样的表述能否保住物理主义显然为真，而是忧虑这样的表述有可能支持直觉上假定的实在为物理的，而这样的实在将会使得物理主义为错误的”。[④]

对于这些担心，威尔逊认为，我们可以通过承认物理学是一个不断发展和

---

① Melnyk A. How to keep the “physical” in physicalism, Journal of Philosophy, 94, 1997, p. 624.

② Wilson J. On characterizing the physical, Philosophical Studies, 131, 2006, p. 68.

③ Loewer B. From physics to physicalism//Gillett C, Loewer B. Physicalism and its Discontents, Cambridge: Cambridge University Press, 2001, pp. 37 - 56.

④ Wilson J. On characterizing the physical, Philosophical Studies, 131, 2006, p. 69.

丰富的学科来回答。既然当代的物理学是部分不精确和不完整的，物理学家不需要也不应当要求物理学在未来会确定什么是物理的。但是，可以肯定的是，物理学不能包含着基本的心理实在。如果物理学承认基本的心理存在，也就不存在着物理学的发展，它可以接受心理与物理两种基本并存实在的前提而无需深入发展。物理学能为物理主义提供支持，因为物理主义继承了唯物主义反二元论的传统，目标是反对各种形式的二元论，宣称并不存在基本的心理实在。

非基本心理实在的限定是物理主义的共同前提。例如，金在权说，物理主义共同宣称不存在着基本心理实在①；K. 坝贝尔说，引入有内在目的和目的因果性的力显然不是物理主义的精神②；虽然查默斯是自然主义二元论，但是他也否认未来的物理学会把现象或原现象属性作为基本的；蒙特罗也说，大多数物理主义将会把泛心论作为与物理主义不相容的，即心理弥漫于整个世界，物理主义的目标是拒斥心理性是基本的二元论。既然物理主义是反对二元论的，以物理学为基础的物理定义将会不断地延伸和发展，但不会宽泛到把心理作为基础性的实在③。

物理学的特征和非基本心理性限定能够保证未来物理学不是微不足道的，也会避免包含有二元论的危险。它可以这样概括：一个实在是物理的，当且仅当：①它可以是未来基础物理学所说明的；②它是非基本心理性的。

第六节　物理的：经验的还是形而上的

对亨佩尔悖论的答复，虽然物理主义保住了物理理论提供的物理的定义的恰当性，但是无论是当代物理学还是未来理想的物理学对于物理主义都只是一种认识论基础。即便这些物理学能够使得物理主义在日常世界为真，那么能否保证物理主义在可能世界中为真呢？也就是说，能否从日常世界中的物理的推导出可能世界中的物理的？这就涉及物理学所提供的认识论概念能否是本体论概念的问题。

我们知道，物理主义是一个本体论的命题，物理的概念也应当是一个形而上的概念。尽管物理理论的预设实在是一个相对基本的实在，那么为什么物理

---

① Kim J. Philosophy of Mind，Boulder：Westview Press，1996，p. 7.

② Campbell K. Review of physicalism：the philosophical foundation，Philosophy and Phenomenological Research ，57，1997，p. 224.

③ Montero B. Post-physicalism，Journal of Consciousness studies，8，2001，p. 67.

主义不用自己的实在概念进行定义呢？第一，假如基本实在的概括或定义就处在物理主义适用的最底层的实在的范围，我们别无选择只好寻求物理学帮助。第二，物理学的成功给我们产生这样的思想提供了合理性，即用物理学概括物理的，就是用本体论术语概括物理的。然而，借助物理学会让我们在形而上学和认识论之间形成一道不可消除的鸿沟，要么是源于我们科学能力的局限性，我们无法知道基本的实在，要么是源于我们的基本实在在物理学范围之外，我们无法接近基本的实在。上面任一原因都可能告诉我们，以物理学为基础的物理主义是错误的。

那么物理的是一个经验的概念还是一个形而上的概念呢？如果物理的是一个经验上的概念，就会存在着形而上学和认识论的鸿沟；如果是一个形而上的概念，就不存在形而上学和认识论的鸿沟。

威尔逊认为，物理的概念是一个形而上的概念。首先，物理属性或实在是我们认为是完整的、理想的理论所预设的，虽然我们不知道完整、理想的理论假定什么，但按照科学实在论的态度，是可以假定一个物理实在的。其次，如果不依据完整、理想的理论来假定，也是可以依据物理学的特征来设定物理实在，即物理学作为科学的理论有自己的研究对象，这个对象就是物理属性或实在。但是物理学的研究对象总是出于解释需要而预设的实在，如重力等并没有必然性、律则性的存在。最后，物理主义要依据一个基本物理概念来描述，这需要寻找一个基本的实在，但这个基本的实在到现在都没有找到。因此，物理的概念是一个形而上的概念，是一种非心理的概念，不存在形而上学和认识论的鸿沟。

不过，道尔（J. L. Dowell）并不这样认为“物理的”是一个形而上的概念。

第一，物理学是一种可检验的科学。可检验性表明，无法解释或预设的事物不能与物理学相融合，比如，一个具有神奇力量的神仙就不是物理学的内容。同样，物理的东西也不会容纳非物理的东西。按照形而上学的概念，物理的是无法检验的，只能通过逻辑进行推理。如果我们在物理的概念之中包含具有心理属性的特征，这也不是不可能的。

第二，形而上的物理概念先验预设了基本物理性与心理性是不相容的，然而事实上它是后验的。道尔说，物理主义者需要寻找一种方法去证明在这个世界物理性和心理性是不相容的，没有心理性是基本的物理属性。如果没有方法证明它们的不相容性，心理性就有可能是基本的物理属性。

第三，形而上的物理概念表示只有一个基本的实在，即物理的基本实在。在自然科学中，每个学科都对应一个实在，为什么只有物理学描述的才是基本的实在呢？且不说生物学、化学，就是物理学也有微观与宏观物理学之分，它们哪个描述的才是基本的实在呢？如果说是微观物理学描述的才是基本的实在，那么为什么不可能是其他物理学描述的也是基本的实在呢？从历史上来说，每当物理学有所变化时，唯物主义都会对物理的属性进行修改，如从原来的惰性的属性到能动的属性。由此，我们也可以推出物理的概念就是一个经验的概念。

第四，形而上的物理概念被认为是反对心身问题而产生的，因而它是一个在形而上学问题中保留下来的概念。不过，从心身问题表述者笛卡儿看来，心与物是部分通过他的观察发现，一个是不可分的，一个是可分的，其中心观点是：心如何存在于一个由物质构成的世界中。假如不把物理作为非心理的，把心理当作物理的就丝毫没有问题。

第五，形而上的物理概念被认为不但适用于日常世界也适用于可能世界，因为任何物理属性都是可以例示的。如果按照这种概念，我们可以假定存在着这样的世界，它可能在遥远的星外世界，也可能在微观我们看不到的地方。这个世界是这样的，它在物理方面都与我们相同，唯独不同的是，它有这样的非物质的东西，即一种灵媒质，且与物理没有作用。这样的世界是可能存在的吗？我们不能否定。如果是这样，形而上的物理概念就要被改写，但这需要将来我们未来的经验研究。

第六，形而上的物理概念预设了一种科学实在论。虽然科学实在论被科学理论工作者经常使用，但它只是一种充分解释命题或公理的工具，并不能独自作为一种哲学立场。对于物理主义者来说，他们预设了一个理想物理学的实在论解释，即假如我们是物理主义者，我们应当接受这种实在论命题。但是，科学哲学家范·弗拉森认为，我们是否相信这种实在，只是与我们有没有更好的理由相关联。同样，物理主义者预设物理实在，可能是出于他们解释或理解的需要。

道尔认为，以物理学为基础的物理定义是一种经验上的定义，它主要与科学理论的特征有关，即①物理学不是明显错误或微不足道的；②它是偶然和后验的；③它的解释目标是形而上的，而不是律则的；④它拥有“充分决定性”内容；⑤物理的概念的内容可以保持充分覆盖前理论的概念以使后者被包含进我们直觉的物理主义表述中。尽管如此，道尔并不认为物理的经验概念不能推出本体上的物理预设。比如，如果本体上的心理性与物理性是不相容的，那么这需要有理由去证明，需要一个后验证明去证明它们为什么不相容，在认识论上是有可能证明它们是不相容的。道尔说：“对于在这里主张的某种意义上的后验性，肯定存在着某些世界可能被证明确实如此的方法，以至于这种主张被证明是错误的。因此，对于基本物理与心理的不相容性被作为某种意义上的后验性，那必定存在选择的世界被证明如此的方法，以至于物理与心理事实是相容的。另外，假如存在着某种方法证明世界中的心理与物理是相容的，自然可以证明理想和完整的物理学是否把心理属性作为预设。”①

物理的概念是经验上的还是形而上的讨论，从表面上看是关于物理概念的讨论，但已经深深触及物理主义为真为假的必然性问题。这会在后面章节详细介绍。

第七节　物理的后验定义

波兰德认识到物理定义对于物理主义的重要性。他说：“物理主义学说的任何充分的表述都需要一个对物理的先行的概括。进一步讲，既然物理主义命题可以，并且通常随着所涉及的实在类型和关系而变化（例如，语言和非语言实在、还原和非还原关系），那么就有必要说明作为物理的东西是由潜在于物理主义命题表述中的什么类型实在构成的。”② 因而，物理的定义又与物理的基础有关。

波兰德认为，研究物理基础有两种：先验的和后验的。先验方式是通过概念或语言分析，或者通过先验论证提供区分物理和非物理实在的可定义性基础。后验方式是通过对自然的经验研究以区分物理与非物理的基础。后面这种方式得到近来科学家和哲学家的重视，然而他们面临着许多困难。例如，像具有命题内容的意识状态就不能用传统物理基础进行解释，基于传统物理系统的物理基础并不包含着心理实在。正是在这个意义上，罗蒂说心理是物理的对立面，它们的本体论范畴只是相对意义上的。被认为包含在物理基础之上的先验约束条件可能排斥价值、系统属性和抽象物，也可能被视为不可通约的和拥有独立的地位。无论这样的约束或限制是否反映我们过去或传统的偏见，它都是物理主义应当值得重视的问题。波义德认为，从历史上来看，对于物理基础的研究主要还是经验的方法，即先从经验的方法开始探讨物理基础然后再先验的推导出物理的特征。

最早提出物理概念是 1956 年的米尔（Meehl）和塞拉斯（Sellars），他们区分了两种物理术语，即物理 1 和物理 2：物理 1，用来描述和解释时空次序的语言；物理 2，用来解释和预测无机过程的原理的语言。物理 1 表明，只要是描述处于时空因果次序中的语言都是一种物理语言，它被认为是一种较宽泛的物理观念的表达，构成了各种自然科学的基础，如化学、生物学、心理学等。根据

① Dowell J L. The physical：empirical，not metaphysical，Philosophical Studies，(8)，2006，p. 35.

② Poland J. Physicalism：The Philosophical Foundations，Oxford：Clarendon Press，1994，p. 115.

这种物理语言所表达的并且为真的理论是一种物理主义理论。物理 1 的本体则是由这种物理主义理论所描述的物理实在和属性。这种物理主义是相当温和的理论，因为它的观念、本体和理论包含着自然科学所描述的任何实在，而不仅是自然科学的基础。然而，这种物理主义理论并没有明确地说明科学所研究的对象如何与物理有着恰当的关联。波兰德认为，“这种形式的物理主义是相当弱的”。① 大多数自然科学家都相信，虽然物理学在各种自然科学中并不具有优先性地位，然而，他们既能保证自然科学的独立性，同时又坚持物理主义。但是有些物理主义者认为，这只是一种一厢情愿的做法，它最终会消弱物理主义本身的基础和价值，即“导致这样的原理，即相比起根据完全明确地用理论物理学的术语所描述的实在而建立的窄意义上的那些原理，会显得相当弱而且没有多大的意义”。进而，它会面临着那些主张由更为严谨的物理概念所建立的强意义物理主义者的挑战，即物理 2 术语之上的物理主义。

物理 2 的定义是一个相当狭窄的表述，它主要表明物理和化学术语是不同于其他自然科学的术语。按照物理 2，物理和化学是解释所有无机过程的科学分支，物理主义就是主张所有科学都是从物理和化学推导出来的。因此，这种过于强的主张招致了许多非议。第一，如果物理 2 里面包含着“无机”概念，那么它和后者之间是什么关系。显然，无机概念所表示的意义是不同于物理的。解释物理的概念需要明确无机的概念。第二，物理概念是否包含物理学和化学。虽然相比物理 1 概念，物理 2 概念似乎外延更为窄一些，然而就物理主义本身来说，它应当是用物理学的术语来进行概括的，而不是化学。“只要当它（物理 2）的基础与物理学紧密相关，它们就会消弱物理主义的命题，因为按照早先确定，物理主义认为物理学具有优先性。”② 第三，科学的发展可能证明物理 2 存在着问题。“假如我们对于心灵的经验研究进展到下面的程度，即能够建立复杂的机制具有心灵活动（例如，机器人可以思维），那么显而易见，单纯的无机过程将会展示出超出许多物理和化学所无法解释的属性。”③ 也就是说，物理 2 概念本身不包含需要解释所有无机过程的术语。第四，我们“从物理主义的观点来看，应当认识到作为无机和有机的概念无法证明作为形而上或认识论上有意义的概念”③。乔姆斯基和布洛克提出，我们可以设想存在着这样的物理定律，它是特定程度的结构性和复杂性基础上形成的定律，并且可以翻译成物理语言。据他们看来，这样的物理定律并不限定于具有特定程度的结构性和复杂性的现象，

① Poland J. Physicalism：The Philosophical Foundations，Oxford：Clarendon Press，1994，p. 114.
② Poland J. Physicalism：The Philosophical Foundations，Oxford：Clarendon Press，1994，p. 115.
③ Poland J. Physicalism：The Philosophical Foundations，Oxford：Clarendon Press，1994，p. 116.

即不需要限定于无机现象，它可以在无机现象的高度复杂性和结构性的基础上也能体现出规律性来。

尽管如此，我们还可以看到物理 2 概念还是有可取之处的。波兰德提出：①它提供了区分了具体科学与基础科学的原则方法；②它试图区分开一个比物理 1 术语更窄的术语，以便发展物理主义原则的基础；③它为物理主义基础的拓展提供了可允许的空间；④它强调了物理学的发展应与特别的物理主义学说相一致的思想。因而，“尽管物理 2 存在着致命的缺陷，但是它告诉给我们许多如何推进的方式”。[①]

波兰德还是采用了后验的物理定义。他说可以有第三种区分物理基础的方式，即从物理学家的活动和成果中获取物理的观念、本体和学说。波兰德说：“这样，物理的观念就是由物理学家普遍使用的任何术语以及当表述物理学说的基本构成的教材中所出现的术语构成的。物理核心本体则是由物理观念和学说所辨认和概括出的，所有的物理本体是由这个核心所产生的。”[②] 这是大多数当代物理主义者所赞同的。

不过，仍然有许多反物理主义者并不接受，其主要原因有：第一，这种思想明显依赖于物理学家，然而在没有说明他是哪个物理学家以及物理学是什么之前，此表述是没有意义的。因为，这里的物理学家可以被认为是一种泛化的物理学家，而物理学也可以理解为广义的物理学，并没有明确地界定物理学是什么以及物理学家是谁。“假如这种方法要达到目标，物理学和物理学家的范围必须有限定。”[②]第二，这种思想也无法提供辨识物理主义者所关心形而上和认识论内容，以及在什么意义可以把这些内容称为物理学和物理学家所讲的内容。在一定程度上，可能决定物理学的内容就显示出了随意性。第三，亨佩尔悖论。这种思想无法确定物理基础的物理学是当代的、未来的还是理想性的物理学。假如物理学是当代物理学，那么从任何物理主义的观点来看，物理学都应当没有发展的空间，它被固化了。就是说，如果物理主义是真的，那么当代物理学也是真的。然而事实上，从物理学历史可以看出，它是在不断地发展的，进而可以推出物理主义是错误的。假如物理学是未来的物理学，并没有先验的原则表明这个未来的物理学不可能不做修正。虽然，D. 刘易斯（1983 年）和普特南（1983 年）认为，物理学可以根据相近的当代物理学适当外延来定义。波兰德说，这也不能避免上面的问题。即使物理学被看作某些理想的物理学，仍然需要提出它确切的内容。总之，波兰德说：“我断定，假如物理基础是根据物理学

---

① Poland J. Physicalism：The Philosophical Foundations，Oxford：Clarendon Press，1994，p. 117.

② Poland J. Physicalism：The Philosophical Foundations，Oxford：Clarendon Press，1994，p. 118.

和物理学家所确定的（无论是当代、未来或理想的），那么物理主义者都必须对刚才提出的问题作出回应。你不能简单地说，物理术语是一个物理教材或由物理学家所说的术语来定义。”①

对于物理学能否定义物理的问题，一些物理主义采用了不同的方案来进行说明：第一，建议物理学是一个旨在提供各类完全随附基础的科学，即所有科学都依赖于物理学。D. 刘易斯和蒯因从不同方面进行了说明。D. 刘易斯在论文《共相理论的新工作》中提到最低限度的物理主义，他说：“物理学是倾向完备性的科学，特别是物理理论可能为完成这个愿望而提供的。假如这样，我们必须再进一步要问，主张完备性是什么意思。进而，就会得出一个随附性表达的答案：它可以考虑为这样的宏大理论，即没有物理差异就没有差异。”② 蒯因说：“长达多个世纪以来，刺激物理学发展的一个动机可能被认为已经存在……：也就是说作为一个物理差异就是一个物理特征、一个物理状态。这个问题可以精确地表述为：在状态的简化目录中将是什么能充分保证我们说，没有状况或状态的变化就没有什么变化?”③ 波兰德说，D. 刘易斯和蒯因明显混淆了物理学和物理主义各自的目标。作为物理主义，它认为物理学满足了为其他任何事物提供随附性基础的条件，即达到了一种完备性目标。但是，如果把物理学目标定位为物理主义的随附性提供证据则是站不住脚的，比如物理学家就不是为道德、美学和社会现象提供随附基础的，“它们既不是关注于随附性也不是关注于某类高层现象。物理主义只是需要随附关系”④。其次，应当注意到物理主义的模态问题，假如物理学是为了确保物理主义，那么就不存在可能世界使得我们的物理学有效而物理主义随附性主张无效。也就是说，物理学会在一个二元世界中有效，或者物理学在一个世界中有效但是物理随附性无效，即物理学为真并不能推出物理主义随附性为真。再次，提出的物理学特征过于抽象而无法把物理学与其他完备随附性基础选项分开。比如，有的学者提出心理学也为任何事物提供一个随附性基础。因此，问题集中到随附基础是否单独指向物理学家所表达的基础。波兰德说：“按照我的看法，一个研究方案或科学学科的特征必须指向某些或所有这些对象。”⑤ 最后，一个随附性的条件如此抽象以至于，如果有

① Poland J. Physicalism: The Philosophical Foundations, Oxford: Clarendon Press, 1994, p. 119.

② Lewis D K. New work for a theory of universals, Australasian Journal of Philosophy, 61, 1983, pp. 356 - 357.

③ Quine W V. Facts of the matter, Southwestern Journal of Philosophy, 9, 1980, pp. 163, 164.

④ Poland J. Physicalism: The Philosophical Foundations, Oxford: Clarendon Press, 1994, p. 120.

⑤ Poland J. Physicalism: The Philosophical Foundations, Oxford: Clarendon Press, 1994, p. 121.

必要，物理学的范围可以拓展到包含化学、生物学、心理学、伦理学和其他需要满足这个条件的学科。但是，这样就会把上面提到的学科包含到物理学之内，而且只有物理学家确实能够完成这些学科任务，物理主义才会为真。显然，这对于物理学家来说是一件困难的事情。

第二，有些学者把物理学视为完全普遍性的学科分支。但是，对于普遍性的理解则存在着不同看法。波斯特（J. Post）说："无论在物理学上它意味着什么，目标是相同的，即形成一个能够在任何时候任何地方都适用的理论。"① 斯特劳德（B. Stroud）认为，物理科学的独特性在于它们的普遍性，它们适用任何事物，甚至是在经济学、心理学或者颜色状态那样明显适用的地方。而福多说，任何归于具体科学讨论的世界也将归于物理学讨论的世界。但是这样理解物理学，即任何事物适用于物理学是否意味着它们都不违背物理定律呢？如果是这样，我们就不能把物理学与其他学科完全区分开来，也不知道物理学自身如何发展。

波兰德说，要对物理基础进行界定必须符合下面的要求："发展一个相对窄的基础概念；要用不同于其他自然科学的物理学构造基础；在保留命题的内容或经验地位下，允许我们物理基础的概念的发展；限定我们有关基础的概念所适用外延的范围；采用没有争议的术语（如'无机''物理主义'）；允许包容'突现'物理现象和定律；用形而上和认识上明显方式概括物理学和物理基础；不要强加给物理理论或基础的内容或形式上的不恰当的先验约束；不要把物理主义目标和物理学目标等同；不要用抽象的方式去概括物理学以至于无法与其他学科区分开来；提出的特征要避免内容的模糊性或者不明确性。"②

所以，波兰德对于界定物理基础采用一种后验的方式，把物理学定位为一个不同的知识分支，并依之建立观念、理论和本体的物理基础。详细地讲，"物理学是这样的一门科学，它主要研究的是一组基本对象和属性以及一组原理，即能够充分解释时空和时空中显现的构成、动力和相互作用。"③ 对于这样的定义，波兰德认为可以把物理学与其他科学区分开来，同时保持了与其他科学的关系的最弱条件。比如，心理学和生物学在概念上具有独立性，但并不需要引入心理和生物属性去解释这些时空中出现的现象，而只需要用物理属性这种普遍性的属性去解释。

---

① Post J. Faces of Existence. Ithaca：Cornell University Press，1987，p. 205.

② Poland J. Physicalism：The Philosophical Foundations，Oxford：Clarendon Press，1994，pp. 123，124.

③ Poland J. Physicalism：The Philosophical Foundations，Oxford：Clarendon Press，1994，p. 124.

我们知道，前面波兰德把物理主义区分成物理主义的本体论、观念体系和学说。因此，物理主义基础就涉及本体上的物理基础、观念体系的物理基础和学说中的物理基础。对于波兰德来说，观念体系的物理基础就是用什么样的物理谓词描述物理基础。波兰德说，观念体系的物理基础就是一个基本的物理谓词，并以之为基础构成其他物理谓词集。根据观念体系的物理基础，我们进而形成物理主义的学说，也就是对物理主义进行理论化。

那么如何界定本体的物理基础呢？波兰德说，第一，应当是处在时空中的；第二，按照恰当的方式能够从中心的物理对象或属性推出复杂的物理对象或属性；第三，复杂的和基本的物理对象或属性都应当包含在内；第四，不但包含现象世界的物理对象或属性，还应当包含处在时空中可能世界的对象或属性。因此，本体上的物理基础应当由三部分组成，即基本物理对象或属性、由之形成的复杂的物理对象或属性，以及处在时空中的可能的物理对象或属性。

由于物理主义命题的内容、意义和事实都依赖于确定性和根本性界定的物理基础，研究物理基础的预设就显得尤为重要。否则，反对物理主义者会根据物理基础的预设没有确定性和根本性而得出物理主义命题没有实际内容、意义和事实。波兰德说，物理基础有三个预设：第一，物理学与其他科学分支之间存在着根本的区分；第二，由于物理学可以分开，所以存在着一个确定性的物理基础；第三，物理学具有优先地位，在科学中具有特殊地位，因此对于发展物理基础的观念体系、理论学说和本体论具有正当性。

按照波兰德的思想，区分物理基础的前提是物理学和其他科学存在着根本的区分，这是大部分当代科学家和哲学家所承认的。尽管有还原物理主义认为所有的科学都应当还原到物理学，然而事实上不同分支学科都有着自己独立的体系并且在不断地发展。物理学也是一种科学，它也有自己的独立基础，这个基础是可以确定的。对于物理学来说，整个世界都是它的研究对象。但是，对于物理主义来说，还需要研究物理基本粒子和它们的属性如何产生的，它们之间如何产生出复杂对象及其属性，它们如何相互作用，它们之间如何演化成系统，进而，物理主义必须研究时空的本质以及世界的起源和未来发展。因此，物理主义要回答下面的问题："所有时空中显现的基本构成是什么？构成这样的显现之间所有因果和所有相互作用的基础过程是什么？所有在时空中展现的系统的动力以及所有引起的变化的相关因素是什么？时空自身的本质、起源（假如它有的话）和未来是什么？”①

这些问题是物理学所独有的，并构成了物理主义方案的相关认识论和本体论基础。不像蒯因和D. 刘易斯只是简单提供抽象的约束条件，物理主义如果能够回答这些问题，就会区分开物理主义和物理学，而且会表达出物理主义和物理学的关系。波兰德认为尽管存在着亨佩尔悖论，但是无论过去、现在和将来的物理学都应当有着描述物理基础的共同的地方，把这个共同的地方抽取出来就可以寻找到描述物理主义的物理基础。波兰德说：“我将假定物理学是可以区分的，存在着一个可用于当前任务的基础物理理论的表述。具体讲，这个理论应当可以认为是反映四种维度的时空多面体的，不同区域都有对象或属性。”②

那么如何描述这个物理基础呢？波兰德说，首先我们要寻找定义的工具，它可以合法地概括这个物理基础，也就是如何寻找一个恰当的谓词进行描述。“假如我们同意观念的物理基础首先被视作为由标准的一阶谓词工具构成的基本谓词所建立的一组谓词，并且处在这样谓词形式算子下，那么就需要明确下面三个问题：①物理谓词集是不是否定闭合的？②高阶逻辑是否被作为不恰当的而被排除？③无穷逻辑是否被作为不恰当的而被排除？”③

当然，波斯特和赫尔曼不同意在对物理基础描述中使用否定闭合式的谓词。所谓否定闭合描述，就是把一个属性描述成一个否定属性，如不是作为电子的属性。波兰德认为，考虑到物理学本身的发展，我们可以兼容并包，在使用否定闭合描述下，同时采用高阶逻辑和无穷逻辑描述。这样表述物理基础的句子不能表述有限的公式化的描述。“它是自然的所有物理理论构成的，包含着所有律则和反事实真理，以及考虑到过去、现在和未来物理状态的偶然真理。”④ 在这样的情况下，当物理主义说物理事实决定着所有自然的事实时，物理基础的描述就是指向物理事实的。

第八节　对“物理的”概念的思考

物质概念的理解始终与唯物主义的发展相伴而行。本格说：“许多世纪以来物质的概念已经有了变化——或者毋宁说，存在着关于物质概念的一个历史发

① Poland J. Physicalism：The Philosophical Foundations，Oxford：Clarendon Press，1994，p. 125.
② Poland J. Physicalism：The Philosophical Foundations，Oxford：Clarendon Press，1994，p. 127.
③ Poland J. Physicalism：The Philosophical Foundations，Oxford：Clarendon Press，1994，p. 128.
④ Poland J. Physicalism：The Philosophical Foundations，Oxford：Clarendon Press，1994，p. 129.

展序列。没有理由假设现在的物质概念是终极的。”[①] 当物理的概念被赋予物理的理解时，传统唯物主义也转向了物理主义。当代西方物理主义者提出的物理概念对于深化辩证唯物主义的理解具有借鉴意义。

一、对马克思经典作家的物质概念思考

我们先从马克思经典作家对于物质的理解开始，分析他们的经典定义的特征，进而发掘当代西方物理主义的物理概念的价值。

(一) 马克思的“对象性物质”

马克思经典著作里面没有关于明确的物质定义，但在《关于费尔巴哈提纲》中提到了关于物质定义的方法论。他反对传统唯物主义特别是费尔巴哈的唯物主义对于物质的直观的理解，“从前一切唯物主义（包括费尔巴哈的唯物主义）的主要缺点是：对对象、现实、感性，只是从客体的或者直观的形式去理解，而不是把它们当作感性的人的活动，当作实践去理解，不是从主体方面去理解。……没有把人的活动理解为对象性的活动”[②]。也就是说，传统唯物主义对于物质的理解只是从直观或客体的形式出发，结果物质就成为了具体的物质形态，物质形态的特性就成为物质的特性。当传统唯物主义把物质的特性理解为物质形态特性的时候，我们就可以推出意识不是物质，那么它是什么呢？唯心主义或二元论就有了施展的空间。马克思说，我们不能采用客体或直观的方法去理解，而应当采取实践或者对象性方法去理解。为什么要采用这种方法呢？显然这与物质的特性有关。如果物质是传统唯物主义理解的一种抽象存在，甚至在我们没有经验到它的时候也存在，那么上帝或神仙也可以在遥远的地方存在，只不过我们还没有办法发现。马克思认为物质应当是一种对象性的存在，它是一种感性的活动，“唯物主义在它的第一个创始人培根那里，还在朴素的形式下包含着全面发展的萌芽。物质带着诗意的感性光辉对人的全身心发出微笑……唯物主义在以后的发展中变得片面了”[③]。我们在翻阅马克思相关的文献时，经常可以看到用对象性来限定物质，如人是“自然的肉体的、感性的、对象性的存在物”，依赖于对象而存在，因为对象是他“表现和确证他的本质力量所不可缺少的、重要的对象”[①]。

---

① 马里奥·本格：《科学唯物主义》，张相轮、郑毓信译，上海：上海译文出版社，1989 年，第 15 页。

② 《马克思恩格斯选集》第 1 卷，北京：人民出版社，1995 年，第 54 页。

③ 马克思：《神圣家族》，北京：人民出版社，1958 年，第 168 页。

作为对象性的特征，物质与躲在神秘领域中的、被假定为实在的东西区分开来。物质的对象性表明，它不是一种具体的物质形态所描述的特性，而是一种能够证明自身实在的特性。这种特性是所有物质形态的共同特性，所有的物质形态都以自己的运动、因果性等形式来表现自己的存在。没有非对象性的物质，马克思说，正像人的对象不是直接呈现出来的自然对象一样，直接存在着的、客观地存在着人的感觉，也不是人的感性、人的对象性。① 这种对象性是事物无条件地普遍具有设定对象的能力，它表现为各种自然力、生命力，并因而可以为人所感性到。上帝、灵魂、神仙等不具有对象性的存在，因而无法证实它们实在的地位。对象性就是一种实在性，无论我们的感性形式在后来如何变化，如何丰富，它都是以自己的对象性向人类展示。

证明物质的对象性概念还有第二个原因，即马克思把实践的方法引入到唯物主义。因为实践是一种主体对客体的能动反应，具有对象性的活动。只有通过包括感性经验和理性的活动在内的实践，主体揭示了物质的实质。以往的哲学家只是用来解释世界，他们从直观或者主观的角度设定一些实在，然后用这个实在去解释一切现象。马克思批判的传统唯物主义就是把物质没有当作一个对象性的实在，它独立于存在某个深处，类似于唯心主义的"心灵"或"精神"。如果没有实践，作为客体的物质都是一种塞拉斯所说的"所予的神话"，即马克思反对的传统形而上学的不变、僵化的实在。

物质的对象性展现了物质的共有属性。马克思在经典文献中，经常把物质与生产、生活、条件、产品、基础等联系在一起。当物质作为一种限定词时，表明物质是从各种具体物质抽象出来的共性，它依赖于具体的物质，但又统一于物质的特性之下。正如哲学上关于唯名论与唯实论之争，对于物质的理解也存在着唯名与唯实之争。如果物质被作为唯名论，那么存在的只有个体的物质实体，像意识实在、社会存在就被排除在外。如果把物质视为唯实论，世界上除了第一性的、实体性的东西，还有在它基础之上的意识存在、社会存在。后者是由个体性物质派生出来，它们要么以物质属性的表现出来，要么以与物质的关系的形式表现出来。无论是什么表现，它们都是以对象性的本质而证明自己的存在。

（二）恩格斯的"抽象存在"

恩格斯对于物质的定义主要出现在《自然辩证法》中，他说："物、物质无

---

① 马克思：《1844年经济学哲学手稿》，北京：人民出版社，2000年，第105页。

非是各种物的总和，而这个概念就是从这一总和中抽象出来的。”① 在这个定义中，恩格斯指出：①物质是所有物质的总和，它不是具体的物质；②物质是一个抽象概念，是从所有物质抽取出的共性；③物质只有通过理性思维才能把握，不是感性经验直接获得的。

恩格斯的物质定义继承了马克思的对象性定义，而又对马克思的定义进行了丰富和发展。他首先区分了物质定义的对象不是各种具体的物质或物体，“物质不是整个世界”。在《自然辩证法》中，恩格斯提到了不同的物质形式，如机械运动、热、光、电、磁、化学的化合和分解、聚集状态的转化、有机的生命。没有这些物质，我们无法定义或知道什么是物质，然而物质本身并不是人所看到或其他场合能体验到的，我们现实地看到或经验到的只是物质的各种形式。因为，物质不是某种东西，也不仅仅是存在于我们头脑之中的空洞的观念或抽象，而是从各种物质抽象出来的总和，即物质的共同属性。在这方面，恩格斯同马克思一样反对从客体或直观的形式去理解，即期望从感性上去认识这些抽象的东西，只会陷入到经验体验的习惯之中，甚至在研究抽象的时候，还以为自己置身于感性体验的领域内，正如，我们知道什么是1小时或1米，但是不知道什么是时间和空间。物质是感官可感知的许多不同的事物依照其共同的属性概括起来的概念。不研究个别的物，我们无法认识物质，但是物质绝不等于个别的物。

作为一种抽象的概念，物质是一种高阶的范畴。恩格斯说：“作为物质的物质是纯粹的思想创造物和纯粹的抽象。当我们把各种有形体地存在着的事物概括在物质这一概念下的时候，我们是把事物的质的差异撇开了。因此，和特定的、存在着的物质不同的作为物质的物质，不是感性存在的东西。如果自然科学企图寻找统一作为物质的物质，企图把质的差异归结为同一的最小粒子的结合上的纯粹量的差异，那么这样做等于不要求看到樱桃、梨、苹果，而要求看到作为水果的水果，不要求看到作为气体的气体、作为金属的金属、作为石头的石头、作为化合物的化合物，作为运动的运动。”② 在这个意义，物质是一种自然类属性，它是由一阶的自然类共同享有的共同属性。当自然界从低到高向我们呈现不同的物质的时候，我们从这些物质抽取出一个最普遍的、共同的属性，从而认识到物质本身。恩格斯反对经验论者停留在感性的直观之中，用感

① 恩格斯：《自然辩证法》，北京：人民出版社，1971年，第214页。后来的1984年版，把“物质”翻译“物料”似乎不妥，因为物料不是一个哲学概念，是指具体的物质形态，与恩格斯“抽象总和”的概括是不相符的。另外，恩格斯《自然辩证法》的英文版也把德语中的 die Materie 翻译成“Matter”，即物质。因此，在这里笔者倾向于1971年版的翻译。

② 恩格斯：《自然辩证法》，北京：人民出版社，1984年，第155页、第156页。

性的观念去代替抽象的观念。在感性知觉范围内有限的东西以其总和构成无限的东西，是不能采用感性观念去把握，而只能采用理性的思维去抽象。这里的抽象不是经验论者的空洞的概念，而是在具体的基础之上，经过归纳、分析而得出的普遍性的概括。恩格斯批评格罗夫说："他有了事物，但是没有抽象的思想，所以他思想混乱了。"[①] 思维的抽象永远不能从自身中，而只能从外部世界中汲取和引出存在的形式；思维的抽象不是我们研究出发点，而是它的最终结果。

恩格斯对于物质的抽象定义并不是一种唯名论，而是一种唯实论。他认为物质既不能创造也不能消灭，而是一种客观实在的。首先，自然界是各种物体的总和，它们处在某种联系之中，相互作用、相互联系。这种相互作用、相互联系以运动的形式表现出的物质的存在，因此物质的本质属性是运动。如果有些东西不参与到某种联系之中，如灵魂，它就不是物质。其次，既然物质的本质属性是运动，运动又有原因和结果，通过研究原因和结果，我们就可以确定物质的存在。例如，物理学是研究机械运动的，化学是研究化学运动的，生物学是研究生物运动的，等等。没有物质的运动，就没有自然科学。物质通过运动证明自身的存在。

（三）列宁的"客观实在性"

美国学者斯图尔加认为，列宁是第一个系统地阐释物质定义的，其定义是最为接近当代西方物理主义的物理定义。分析其中的原因，我们认为，这与列宁吸收当时自然科学成果特别是物理学成果有很大关系，同时也与列宁反对当时哲学家和科学家对物理学成果的片面解读有关联。但我们认为，还有一个原因，那就是列宁是为了捍卫马克思恩格斯唯物主义思想，继承和发展科学性和革命性的方法和思路而做出的探索。

19 世纪末 20 世纪初，自然科学，特别是物理学，取得了一系列具有划时代意义的新成果，先后创立了电子论，发现了 X-射线、柏克勒尔射线和放射线元素镭等。这些新发现在物理学领域引起了一场革命，使人类认识从宏观世界深入到了微观世界。这些新发现打破了传统物理学关于物质结构和特性的旧观念，缩小了经典物理学某些定律的适用范围。有些科学家从物理学成果得出物质在消失的结论，"至今我们认识物质所达到的那个界限正在消失，我们的知识正在深化；那些从前看来绝对的、不变的、原本的物质特性（不可入性、惯性、质量等）正在消失"[②]。这种物质消失的结论，否定客观世界的实在性，如马赫主

---

① 恩格斯：《自然辩证法》，北京：人民出版社，1984 年，第 96 页。

② 《列宁全集》第 18 卷，北京：人民出版社，1988 年，第 273 页。

义认为物质只是作用于我们的感觉而引起的东西，进而把科学规律说成人们为了方便和思维经济的原则而任意制定的，从而否定认识客观世界的可知性。面对自然科学的伟大发现和对唯物主义的攻击，列宁必须对物质做出新的概括和精确定义，以消除反唯物主义所造成的思想混乱。

列宁首先强调了物质定义的方法论原则。传统定义特别是阿芬那留斯、波格丹诺夫对物质的定义往往采用重复定义，按照逻辑学的说法，就是循环定义。具体表现在，他们从思维与存在、感觉对物理的对立关系出发，从对立面寻找另一方面的定义，如物理的就是非心理的，物理的就是一种感觉到的客观实在。这种定义“除了指出它们之中哪一个是第一性的，不可能，实质上不可能下别的定义”①。那么如何下定义呢？列宁说：“下定义是什么意思呢？这首先就是把某一个概念放在另一个更广泛的概念里。例如，当我下定义说驴是动物的时候，我是把‘驴’这个概念放在更广泛的概念里。现在试问，在认识论所能使用的概念中，有没有比存在和思维、物质和感觉、物理的和心理的那些概念更广泛的概念呢？没有。这是些广泛至极的概念，其实……认识论直到现在还没有超出它们。”②列宁这种定义方法表明，只能采用亚里士多德属加种差的方式，从物质中抽象出一般概念，即最广泛已极的概念，最大共性的概念和最一般的概念。

通过对新物理学的考察和对马克思恩格斯的物质定义思想的继承，列宁认为：“物质是标志客观实在的哲学范畴，这种客观实在是人通过感觉感知的，它不依赖于我们的感觉而存在，为我们的感觉所复写、摄影、反映。”②

列宁的物质定义有以下特点。

（1）强调物质是一个本体论上的概念，是一个哲学范畴。哲学范畴是一种被用于对所有存在的最广义的分类，比如物质和精神、时间和空间、数量和质量、性质和关系等抽象程度较高的范畴。它既不同于学科分类的科学术语，也不同于对自然和人类考察的知识分类，而是着眼于存在的本质区别的范畴，因而属于形而上学的本体论范围。当马赫主义以感觉经验的范畴去界定物质的时候，实际是用经验的要素去取代本体论的概念。列宁区分了本体论范畴和认识论范畴。本体论范畴具有绝对的意义，而认识论范畴则是相对的，企图用“经验要素”或“感觉”取代本体论范畴无疑是犯了“范畴错误”。因此，关于物质和意识就只有在本体论范围内才是对立的，当进入到认识论领域就是相对的。

（2）强调物质是一种客观实在性。列宁说：“物质概念，除了表示我们通过

① 《列宁全集》第18卷，北京：人民出版社，1988年，第148页。

② 《列宁全集》第18卷，北京：人民出版社，1988年，第130页。

感觉感知的客观实在之外，不表示任何其他东西。”① 如果“不承认客观的、不依赖于我们而存在的实在是‘感性内容’，那么在他那里就只剩下一个‘赤裸裸的抽象’自我，一个必须大写并加上着重标记的自我，也就是‘一架发了疯的、以为世界上只有自己才存在的钢琴’”②。比如，茜素存在于焦煤油之中，不是因为我们今天发现它才存在，而是它一直存在于焦煤油之中。物质的客观实在性是所有的物质的共性。物理学理论所描述的实在，尽管是以理论或术语的形式表示出来，如果没有物质客观实在性是不可能成为真正的科学的。

（3）强调物质的客观实在性会不断得到自然科学的证实。物质的客观实在性虽然不依赖于我们的感觉而存在，但它会随着我们认识的深入而证明物质这一特性。在物质这一“自在之物”和现象之间并没有必然的界限，它们的差别仅仅存在于尚未认识的东西和已经认识的东西之间。不断发展的自然科学会逐渐深入揭示世界的真实面貌，也会有强有力的证据证明物质的存在。

二、如何认识当代物理主义的物理概念

综上对马克思主义经典作家关于物质概念的分析，我们可以看出，虽然他们并没有明确地提出物理概念，但是从本体论和方法论角度上提出了对界定物理概念的原则。同时，由于当代西方物理主义在自觉地吸收和借鉴自然科学特别是物理学的成果基础上，通过逻辑分析这一现代分析工具，对物质进行了物理的解读，在某种程度上和马克思主义经典作家是一致的。因而，我们可以综合双方的思想，提出对物质或物理的概念的界定的一些想法。

（一）在方法上采用实质定义

物质不是一种具体的事物，而是一种高阶的属性，因而不能采用常用的指称定义或命名式定义，它只能通过在相邻的属和种差之间进行定义，即属加种差定义。按照列宁的说法，就是把一个概念放到更广泛的概念之中，找出被定义项反映的对象不同于其他概念所反映的对象的特有属性。物质所属的概念是一种各种实物的抽象的总和，它与精神共同属于本体上的存在。这种本体上的存在就是一种属概念，物质与精神各有自己的特点并作为一种种概念。这样定义物质或物理时，我们就可以通过寻找到物质的主要特点而区别于精神。

实质定义可以避免传统循环定义或指称定义所犯下的不精确、模糊的表述。

① 《列宁全集》第18卷，北京：人民出版社，1988年，第280页。

② 《列宁全集》第18卷，北京：人民出版社，1988年，第36页。

例如，传统的反唯物主义定义物质时，总是用非心理的术语进行表述，而导致心理又用非物理进行说明；传统的唯物主义采用指称式的定义，把物质定义为原子或微粒，结果又出现了物质消失论。即使当代西方物理主义对物质进行了精细的说明，也总是用物理学所描述的实在或属性进行命名。这种物理学描述的实在可以分成理论上的描述和经验上的研究对象。如果物理被定义为物理学家所研究和观察的物质微粒，那就是一种命名或指称式的定义，最终仍然和列宁那个时代的物理学家一样，随着物质研究深入，最终会说物质并不存在。如果说物理是物理理论所描述的实在，这可能比较接近实质定义，因为物理理论预设的是一种本质属性、抽象属性；但如果理解为尚未观察的或者在将来会观察和研究的具体微粒或实在，那就会无法解决“亨佩尔悖论”。

马克思主义经典作家从一开始就要求我们采用实质定义。从马克思的对象性存在，恩格斯的抽象存在，到列宁的客观实在性，都是强调物质不能从指称或命名式进行表述。其主要原因在于我们的物质或物理概念是一个高阶的、抽象的存在，它们虽然不能离开我们的感觉，但总是以一种普遍的、共性的形式存在，只有在我们的抽象思维中也能存在。超越了这个界限，我们得到只是物质概念下面的具体物理的特征。例如，我们给人下定义，你不能用具体的人的特征来定义，我们只能寻找他们的共性。同样，物质或物理不能只从物理科学或理论所研究的具体对象进行定义。因此，当代物理主义对于物理的定义尽管对物质的概念进行了深化，但如果不从中抽取中最基本的、本质的属性，同样会引起较多的争论。

（二）物质或物理的是一种属性而不是实体

在传统唯物主义或唯心主义者眼中，物质是一种实体。实体的物质概念给反对者留下了攻击的把柄。实体是亚里士多德所说的个体事物，其样式多种多样，如自然的、社会的，宏观的、微观多，可感的、不可感的。它们可以独自存在，可以分解和组合，与时间、空间、运动不可分割地联系在一起。实体所具有的这些性质反过来又成了我们判断某对象是否存在的标准，换言之，只有具有时空和运动属性的东西才能作为实体存在。正是根据这一标准，物质或物理被定义为具有时空、广延的。

实体并不能成为判断对象存在的标准。实体可以具有多种属性，是多种属性的集合，如水具有可流动性、无色、无味等属性，但哪一个是水存在之依据呢？海尔说：“属性是世界的具体表征，即物为何存在的个体方式。”① 属性分为

① 海尔：《当代心灵哲学导论》，高新民等译，北京：中国人民大学出版社，2005年，第187页。

内在特性和外在特性，或者说本质属性和偶然属性。一方面，本质或内在特性属于一物的本质，如果一个事物失去了这一特性也就是失去了其存在的地位。另一方面，一个事物拥有或不拥有一偶然属性或在特性并不影响其地位。作为物质，应当是本质属性确定了它的存在。但什么是物质的本质属性呢?

我们知道，物质从低层次到高层次有不同的种、类、属、组，它们分别具有不同的本质属性。这些本质属性不能等同于物质的本质属性。当代西方物理主义的同一论，把物质属性当作大脑神经科学的物理属性，就是这种表现。同一论的最大问题在于面对多样可实现性的责难时，无法做出令人信服的反驳。马克思主义经典作家告诉我们，物质的唯一特性只能是客观实在性，即它们要从所有的物理的本质属性抽取出最本质的属性。在这个意义上，我们把不同的物质的属性作为一个属性组合，然后再用更广泛的概念去界定这些属性，从而得出物质是一种类属性。

（三）物质或物理概念与科学密切关联

按照马克思主义经典作家的物质定义，它虽然是抽象的概念，但并不是与感觉或科学没有关联的。抽象不是一种空洞的观念，一种脱离具体的存在；抽象依赖于具体，并从具体中得到证实。物质或物理概念是从唯物主义哲学传统中得出的结论，它们需要在自然科学中得到丰富和发展。

当西方物理主义用物理学来解释物理的概念的时候，物质概念变成了由物理科学所反映的客观实在，从而证明了客观实在性。西方物理主义的物理概念表明，物质或物理的属性是一种可以例示的属性，因为可以例示，物质或物理属性才可以为我们的感觉所复写、摄影。这与马克思主义经典作家的物质定义是一致的。

自然科学特别是物理理论所研究的物理属性属于认识论领域，认识论领域与本体论领域并不是截然对立的。按照列宁的说法，这只是一种认识上的差异，当认识论领域不断扩大时，本体论领域的问题也就不断地深入。如果像一些形而上学者把认识论领域与本体论领域完全对立开来，就会形成一种现象和自在之物的对立，它们之间没有可以跨越的桥梁。事实上，根据马克思经典作家的表述，虽然物质或物理概念属于本体论范畴，但由于它们的对象性或客观实在性特征，是可以通过实践或我们的感知来架接桥梁的。我们不能根据纯粹的逻辑推论，按照先天的概念范式去界定物质是非心理的，也不能说心理是非物质的。我们承认，对于物理的概念界定需要逻辑上的精确性，但本体论问题与认识论问题是不能完全对立的。

尽管当代西方物理主义对物理进行了界定，但是反物理主义者仍然提出不同的看法。例如，对于物质或物理是一种属性，唯心主义认为精神属性与物理属性可以同一于一个属性。按照同一论的内容，疼痛同一于神经活动。既然是疼痛同一于神经活动，它显然不是神经活动，否则就不是同一了，因为 A＝A 是没有意义的。如此，可以推出，疼痛有不同于神经活动的所指，那就是心理活动；同时，它又同一于神经活动，因此也是物理活动。所以在这里唯物主义与唯心主义并不矛盾，结论就是：一个疼痛属性同时有物理属性和精神属性。对于物理的客观实在性，新二元论认为某些心理属性并不是以物理属性为必要条件，物理主义只适用于某些区域，在另外的区域，它是不适用的。事实上，世界存在着多种多样的实在，它们并一定是物理或者由物理所决定的。对于物理主义强调的科学态度，多元论提出，我们不要马上判断唯物主义或者非唯物主义是对是错，而应当认识到它们是从不同的角度来看待世界的。世界本来是可以从多方面多角度去研究，“许多不同的世界角度有着独立的兴趣和重要性，而不需要或假设去还原到单个的基础。……远离反科学论，承认科学的完全价值。他的典型对手是独断唯物主义或物理主义者，后者认为只有一个系统，物理系统才是无所不包的和鲜明的系统，以至于任何解释必须最终还原到它，或者拒绝它就是错误的或无意义的。假如所有解释在某种程度上可以还原到一个和只有一个，那么这个具有某些外表上看似合理性的解释就被作为唯一的关于唯一世界的事实。但是这样还原性的证据是可以忽略的，甚至这个主张是模糊的，因为物理学自身是脆弱的和不稳定的，被相信的还原类型和结果是含糊的。(你怎样能把康斯特布尔或詹姆斯·乔伊斯的世界观还原到物理学?)”① 戈德尔曼（Goodman）认为，各种不同的世界观并不是一定独立的，它们之间是可以相互补充的。所以，物理主义、唯心主义、二元论等都是可以相互补充的。自然主义式的柏拉图主义也认为：无论什么描述都是基本事实的描述，它们将不是作为从日常思维中得出的描述。也就是说，世界事实向我们表现的并不是我们日常思维的那样。

由此看出，物理主义或唯物主义对于物理的定义只是物理主义成为一个系统的理论的第一步，要彻底与唯心主义、二元论等反物理主义划清界限，还需要进一步地说明心理、精神等事物与物理的关系。

---

① Goodman N. Ways of Worldmaking. Cambridge，MA：Harvard University Press，1978，pp. 4，5.

第三章

还原的物理主义

作为一种形而上学的理论，物理主义必须具有必然性，或者说物理主义如何来解释所有的事物是物理的。对于“是”的理解，不同的物理主义者又有着不同的看法，而最典型和最具代表性的观点就是同一论。同一论甚至被认为是物理主义的同义词，因而也被称为狭义的物理主义。如何理解同一论关系到物理主义的发展问题。本章将结合物理主义的基本思想来评价这种紧缩或狭义的物理主义（丹尼特称之为紧缩型物理主义）。

第一节　物理主义与还原论联姻

著名哲学家克里普克很早就开始关注物理主义。他说：“我认为，唯物主义必然坚持世界的一个物理描述是一个对世界的完备描述，任何心理事实都是一个‘本体依赖’物理事实的，即直接意义上的必然性推出的。”①那么，这个必然性如何理解呢？心理事实如何必然是物理事实呢？

对于必然性的理解，恐怕最合适的就是同一性。所谓同一性是指一事物就是另一事物，即 A＝B。最熟悉的例子就是水是 H_2O，光是电磁发射，热是分子平动动能。因此，当物理主义说所有的事物都是物理的，可以陈述为所有的事物同一于物理的，即同一论。同一论保证了物理主义的陈述的必然性而无须进一步解释为什么两个不同的事物有着必然联系。

这里的同一论就是哲学史上所称的还原论。还原论与物理主义有着千丝万缕的联系，它们的关系可以追溯到传统唯物主义与还原论的关系，古代原子论、近代的机械论都被认为是还原论思想的表现。在当代心灵哲学中，由于心身问题是首要回答的问题，物理主义又与还原论再次联手，延续了传统唯物主义形

---

① Hempel C. Comments on Goodman's ways of worldmaking. Synthése，45，1980，p. 155.

式。金在权甚至说，物理主义的实质上就是还原论。尽管当代不少哲学家反对物理主义蕴含还原论，但非还原物理主义的困难特别是副现象的结果导致不少人还是主张回到还原论。

还原论为何与物理主义有着密切关联呢?

第一，二者的内在动机和信奉的哲学信念是一致，即相信“节俭性原则”。节俭性原则的具体表述就是奥卡姆剃刀，在没有必要的前提下，不应增加实体或实在。还原论认为，表面上不同种类的实在或属性是同一的，它同一于一个更为基本的实在或属性。物理主义认为，任何事物都是物理的。物理主义的“是”可以理解为同一。在这个意义上，物理主义就是还原论。

第二，二者的目标或致思取向是一致的，即都反对笛卡儿的二元论。笛卡儿的二元论断言，心理的东西在本体论上独立于物理的东西，如此，心理的就是由明显非物理的实体或属性构成的。还原论认为，当心理的与物理的实体或属性同时并存于世界时，必定有一个更为基本的实在或属性，因为表面上不同的实在或属性都最终可以简化或还原到一个，世界是简单的而非复杂的。物理主义对笛卡儿二元论的两个实在提出了哲学上的回应：如果笛卡儿二元论把心理事物与物理事件当成两个独立的实在，那么就要说明二者之间如何发生作用的，即心理因果性问题。当笛卡儿借助于大脑中的“松果腺”被证明子虚乌有的时候，心理因果性就成为哲学上的重要难题，即要么不存在心理原因，要么心理原因同一于物理原因。物理主义不否认心理因果性，因而心理实在或属性只能同一或还原到物理实在或属性。

基于以上原因，不少坚持或反对物理主义的学者也认为物理主义就是一种还原论。金在权认为，物理主义如果不想落入二元论或副现象论就必须重新回到还原论。他的主要论证依据在于物理主义要坚持物理因果闭合原则，这必然推出还原论。物理因果闭合论证如下：

(1) 物理主义命题：任何心理事件都是由物理事件实现的。

(2) 物理因果封合原则：在因果链条上只要有物理事件存在，则所有事件都是物理的。①

① 如果造成某个事件发生的原因属于物理事件，则这个事件本身也是属于物理的，或者，如果某个事件所造成的结果是属于物理事件的，则这个事件也是属于物理事件的。简单地说，在同一条因果链上，只要有一个现象是物理的，则这条因果链上所有现象都是物理的，相反，只要有一个现象是非物理的，则这条因果链上所有现象都是非物理的。如果否认这条原则，就意味着有非物理的原因存在。承认非物理原因存在，就可能产生非物理的结果，就会有神鬼、灵异等现象出现或者作为原因，其后果只能会摧毁科学。而在没有强有力证据下，贸然否定有如此丰富成果的科学，引进非物理的东西或性质代替科学所提供的物理解释，决非明智之举。

(3) 如果心理具有不可还原性：心理事件或属性即不能同一于也不能还原于物理事件或属性。

(4) 假如 (1) 和 (2)，那么心理事件的因果力由它的实现者来完全决定的。

(5) 假如心理事件的因果力由它的实现者完全决定的，又有 (3)，则心理属性是因果无效的。

(6) 心理属性是因果有效的。

(7) 如果心理属性是因果有效的，那么心理事件便可作为原因影响其他心理事件（假设为 S_2），而 S_2 自有物理事件原因，因而导致多元论。

(8) 如果心理属性是因果无效的，那么心理实在论根据亚历山大的教条“凡是实在的都是具有因果性的”便是虚假的，这与其实在论主张矛盾。

(9) 无论何种结论 (7) 或 (8)，非还原论均是不成立的。

(10) 物理主义是还原论。

除了利用物理因果闭合论证进行推导还原论之外，金在权还提出最佳解释推导论证。他认为，物理主义不能否认心理原因的存在，“假设任何物理事件有心理原因，心理原因如何可能？我称作因果-解释排他性问题。这个问题来源于如下事实：某事件的原因或因果解释，当被视为完全、充分的因果或解释时，明显排除其他的独立支撑的原因或因果解释”①。也就是说，物理主义一方面承认存在心理原因，从而引起一个物理事件，而这个事件作为一个物理事件应当有一个物理原因，那么它就会存在着两个原因。如果我们反对多元决定论，就要寻找一个真正的原因。

金在权首先列出对单个事件的两种解释情况：

解释 A：E 的原因是 C

解释 B：E 的原因是 C^*

假设我们发现 $C=C^*$，那么这里只有一个原因是真正的解释，由此：

(1) C 不同于 C^*，但在某种意义上可还原于 C^*。对于这种情况下，C 作为因果原因可能最终还原于更基本的物理因果过程。

(2) 既没有 C 也没有 C^* 自身是 E 的充分原因，尽管任何一个都是充分原因的不可缺少的部分。很明显对于相同事件的两个不完全解释是能共存的，但解释排他性禁止相同事件的两个完全独立的解释。

① Kim J. Supervenience and Mind: Selected Philosophical Essays, New York: Cambridge University Press, 1993, pp. 237 - 264.

(3) C是C^*的一部分。假如这样，C作为E的解释也是既不完整也非独立于C^*。

(4) 处于和E相同因果链中，但C是先到C^*再到E。这种情况只是C^*没有独立的因果地位。

(5) C和C^*均是E不同的充分原因。这里明显是因果多元决定论。

(6) 所以最好的选择只是(1)，那就是只有一种物理原因，还原论是最佳选择。

还原论者梅尼克在1995年发表的《还原论的两次欢呼或非还原唯物主义的阴影》中指出，当物理主义承认心理事件等高层事件是由物理的构成，这恰是最接近于还原论精神的。[①] 根据物理主义的主张，假设心理类属性可多样实现于物理属性，也就意味着心理的例示和心理定律的实施都有物理的解释。问题是：这个解释类型是像戴维森所讲的异常的还是关联的？梅尼克提出承认物理主义命题就意味着所有的具体和公认的科学事实、所有非律则具体和公认科学事实都有这样的解释：①它是物理事实；②必然真理。在这里“所有具体的科学事实”意味着可通过具体和已被公认的科学专有术语表达；而“所有非律则和肯定的科学事实”是指反事实支持的规则可以通过具体和已被公认的科学的术语所概括。任何确认具体和公认科学中的个例存在的命题都能从适用于具体和公认科学个例的规则中派生或推导出来。梅尼克得出结论：物理主义的预设前提一定会得出还原论的结论。当然，梅尼克提到这种结论不可能满足所有的解释需要。例如，问为什么桌子上有一个罐头开启器，回答有一大堆基本粒子是不得要领的。但这只是解释问题，而不是这一事实能否还原到物理的本体论问题。

我们可总结以下物理构成论证：

(1) 所有时空中的日常殊相(对象、事件、过程)要么是基本的物理殊相，或者是由基本物理殊相完全地构成。

(2) 假如(1)，那么就可单独地根据基本物理属性来解释任何日常的具体的对象、事件或过程。

(3) 因而，任何日常的具体对象、事件或过程只是单独地解释为基本物理属性。

(4) 假如(3)，那么每个心理定律和规则的实现只能依据它的基本物理属性来解释。

---

① Melnyk A. Two cheers for reductionism: or, the dim prospects for non-reductive materialism, Philosophy of Science, 62, 1995, p. 370.

（5）因而，每个心理定律和规则的实现都可以单独解释为基本属性。

（6）假如（3）和（5），那么心理的就其核心意义上是可以还原到物理的。

（7）因而，心理的可以还原为物理的。

（8）物理主义是还原论。

另外，就其物理主义的思想，物理主义是反对二元论所造成的神秘的实在。虽然新二元论提出了各种奇思妙想的论证，但是心理的与物理的关联仍然无法解释。帕皮诺指出这是一种无法解释的关联，结果只能是神秘主义。[①] 他从非还原代表人物福多的论证开始，证明非还原论是不可信的。帕皮诺指出："福多描绘的具体科学和物理学的图景是有困难的。假如不同 Ps（S_1 的物理实现者）像 S_1（具体科学）所要求的那样在物理上没有相同处，那么怎么能产生 Q_s（S_2 物理实现者）这个 S_2（具体科学）的实现者是相同呢？为什么异质的 Ps 通常会产生具体同质特征的 Qs 呢？"[①]韦吉伍德（M. R. Wedgwood）也指出，假如我们的世界碰巧包含有如下事实：$\Box$（x）[（x→p）→（x→m）]，那么似乎是令人感觉神秘的。[②] 他们认为，物理主义如果反对神秘关联必然导致还原论：

（1）所有物理主义承认存在具体的随附事实。

（2）非还原物理主义相信具体随附事实不能由物理学来解释。

（3）假如具体随附事实不能由物理学解释，那么这样的关联是粗糙的、神秘的和不可解释的。

（4）因而，假定（1）（2）（3），非还原物理主义就承认粗糙的、神秘的和不可解释的随附事实存在。

（5）假如还原物理主义是对的，我们能解释具体的随附事实。

（6）我们更可能倾向于能解释随附事实，而不是归于无法解释。

（7）因而，由（4）（5）（6），还原论是物理主义的必然结论。

客观地说，就物理主义强调本体上依赖于物理而言，它不可避免会走向还原论，因为对"依赖"的理解最好沉淀于物理之中，否则我们就要再设定一个不同于物理的实在。但是，从认识或解释的角度上把物理主义推向还原论，纵然可以使我们做到思维的简洁性，然而并不能保证物理主义本身就是还原论所勾画的简单或纯粹的世界图景。事实上，还原论本身也不是没有争议。从哲学

---

① Papineau D. Irreducibility and teleology//Charles D. Lennon K. Reduction Explanation, and Realism, Oxford: Clarendon Press, 1992, p. 46.

② Wedgwood M R. Non-Reductive physicalism, Nous, 3 (34), 2002, p. 404.

发展史的角度来看，还原论也在经历着不断地变化与争论。因此，要回答物理主义是否一定是还原论则需要澄清还原论的本来面目。下面，我们来看看物理主义究竟是哪一种还原论，以表明还原论能否代替物理主义。

第二节　还原论的图式与类型

虽然还原论与物理主义有着密切的关联，但是由于还原论也是一个不断发展的哲学主张，它的类型多样，如果没有明确界定还原论的概念或类型，仓促评价，就会轻率做出结论。典型的例子就出现在著名认知科学家、哲学家杰瑞·福多身上，他在1974年的论文《具体科学》中说，具体科学反对的是奥本海默和普特南的微观还原假说，并不存在着连接还原的桥梁定律。事实上，我们知道，桥梁定律不是奥本海默和普特南微观还原的特征，它是后来E. 内格尔的理论还原的主要特征。塞尔甚至发现在有关文献中“还原”术语至少有五种不同的用法，因而当我们提出的观点被指责为还原论时，批评人心里用的是哪一种意思呢?[①] 如何评价物理主义是不是蕴含还原论，或者物理主义是不是导致还原论，必然要把握还原论的实质和类型。

还原论相信世界真实存在的不是多而是一，复杂的东西只是一种现象，实质是简单或基本东西的表现，因而可以通过基本的东西解释所有复杂的东西。生物学家、诺贝尔奖获得者F. 克里克说：“还原论的思想是，只要有可能，至少在原则上就是用较少复杂的构成来解释现象。”[②] 还原论有一个基本的预设，即世界是由多个层次构成的，从低到高分为基本物理层次、化学层次、生物学层次、心理学层次、社会学层次等。基于这种层次观，还原论要回答的问题就是：作为关系研究，还原主要关联哪些事物？在什么方式上所关联的事物是被作为还原的？如果还原论考察范围限定在形而上学领域，那就是关联实在、事件、过程、属性等；如果还原论考察范围拓展到认识论领域，那就是关联表征形而上学的理论、概念、模态、架构、图式、规则等。我们把前一种称为本体论还原，把后一种称为认识论还原（或称解释还原），如图3-1所示。

根据以上的分析，综合还原论历史上出现的类型，我们把还原论主要分成三类，即本体还原论（ontological reductionism）、认识还原论（epistemological

---

① Seale J. The Rediscovery of the Mind，Cambridge，MA：The MIT Press，1992，pp. 112－115.

② Crick F. The Astonishing Hypothesis，New York：Simon&Schuster，1995，p. 9；中文译本见弗朗西斯·克里克：《惊人的假说》，汪云九等译，武汉：湖南科学技术出版社，1999年，第277页。

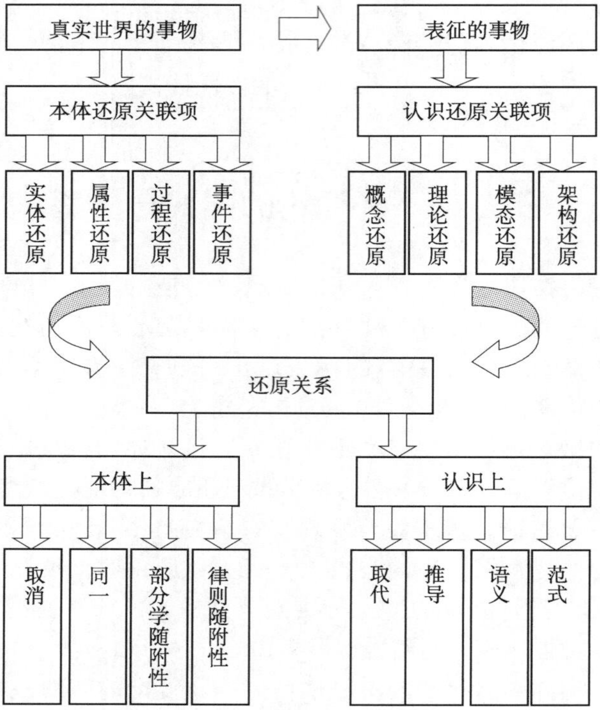

图 3-1　还原论图式

reductionism）和方法还原论（methodological reductionism）。

1. 本体还原论

追求本体简单性是还原论的目标，坚信只有最简单、最基本的才是真实实在的正是还原论的内核。在强弱程度上，本体还原论又分成温和还原论和极端的还原论。皮雅克把它们称为本体还原论 A 和本体还原论 B。本体还原论 A 把所有事物归结为物质，这个物质是什么并没有明确的答案，它随着人们的认识而不断地展开。本体还原论 A 类似生物哲学家迈尔所称为的构成还原论，哲学家奥本海默和普特南的微观还原论。本体还原论 B 把所有的事物简化为基本的粒子，除此之外别无他物。如果说本体还原论 A 尚给高层或复杂的整体留有一定位置的话，那么本体还原论 B 则干脆把这一层面纱也抛去，只剩下赤裸裸的基本粒子。F. 克里克说："你的喜悦、悲伤、记忆和抱负，你的本体感觉和自由意志，实际都只不过是一大群神经细胞及其相关分子的集体行为。"[①] 本体还原

① Crick F. The Astonishing Hypothesis, New York: Simon&Schuster, 1995, p. 9.

论B被许多人认为是还原论思想的鲜明表述，以至于被作为还原论的典型代表。

在对本体的理解上，本体还原论又分成了实体还原论（substantive reductionism）和属性还原论（property reductionism）。实体还原论是针对世界上所列出的实体项目清单，尽可能地简化为最少的实体。属性还原论从属性是实体的基础出发，认为实体可以有多个属性，但决定实体存在的只有一个基本属性。本体还原论在心灵哲学中表现了同一论。虽然同一论中的“同一”由于理解不同而不同，如逻辑上的同一或者理论上的同一，但是在本体上、预设上都是强调实体或属性的同一。

2. *认识还原论*

认识还原论关注的是不同领域知识之间的关系，它认为一个领域的知识可以还原到另一个领域的知识。由于不同领域的知识采用了不同的概念和理论，认识还原论分成了概念和理论还原。

概念还原也称为语义还原，它认为每个有意义的命题只能翻译或定义为一个关于直接经验的词构成的命题。这里的还原就是可定义性或可翻译性。理论还原认为一个理论可以从另一个理论中逻辑推导出来，还原就是可推导性。理论还原论的典型代表是E. 内格尔。他在《科学的结构》中说：“就这个单词所使用一般意义上，还原论是在某研究领域所形成的一套理论或实验定律可以由另一些领域所固定地确立的理论而解释的一种关系。”[①] 理论还原也被称为解释还原，当一个理论还原到另一个理论，后一个理解就可以解释前一个理解。J. 凯默瑞和P. 奥本海默明确提出，科学家都是追求一个更有力和更系统化的还原理论以做到解释所有被还原理论的观察和事实[②]。加芬克尔（Alan Garfinkel）认为：“所谓还原，就其本体论问题而言，它是关于解释的可能性问题。也就是说，某物之被还原到其他物，是解释的类存在……假如还原理论能给出被还原理论的解释力，也就是一话语体系还原到另一体系。”[③]

3. *方法还原论*

方法还原论是一种科学研究的纲领。它认为复杂现象都可以在较低层次研究中得到揭示，科学实验应当关注低层次的观察与测量。极端的物理主义者强调物理学的重要性，认为物理学作为一个关注基本层次的学科，一旦达到完备

---

① Nagel E. The Structure of Science，Condon：Harcourt，Brance and Wond Press，1961，p. 338；中译本见徐向东译：《科学的结构》，上海：上海译文出版社，2005年。

② Kemeny J. Paul oppenheim，“on reduction”，Philosophical Studies，1956，pp. 6，7.

③ Garfinkel A. Reductionism，Forms of Explanation，New Haven，CT：Yale University Press，1981，pp. 49，50.

的程度，各个具体学科都将还原到物理学，自主性将会丧失。反物理主义认为，方法还原论不利于学科的发展，有些具体科学研究的对象是无法通过分析所揭示的，它们不能脱离整体或系统进行孤立研究，如心理的主观性不能还原到物理的基础上，文学的魅力也不能还原到墨迹或纸张的研究上等。

以上的还原论类型会在物理主义的发展过程中交替出现。在我们理解物理主义的过程中，我们需要区分不同的还原论类型，以避免不必要的争论。比如，当代物理主义出现的还原物理主义和非还原物理主义，这里的还原就是理论还原或者说是认识论上的还原，不能同一于本体上的还原。戴维森的非还原物理主义并不否认本体上的还原论，即所有的事物归结于物理的，然而反对非物理与物理之间存在着可以推导的定律。同时，我们也不要把还原论与还原相混淆：还原只是一种简化或化约的方法，还原论则是考虑到这种简化或化约背后的基础是由什么，是一种关于还原的思想。

第三节　语义物理主义

与物理主义最早相关的还原论是概念或语义还原。语义还原是由卡尔纳普系统提出的。他说，所有的经验陈述都可以用单个语言进行表述，所有事件状态都是一类的，并且可以用同样的方式去获得。具体来讲，“假如关于一个对象的所有陈述能被翻译关于其他对象的陈述，那么就说这个对象（或概念）可还原为一个或多个对象”①。那么为什么要把所有的语言还原到一个普遍的语言呢？卡尔纳普认为，这是为人类全部知识建立一个系统，构成科学的统一的基础，实现科学的统一纲领。蒯因也指出，逻辑实证主义包含的最基本原则就是还原论，它相信每一个有意义的陈述都等同于某种基于直接经验术语的逻辑结构。如果所有有意义的陈述或语言都还原到物理陈述或语言，就是语义物理主义。语义物理主义仅把目标设定在关于语言的意义，而不是关于世界的本质。它认为，任何陈述或谓词与某些物理陈述或谓词是同义的。这种物理主义是由纽拉特、卡尔纳普、费格尔提出，后来由以维特根斯坦、赖尔为代表的哲学行为主义充分发展起来的。

① Rudolf C. The Logical Structure of the World and Pseudoproblems in Philosophy，Berkeley，California：University of California Press，1928/1967，p. 6.

一、逻辑经验主义的物理主义

语义物理主义的出现与逻辑经验主义的科学统一有关。它的最初目标并不是处理心理与物理的关系，而是处理物理学和其他科学之间的关系。20 世纪初期，自然科学的发展越来越专业化、精细化，各个学科间的理论鸿沟也越来越大。维也纳学派代表性人物纽拉特说，不同的理论出现了如此多的术语与短语，很难知道它们的研究对象究竟是什么。特别是当时德国新康德主义者如李凯尔特，提出了与自然科学相并列的“精神科学”，这也为形而上学的“绝对精神”或非物质的心理等实在留下了空间。因此，卡尔纳普说，在我们维也纳小组讨论中，主要在纽拉特的影响下，科学统一的原则成了我们的共同的哲学观的主要观点之一。

科学的统一关键在于语言的统一。纽拉特说，为了建立统一的科学，需要一种统一的语言以及它的统一句法。“它们必须构成一种具有一种概念系统（为一切科学所共同的语言）的统一科学，把各种单独的科学概念系统都包括在内作为其成员，把它们的语言作为子语言。”① 那么什么语言可以作为科学统一的语言呢？纽拉特、卡尔纳普、费格尔提出用物理语言作为科学的普遍语言，并在物理学的基础上，应用行为主义心理学的方法，从语言方面把心理的与物理的统一起来。这种主张“相信物理学的语言满足这个特定种类概念系统的条件，因此，人们把这种理论称为‘物理主义’”。①

逻辑经验主义的物理主义有两个基本论题。

第一，物理语言是普遍和主体间性的语言。纽拉特等认为，作为科学基础的命题不是个人经验证实的原子命题，而是一切人都能理解的命题，即具有所谓的主体间性和普遍性。所谓主体间性，就是在各个主体之间是互通理解的，从形式上说，它必须构成一种共同的记号和规则系统，从语义学的观点来看，一个给定的记号，对于任何一个使用语言的人来说都必须有相同的意义。所谓普遍性是指，无论任何语言的任何语句都能够翻译成这样的语言，即表达任何事物的概念系统。但是，在寻找什么样的语言作为一切科学知识的普遍语言方面，逻辑经验主义内部出现了分歧。以石里克为首的现象主义者主张，用现象语言即以个人主观的感觉经验为基础的语言作为科学知识的基础，但是纽拉特认为，这种现象语言为基础构造的世界，导致只能是唯我论，表述个人直接经验的感觉命题无法具有普遍性和主体间性，它包含了“我”“现在”“这里”“那

① 克拉夫特：《维也纳学派》，李步楼、陈维杭译，北京：商务印书馆，1998 年，第 142 页。

个”等主观性词语，不能确定这样表述的真假。纽拉特说，构成科学知识的命题应当是表述所有人都能观察到的物理世界的记录陈述。记录陈述采用的是物理语言。物理语言是物理主义的核心概念。

卡尔纳普早年追随现象主义，后来转向了物理主义。在他看来，物理语言最重要的优点，在于这种语言的可交流性，也就是说，这种语言描述的事件从原则上是能够被所有使用这种语言的人观察到的。按照卡尔纳普的观点，物理主义的含义就是：科学包括社会科学的语言都与那些标志事物的可观察的特性的词汇有联系。在《物理主义语言是科学的普遍语言》一文中，卡尔纳普把语言分成记录语言和系统语言。记录语言表述的是具体人的原始记录的句子，而系统语言是表述科学体系的句子。科学体系的句子有无意义，在于它们能否推出记录语言的句子，来证实这种科学体系的系统句子。“如果一个句子不许可这样的推演，那没有内容，并且是没有意义的。如果某两个句子能推演出相同的句子，那就具有相同的内容。它们说的是同一事物，并可互译。”① 如果系统语言的句子是有意义的，系统语言的每一个句子都有相应记录语言的某个句子，所以这两种句子是可以互译的。而记录语言的每一个句子都可以用物理语言的某个句子互相翻译，也就同关于此人的物理状态的句子互相翻译。“物理语言是普遍的和主体间的。这就是物理主义的论点。”①

纽拉特和卡尔纳普虽然都同意物理语言是一种主体间性的语言，但对于什么是物理语言的看法上，还是存在着一定的分歧。纽拉特认为，所谓物理语言，是指人们在日常生活或物理学中使用的描述物理事件的语言，即狭义上的物理语言。卡尔纳普在 1938 年之前同纽拉特一样赞同这种狭义的物理语言，但在 1938 年以后，他随着对经验主义的意义标准的放宽，由可证实性转向可验证性，也对物理语言的进行适度地调整。在《科学统一的逻辑基础》中，他把物理语言理解为事物语言，即我们谈论日常事物时所使用的语言，它既可以定量地描述，又可用于定性的说明，因而要比狭义的物理语言只侧重于定量描述更为广泛。到了 20 世纪 40 年代，卡尔纳普又根据观察语言和理论语言之间的区别，对物理语言作了进一步的发挥。他认为，物理语言和事件语言都属于观察语言；理论语言表述某些非常抽象的概念或理论，如原子、电子、场等，它们必须与观察谓词、原始的摹状词发生关系，才能成为物理语言。卡尔纳普对物理语言的分析已经开始触及后来的理论还原物理主义。

第二，科学的统一化。语义物理主义的核心思想是所有的科学都可以还原

---

① 卡尔纳普：《使用物理语言的心理学》，引自：洪谦：《逻辑实证主义》，北京：商务印书馆，1989 年，第 475 页。

为物理学。有了物理语言这种普遍的语言，就为科学统一化奠定了必不可少的基础。那么如何统一呢？逻辑经验主义有一个主要原则，意义的可证实性原则，即任何一个命题有没有意义，关键在于它能不能得到证实。按照这个原则，所有的科学命题如果有意义，它必定会被证实，而证实的表现就是能够用物理语言进行描述。

科学的统一化就是科学语言被还原为物理语言，因为它们在意义上是同一的。卡尔纳普说："下面，我们想解释和建立这样的命题：任何心理学的句子都可以用物理语言表述。用言语的具体模式来表达：所有心理学的句子都描述的物理的显现，也就是人类和其他动物的物理行为。这是一个物理主义的日常命题的亚命题，即物理语言是一个普遍的语言，也就是说任何句子都可以翻译成这个语言。"①

意义的可还原性是语义物理主义的核心。卡尔纳普说，虽然心理学可以使用自己的语言，但是心理学语言可以翻译成物理语言。"物理主义不应理解为要求心理学本身只研究物理学上可描述的状态。相反，这论点是心理学可以论述它所乐意论述的问题，可以造出它所乐意造出的句子——但无论怎样，这些句子都可以翻译成物理语言。"② 这种可翻译性可以理解为可还原性，即心理陈述或语言可以还原为物理陈述或语言。

为什么这样说呢？因为物理陈述才是主体间和可检验的，而心理陈述是在原则上不可检验的，不可公开观察的。如果心理陈述不是意味着肉体的状态而是意味着别的东西，那么它就是不可理解的和毫无意义的，我们就仍然以二元论的形式承认存在着不可证实的实在。关于心理现象的陈述要想被看作是科学的，必须是可以翻译为唯一可检验的关于物理的东西的陈述。"经验科学的陈述无非是关于物质对象的陈述，而不能是任何别的东西的陈述，……因此，传统的心理学必须由一种激进的行为主义所取代，并以它作为科学心理学的唯一可能形式。'心理学乃是物理学的一个分支'。"③ 卡尔纳普举了一个例子。比如我说"昨天我感到兴奋"，归根结底就只能是肉体的现象，否则它们就是不可证实和无意义的，即只是意味着"昨天我的躯体处于通常称为'兴奋'的那种物理状态"。事物世界的概念不能通过经验材料的排列来构成，这种构造系统必须建

① Beckermann A，Flor H，Kim J. Emergence or Reduction? Essays on the Prospects of Nonreductive Physicalism，Berlin and New York：De Gruyter，1992，p. 3.

② 卡尔纳普：《使用物理语言的心理学》，引自：洪谦：《逻辑实证主义》，北京：商务印书馆，1989年，第475页。

③ 克拉夫特：《维也纳学派》，李步楼、陈维杭译，北京：商务印书馆，1998年，第144页。

立在“物理”的概念基础上，这样从关于经验知识基础的概念建立的理论就转变成物理主义或唯物主义。

但是，人们怎么以物理的方式来理解或谈论他人的心灵或非物理的精神概念呢？因为非亲有的心理状态是不可能直接观察的。卡尔纳普说，一个关于别人心理的单称句子，总是具有和某一具体物理句子相同的内容；一个关于别人心理的句子是说明此人躯体所处的某种物理状态。尽管，我们的生理学目前还不能提供详细地说明这种心理句子的基础，并不影响我们得出心理句子翻译成物理句子的结论。

后来，费格尔对纽拉特和卡尔纳普的物理主义纲领进行了适当的补充和发展。他说：“我们现在必须提出两个重大问题：一，用以给出物理主义真正意义的标准作论证的那种逻辑状态和根据是什么？二，逻辑经验主义（和物理主义）是否像它的批评者经常说的那样，仅仅是形而上学的一种——即颇具否定性的一种？”①

对于这两个问题，费格尔认为与物理的概念理解有关。当物理主义的意义可证实的标准把所有事物的语言归为物理语言时，物理语言不能是开放性的和模糊的。但如果物理主义者把物理语言描述的物理对象当作像形而上学一样设定的绝对的实在，那么物理主义又将陷入它反对的形而上学。“如果‘物理的’指的是那么一类实体，这类实体尽管方式是推论或假设出来的，却可以根据感性的确认被认为很有道理的，那么物理主义的第一论题就包含着肯定宇宙的某种普遍特征的断定，因而显然不是纯粹逻辑学的真理。”②

费格尔认为，物理的概念不是一个实体，而是借助基本自然规律加以解释的对象，即“物理 e”。那么能不能说，物理的是物理学的规律和物理假说的对象。回答这个问题，需要回答物理学是什么物理学。费格尔指出，物理学在当时已经从传统的物理学发展到当代的场论、相对论和量子理论，出现了连续性原理（场）和非连续性原理（能量）。除非我们对物理学使用标注上明确的日期，否则物理 e 的概念就无法确定。为了避免这个问题，费格尔提出采取模糊和有成效的方法，即把物理的定义为任何或多或少综合性的解释体系的对象，这种解释体系的概念是通过一组公设含蓄地确定的，特别是依据感性证实基础加以解释的。“通过假设演绎程序、依据一些可以主体间检验的观察命题对‘物理

① 费格尔：《物理主义，统一科学和心理学基础》，引自：洪谦：《逻辑实证主义》，北京：商务印书馆，1989 年，第 475 页。

② 费格尔：《物理主义，统一科学和心理学基础》，引自：洪谦：《逻辑实证主义》，北京：商务印书馆，1989 年，第 530 页。

的 e’下的定义，有以下两个特点：一，这种定义反映了先进科学的解释概念的伸缩性和开放性；二，它反映了自然科学始终最迫切需要的那种‘客观性’。”①因而，这种物理概念使我们的物理主义不再依赖于物理学的某个理论或特定阶段，并且会对出现的新颖事物或自然演化中突现的事物做出非形而上的解释。

在物理 e 的概念上，费格尔重新解释和补充了卡尔纳普物理主义的两个论题：第一，物理语言是普遍的语言，它是被原则上可以用主体间的证据加以充分地、高度地证实的。这种充分地、高度地证实依赖于物理学的规律性。第二，心理语言可以翻译为物理的 e。有些哲学家认为心理语言不能翻译为物理语言，因为两个语言具有不同的意义。费格尔认为这是对物理语言狭窄的理解，如果我们所说的物理的是指物理的 e，那么就可以用心和物的相同的一种理论形式表述物理主义。“这种物理主义尽管在其确实性方面视经验证据的某些普遍特征而定，但它并不一定是有缺陷的，而且它能够抵抗传统上的心物一元论所作的某些攻击。”②

费格尔对物理主义的两个论题进行了评论，它反映出我们这个世界的某些假定的基本特征。物理主义的可证实性原则并不是一种纯粹句法的意义标准，而是一种科学乐观主义的本质表现，即相信在存在的领域内没有任何事物从原则上说是不能用科学方法加以考察和探讨的。但依据于感性基础的证实是实际知识的论断被形而上学家认为也是一种形而上学，不过，费格尔认为，它仅是我们具有主体间的意义所必须具备的条件，不是一个绝对无疑的先天的前提，最好是被看作人类的知识的框架结构。因此，当其他事物语言同一于或还原于物理语言时，还原物理主义这种同一性就不是纯粹的逻辑分析，而是一种经验的分析，是我们这个世界的非常基本的特性。对于物理主义的第二个论题，费格尔说，它表现出科学家们的一种信念，即相信科学是统一的和可预言的，所有的科学是可以还原到物理学的。物理主义的本质是可还原性。

二、哲学行为主义

尽管费格尔在谈到物理主义时提出，物理主义不应当借助逻辑分析去解释世界观的问题，因为它的论断都包含对世界的假设，但是在当时反对形而上学的大潮下，把哲学作为一种语言分析仍是英美哲学的主流。以维特根斯坦、赖

① 费格尔：《物理主义，统一科学和心理学基础》，引自：洪谦：《逻辑实证主义》，北京：商务印书馆，1989 年，第 533 页。

② 费格尔：《物理主义，统一科学和心理学基础》，引自：洪谦：《逻辑实证主义》，北京：商务印书馆，1989 年，第 548 页。

尔为首的哲学家把语义物理主义推进到哲学行为主义。

哲学行为主义借助心理学行为主义的发展，对心理概念进行语言分析，得出：我们对于心理的状态和过程的一切谈论都可以用一组关于人们的可见行为或行为倾向的陈述来说明，因此，不需要我们去求助内在的精神实体或心理实在去说明，我们实际上谈及的是以某种复杂方式行动或有行动倾向的物质客体。在坚持经验主义和一元论方面，哲学行为主义是一种还原物理主义。但是，哲学行为主义还是与纽拉特等人的物理主义存在着区别。

首先，哲学行为主义被还原的对象不是纯粹的抽象的实体。造成这种区别的主要原因，在于哲学行为主义与纽拉特等的意义理论不同。纽拉特等的物理主义的意义理论是一种“逻辑原子论”或“图像论”式的指称论，即坚持语言与对象在逻辑上简单的，是一种无结构的对应。一个名称或语言只能代表一个事物，由名称或语言组成的命题，如果这个命题是真的，它只能指示一个确定的事物。命题的意义在于命题与事态的存在或不存在相一致。比如，人的行为、人的躯体的生理状态都是在一定时间、地点发生的，因而也等于同时具有时空坐标的物理事件。所以，纽拉特等的物理主义被称为强物理主义。相比而言，哲学行为主义的意义理论不是单纯的指称论，而是一种语用论。

如果纽拉特等的意义理论与前期维特根斯坦的意义理论有着特定的关联，那么哲学行为主义则与后期维特根斯坦的意义理论密不可分。后期维特根斯坦不再认为语言的意义在于所指称的对象，而是认为语言意义与特定的环境或情况有关。在语言游戏论中，维特根斯坦说，语言的意义与它的用途、它要达到的目的、它所处的语境有关，而把一个语句孤立起来是很理解它的意义的。既然词和语句的意义在于它们的用法，因此必须研究词和语言的使用规则。后来的赖尔也基本上继承后期维特根斯坦的观点，强调词的意义在于用法，重视词或语句与它们被使用于其中的语境之间有着密切关联，反对把意义理解为一种抽象实体。

由于强调意义的语用论，维特根斯坦和赖尔认为，我们有必要对日常语言的意义进行分析，而不是构建理想语言或人工语言。赖尔说，知道怎样使用概念是一回事，而知道为什么能使用这个概念则是另外一回事，“许多人能够用一些概念来有道理地进行讨论，但不能有道理地谈论这些概念；他们至少在自己熟悉的领域中通过实践而懂得了怎样运用概念，但他们却说不出支配着这些概念的运用的逻辑规则”①。因此，研究概念的逻辑地理格局，揭示运用这些概念

① 赖尔：《心的概念》，徐大建译，北京：商务印书馆，1992年，第2页。

的命题的逻辑，就是哲学家的重要任务。维特根斯坦说，哲学问题之所以产生，是因为哲学家不了解他们所使用的概念具有多种用途，只要仔细日常语言的用法，正确了解概念的不同用途，就能使哲学问题得到“治疗”。在他们看来，许多日常语言是语言的误用而杜撰、虚构出来的，它们指向了一个不真实的实在。例如，赖尔认为心理语言是受到笛卡儿实体二元论的影响，指向了一个具有非广延、能思维的实体。

第二，哲学行为主义的还原对象是一种行为或行为倾向。既然被还原对象不是一种抽象的实体，而是一种不真实的存在，并且它在日常生活又要有意义，显然只能指向另一种存在。赖尔说，谈论一个人的心理活动、状态，其实是谈论他做某类事情时所表现出的能力和倾向。“我们在描述一个人的心理活动时并不是在描述第二套幽暗不明的活动。我们是在描述他一生中的一个经历的某些发展阶段，亦即是在描述他的一些行为得到控制的方式。”[①] 也就是说，我们平常用心理术语如性格、气质等描述人们，无非就是人类的行为方式的另外一种描述。但是，我们应当知道：“当我们用各种心理谓词来刻画人时，我们并不是在作任何这样的不可检验的结论：在我们无法察访的意识流中存在着幽灵似的过程；我们是在描述他们的一些显著的公开行为的实施方式。”进一步说，这些行为可以说成是我们行为的能力和倾向的运用。维特根斯坦也曾经对心理术语进行了分析，例如，我有意举起手来，这里的“有意”只是倾向于我举起手来，但也有可能是这种情况，尽管我倾向于举起手来，但并没有举起手来。无论哪种情况，这里只有举起手和没有举起手两种情况，并没有“有意”存在。然而这样一来，我们便遇到一个问题，什么是“倾向于”呢？我们可以用这样的例子来理解：一个易碎的花瓶具有破碎的倾向，当它被摔在地上时，就会表现破碎的倾向；盐有在水中溶解的倾向，当它被放到水中时，就表现出被溶解的倾向。然而，对象在具有倾向的同时，也可能这种倾向没有表现出来，如花瓶摔在地上并没有碎，盐放到水中没有溶化，这都与一定的条件有关。

高新民教授在分析哲学行为主义时说：“心灵并不具有指称特殊类型的物质或非物质实在的功能。也许我们可以把心灵归属于有自我调节能力的造物，即有智能的造物。但智能造物有心灵，不是由于它有特殊类型的私人的东西，而是由于它能作为行为，这些行为表现了其自发性，并有相对复杂的组织。”[②] 他接着说，“可见哲学行为主义的上述还原分析是片面的。当然也不能否认它有合理的内容，事实上它对后来的研究也产生了积极的影响，例如，它有力地批判

---

① 赖尔：《心的概念》，徐大建译，北京：商务印书馆，1992 年，第 48 页。

② 高新民：《人心与人生》，北京：中国人民大学出版社，2007 年，第 48 页。

了二元论，强调用来归属心理状态的术语并不指称某种特殊种类的对象”[①]。那么它指称什么呢？如果心理状态的术语指称只是一种理论描述的实在，理论的还原就是物理主义研究的内容。

三、语义物理主义的分析

无论是纽拉特等的物理主义还是赖尔的哲学行为主义，都是关于意义的物理主义理论。语义物理主义可以表述为：

> (R) 任何科学的任何句子，以及在心理学术语表达的任何句子 S，都可以翻译成一个物理语言的句子 S’，它们与 S 都有相同的意义。

通过意义分析，语义物理主义把所有的语言包括心理语言还原到物理语言，实现了物理主义命题的解释。然而，语义物理主义的还原前景如何呢？我们来看看语义物理主义在“可翻译性”上的问题：

> 假设，“阿 Q 很兴奋”，按照语义物理主义可以翻译成“阿 Q 的躯体特别是他的中枢神经系统现在处在这样的状态，它典型地表现为：心跳加速、血压升高，而且在一定刺激下会表现得更为突出，也表现为对于回答问题不知所措，也表现在一定刺激下出现不安的状态，等等”。

问题在于：

第一，语言重复。在句子中出现两次“在特定刺激下”，这个刺激是什么刺激，它是物理刺激，还是心理的刺激？如果是另一个心理事件的刺激，那就还需要进一步翻译。

第二，末端开放。在句末出现了“等等”，这表明这个句子是一个开放句，对行为的分析是末端开放的。这意味着，它难以告诉我们哪些物理条件和行为倾向应当被包括在翻译的句子中。

为了避免这个问题，有人提出一个附加条件，即实践三段论：假如 X 想 P，假如 X 相信 A 是一个实现 P 的恰当方式，那么 X 将会做 A。但这个附加条件也是有问题的。比如，有人想做 P 并且相信 A 是达到 P 的合适方法，但是他并没有做 A。在《水浒传》里，林冲想回家团圆，并且相信坐完牢是达到回家团圆的合适方法，但是他并没有坐完牢。

有人又增加进一步的条件：“假如没有什么使得 X 更想做 P，而且与它做 A 并不矛盾”“假如 X 能做 A”“假如 X 不是太不愿意”等，但是这些条件仍然不

① 高新民：《人心与人生》，北京：中国人民大学出版社，2007 年，第 49 页。

足以证明X必定做A。即使所有的原初条件和附加条件都满足了，林冲想回家团圆有各种形式，有各种方法，比如越狱，还有走上梁山，把家人接回来，等等。

即使按照行为主义方式，某人想P，那么他就做A。这也是有问题的，在社会心理学中，我们都知道，有人对于某人很憎恶，一般的人会做出不理某人的行为，但是有些人并不这样，他往往对之很友好，甚至故意装出很热情友善的样子。这是为什么呢？因为这里面还有其他复杂的信念，这个信念还需要解释。这个解释就不是行为所能解决的，它涉及复杂的因素。

因此，心理学的句子与物理的句子之间的关系并不是意义相同的，这个关系争论了三十多年。美国心灵哲学家海尔说："任何对心灵的既定状态所可能产生的行为的陈述都不可避免地会涉及心灵的其他状态。"[①] 总之，当我们在用行为倾向而表达心理句子的时候，我们并不能完全揭示这个心理句子的内容，除非我们再借助其他心理句子，但这个心理句子又需要解释。这样我们就会形成一个无限的恶性循环。

第三，本体论问题。波兰德认为语义物理主义不能成功在于，还原论无法满足物理主义的本体论要求。

我们可以把语义物理主义命题（R）分解成三个命题，它们反映不同的本体论范畴：

> （R1）任何一个个体是物理当且仅当任何一个个体是这样的，存在着一个指向它的术语，并且用物理术语定义的。
>
> （R2）任何一个属性是物理当且仅当任何一个属性是这样的，存在着一个指向它的术语，并且用物理术语定义的。或者说，任何陈述或谓词都指向了一个属性，对于物理陈述或谓词来说，它们指向了一个物理属性，如此：物理主义为真，当且仅当对于任何在W世界中例示的属性F就是某些在W世界中例示的物理属性G，以至于表达F的规范谓词同义于表达G的规范物理谓词。
>
> （R3）任何一个类是物理当且仅当任何一个类是这样的，存在着一个指向它的术语，并且是用物理术语定义的。

波兰德认为，对于物理主义本体论立场的语言，还原论表述是不充分的，因为（R1）任何事物（个体、属性或类）可以是物理的，但是并不存在着指向或表述这些事物的物理定义术语。（R2）任何事物可能被物理定义术语的指向或

① 海尔：《当代心灵哲学导论》，高新民等译，北京：中国人民大学出版社，2005年，第63页。

表述，但是并不是任何事物都将会是物理的。

（R1）表明物理主义的本体并不能为物理术语所穷尽，因为目前的物理学术语并不是理想的物理学术语。按照赫尔曼和汤姆逊的说法，无论基本物理述谓如何精准和完善，物理定义如何完备，都可能存在着某些实在是物理学语言所无法为目前所把握的。他们的依据在于：物理语言是有限的，而物理语言所拟解释的则有无限多的区域，包括可数或不可数的区域，而这些区域的部分或构成要么是有限的，要么是无限多的。正是基于这一点，综合物理区域随机选定的实在不可避免导致有比物理语言所描述的实在多得多的实在。波兰德指出，赫尔曼和汤姆逊的论证展示了物理语言所描述的实在与物理主义本体论的实在之间并不必然存在着等同，它们有着根本的区别。因此，这是对（R1）的反驳。

对于（R2），波兰德说，很明显，关于可定义性的问题仍然会出现，因为存在着一个可能物理状态的序列，但是按照基本物理学术语的可定义性，它则是可数的，即所有物理状态的集合基数要比可定义的物理状态的集合基数大得多，这样就存在着一些物理状态并不能为物理定义。就此看来，物理语言不能充分描述物理状态的完全本体，语言还原也不能表述物理主义本体论立场。这个论证基于这样一个前提：物理学的真实定律能够表述持续、单调真值函数。这个函数的值对应着一个不同的物理状态，然而存在着不可数的物理状态，而函数所定义的每一个值中间也都有无数的值。假如物理语言是有限的，那么可利用的物理描述的集合就是可数的。这与上面的前提矛盾。

当然也有人提出反驳：虽然物理状态类要超出物理语言描述的类，但是对于任何物理状态都可以用物理语言进行定义或描述，问题不在于存在着无法用物理语言描述的状态，而在于我们不能同时描述所有的物理状态。因此，物理主义本体论的语言建构主张就避开了反驳。波兰德认为这种反驳是错误的。首先，我们要注意到物理主义的还原论表述及其相关命题的都有下面的逻辑形式：$(x)\ Px \leftarrow\rightarrow (x)\ (\exists t)\ [Rtx\&\ (\exists p)\ Dpt]$。其中，Px 意指 x 是物理的，Rtx 意指 x 用 t 来指称的，Dpt 意指 t 是由 p 来定义的，t 是指某些有限语言集的术语，而 P 是指用物理语言进行物理定义表述。上面的反驳表明，物理本体论的语言建构无法达到它的目的。只是因为在（R2）中的全称量词包含一个非可数的域，而特殊量词包含着一个可数的域，这样的等值是错误的。物理学和它的预期释义为（R2）提供了这样一个解释，因此物理状态的本体不是可定义的。假如物理状态的本体不是可定义的，可以定义的命题就不能表述出物理主义所要表述的世界。因此，物理主义（R2）是错误的，物理主义还原论方案不能完全表述物理本体论的全部内容。

所以，如果物理主义还原论方案采用语言还原，那就预设了（R），然而（R）是错误的，它不能表述出物理主义所要表述的本体，物理语言对于表述物理主义是不充分的。波兰德说："很明显，对于这样的支持，语言建构只留下一种方案，那就是探讨是否能够引入一个无限或高阶的语言去拯救 R 以及整个策略。"① 即使我们找到一个有限的表述来指向物理状态，波兰德说，它也不可能为物理主义所共同接受。因为这个有限的表述可能是借用非索引性的术语，并没有确切内容，无法区分世界的可能物理状态，不能提供当前状态的理论概括，从而也就丧失了意义。

还有人认为这个必然性是语义上的，即语义物理主义。按照这个观点，物理主义是关于意义的而不是世界本质的，它认为任何陈述或谓词与某些物理陈述或谓词是同义的。但是我们可以加上一个假设，即任何陈述或谓词都指向了一个属性，对于物理属性来说，存在着表述它们的物理语言的谓词。所以，物理主义为真，当且仅当对于任何在 W 世界中例示的属性 F 就是某些在 W 世界中例示的物理属性 G，以至于表达 F 的规范谓词同义于表达 G 的规范物理谓词。

然而，语义物理主义对于必然性的理解存在着这样的问题：①有些完全有意义的谓词并不同义于物理谓词。比如，"有一个玉麒麟或龙""没有灵魂"等在句子中是有意义的，然而却没有物理谓词同义于它。②翻译不确定性问题。蒯因提出，判断意义的标准也是不确定的。③意义能否自然化也是一个哲学问题。这些问题都是语义物理主义需要回答的问题，否则物理主义为真就是值得怀疑的。

第四节　类型同一论

我们在不少物理主义文献中发现，当代很少有物理主义者把语义物理主义归入到物理主义中，其主要原因还在于后来斯马特提出的"话题中立（topic-neutral）"表述。斯马特认为，除了物理主义表述之外，还存在着一类话题中立的表述，它既不包含物理也不包含心理的表述，但是当它们与任何理论在一起，会增加理论的表达力。例如，"出现""发生""增强""减弱"等都是一种中立的术语，它既可以用于物理主义，也可用于二元论。斯马特认为，"一个感觉发生了"也是一种中立术语，它既可以为物理主义者相信，也可以为二元论者相

① Poland J. Physicalism：The Philosophical Foundation，Oxford：Clarendon Press，1994，p. 51.

信。一旦用中立术语分析心理的表述，那么就意味着物理主义不可能是语义还原的。这种思想为后来的有些机器功能主义者所发展，他们认为心理术语只是一种抽象的表述，心理与物理只是一种函数关系，类似于数字之间的对应。

既然语义还原不适合物理主义，物理主义能否与理论还原论相融合呢？我们先探讨一下理论还原的本质。理论还原论是科学哲学家特别是逻辑实用主义者为了实现科学统一而发展起来的。它最早是由凯默瑞和奥本海默提出的。他们认为，还原是一种推动科学进步的主要标志，“由于此过程已成为许多哲学争论的主要对象，给出还原基本特征的合理描述便成为科学哲学家的任务”。[①] 在《论还原》一文中，他们对还原的特征进行了分析：第一，它既然是推动科学的进步，因此要求还原理论能够比被还原理论更具有解释性；第二，还原理论比被还原理论更具有简单性或经济性。凯默瑞和奥本海默认为，还原的本质是“系统化”，即还原理论具有更大的解释力。但是，如何保证还原理论具有更大的解释力，则是后来奥本海默和普特南进行的微观还原探索的动因。他们认为理论还原需要还原理论的术语能够定义被还原理论的术语，因为两个理论不可能完全具有相同的理论术语和观察术语。但是，只有术语的可定义性仍然不能满足还原的条件，美国著名的科学哲学家 E. 内格尔又加上一个理论的可推导性，即连接理论之间的桥梁定律。E. 内格尔的理论还原被称为经典的理论还原，后来许多哲学家在谈到还原时，一般指的是内格尔的理论还原。

E. 内格尔的理论还原可以概括如下：

> 假如一个理论（TR）可以还原到另一个理论（TB），当且仅当：①可连接条件（connectability），TR 和 TB 两个理论的所有术语间存在着合适的关联，也就是还原的术语与还原术语之间存在着语义的联系。②可推导性条件（derivability），TR 可以从 TB 推导出来。用公式表述为：还原论为真，当且仅当，对于任何谓词 F，存在着一个谓词 G，以至于句子“X 是 F 当且仅当 X 是 G”表达了一种桥梁定律。[②]

桥梁定律是理论还原的核心。比如，传统的热力学定律可以通过桥梁定律还原为统计力学定律，这个桥梁定律就是温度等于分子的平均动能。没有这个桥梁定律，传统的热力学定律就无法从统计力学中推导出来，就无法实现科学的统一。如果从形式上看，桥梁定律表明理论之间存在着统一关系，但从理论所反映的对象来看，桥梁定律表明对象之间存在着同一关系。这种同一不是一

---

① Kemeny J，Oppenheim P. On reduction，Philosophical Studies，7，1956，pp. 6 - 18.

② 内格尔：《科学的结构》，徐向东译，上海：上海译文出版社，2005 年，第 423 页、第 424 页。

种先验的同一，即不是莱布尼茨的同一，不是自身的同一，或者A就是A，而是一种经验上的同一，即在我们经验过程中发现的同一。科学史的发展证明，理论还原推动了科学的进步，除了上面提到传统热力学向统计力学的还原，还有开普勒力学向牛顿力学的还原，以及光学理论向麦克斯韦电磁理论的还原。

从物理主义的角度来看，理论还原成功的例子表明我们也可以用于心理与物理的关系，这并没有什么不可能的。我们需要做的就是寻找一种物理科学，比如神经科学，它能够蕴含着包含科学心理学和常识心理学的概念框架。如果这样，我们就可以宣布心理的就是一种大脑状态，或者说心理的同一于大脑状态。事实上，在20世纪50年代以前，科学家发现每个人都有物质的起源，包括我们的大脑，它们都是神经科学的主题。许多神经科学家也发现，生物的神经系统结构能够解释我们的行为能力缺陷的原因。因此，一些哲学家如费格尔、斯马特、普赖斯、阿姆斯特朗大胆地提出了心脑同一论。由于以澳大利亚哲学家为主，同一论也被称为“澳大利亚异端”。

同一论者认为，不需要心理语言翻译成物理语言，不需要借助于语义关联来建立物理主义。斯马特在1962年的《感觉和大脑过程》一文中说，同一不依赖于我们的心理状态的概念或心理术语的意义，因为，心理状态与物理状态有相同的属性，但它们的术语却不是同义词，就像“司马迁”与“《史记》的作者”这两个表述。同一论认为，我们可以提出一个科学的假说：心理状态是一种大脑状态、心理过程是一种大脑过程，它们类似于“闪电是一种电荷的运动”。

我们来分析一下这个同一论中的“是”，以辨析在什么程度上与理论还原有着关系。“是”可以分成两种意义：一种是偶然性、经验性等同，如“他的桌子是一张床板搭成的”“他的草帽是树枝编的”等；一种是必然性、分析性等同，如“红色是一种颜色”“单身汉是没有结婚的男人”等。当我们说“意识是一种大脑过程”就不是逻辑上能够推导出来的，它是一种经验的关联，是一种偶然的同一。这种同一“似乎可以作为一个语言规则，即无论任何时候，一个既定类型的对象或事件状态都有两个特征或两组特征，其中一个是谈及的这类对象或事件状态所独一无二的特征，那么被用于上面指向定义提及的这种对象或事件状态的特征或特征组的表述将通常会推导出另外一个表述，即被用于指向另外的特征或特征组的表述”①。从表面上看，这两种表述似乎指向了两种不同的事件，但是在科学背景下，通过观察或试验，它们实际上是同一事件的两种不

① Place UT. Is consciousness a brain process? //Lycan W G. Mind and Cognition：An Anthology, Oxford：Blackwell Publishing，1999，p. 16.

同表述。普赖斯说，把两种表述指向两种不同的事件，是犯了一种“现象谬误”，即从主体的角度描述事件，而认为事件存在着一种现象属性或经验属性。然而，这种现象或经验属性的术语只是一种中立术语，只是出于我们解释的需要。当我们了解其产生的机制以后，现象或经验属性指向的就是我们的大脑过程。通过科学观察或经验研究，我们发现了连接两种表述的定律。按照理论还原的说法，就是一种桥梁定律。

这种同一论的表述需要桥梁定律，因而与理论还原结合起来。由于桥梁定律表达的是一种类型的关联，这种同一论也被称为类型同一论。就理论还原的目标来看，类型同一论与还原论的纲领似乎是一致的。还原物理主义表明了物理本体的唯一性和物理解释的唯一客观性，从而实现了物理主义的关于物理学优先性的目标，成为物理主义最为彻底的类型。然而，还原物理主义描述的世界图景是简单的，认为物理学展示的世界才是唯一真实的世界，这就把那些无法为物理学所解释的东西排除在外，我们没有了情感意志，没有了心理生活，只有一个冷冰冰的世界。因此，无论是在实践上或者在学理上，还原物理主义总是许多反物理主义者攻击的目标。

物理主义的还原论方案得到支撑的依据在于辅助性的哲学预设：解释的推导-律则模式；所有存在的形而上学主张都可以用语言学术语进行表述。但这两个前提是有争论的，故而影响到物理主义的还原论方案。从解释模式来看，理论还原论相信可推导性解释，即通过一套定律的推导或演绎就可以解释这些定律。可推导性是理论还原的重要条件，当被还原理论借助桥梁定律还原到还原理论，被还原理论就可以得到解释。如此，类型同一论通过心理学理论与物理学理论的桥梁法则来解释心理学理论。然而，就物理主义本身来说，心理学等其他具体科学与物理学是一种律则共存关系，它们都可以解释同一种现象，但并不能表明后者取代前者，就像经济学中的劣币驱逐真币的现象，是无法用物理学解释来取代社会学解释。理论还原论是一种层间解释，是一种水平的解释，物理主义需要的是垂直解释。理论还原论无法描述高层科学与物理学之间的正确关系，事实上像心理学、社会学等并不能从物理学中推导出来。从形而上学来看，理论还原论认为，真正的实在就是我们的理论描述的实在，即一种科学实在论，所有的实在都可以用语言进行表述。但是对于物理主义来说，语言与实在并没有直接的关联，语言是规范性的，它描述的实在与形而上学的实在并不一致。

对于类型同一论这种还原物理主义最有力的反驳来自两个论证。第一是普特南和福多的多样可实现性论证。普特南指出同一论的条件：“①它拥有大脑的合适的物理化学结构；②大脑处在那种物理化学状态。这意味着谈论的物理化学状态有可能是哺乳动物的大脑、爬行动物的大脑、软体动物的大脑（章鱼是软体动物，也可能感觉到疼痛）等。同时，不可能存在具有物理上可能的生物却感觉不到疼痛。假设发现了这样的状态，它应有律则上的可能性保证外星空间的生命只要有这种状态，也能感觉到疼痛，即使我们没有这样的假设。”[①]

形式论证如下：

(1) 如有可能心理状态 M 在没有大脑状态 B 的情况下被例示，那么 M 不等于 B。

(2) 有可能 M 在没有 B 的情况下被例示（例如，动物和火星人在结构上没有相似性）。

(3) 因而 M 不等同于 B。

福多在其著名论文《具体科学（或，作为工作假设的科学非统一性）》中指出，科学的发展是以各种具体科学的深入独立性研究为特征，而不是还原到物理学。各种具体科学的独立性的原因在于：①具体科学描述的是一种自然类，而这种自然类与物理自然类之间并没有桥梁定律所表述的同一关系。因此，具体科学定律与物理定律所描述的事件并不相同。②即使有相同的物理事件，它也不能保证具体科学的定律为真，或者在认识上是重要的属性。③对自然类属性的概况只能是具体科学的任务。[②]

形式论证如下：

(1) 具体科学类属性（如心理类属性）可多样实现于不同物理属性，如图 3-2 所示。

(2) 假如具体科学类属性（如心理类属性）可多样实现于不同物理属性，那么具体科学不能还原到物理学。

(3) 因而，具体科学不能还原到物理学。

福多为了论证（1）采用了巴格勒善法则的例子说明。所谓巴格勒善法则，即劣币驱逐良币法则。它可多样实现于货币材料，如金子、纸币、贝壳等。而对于（2），福多提出，根据 E. 内格尔还原法则，$S_1 \rightarrow (P_1 \vee P_2 \vee \cdots P_n)$ 和 $S_2 \rightarrow (Q_1 \vee Q_2 \vee \cdots Q_N)$ 不是律则关联，也因而没有合适的桥梁定律。同时，在 S_1 的

---

① Putnam H. The Nature of mental states//Block N. Reading in Philosophy of Psychology, Cambridge Harvard University Press, 1980, p. 228.

② Fodor J. Special science (or, The disunity of science as a working hypothesis) //David J. Chalmers, Philosophy of Mind: Classical and Contemporary Readings, Oxford: Oxford University Press, 2002, p. 129.

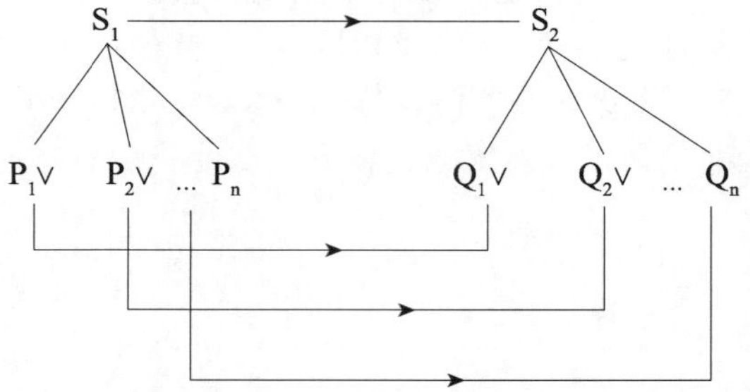

图 3-2　具体科学与物理科学的关系

实现者和 S_2 的实现者之间：$(P_1 \vee P_2 \vee \cdots P_\pi) \rightarrow (Q_1 \vee Q_2 \vee \cdots Q_N)$ 也没有合适的律则关联。

这个论证称作多样可实现论证（the multiple realization argument，MRA），后人因普特南和福多提出，也称为“普-福论证”。它表明，由于物理状态是多样可实现的，不存在着不同的心理物理定律，没有一个连接心理属性与物理属性的单一的桥梁定律，因而类型同一论是站不住脚的。

第二个著名论证是戴维森的异常一元论论证。异常一元论表明，心理与物理之间并不存在严格的心物规律。戴维森在《心理事件》中指出，过去严格意义上的同一论是类型同一论，而这种类型同一论以 E. 内格尔的关联法则为前提。然而，心理事件和物理事件应当遵循以下原则：①因果作用原则，即心理事件与物理事件具有因果作用；②因果的合律则性原则，即因果性由律则统辖，事件之间关系服从严格的决定法律则。虽然每个具体的心理事件同一于某些物理事件，但它们不是类型同一的，因为心理属性不能通过定义或定律还原到物理属性，不存在着严格的心理物理规律，也就没有桥梁定律连接心理与物理属性。

为什么没有严格的心理物理规律呢？戴维森说，这是因为心理与物理谓词是不可通约的。这个不可通约性表明心理谓词与物理谓词是我们立足于不同的角度进行的描述，因而表达了不同的思维框架，具有不同的范式。范式的转换意味着断裂。心理与物理谓词不可能由两个不同的范式而被挤压到一个范式。例如，用不可通约的谓词表达定律，“所有的翡翠都是蓝绿的”就不是一个律则关联。我们知道戈德尔曼提出一个蓝绿悖论，他说我们知道翡翠有两种色，一种蓝色，一种绿色，但是我们不能通过经验观察把“翡翠是蓝色的”和“翡翠是绿色”析取成一个定律“翡翠是蓝绿色的”。所以，得出③心物异常一元论，心理与物理不能理论还原。当然，戴维森的不可通约性不是由于这样的析取定律不存在而造成的，而是说心理谓词的归属在很大程度上是由于我们理性的建构，即我们通过信念之网而构建的心理的东西，它具有整体性、规范性的特征而无法与物理谓词通约。

加拿大著名认知科学家派利夏恩（Z. Pylyshyn）认为，多样可实现是对还原论的方法论的批判。一般心身还原论借助神经生物学或者分子运行机制等物理规律来解释心理事件的结果。这个解释是有问题的，因为我们很难找到这一规律。且即使存在着某一规律，但认知层次上每一个物理事件都潜在的是无限的，同时认知的构成也和生理层次上的描述是不相关的。可以这样说，假如有高层次描述规律存在，还原论方法会忽略它。因为存在多样实现性，还原论无法遵循科学方法论原则达到对心理事件的解释。特别是目前反还原论者强调多样可实现第二种类型，即个例系统也存在着多样可实现性问题，这更给还原论解释的困难雪上加霜。例如，恩迪科特（R. Endicott）关注个体大脑状态具有可塑性的经验事实，强调无法抓到具有特定心理功能的神经结构和过程的能力；霍根更明确指出，多样实现性发生在个体身上，我们所谓的意向性心理状态可能证明就是神经生物层面上的多样可实现性表征的结果，因为在每一时刻中心神经系统结构是不一样的。

一般认为，多样可实现论证表明在世界的图景中存在多样可实现性，比如心理的类属性的可多样实现是不同于物理属性的，因此所谓还原论是有问题的。所以，J. 比克尔（J. Bickle）说："多样可实现性的论证是心身还原论成为过时的主要原因。"[①] 金在权认为现在普遍持有一种信念，那就是多样可实现性永远和心身还原论水火不相容。可以这样说，无论普特南、福多，还是戴维森均表明一种形而上的问题：许多高层事件如心理属性、过程、现象并不是严格遵循桥梁法则所要求的类型，同一于物理事件的属性、过程、现象的。那么，就其高层性质与物理性质之间是什么样的关系？是可还原的关系？还是其他的关系如突现、随附性关系？

第五节　局部同一论

类型同一论所包含的理论还原论遭到了过多的指责，但一些哲学家并不想放弃物理主义的还原论方案。有的学者认为，这只是与我们对还原论的认识有关，如果我们弱化传统的 E. 内格尔的经典还原，物理主义仍然可以坚持走还原

① Bickle J. Mental anomaly and the new mind-brain reductionism, Philosophy of Science, 2 (59), 1992, pp. 217 - 230.

论道路。

他们认为，E. 内格尔式的经典还原过于强硬，把物理主义推出了极端。面对多样可实现性的论证，我们可以弱化类型同一，把还原限定在某些种类或者局部，转变成个例的同一、局部同一。这种同一论的物理主义，我们称为个例物理主义。具体表述为：对于任何对象、事件、过程等殊相 x，存在着物理的对象、事件、过程等殊相 y，以至于 x=y。

这里我们首先要区别于概念“个例或殊型”和“类型”。个例（token）是指作为记号的一个实际存在物或事件，而类型（type）是作为记号的一种规则或确定有意义的形式。所有的个例都具有一个类型的特征，但每一个例又是这个类型的实例或例证。例如，《史记》是一个类型，但我手中的这本《史记》则是个例，它是中华书局出版的。类型物理主义与个例物理主义的区别就在于一个是表示类型与类型之间的关系，一个是表示个例与个例之间的关系。

就个例与个例之间的关系来说，物理主义仍然可以适用于 E. 内格尔的还原。胡克（C. Hooker）和比克尔说，多样可实现性并不是什么特殊的现象，它在科学例子中是相当普遍的现象。我们注意到许多标准物理属性作为具体科学的属性都是可以多样实现的。比如，“有 1 克重”这个属性可以为不同物质材料所具有，然而有“有 1 克重”的属性则是标准物理属性的范式。同样在经典还原的例子中，还原的属性也是可以多样实现的。我们可以引用大家广为熟知的还原例子，“温度等同于平均分子动能”。温度可以在不同物质材料实现，如气体、固体、真空中等。在气体中，温度可以说是分子平均动能，但是在固体和真空中则是另外一种情况。很明显，真空和等离子体中的温度无法等同于分子平均动能。像胡克指出的那样，物理学家用分子平均动能来区分辨别温度只能在具有麦克斯韦式分布的气体中。① 因此，我们可以推出：①多样可实现的现象是普遍的；②一些具体科学的类属性是可以多样实现于不同类型的物理材料的事实，并不能推出具体科学的类属性不可还原到物理属性，也不能推出具体科学不能还原到物理学。即使在任何还原的范式例子中，我们没有相应的定律去连接还原和被还原科学的类属性，这只可能说明福多把真正的还原的条件视为“应有桥梁的定律存在”是过于要求严格。

金在权说，当代神经科学的成功表明，虽然发生在软体动物、脊柱动物、鸟类等物种身上的疼痛，其内部的神经结构是有差异的，但是潜在神经机制具有一致性。“大脑的发育和损伤均能造成我们心理生活的基本神经机制的变化，

---

① Hooker C. Towards a general theory of reduction，historical and scientific setting. Dialogue Ⅻ，1981，pp. 38 - 59.

这也是为什么随着时间的推移不同神经状态会渐渐实现相同心理状态的原因。同种生物大多共有相似的神经系统，这也是心理学得以可能的基础。这是一个偶然的，但也是幸运的事实，即人类心理是统一的，它能充分保证科学研究的可能性和实践上的可行性。但是人类心理学的统一，就其所达到的程度，可归结于我们神经系统的相似性——人体生理学的统一。即使是最坏的情形，纵然在人类中间和成长过程中的同一个体身上到处存在着广泛异质的多样可实现，但是仍会存在具体结构的双条件定律（假如心理确实是物理上实现的），仍会存在极其完备的局部还原，哪怕它们只是生命中特定时刻的单个个体还原。'心理学是物理上实现的'是这样一个思想，即正是心理状态的实现者的物理属性才产生了心理规律，成为心理解释的基础。如果是一个极具差异性和异质性的实现，再去寻找作为任一时刻任一个人存在时他心理状态的神经实现者就是没有意义和没有价值的。假如在这些境况下作为科学的心理学得以可能存在，那么就应当归于一系列大量的、不可思议的偶然为之。于是，我们可以断定，把多样实现性推向极致并不会打击局部还原论的思想。"① 由此，金在权提出了"结构例示"的局部还原。他认为多样可实现性排除了一般的心身向物理的还原，但多样可实现性里包含物理的结构类型的局部还原。根据金在权的说法，在心身还原中所需要的双条件句是作为一个条件句的后件出现的，而且其前件表达了明确的结构类型。例如，假如 X 是结构类型 S 的部分，那么 X 就表示为心理状态 M，当且仅当 X 处在物理状态 P 中，前件表明的不同结构类型的条件句将有典型双条件特征，并被作为后件，其心理术语的构成成分是有其指称的，但物理术语却是指称不同的物理事件。

D. 刘易斯认为，如果我们注意到还原论背景隐含的相对性，那么还原论和多样可实现性的对立便会消失。他举了个例子，比如有三句话：①有一个中奖号码；②中奖号码是 03；③中奖号码是 61。上面三句话似乎是有问题的。如何融合这三句话呢？很显然我们为①后面加上"每星期"，为②后面加上"这星期"，为③加上"上星期"，这里的不一致性便消失了。同样我们可以构造多样可实现性命题：①（还原论命题）只有一种疼痛的物理化学实现者；②疼痛的物理化学实现者是 C—纤维激活，③疼痛的物理化学实现者是某种绿色黏液。这不就是普特南提出的多样可实现性命题表达吗？D. 刘易斯为①后面加上"每个结构类型"，为②加上"人类"，为③加上"外星人"。这样，D. 刘易斯就把同一的理论还原变成了在一定区域内的局部还原。

---

① Kim J. Mind in a Physical World：An Essay on the Mind-Body Problem and Mental Causation，Cambridge，MA：The MIT Press，1999，pp. 94，95.

然而，即便局部还原的物理主义能够消除多样可实现性，它仍然存在着解释性问题和本体论问题需要物理主义回答。为什么心理与物理存在着律则关联呢？物理学能够完备地解释心理现象吗？特别是当心理与物理存在着律则关联时，这等于是说明律则两边是两个不同的属性，那么这置物理属性于何种地位呢？从“形而上学意义上的事实就是内格尔还原没有给我们本体简单性，也无法给出我们理应与还原思想相联的直觉上的‘只不过’的意义是什么。”① 事实上，在二元论中如两面论、副现象论、预定和谐论中也可以存在着内格尔的律则关联。例如，两面论通过给我们所需要的心身桥梁定律推导出心理学的内格尔还原。因而，我们看到心理性是否通过桥梁定律内格尔还原到物理的问题不可能是明显的形而上学问题，把内格尔还原为前提作为反驳还原物理主义也不能是一个有意义的哲学问题。

第六节　功能还原物理主义

无论是整体还原或是局部还原都与内格尔还原有关，那么能不能改变一下还原类型而保持物理主义的还原论方案呢？金在权、D. 刘易斯等提出了另外一种还原类型——功能还原模式。

功能还原模式与功能主义的提出相关联。功能主义原本是在反对行为主义、同一论的基础上，吸收人工智能、计算机科学、认知科学、生物学等科学成果，由普特南和福多最初提出，经由机械功能主义、目的论功能主义阶段而发展起来。功能主义不太关注世界究竟存在着什么样的事物，它是物理的还是心理的，而只是研究心理状态为什么具有这些状态，它是由什么决定的。因此，当物理主义被认为不但要回答心理与物理之间的关系的形而上学问题，而且要回答世界中存在什么样的事件这样的本体论问题时，功能主义与物理主义的关系就有些微妙了。

有学者认为，功能主义不是物理主义，因为它在本体论问题上首鼠两端，态度暧昧。功能主义者反对把心理状态归结为外在的行为或行为倾向，也反对归为内在的神经过程，它把心理状态理解为一种功能状态，即一种感觉输入和行为输出之间的因果角色状态。那么这是一种什么样的状态？我们可以从功能主义者对“功能”概念的理解来分析。普特南把功能理解为一种数学

① Kim J. Mind in a Physical World：An Essay on the Mind-Body Problem and Mental Causation，Cambridge，MA：The MIT Press，1999，p. 96.

意义上的函数关系，即从某些对象向另一些对象的映射关系。这里的功能意味着某种因果角色的作用。各种不同的环境刺激、行为反应及心理状态，共同构成了一个因果网络，其中心理状态就是跟环境刺激、行为和其他心理状态之间的因果对应关系。按照机械功能主义的说法，心理状态类似于电脑的程序或软件，它虽然是由硬件实现的，但不等于硬件。因此，功能主义者区分了实现者和实现，心理状态可以多样实现，却与实现者是不同的，由此证明心理状态的属性不是一阶属性，而是一种二阶属性，准确地说是一种关系属性，一种抽象属性。就像认知科学研究人类的大脑无法理解认知活动的功能，认知层次上的事件有一个不能还原的语义向度，高层次的事件、属性必须根据它们自己的术语加以理解，功能属性是独立于物理属性的。既然功能属性独立于物理属性，功能属性是什么属性呢？它是物理的，还是心理的？功能主义没有说明。即使后来的目的论功能主义，把功能作为一种生物上的功能，也并没有说明功能属性是什么，这无异于放宽了心理的标准，什么东西只要具备一定条件都可以有心理，从而导致了自由主义（例如，索伯说，照此说法，捕鼠夹子也有心理）。物理主义不可能接受这样的结论，功能主义在本体论上仍是一个“黑箱”。

内德·布洛克明确否认功能主义和物理主义结合的可能，假如功能主义和物理主义结合，那将是一个混合的理论。我们知道，功能主义就是根据某状态的因果角色来定义的某种状态，如某种疼痛就是具有促使疼痛的因果角色的状态。也就是说用心理状态实现的限定条件的非心理术语来概括心理状态。但从这个定义中，我们可以分出两阶属性：一阶属性是基本属性，功能属性是二阶属性。一阶属性是二阶属性的实现；但二阶属性并不是一阶属性，它是由具体的、其他属性的属性而构成，而一阶属性不是这样，所以一阶属性等于二阶属性是矛盾的。那么，二阶属性和一阶属性的析取属性之间是什么关系？布洛克指出，假如析取属性有明确定义，我们能否保证二者共存呢？比如具有安眠的属性就是由 $C_{12}H_{12}N_2O_3$ 的属性或者由 $C_{16}H_{18}O_6$ 所构成的属性。如果析取属性是二阶属性，那就说一阶属性模态等于二阶属性的模态，这显然是不相同的。既然二者不相同，也无法共存，原因是什么呢？布洛克认为，这是一个形而上学的问题，而不是一个本体论问题。本体论物理主义是研究事物是物理的，而形而上学物理主义是研究事物与物理的关系。如果像上面的分析出现了一阶属性和二阶属性无法共存，那么形而上学与物理主义是无法结合在一起的。“本体论还原论者暗暗采取了亚里士多德的古典策略，关注于把最终或基本存在物与派生的存在物区别开来，并论述事物的‘存在’或者是由于前者的基本存在而得到理解的。”① 本体论还原论认为某类实体存在是基本的，并且其他貌似真实的实体是派生的，或技术性地说可还原为基本种类的实体。除非在本体论上做到功能还原，功能主义才是物理主义的一种重要形式。因而，海尔也提出只有在本体论背景下，才有可能解决诸多形而上学问题。

福多似乎认识到这个本体论问题。在心理表征理论和计算理论中，他指出功能属性和物理属性是一种对应关系、实现关系。功能属性不是一种独立的抽象属性，作为一种二阶属性，它是真实存在的，依赖于、实现于物理属性。没有物理属性，就不可能存在功能属性。考虑到物理主义宣称任何事物都是依赖于物质的，那么功能主义就是一种物理主义。在某种意义上，功能主义只不过是不同于以往的还原论方案，它为物理主义指出了另一个方向，即非理论还原物理主义。这种非还原的物理主义描述了一种世界层次结构图景，每一种具体科学都对应于一个层次，高阶的科学对应着高阶的层次，物理学对应的是最低阶的层次。每一个科学描述的都是真实的属性，这种真实的属性就是出现于某种因果律中的属性，是被因果律所揭示的属性，而这些属性是不能还原到低一阶的属性。福多认为，高层因果律不是一种 E. 内格尔所称的必然规律、普遍而没有例外的规律，而是一种余者皆同规则，即一种近似规律，有附加条件的（心理学、社会学、经济学等都是一种这样的规律，它们的适用范围是有限制的），物理学也是这样的规律。就此看来，高层规律无法还原到物理规律，高层属性也无法还原物理属性。尽管这种层次世界观坚持属性的自主性，但同时又承认每层的物体都是由低层次的物体所组成的，因而高层属性也是由低层属性实现的。在这种非还原物理主义之下，既保证了具体科学自主性，又坚持物理主义的本体论基础。

但事情远非福多想得那么惬意，如果高阶属性不能还原到物理属性，心理属性不同于物理属性，就必然会得出心理属性与物理属性共存的二元结论。更重要的问题是，如果心理属性具有独立性，它应当具有因果效力，那么心理属性如何在物理世界中具有因果作用呢？它是可以独立具有因果力抑或可以还原到物理属性的因果力？如果是独立的，就会导致多元决定论，进而与物理主义的精神相背。这都是作为物理主义的功能主义需要回答的问题。

金在权认为，功能主义要想作为物理主义必须回到还原论，但不是 E. 内格尔式的传统还原，而是一种功能还原。因为，功能主义与物理主义结合的共同基础在于属性范围内，而不是有关理论的讨论，显然，作为一种认识还原论的

① 布鲁斯·昂：《形而上学》，田园、陈高华等译，北京：中国人民大学出版社，2005 年，第 28 页。

内格尔还原是不适合的，还原论需要转向属性还原，需要寻找一种新的还原模型。“这个还原是在考虑的关联的物种或者结构下把 M 和实现者 P_1 同一起来［也可关联于指称世界（这个世界被断定具有律则可能性）］。这样 M 实现物种 1 的 P_1，物种 2 的 P_2，等等。考虑到 M 的每个实现都是特定情况下它的实现者的因果能力（因果继承原则），所有的因果/解释工作都是由 M 的实现来做的，也就是说，对于 P_1 的例示的 M 的出现，则有 P_1 来完成，同样适用有相同的 M 的例示和实现者……相对于内格尔的桥梁还原法则，M 只是律则关联于物种 1 的 P_1，但仍保持不同，同样对于 P_2 也是。”①

根据金在权功能主义还原思路，第一步就是使高阶属性或功能属性功能化，即根据高阶属性或功能属性和其他属性的关系，特别是由因果或相关关系表示高阶或功能属性的特征。也是说，M 必须是根据其他属性特别是还原基础 B 的属性之间的因果或者律则关系来定义的属性进行建构或者重构。高阶或功能属性功能化有两种方式：第一，把高阶或功能属性解释为二阶属性，即把这种属性所具有的属性与产生这样属性的属性内有某种这样的因果关系。根据这种解释，高阶或功能属性是因果角色，充当所述因果角色的那些属性则是它们的实现者。第二，把高阶或功能属性看作某种概念或语言学过程。在使功能属性功能化的过程中，我们实际把高阶或功能属性解释为一种功能概念或属性指示词。因此，述及高阶或功能属性功能化时，就是把它们作为某种机制的概念，这种机制执行特定的生物学任务。第二步就是在还原基础 B 中找到 M 的实现者。假如我们需要一个既定系统中 M 的具体个例的还原或者还原解释，那么就要找到系统例示 M 的实现者 P 的属性。第三步就是找到一个理论，它能解释 M 的实现者怎样履行因果任务。这个因果任务是由 M 构成的。这样的一个理论也能解释其他明显具有 M 的因果或者律则的关系。

按照金在权的功能主义还原，高阶属性和基础属性是同一的，即 M＝N（这里 M 指高阶属性，N 指基础属性）。根据属性的功能化，M 是具有一种符合因果规定 C 的属性，而 N 则是符合 C 的唯一属性，因此 M 是这样一种属性，这种属性就是具有 N，这等于说 M 就是 N。因此，当功能属性 M 被认为有两个物理属性 N_1 或 N_2 时，不能把 M 看作 N_1 或 N_2 析取性质的指向，而只能是具有 N_1 或具有 N_2 两个命题的析取。也就是说，功能主义还原把随附属性 M 作为二阶属性。X 具有 N_1，那么 X 具有 M，除此之外不存在别的事实；同样 Y 具有 N_2，

① Kim J. Mind in a Physical World：An Essay on the Mind-Body Problem and Mental Causation，Cambridge，MA：The MIT Press，1999，p. 110.

那么Y具有M，除此之外不存在别的事实。因此，由于X具有N_1而具有因果力，与此类似，Y将具有以N_2为特征的因果力。这种因果力归根结底归于物理属性。这完全符合还原论的本体论、概念和说明上的要求。

同金在权一样探讨属性间的还原，D. 刘易斯把自己的理论称为类似于普赖斯、斯马特、阿姆斯特朗式的“澳大利亚唯物主义”本体还原论，但不是经验同一的还原论，而是一种后验的还原论。[①] D. 刘易斯认为，从物理主义本体论概念来看，它主要强调的是心理对物理的依赖性，物理是心理的必要条件和经验基础。比如，在常识心理学中，有一套心理术语为人们熟练地掌握和运用，并有效地预测人们的行为，纵然不是十分准确，却是人类生活中不可缺少的部分。为什么常识心理学有如此有效的预测力呢？D. 刘易斯认为常识心理学关注的是人类的心理状态、感知刺激和行为反应的因果关系，并解释它们运作的机制和过程。这就赋予每个心理状态一个因果角色。于是，D. 刘易斯为心理状态找到了分析目标，那就是心理状态的因果角色。假如某个心理状态被常识心理学命名为M，那么我们说M就充任某个特定因果角色（假定为M-角色），M的意义就是典型地充任M-角色的状态。它们是严格的功能属性指示词，即在所有世界都指向一个事件。

在进行心理状态的因果分析时，会碰到三个问题。第一，从常识心理学可知，心理状态的因果角色涉及另外的心理状态，那么会不会导致无限循环关联呢？D. 刘易斯借用拉姆塞语句的表达方式解决这个问题。所谓拉姆塞语句就是在坚持理论的全部经验内容可以用一个语句的形式来表示，通过连接所有表达理论内容的句子，并用存在约束变量取代句子所有理论术语。假如常识心理学有三个心理状态被命名为L、M、N，那么我们可以把这个L、M和N组成一个因果系统，它们的相互因果关系共同充任一个因果角色LMN-角色。这意味着M充任的是一个派生角色，它来自共同充任LMN-角色的三个状态中。所以，L、M、N是互为命名的。第二，常识心理学包含感知刺激，而这个感知刺激经常被认为是二阶性质，比如颜色，我们无法用物理术语去取代二阶性质。D. 刘易斯认为我们可以把二阶性质分析成由引起它存在的不同的心理状态，然后对后面的心理状态进行物理学分析，甚至可以引入心理物理学，从而进行相互定义。第三，常识心理学所包含的行为预设了各种心理活动，如信念、愿望、渴望等，所以被称为行动。这个由心理活动引起的行为会引起无限的循环推理，一直徘徊在心理活动中。D. 刘易斯指出，借助物理术语当然可以消除行为的心

① Lewis D. Reduction of mind//Guttenplan A. A Companion to the Philosophy of Mind，Blackwell：Blackwell Publishers Inc，1995，pp. 412 - 430.

理预设，但是它超出了常识心理学所了解的范围，也无法适合非地球环境中外星人的行为描述。D. 刘易斯选择了第三条路，即使用“假如……那么……（if-then）”条件句。这个条件句并不是提供一个静态的描述或定义条件，而是提供各种可能条件进行定义。比如，“我在踢球”可以描述为“你的身体假如处在具有地球正常引力的平坦地面上，前面斜下方是足球，不远处是你的队友，那么当你的脚和足球相互作用并沿着一定轨道运行就到了队友脚下”。

D. 刘易斯认为常识心理学之所以有效，主要在于常识心理学的术语都指向真实的因果状态。虽然这个指向有些模糊，但是我们可以通过分析其真值证明其存在的依据。分析真值限定于心理状态与行为的因果关系，它可以表现为程度高或者程度低。真值程度高表明心理状态与行为的强关联，心理状态完全占有特定因果角色；真值程度低表明心理状态与行为的弱关联，心理状态不完全占有特定因果角色。总之，假设 M 为心理状态，M 产生一定心理因果作用，那么 M 就可分析为典型具有 M-角色的状态。通过概念分析：①心理状态 M 就是这样的一种状态，它占有一定的因果角色，即 M-角色的占有者（分析）；②通过经验科学的研究，在日常世界里，我们发现物理状态 P 占有 M-角色（科学）；③因而 M＝P。

D. 刘易斯和金在权的功能还原论的相同之处在于综合了语言的概念分析和经验科学的研究，提出物理主义是一个后验必然的命题：物理主义是真的，当且仅当对于任何心理谓词 F，都有心理谓词 G，以至于句子“假如 X 是 F，那么 X 是 G”是一个后验的。这种后验来自我们所使用的心理术语等高阶术语并不是一个严格的指示词，它需要在特定域内下才能指示某种属性。例如，这种后验的物理主义弥补了以前还原物理主义的多样可实现性的缺陷，即物理主义命题为真并仅是一个偶然事实问题，但由此也导致了后来的先验与后验物理主义之争。

第七节　物理主义需要还原论吗

公正地说，在历史上，还原论确实推动了物理主义的发展。当物理主义被理解为还原论的时候，在一定程度上增强了我们对物理主义表达和核心内容的认识。首先，排除各种还原论类型的争论，还原论提出具体科学的对象都是由物理域内的对象构成的，真实存在的只有物理属性，这也是物理主义勾画的世界本体图景。其次，还原论与物理主义结合深化了我们对物理的以及由物理派生出来的事物之间关系的理解。物理主义说，所有的事物都是物理的，这个“是”可以理解为还原性，即所有复杂的事物都不过是物理的，并没有什么神秘的东西存在。

但是，我们也要认识到还原论与物理主义的结合并不是天作之合，也不一定意味着婚姻美满。许多学者从物理主义哲学预设、解释本质出发，与还原论进行对比，得出物理主义不能推导出还原论，或者是物理主义不需要还原论。

波义德从物理主义和还原论的预设开始，指出：“物理主义的还原分析和上面提到的自然类术语的经验说明共同具有相同的可证实原则和反形而上学的动机：它把试图‘理性重构’一个形而上学问题变成了关于语言的正式问题。”①因而，在还原论那里，物理主义命题就成为一个关于语言或理论的关系问题，例如“同一命题”，即“每个心理状态同一于，而不是单纯关联于，某些物理状态”。但是这个同一命题不能推出物理主义是必然真实的。要理解为什么“不能推出”，我们先要区分两类同一命题：一类是严格指示词表述的，如“水是H_2O”；另一类是有非严格指示词表述的，“水是撒哈拉沙漠稀少的物质”。在第一类命题中，“H_2O”是严格指示词，“水是H_2O”可以表述为：存在着这样的X，使得①同一命题“水＝X”在所有可能世界中为真，②X是指这样的事物，它的指示词必定是H_2O。因此，我们说“水是H_2O”必定为真。但是对于第二类命题就不同了。“撒哈拉沙漠稀少的物质”并不是一个严格的指示词，它可能指向水，也可能指向其他事物，如老虎。第二个命题没有必然的意义，不是一个必然同一性命题。同样，当我们说物理主义命题是同一命题时，也应当需要用严格的指示词进行表达，如疼痛是一种物理过程，可以推导出：存在着一个严格的指示词R，以至于①“疼痛＝R”为真，②R是这样的，无论它指示什么，在任何可能世界都必然是物理过程。但是，我们知道，物理过程并不是一个严格的指示词，它具有偶然的属性，物理主义命题不能推导出必然的同一，也就不能得出还原论结论。

戴维森重点考查物理主义和还原论的解释区别。他认为，物理主义所要求的心理事件就是物理事件，但这个事件并不意味着心理物理存在着严格的规则，而心物严格的规则是还原论的核心条件，因此物理主义推不出还原论。他说，心理和物理语言“对于心理图式和物理图式做出了根本不同的承诺，所以不存在严格的心理-物理规律。物理实在的一个特征是：物理变化能由那些把这个变化与其他从物理上描述的变化和条件联系起来的规则作为说明，而心理实在的

① Boyed R. Materialism without reductionism：what physicalism does not entail//Block N. Reading in Philosophy of Psychology，Cambridge：Harvard University Press，1980，p. 86.

一个特征是：对心理现象进行归属必须对那种关于个人的理智、信念和意向的背景负责。如果这两个领域都忠实于各自所特有的证据来源，那么，在两者之间就不可能有紧密的联系”。[①] 在这里，戴维森特别指出，心理事物的法则性不是一种物理事物的法则性，它是由大量包含命题态度等的术语构成的，而这些命题态度具有规范性、整体性特征，即它们的意义不是由单独的指称确定的，而是由一系列相关的事件构成的。也就是说，物理主义对于世界的描述并不只是一个物理的描述，还“有一种无需相对于某种翻译图式而对一个人的态度做出解释的单一正确方式”。[②] 这种解释称为合理或理性解释。合理解释采用的宽容性原则，表达了人们对物理世界的另外一种看法。因而，“只要我们把人设想为有理性的动物，在心理事物与物理事物之间法则上的松弛关系便是必要的”[①]。

普特南虽然后来放弃了机器功能主义，但其物理主义的思想始终没有改变，他相信在我们的生活中没有神秘的行为者，没有活力因子。普特南思想跳跃之快，在哲学史上也是很少见到他这样的人物。我们认为其主要原因在于，他最初是从还原论走向了物理主义，但在后来的不断研究过程中，他发现还原论与物理主义结合如此之难，因而放弃了物理主义的还原论路径。除了我们前面提到了他在《还原论和心理学的性质》中的多样可实现性论证之外，他在《哲学和我们的心理生活》中则从解释的角度来说明物理主义不能走向还原论。他说，按照还原物理主义，“假如我们是物质，那么对于我们所做任何事物都有一个物理解释”，这就是错误的，物理主义不能推出还原论解释。对他来说，解释具有自主性。例如，假设一个物理系统，在一个木板上有两个洞，一个是 1 英寸直径长的圆洞，一个是边长为 1 英寸的方形洞，现在用一个边长为 15/16 英寸的立方体的木钉去穿过这两个洞。我们发现木钉可以通过方形洞，但不能通过圆洞，如何解释这一事实呢？还原物理主义把木板、木钉看作一堆基本粒子，通过粒子之间的位置、速度、吸引和排斥来解释，但这不能算作解释。因为解释必然是对相关事件的相关特点的揭示而不是用一堆毫不相关的信息来说明。“木板和木钉是按某种方式排列的原子所构成，这一点本身并没有解释为什么木钉通过这个孔而不是那个孔，即便它解释了某种东西，这种东西反过来又解释了上述

---

① Davidson D. Mental events//Block N. Reading in Philosophy of Psychology，Cambridge：Harvard University Press，1980，pp. 116，117.

② Davidson D. Mental events//Block N. Reading in Philosophy of Psychology，Cambridge：Harvard University Press，1980，p. 117.

事实”。[①] 解释是相关于背景的，在一种背景下是一种解释，在另一种背景下它不能再被当作解释而接受，解释具有自主性。这种关于物理事实的解释不能还原微观结构的解释，而心理事实或状态具有高层结构的特征。

福多在物理主义提供的世界框架下，从捍卫具体科学的地位出发，指出：“个例物理主义（即任何心理学事件是一个神经学事件）不等于并且不能推出心理还原论（即任何心理自然类是或共存于一个神经科学类）。”[②] 因为，心理学的类词汇与物理学的类词汇分属两门科学的词汇，对应着不同的自然类。对福多来说，自然类是学科分类的标准，它们是通名的一种，专指由个别的自然事物所构成的类，如水、老虎、铁、黄金等。描述两个不同的自然类没有恰当的共存词汇，即使有这样的词汇，也不可能是律则的。福多说：“很明显，除了生物，还存在着这样的律则可能的系统，即它满足于心理类谓词，却完全不满足于神经类谓词。”例如，我们可能会制造出比人类更聪明的机器人，它具有我们日常心理描述的活动，却没有任何神经基础。福多指出，许多人把物理主义与还原论结合起来，主要源于视二者的方案相同，即都是为了科学统一。显然，作为工作的假说，还原论是希望实现科学的统一，“‘从长期来看’，在具体科学中的真实理论应当还原到物理学理论”。[③] 但物理主义只是为这个工作假设提供本体论依据，假设科学被统一，那么所有具体科学必定适用同样的事物；如果物理学是基本的科学，上面提到的每个事物最好都是物理的事物。在这个物理主义的方案之下，每个具体科学都可以保持自主性、独立性，物理学学科可以采用普遍的、无例外的定律表达，其他科学可以采用余者皆同的定律表达。从方案上看，物理主义与还原论是不同的。

从上面哲学家对于物理主义与还原论的关系分析，我们可以得出：

(1) 物理主义对于事物之间的形而上学关系的描述并不是简单的“同一”所能概括的，也不是“还原”分析所能解决的。虽然，物理主义和还原论共同反对二元论，但是还原论的“沙文主义”倾向导向了一种极其简单化的理解，忽视了物理世界的复杂性，不能对心理、社会等现象做出令人信服的解释。物理主义在解决所有事物与物理之间关系的时候，应当注意到事物是依赖于物理

---

① Putnam H. Philosophy and our mental life//Block N. Reading in Philosophy of Psychology，Cambridge：Harvard University Press，1980，p. 138.

② Fodor J A. Special science，or the disunity of science as a working hypothesis//Block N. Reading in Philosophy of Psychology，Cambridge：Harvard University Press，1980，p. 125.

③ Fodor J A. Special science，or the disunity of science as a working hypothesis//Block N. Reading in Philosophy of Psychology，Cambridge：Harvard University Press，1980，p. 120.

的，“依赖”并不是“等同”“同一”。对于还原论来看，事物都是按照部分相加构成的整体，它们的属性都是一种内在属性，即物理属性，不存在着关系属性以及不同于构成的部分的结构性实在。物理主义不能不注意到物理世界中并不只存在着一种内在属性，它应当还有关系属性。有些高层现象和过程是由低层现象和过程的复杂建构的复合体，这种复杂性表现在某些高层现象不是由内在属性构成的，而是由关系或结构属性建构的。物理主义应当对此做出不同于还原论的结论。

还原论是否在物理主义能够占据位置，关键在于如何理解“构成”这个概念。假如有人认为，构成是一种部分的融合，那么所有个体的物理依赖就会有所保证。然而，如果融合只是一个构成关系，那就会遇到问题。即使这样的对象是由某类物理对象融合而成的，也无法解释它们是如何实现的。如果这些对象符合物理主义，它们就不是本体上突现的。进一步讲，物理主义必须说明这些对象为什么不是突现的，以及它们是如何由物理基础的对象实现的。

（2）物理主义和还原论结合保证了解释的彻底性和简单性，但是解释并不只有一种严格的、无例外的解释。按照还原物理主义只有一种真实的解释，即物理学解释。事实上，解释是相关于不同背景的、具有规范性及语境特点的。戴维森说，理性或合理解释同样是一种真实的解释；福多说，除了物理学解释，还有余者皆同解释，它是在具体领域、具体条件下真实存在的解释；普特南说，解释具有独立性，心理学解释不一定还原到物理解释。只要物理主义提供了一个物理的基础，任何解释不脱离这个基础，不引入神秘的实体，都可以称为一种真实的解释。

（3）物理主义不需要把科学统一作为终极目标。著名物理学家、诺贝尔奖获得者温伯格说，还原论始终是物理学的目标，最后所有的理论都会指向物理学；同样，另一位著名生物学家、诺贝尔奖得主克里克也说，我们所有的心理、意识过程都只不过是一大堆神经元分子的活动。这都是极端的还原论倾向。物理主义不需要也不可能把还原论的目标作为自己的任务。物理主义需要为科学家提供基础，但不是要求科学家都是物理学家。每个具体科学都有自己的独立的地位，都是在研究物理主义所描述的世界图景中的一部分。因此，普特南说，我们的心理生活尽管在物理主义所描述的世界中有着特定的范围区域，但并不是与物理主义所描述的世界不同。

第四章

随附物理主义

当代物理主义大多反对心理属性同一于物理属性的还原路径，但又不想回到二元论的老路上，它们开始“拥护某种类型的非还原物理主义，即强调心理属性依赖于物理属性，却又不可还原到物理属性”。[①] 这种非还原主义道路被称为随附物理主义。随附性以其温和的哲学立场深受物理主义者的赞赏和欢迎。

第一节　随附性的由来

在过去20年里，随附性（supervenience）概念日益得到哲学工作者的青睐，“这主要是因为它可应用于心身问题、微观还原和物理主义之上”[②]。具体来说，它有助于理解包括因果关系、部分与整体关系等在内的哲学意义，因为它描述了物体、属性、事实、事件等是如何相互依赖、相互关联的。作为一种与还原并列的关系性，随附性被作为一种非还原物理主义表述的重要哲学范畴，同时也被用于解决如心理因果性等重要哲学问题的基本策略手段。因而，在当代物理主义文献中，随附性概念是一个讨论颇多的重要哲学概念。

但是，我们也要看到，作为一种年轻、新颖的哲学概念，随附性面临着它不可避免的问题：如果随附性被看作是一种关系样式，它究竟如何区别于还原性、突现性、实现性、构成性等关系样式；它是单纯的同质的关系，还是两个

① 保罗·K. 莫泽，J. D. 特劳特：《物理主义、随附性与依赖性》，引自：高新民、储昭华：《心灵哲学》，北京：商务印书馆，2002年，第279页。笔者对原翻译稍微做了调整。

② 金在权：《随附性的种种概念》，引自：高新民、储昭华：《心灵哲学》，北京：商务印书馆，2002年，第279页。

或多个事物之间的关系；进而归结到，随附性是否在哲学上提出了一种取代其他关系的重要方案。要回答上面的问题，我们先要对随附性概念本身进行考察，如随附性概念如何表述，随附性的特征是什么，随附性有多少类型，等等。

考虑到当代不同的哲学家对随附性思想有不同的看法，在某种程度上可以说是混乱或模糊不清的，因此，要对随附性适当地评价，必须进入思想史梳理。我们首先对随附性进行词源学和语义学考察，然后再进行文献学、发生学研究。

“supervenience”由“supervene”派生而来。“supervene”来自拉丁词“supervenirne”，后者是由“super”（“在……上”“在……后”“附加的”）和“venire”（“来到”“出现”）合成的，即“随后出现”“附带发生”“偶然的、意想不到的事物出现或发生”。从语源学来看，“supervenience”明显表现出空间上的准隐喻性概念，即在原初附生的基础物之上产生的事物。但是，我们不能仅从“supervenience”的字面意思来直接硬译，因为作为哲学概念“supervenience”与原来使用的概念是有区别的，它没有了原初的时空性意味，而是表达了一个形而上的和概念上的决定关系。另外，虽然金在权说，可能在东方文献中也会出现类似意思的术语，但我们迄今尚未在汉语中发现类似的词。所以，这个概念在国内有很多翻译，有“附生性”（张华夏、陈刚）、“伴随性”（蒉益民），考虑到哲学上的意义，我们还是以高新民教授的“随附性”翻译为准。①

随附性概念最早是作为艺术的语言出现，与现在哲学上的概念没有什么大的关系。② 当代哲学意义的随附性最早起源有三种版本，第一种是说可以追溯到1923年英国突现主义者劳埃德·莫根（Lloyd Morgan），他用到“supervene”概括突现属性与基础属性之间的关系。然而，莫根的“supervene”有它的使用

---

① 根据我们后面的考察，“supervenience”应当有依赖性和共变性的特征，因而可以说是“伴随而来并且相互依附”，简称“随附性”。“伴随性”和“附生性”只表达了其中一个意思。如果按照“supervenience”的依赖性与共变性的特征，确实如金在权所说，中国哲学中也有着相似的表达概念。笔者在研究中国唯物主义思想中发现，中国哲学具有的唯物主义传统就是一种非还原的唯物主义思想，它强调事物依赖于“气”，但又不同于“气”，如王充在《论衡》中说“精神依倚形体”，范缜在《答曹录事〈难神灭论〉》中说“形神相济”，都表达了一种心理随附于形体的思想。因此，如果说用中国哲学术语对应于“supervenience”的话，“依倚”最恰当不过。但是考虑到国内学者约定俗成，笔者仍采用“随附”一语。可参见笔者 2014 年第 9 期《甘肃社会科学》中《心灵哲学视域下的范缜“神形说”辨析》一文。

② 金在权在《作为哲学概念的随附性》（Kim J. Supervenience of a philosophical concept，Metaphilosophy，21，1990，pp. 1 - 27.）一文中提到，由文献可查，形容词“supervenient”于 1594 年最初出现，名词“supervenience”于 1664 年首次使用。它们均无一例外地用于具体的事件描述，表达了“偶然”或“意外出现”的意思。在后来的文献中，随附性通常是用于时间次序中，表达结果与原因的关联。尽管这些概念可能会与后来用于哲学概念的随附性有一定关联，但它们对我们理解哲学概念的随附性似乎没有多大帮助。

语境，他表明突现属性不同于基础属性，是附加的属性，与“emergent”是同义词。这种用法被后来的突现主义大大发展。

第二种说法是起源于1952年的自然主义伦理学家黑尔（R. M. Hare），他用随附性来概括道德属性与非道德属性之间的关系，这被认为是形成这一概念雏形的经典来源：“让我们以‘善良’的特征为例，这特征被称之为善良的随附性。假使我们说，‘圣·弗朗西斯是一个善良的人’，那么在逻辑上就不可能既主张这一观点，同时又坚持认为，可能还存在着另一个人，他处在和圣·弗朗西斯完全相同的环境中，而且以完全一样的方式行动，但仅仅在下述方面与圣·弗朗西斯不同，即他不是一个善良的人。”无论黑尔是不是第一个使用了哲学意义上的“随附”，毫无疑问，他是第一个用之表达了一个随附性命题。

第三种说法是起源于1922年伦理学家莫尔（G. E. Moore）。他本人没有使用过“随附性”概念，但是他表达了与后来戴维森近似的随附性命题：“对于性质区别的一个重要事实，就是两个事物不可能在没有内在本质的不同情况下而可能有所区别。”① 也就是说：“如果一特定的事物在某种程度上具有任何类型的内在价值，那么该事物不仅在所有情况下，在同等程度上一定具有这种价值，而且任何实际上相似于它的事物在所有情况下，在极为类似的程度上也一定具有这种价值。”②

对于上面三种说法，我们认为，要区分随附性概念和随附性思想。随附性思想应当古已有之，在哲学史有许多随附性思想的表述例子，也许不但出现在西方哲学中，可能也存在于东方哲学中。但不可否认，随附性思想被以哲学概念的形式表达出来，是一个相对较晚的事情。对于随附性哲学能够在当代西方哲学中流行，与黑尔把“随附性”概念明显提出有重大关系，然而真正得到哲学界重视，并迅速成长为一个超出伦理学领域而被视为“一个值得密切关注的、富有吸引力的且充满希望的概念”，不得不提到另外一个重要的哲学家——戴维森。

戴维森于20世纪70年代正式把“随附性”概念带入当代心灵哲学中，用以解决还原物理主义主要是同一论在表述心理事件与物理事件之间的关系时所陷入的麻烦。他说，当他写心理事件时，他受到莫尔随附思想的影响，比如善良的属性可以用描述性术语言列举出来，但不能还原到描述性的属性。但是他把这种思想概述出来，却借用了黑尔的“supervenient”。剔除黑尔的所隐含的

---

① Moore G E. Philosophical Studies，London：Routledge，1922，p. 261.

② 金在权：《随附性的种种概念》，引自：高新民、储昭华：《心灵哲学》，北京：商务印书馆，2002年，第205页。

"律则还原主义"思想，戴维森把它表述为："心理特征在某种意义上依赖或随附于物理特征。这样的随附性可能被作为意指：不存在着在物理方面相似，但是在心理方面不同的两个事件，或者说，一个对象不可能在心理方面有所改变，但是在物理方面没有变化。"① 这里的随附性概念具有了普遍的哲学意义，并且得到了不少哲学家的关注。继戴维森之后，霍根、金在权、D. 刘易斯和其他哲学家开始深化随附性概念，探讨它在哲学中的作用和价值。关于随附性概念的文献也如雨后春笋般出现。

哲学家们发现，随附性不但可以适用于伦理学，而且可以适用于形而上学、生物哲学、心灵哲学、语言哲学等领域；不但可以解决心身问题和因果问题，也可以解决物理主义的困境。例如，随附性可以取代还原，从而成为物理主义避开二元论而坚持物理的本体基础的最佳候选，"随附性似乎是一种既能表达物理主义的中心思想又不使自己去做不可能或任何程度上不大可能的事情的方法"②。

第二节　随附性的内涵

我们要研究随附性是否能取代还原性而成为物理主义的首选，自然要对随附性本身的问题作一下探讨，如随附性的内涵是什么，或者说，我们在什么意义上说它是随附的？随附性的表现形式是什么，或者说我们讨论的随附性是哪一种随附性？这两个问题密切相关。因为，自戴维森随附性提出以来，不少哲学家提出了不同的随附性表达，也提出了不同的随附性看法。金在权说，在过去的10年里（即自1970年以后），各种随附性类型被提出，哲学家纷纷提出自己对随附性的理解，导致了此概念的"令人生厌的增生"（D. 刘易斯语）。有的学者甚至提出随附性仅是一种宽泛的关系形式，包括心身两面论、突现论等都是一种随附性。如此宽泛的理解，显然不是随附性被引入哲学中的本意，因此，研究随附性的内涵成为讨论随附性形式和种类的前提。另外，我们也要看到，随附性研究是在不断发展的，哲学家基于对随附性的理解提出不同的随附性形式，我们只有在这些不同的随附性种类中寻找到共同的、基本的内容，才能构

---

① Davidson D. Essays on Actions and Events，Oxford：Clarendon Press，1980，p. 214.

② 丹尼尔·博恩瓦克：《上帝心灵中的还原》，引自：高新民、储昭华：《心灵哲学》，北京：商务印书馆，2002年，第257页。

成对随附性内涵的总结。①

在研究过程中，我们主要采用逆向方式求证随附性的思想，即我们先要了解哲学家是反对什么的，然后从对立的方面引出结论来。当代哲学界讨论的随附性概念是戴维森从伦理学中引过来的，用来表示心理与物理的依赖关系，因而我们先从戴维森的随附性思想开始研究。

戴维森的随附性概念主要是反对还原物理主义的，具体说，是反对物理主义的还原性的。根据《心理事件》一文，戴维森所认为的还原性是一种可定义性或可推导性，从事物之间的关系来看，还原性是一种可以用严格规律联系起来的同一性，它表述了事物之间没有本质的区别（或者说只有量的差异、结构上复杂程度的区别）。如此说来，心理性与物理性合而为一，我们研究心理性只需要研究物理性就可以了。这样的世界图景，对于戴维森来说，是足够简单的，因为心理事件具有整体性特征，心理图式与物理图式有根本不同的承诺。戴维森提出了随附性不是借助于规律或定义的可还原性。下面，我们根据与还原性关系的对比来谈一谈对随附性的理解。

根据戴维森的思想，还原性与随附性的区分在于有没有严格的心物规则。从严格的概念来看，还原性认为心理属性同一于物理属性，物理属性决定了心理属性，所以存在着心物的桥梁法则，保证了心理被固定在一个封闭的体系内。在这样的体系中，作为物理的事件被认为完全决定了心理的出现或不出现，正如金在权说：一旦我们谈论特定的心理属性和物理属性之间的相互关系和依赖性时，我们事实上是在谈论心理物理规则，这些规则引出了令人讨厌的物理还原主义幽灵。但是，对于戴维森来说，“心理事件并不构成一个封闭的系统”，任何一个心理物理陈述都无法归为严格的规律陈述，“即使某人知道物理世界的全部历史，并且每一个心理事件都同一于物理事件，也不会因此能预言或说明一个单一的心理事件”，因此，心理事件是异常的。心理事件的异常表明，心理事件是非律则决定于物理事件。

那么，我们如何来理解非律则决定关系呢？按照戴维森的解释，这是一种“两个事件不可能在所有物理方面相同但同时在某些心理方面没有差异，或者说一个对象不可能在没有物理方面改变下，在某些心理方面有所变化”。这句话包括两层意思：第一，随附性是一种依赖性关系，即随后发生的事件是依赖于那

① 目前，国内学者在没有明确地分析随附性内涵之前就直接讨论随附性类型，并对随附性类型判断正确与否。笔者认为实为不妥，因为随附性类型的划分是有标准的，而这个标准与随附性内涵有关。可参见陈晓平的《“随附性”概念及其哲学意蕴》（《科技哲学研究》，2008年第4期，第1－8页）、《“随附性”概念辨析》（《哲学研究》，2010年第4期，第71－79页）。

得以它附生的事件。例如，心理事件是依赖于它得以产生的物理事件，没有物理事件就没有心理事件。第二，随附性是一种共变性或协变性。共变性或协变性是戴维森从伦理学思想借鉴过来的。在戴维森之前，伦理学家西奇维克（Sidgwick）早就表达了一种道德特征与某些特征之间的必然协变关系，然而还没有明确说明道德属性与物理属性的关系，后来的莫尔用非自然属性去描述道德属性，首次触及与物理属性的关系，因而当黑尔把随附性概念引入道德哲学中，他们共同表示出的是道德属性或谓词与非道德的属性或谓词的必然共变或协变关系。我们可以推测，戴维森的随附性概念继承了这一共变或协变特征，直到后来被 D. 刘易斯概括为随附性的口号“没有 A 的变化或差异就没有 B 的变化或差异”。

如果加上前面提到的非还原性，现在我们可以概括一下随附性的内涵：

（1）共变性。随附属性共变于它们的基础属性。具体说，在基础属性上的不可辨识性可以推出在随附属性上的不可辨识性。

（2）依赖性。随附属性是依赖于或决定于它们的基础属性。

（3）非还原性。随附属性不可还原到它们的基础属性。①②

对于随附性的三个内涵，不同的人也有不同的看法。金在权认为，共变性是随附性的基本特征，任何随附性概念都要包含着共变性；共变性可以推导出随附性其他两个概念。然而，莫泽和特劳特认为，共变性不一定推出依赖性，随附性的基本核心是依赖性，“随附性必定是一种有依赖性变化的关系”。③ 我们在对依赖性和共变性哪个更具有基本的地位评价之前，暂且可以肯定的是大多人承认随附性具有非还原性，这是没有疑义的。

我们先看看金在权所认为的共变性的基本地位是如何说明的。对于金在权来说，共变性就意味着不可辨识性。根据适用世界域不同，不可辨识性有强和弱的理解；而在这个强和弱的不可辨识性中，由于模态效力不同，强和弱的不可辨识性又分成两类。所以，共变性共有四类。

（1）弱共变性 1：不可能存在着这样的世界，它包含着事物 X 和 Y，以

---

① Kim J. Supervenience of a philosophical concept，Metaphilosophy，21，1990，p. 9.

② 高新民教授在金在权的随附性内涵上加上“决定”和“反二元性”，笔者持不同意见。对于“决定性”，在金在权那里，它是“依赖性”的近义词或同义词，并经常相伴而用，所以不必单独列出来。至于“反二元性”，对于非还原物理主义来说，主要是反对实体二元论，但其中隐含的属性二元论，也是研究者公认的，因此把随附性归结为“反二元性”似乎是模糊不清的，它是反实体二元论呢？还是反属性二元论呢？

③ 保罗·K. 莫泽，J. D. 特劳特：《物理主义、随附性与依赖性》，引自：高新民、储昭华：《心灵哲学》，北京：商务印书馆，2002 年，第 292 页。

至于X和Y在属性B（指基础属性，下同）不可辨识，但在属性A（指随附属性，下同）却可辨识。

（2）弱共变性2：假如任何事物有A中的属性F，就必然存在着B中的一个属性G，以至于当一个事物有G，并且任何有G的事物都有F。

（3）强共变性1：对于任何对象X和Y和任何世界W_1和W_2，假如在W_1中X与和W_2中的Y在B方面不可辨识的（也就是说X在世界W_1明显具有Y在世界W_2中的B属性），那么在世界W_1中X与W_2中Y在A方面也是可辨识的。

（4）强共变性2：假如任何事物有A中的属性F，就必然存在着B中的一个属性G，以至于当一个事物有G，必然任何具有G的事物都有F。

我们来分析一下这四种共变性。(1)（2）和（3）（4）共变性的强弱在于适用的世界不同。（1）（2）是我们所说的日常世界的共变性或者层内的共变性，但是当代形而上学认为，日常世界只是我们众多可能世界的一种，比如，在我们日常世界存在着一种共变性，心理事件总是共变于某个物理事件神经元激活状态，但是可以逻辑上设想在火星上，火星人的心理事件却是共变于一种碳水化合物。(3)（4）共变性就具有跨世界的共变性或者跨域共变性，因而其程度较强一些。如果我们用数理逻辑来说，这就是全称和单称命题的区分，表示为如何量化的问题，量化是指定一个谓词有效性广度的构造，就是说指定谓词在一定范围的事物上成立的程度。产生量化的语言元素叫做量词，分为全称量词和存在量词。全称量词的传统符号是∀，它倒过来的字母A，表示单词“all”。存在量词的相应的符号是 ∃，它是反过来的字母E，表示单词“exists”。

但是对于日常世界和可能世界的共变性来说，它们内部也存在着共变性强度的差异。我们知道，对于一个关系命题的判断，存在着模态上的差异，即“或然性”还是“必然性”，在数量逻辑上，称之为模态算子，它们表达了必然性上的差异。对于（1）（2）来说，当（1）说事件之间存在着共变性时，可能是必然的，也可能是或然性的，比如，心理事件与物理事件存在着共变性，但可能只是一种偶然的关联，如心身两面论；当（2）加上必然性这个模态算子时，就不会得出心身两面论了。

但是，我们如何理解这个共变性的量化和模态算子呢？金在权说：无论黑尔或者戴维森都在这方面是中立的，没有明显地说明，但是可以肯定的是他们都是上述的一种弱共变性，至少接近弱共变性的表达。戴维森在后来的《思维原因》一文中说：“无论如何，按照我的看法，我认为最简单表述如下：一个谓词P随附于一个属性集S当且仅当P不能区分任何实在，那么依靠S也不能区分。”[①] 不过，金在权也注意到戴维森经常把随附性与依赖性概念交互使用，甚至作为同义词出现。那么问题在于：共变性能表达依赖性吗？或者共变性能否概括各种形式的随附性呢？

金在权承认，弱共变性不能表达随附性的依赖性或决定性，因为按照弱共变性的定义，存在着下面的情况：①在一个世界中，某些事物在物理属性分布上是相同的，但却没有心理属性；②即使某些事物拥有这些物理属性，但却没有人的心理性。那么强共变性如何呢？根据强共变性的定义，它表达了一种必然性或推导性关系。必然性或推导性既非对称也非不对称，而依赖性是非对称的。非还原物理主义在使用随附性概念时也是用依赖性表达一种非对称的关系，即排除物理对心理的依赖关系。例如，功能的依赖性就是功能事件依赖于物理事件，但作为一种数学上的函数关系，物理事件不能依赖于抽象的功能事件。这种非对称的关系是强共变性所无法推导出来的。也就是说，A属性随附于B属性，当且仅当A属性共变于B属性，但不是相反，或者说，在B方面无法区别的事件在A方面也无法区分，但在A方面区分则也可以在B方面区分。

但是，既然金在权把共变性和依赖性作为了随附性的重要内容，而且共变性是随附性的基础，那么如何把二者统一起来呢？金在权认为，共变性是一种形而上中立的，依赖性是一种本体和解释上的方向性，“事实上，我们可以把依赖性关系看作解释或联结属性的共变，例如，某人说心理属性共变于物理属性，是因为前者依赖于后者。然而，直接的依赖性不是唯一的解释，像我们看到的，两组属性集可能共变，因为它们彼此依赖于第三个属性集。”[②] 也就是说，金在权把依赖性当成一种解释上的依赖性，这样，共变性就可以产生了依赖性。

对于共变性与非还原性的关系，金在权注意到戴维森明确提出随附性就是非还原性。作为随附性的基础，似乎共变性也应当推出非还原性。但是，金在权认为，综合黑尔、莫尔和戴维森的思想进行考察，非还原性只是一种不可定义性或不可推导性，它表达了一种术语或理论之间的关系，即不存在着可联结的条件，“任何被还原的理论的原初谓词P都与还原理论的共存谓词Q存在着关联，这个关联是一个双条件定律‘对于所有X，P_X当且仅当Q_X’，它同样也适用于所有关系谓词”[③]。假如不存在可联结条件，那么我们就说不存在还原性。

① Davidson D. Thinking cause//Heil J，Mele A. Mental Causation. Oxford：Clarendon Press，2003，p. 4.

② Kim J. Supervenience of a philosophical concept，Metaphilosophy，21，1990，p. 16.

③ Kim J. Supervenience of a philosophical concept，Metaphilosophy，21，1990，p. 19.

对于弱共变性来说，它缺乏相应的模态力构成定律，无法推出定律上的联结；对于强共变性来说，如果强到一定程度，则可以推出定律上的关联，即出现内格尔的桥梁法则，是可以还原的。因此，共变性与非还原性的关系不是很紧密，没有共变性，非还原性不足以构成随附性的内容。

莫泽和特劳特认为，“心理-物理共变不能推导出心理-物理依赖性，而且有关类型的依赖性是本体性上的，而不仅仅是认识上的，随附性命题毕竟不（仅仅）是认识上的”①。在他二人看来，随附性命题主要是一种本体论上的，表达事物之间本体上的关系，但共变性似乎纯粹是一种认识上的考察。他们说，如果是从本体上研究不同领域之间的关系，心理与物理的共变中间出现“必然”这一模态算子就成了一种偶然结合的屏障。

反过来说，即便按照金在权说必然的共变推出了某种依赖性，这种“必然”就意味着概念的必然性或分析性，那么共变的双方就是一种语义的依赖关系，“我们似乎可以这样描述这种依赖性：人们对 P（或某种同义的谓词）的理解离不开他们对 S 中的谓词（或某种同义的谓词）的理解”①。如果是逻辑上的必然性，共变双方便是一种逻辑上的依赖；如果是因果必然性，共变双方是一种因果上的依赖；进而，我们可以说形而上学的必然性，那么这种共变就适用于所有可能世界。一般说来，非还原随附性的倡导者追求的不是语义或逻辑上的依赖性，而是涉及物理主义的基本信条，即物理的东西具有本论上的优先性。从这个原则出发，随附性就是一种依赖性关系，依赖性满足了随附性本体上的承诺。

当然，莫泽和特劳特也承认依赖性有多种，如决定论的依赖性和概率论的依赖性。决定论的依赖性支持着反事实的依赖性。例如，对于心理事件依赖物理事件，在没有物理事件的情况下，就没有心理事件。不过反事实依赖性容易导致一种规则还原。所谓概率依赖性借助概率论或统计学来研究相关的条件以说明有关事件之间的依赖性关系。作为概率性的依赖性并没有保证本体上的基础属性的优先性。“不管是决定论的程序或是随机的程序，都要用到规律的概念，并具有反事实和虚拟条件的支撑”，从而最终与规则还原有关。所以，最终的结论只能是本体论的依赖性，这种依赖是非对称的。

金在权与莫泽、特劳特的争论，从不同方面深化了对随附性内涵的理解。结合随附性文献的讨论，我们比较赞同把随附性作为一种依赖性关系的表述。尽管共变性是随附性的特征，但是共变性多少带有认识论的色彩，无法表达随

① 保罗·K. 莫泽，J. D. 特劳特：《物理主义、随附性与依赖性》，引自：高新民、储昭华：《心灵哲学》，北京：商务印书馆，2002 年，第 292 页。

附性倡导者的初衷。此外，随着随附性研究的深入，共变性与非还原性并没有经常出现在相关的文献中，而依赖性成为区分不同类型随附性的主要依据。不过，我们也要认识到，如果单纯用依赖性来规定随附性也有一定的困难，这也是后来不同随附性的类型共同遇到的问题。

根据依赖性程度的强弱，我们把随附性分成弱随附性、整体随附性和强随附性。当然，考虑到世界域不同、模态效力不同、部分与整体的关系，随附性也有进一步的划分，但我们这里出于研究问题的目的，只采用这种三分法。下面我们具体研究这三种随附性与物理主义之间的关系，哪个更适合物理主义的要求，以及什么样的随附性能够保证非还原物理主义的真正含义。

第三节　随附物理主义

按照一般的理解，随附性是（S）一个属性族A随附于另一个属性族B当且仅当假如任何两个对象在B属性方面不可辨识，那么也在A属性方面不可辨识，也可以这样说，如果两个对象在某些A属性方面有区别，那么在某些B属性方面也有区别。但如果我们从涉及的范围来看，随附性又表现出不同程度的依赖性，进而区分成弱随附性、整体随附性和强随附性。

一、弱随附性

当随附性适用于单个世界，是关于个体之间的关系时，这个随附性被称为弱随附性。

> 设A和B是两组属性集合。A弱随附于B，当且仅当对于两个事物，如果它们都有相同的属性B，必然也有相同的属性A（也可以说，B方面的无法辨识可以推出A方面的无法辨识）。①

或者

> A弱随附于B，当且仅当必然地：对于任意的X和Y，如果X和Y共有B中的所有属性，那么X和Y共有A中所有属性——那就是说，关于B

① Beckermann A, Flor H, Kim J. Emergence or Reduction? Essays on the Prospects of Nonreductive Physicalism, Berlin and New York: De Gruyter, 1992, p. 95.

的不可分辨性可衍推出关于A的不可分辨性。[①]

弱随附性是描述层内个体之间的关系，“在任何可能世界内部，不存在这样的两个事物，它们在B方面一致，但在A方面却不同，并且这个条件适合于这些例子中的每一种情况”[②]。金在权说，它表明了一个有趣而且有意义的部分的依赖或决定关系。例如，我们说某个人是善良的，那么这个善良的特征将会对应于非价值属性的描述，或者是出自某些自然的内在属性，这些内在属性或者是勇敢的或者是仁慈的或者是诚实的，或者是其中任两者的合取属性，但并没有说，一定是对应什么属性。所以，当评价或描述两个人都是善良的人，并不是在描述所有的细节方面相似，而只是承认两个人有相似的属性。

然而，事实上，当弱随附性如果真是一个依赖性关系时，它应当支持反事实条件。也就是说，在这样的世界里，如果具有了某些心理方面的属性，那么就会有物理方面的属性与此对应，反过来，如果没有物理方面的属性出现，就没有心理方面的属性出现。用逻辑术语来描述，就是如果B则A为真，那么没有A则没有B为真。例如，我感觉到疼痛，随附性告诉我们一定有一个物理条件让我感觉到疼痛，它满足这样的条件“任何处在物理条件之中都会感觉到疼痛”。但是，弱随附性强调了A对于B的依赖性，没有提到B对于A的依赖性。所以，有可能存在这样的情况，在另外一个可能世界，出现了一定的物理状态，但并没有疼痛出现。

金在权认为弱随附性包含着下面的情况：①存在一个可能世界，里面有着我的完全相似的复制品，却感觉不到疼痛；②存在着一个可能世界，里面有着和我们在生理方面完全的生物，却没有任何心理属性；③存在着一个可能世界，里面不但具有会感觉疼痛的生理组成的实在，而且也有会感觉疼痛的大树、岩石和湖泊。

这个弱随附性可以用一个例子来说明。比如说，海瑞是一个好人。但是我们说好人可能有多种基础属性，如仁慈、诚实、正直。每一个属性都可能作为好人的基础，我们把后者简化为属性G。那么弱随附性表明对于海瑞来说，假如他拥有G，那么他是好人。但是有可能存在这样的世界，尽管有诚实、正直，但却不是好人，比如在海瑞女儿的眼中，他父亲就不是好人，因为是他父亲逼死了她。所以，假如说“海瑞是诚实或者正直的，那么他将也是好人”是错误

① 金在权：《随附性的种种概念》，引自：高新民、储昭华：《心灵哲学》，北京：商务印书馆，2002年，第209页。

② 金在权：《随附性的种种概念》，引自：高新民、储昭华：《心灵哲学》，北京：商务印书馆，2002年，第212页。

的。这个弱随附性并不能表明基础属性和随附属性之间必然的依赖，特别是当基础属性有多种属性时，随附属性的必然出现就有大问题。

弱随附性告诉我们，依赖性可能只是一个偶然的事件，它只出现在一个可能世界，对于所有的世界而言没有模态效力。弱随附性不能保证心对于身的依赖性，也不能保证唯物主义。“物理主义至少必然要求这样：一个世界的物理事实决定了所有这个世界的事实。这意味着，一旦物理属性以特定方式分布于个体上，那么剩下的只有一种方式去分配心理属性。但这明显不是弱随附性所要求的。”[①] 如果这样，随附性所推出的反事实结论就是错误的，它不能保证物理主义的本体论的依赖性要求。

二、强随附性

为了保证心理属性对于物理属性依赖性的效力，随附性应当适用于所有的可能世界，即强随附性：

> A 强随附于 B，当且仅当，对于任何对象 X 和 A 中的任何属性 F，必然地，假如 X 有 F，那么就存在着 B 中的一个属性 G，以至于 X 有 G，必然地假如任何 Y 有 G，那么 Y 有 F。（或者对于任何个体 X 和 Y，以及任何可能世界 W_j 和 W_k，假如 W_j 中的 X 与 W_k 中的 Y 在 B 上无法辨识，那么它们在 A 上也无法辨识。）

在这个定义中，我们看出“必然”出现了两次。第一个必然是一种形而上学的必然性，它表明依赖性不但适用于现实世界，而且适用于所有可能世界。强随附性针对的是可能世界中处于依赖性的个体，它们在没有物理变化的情况下不可能出现心理的变化。因而强随附性不同于弱随附性的地方在于，个体属性的依赖性是跨世界的，或者是跨层次的，而弱随附性的依赖性则是在同世界内的或同层次内的。上面我们已经说过，弱随附性的依赖性太弱导致心理对于物理的依赖没有足够的引力。但在强随附性下，任何心理的东西都不能挣脱物理的引力，就像在地球上的有质量的东西都要受到重力的吸引。

第二个必然是法则学或物理学上的必然性。强随附性表明属性间存在着依赖性，这种依赖性可以达到律则上的关联，基础属性可以推导出随附属性。这种推导具有因果依赖性或决定性的意义。作为一个具有综合性、完整的属性系统，随附的属性是系统的一个要素，它依赖于同样的综合、系统的基础属性系

---

① Kim J. Supervenience//Gluttenplan S. A Companion to Philosophy of Mind，Blackwell：Blackwell Published Ltd，1994，p. 578.

统。比如，作为一个心理事件的疼痛对于神经系统电化学过程的依赖性，就是根源于心理现象的属性族与物理过程的属性族的律则关联。当然，这是一种非对称的关联，是心理现象依赖于物理现象，而不是物理现象依赖于心理现象，因为心理现象是一种整体性现象，而物理现象只是部分学的现象。

显然，强随附性可以衍推出弱随附性，而弱随附性不能推出强随附性。它们都表达了可传递、反射性的依赖关系，但在是不是非对称性关系方面，则有不同的看法。弱随附性似乎是非对称的，心理属性依赖于物理属性，物理属性不依赖于心理属性；对于强随附性来说，就无法确定是非对称的关系，因为它必然的律则关联似乎是对称的，甚至可以达到同一的程度。在这个意义上，它与我们对非还原物理主义的依赖性的直觉非对称性知识相背。

三、整体随附性

强随附性还不能保证物理主义以及心物随附性，因为它只是针对个别事件或属性的。“我们现在转到分析随附性的另一种方案，即为某些致力于心理物理随附性以及唯物主义研究的作者所津津乐道的方案。这种替代方案从全体的角度谈论‘世界’和‘语言’，并提出了可称为‘整体随附性’或‘世界随附性’的概念。”①

整体随附性是强调可能世界之间的依赖性，而不是像弱和强随附性的局部随附性。“这样一来，两个世界在心理上（或物理上等）是可分辨的还是不可分辨的，基本上就是关于心理属性如何分布于两个世界的各个个体之中的一个问题。”所以，整体随附性就是：

> A 整体随附于 B，当且仅当，对于两个世界 W_1 和 W_2，在 B 方面不可分辨的，那么也在 A 方面不可分辨。

整体随附性表明了一个世界的特征依赖于另一个物理世界的特征。对于整体随附性所表达的依赖性关系，金在权认为，整体随附性等于强随附性，而贝克尔曼则主张，整体随附性和弱随附性一样都是一种弱随附性。无论哪种看法，对于整体随附性来说，都存在着这样的可能的：“一个只在某些极细微方面与这个世界有着物理不同的世界，它可能是完全没有意识存在，或者说根本上存在着不同于这个世界的意识，或可能有着无规则心理特征分布在居民当中（比如居民没有意识，而岩石有意识）。”这个整体随附性就与这样的假设是相容的，

① 金在权：《随附性的种种概念》，引自：高新民、储昭华：《心灵哲学》，北京：商务印书馆，2002年，第 292 页。

即“在两个可能世界中分别可能存在着两个对象，它们具有相同的物理属性，但是在心理属性方面完全不同”。这样的假设存在表明，整体随附性所要求的“在B属性方面不可辨识，则在A属性方面也不可辨识”是有问题的。但是，整体随附性问题实质是所有随附性的共同问题，因而并没有引起特别的关注。

四、随附性与物理主义

按照随附性当初引进的目标是建立“没有还原的依赖性”，我们从戴维森、赫尔曼和汤姆逊那里得知，随附性对于物理主义的吸引力在于它“承诺了无须还原的依赖性”①。即便是当初的自然主义者莫尔和黑尔也是把随附性作为避开了还原主义的道路的选择项，因为道德术语是一种规范性的术语，它随附于非道德的术语却不能还原到后者。

有学者认为，随附性是否与非还原物理主义相一致在于随附性是否与强关联的无效相一致。首先，弱随附性能否达到桥梁定律那样的强关联。根据上面的研究，弱随附性太弱，无法提供必然性的恰当模态力来表达这种心物类型之间的关联。既然如此，那么弱随附性是非还原的。但是，由于缺乏心理与物理之间的类型关联，又会导致心理自由飘浮于物理之外而不是物理主义。所以，弱随附性不与物理主义一致。其次，在强随附性下，任何心理属性M都有一个（可能无限）的物理属性序列P_1、P_2、…，它们每一个都是M的充分条件。把物理属性序列称为一个析取属性，即$P_1 \vee P_2 \vee \cdots P_i$，那么必然会存在着一个$P_1 \vee P_2 \vee \cdots\cdots P_i$和M的共存。对于强随附性来说，心理与物理的关联就是一个析取属性与物理属性的关联，尽管前者依赖于后者，但是却不能还原，因为还原要求的是律则还原，而这两个属性之间并没有必然的心物定律共存。强随附性与非物理主义一致。但是有些还原物理主义者说，两个属性之间虽然不存在心物定律共存，但是析取属性中个别属性还是对应于物理属性的，可以称为局部还原。最后，有些反还原物理主义者说，整体随附性是非还原物理主义的最佳选择。整体随附性表明在物理状态上无法辨识，那么在心理状态上也无法辨识，也就是说，心理状态不但依赖于大脑中的物理属性，而且也依赖于与大脑物理属性相关的外界因素，如环境、历史、生物因素的影响，这种依赖虽然是一种关联，但远不是达到强关联的形式。普特南提出了孪生地球的思维实验，强调心理状态依赖于外在的内容，而不是内在的内容。这样的话，整体随附性表明

① Kim J. Supervenience//Gluttenplan S A. A Companion to Philosophy of Mind，Blackwell：Blackwell Published Ltd，1994，p. 578.

心理状态包含规范性的因素而无法还原，但同时又坚持了物理主义。然而，整体随附性也存在着这样的问题：按照它的思想，假如一个世界的所有对象被固定，那么这些对象的心理属性也固定，但这并不能推出它们之间存在着属性与属性的关联，因为可以推出存在着两个具体的对象，它们虽然都有物理属性，但是在某些心理方面是不同的。另外，还有这样一个问题：可能存在着这样的世界，它与我们的世界在物理方面基本相同，但是就在一些细小的地方不同，如含有氨分子，结果是它没有意识，或者是心理分布不同，以至于造成这样的情况：大脑没有意识而岩石有意识。

也有学者认为，随附性与非还原物理主义是否一致关键在于依赖性的强弱程度。弱随附性和整体随附性是依赖性太弱的关系，以至于很难形成保证随附物理主义恰当的基础。随附物理主义至少要表明所有的心理属性是物理属性依赖或决定的，但是它不可能有决定或依赖关系支持相应的反事实条件为真，即“假如B这样，那么A这样”为真。弱随附性只是表明在一个可能世界W中所有的对象具有相同的属性B，那么在那个世界也就具有相同的属性A。假如我们假定一个对象a在世界W有属性族中的F，假如我们简化a在世界W中所有B属性族析取属性为G，那么弱随附性表明了一种普遍的条件“对于所有X，假如G（X），那么F（X）”在W中为真。但这与下面的说法是相容的，即在最接近的可能世界中W_2中，缺乏F的世界，尽管它有G。假如是这样的，反事实条件“假如a是G，那么它将也是F”在W中是错误的。对于整体随附性来说，同样存在着依赖性较弱的问题。

因而强随附性似乎是唯一的选择，但即便这样也不是没有争议的。第一，依赖关系通常理解为非对称的，而强随附性既不是对称的也不是非对称的。假如A强随附于B，那么这既不能推出也不能排除B也强随附于A。在金在权那里，他给出了强随附性无法作为非对称性的说明。例如，一个球面依赖于它的体积共变，相反，它的体积与其面积也是共变。这种关系并不是一种对称的决定或依赖关系，因为它们只是一种函数决定依赖关系，但不是一种本体上的依赖关系。第二，即使A强随附于B是一种非对称性，那么这并未表明A由B决定或依赖于B，因为可能有第三种属性C是A与B共同依赖的，因此A强随附B只是A与C与B和C之间更基本的关系。金在权说，可以想象这样的情况，假说在智商与手工灵巧之间存在着关系。这可能智商与灵巧都依赖于遗传和发展因素，智商与灵巧存在着强共变性，而不是相反。假如存在着这样的情况，那么我们无法认为智商依赖于或决定于灵巧。

因此，不同的随附性表达了不同的属性关系，它们无法表明心理属性真正依赖于物理属性。即便强随附性表明心理属性依赖于物理属性，这并不能充分表明强随附性关系可以适于建立唯物主义。甚至，强随附性与属性二元论如副现象论或心物平行论是相容的。充其量，附随性只给我们提供了某些律则普遍条件或双条件“对于所有 X，假如 G（X），那么 F（X）”或“对于所有 X，G（X）当且仅当 F（X）”为真，这里 F 和 G 是恰当的心理谓词。但是，这些律则普遍条件或双条件为真是与许多二元论立场相容的。因此，如果假如某人想形成一种合理的非还原物理主义，随附性概念是没有多大用处的，因为物理主义需要不仅是因果或律则依赖性。假如随附性只是非还原物理主义的唯一希望，那么这类物理主义确实并没有好的前景。① 金在权说：“我们已经注意到一个可能的两难推理，戴维森可能会发现自己沉陷其中：心理物理弱随附性太弱，因此不可能导致唯物主义，而强随附性太强，它衍推出一个具有心理物理等价性的普遍系统的存在。”②

第四节 最低限度的物理主义

随附性的不同理解确实给随附物理主义带来了困难，但澳大利亚哲学家 D. 刘易斯认为，随附物理主义坚持了物理主义的最基本的承诺，也就是说，尽管随附物理主义有多种类型，但有一个基本的内容。他称之为“最低限度的物理主义”（minimal physicalism）。最低限度的物理主义也被称为随附性物理主义的最佳表述。

这个思想是在 D. 刘易斯的论文《一个共相的新理论》（1983 年）中提到的，并被后来的反物理主义者作为随附物理主义的经典阐述。D. 刘易斯是从他的共相理论来开始建立这个最低限度的物理主义。他认为，共相是一种实在，但不是亚里士多德和阿姆斯特朗的在多元位置上展现的整体实在，而是一种非整体展现的实在。属性也是一种这样的共相，它是事物的集合或类。这种集合或类不是一对多，而只是一种原初的相似性。由于存在着原初的相似性，D. 刘易斯把它称为基本属性，即“属性 P 是基本的，当且仅当两个复制的事物，不必然来自相同的世界，要么有属性 P，要么没有 P”。除了基本属性之外，其他属性

---

① Beckermann A, Flor H, Kim J. Emergence or Reduction? Essays on the Prospects of Nonreductive Physicalism, Berlin and New York: De Gruyter, 1992, p. 14.

② 金在权：《随附性的种种概念》，引自：高新民、储昭华：《心灵哲学》，北京：商务印书馆，2002 年，第 227 页。

都是外在的。整个世界或可能的世界是由例示这些基本属性的事物构成的，由此，对于关系来说，“存在着一个先验的原则：任何偶然的事实必定某种程度是由基本属性和关系的例示模式而使得为真”。D. 刘易斯提出一个假说：两个事物是性质上的复制品，仅当它们具有完全相似的自然属性。在这里，刘易斯引入了一个“复制品”的概念，其意指事物本身具有的相似属性，并用于解释随附性。

对于D. 刘易斯来说，随附性就是这样的形式：“关于世界的整体为真包括世界的心理部分都随附于这个模式。假如两个可能世界确实在基本属性和关系的例示模式上近似的，那么它们将完全绝对相似的。”① 也就是说，世界在某些方面是一个复制品，那么它在另一个方面也是复制品。“假如两个可能的世界是完全性质上复制的——那么它们必定有客观上可能的完全相同的分布，有相同的自然定律、相同的反事实和因果关系吗？它们的居民也有相同的从物的道德属性吗？假如是这样，就可以理解这样的计划，即对自然的本质的频率分析，或因果反事实和从物道德性的比较求同分析。假如不是这样，这样的计划从开始就是没有前途的，我们无须去关注这些计划的细节。我们甚至不可能提出随附性问题，除非我们提到复制的世界。我认为，要这样做，我们需要自然属性。”②

由此，D. 刘易斯的最低限度的物理主义表述为：

> 假如随附物理主义为真，那么任何是我们世界的复制品，即像我们物理学描述的世界的复制品，那么这个世界绝对是我们世界的复制品。

杰克逊也赞同最低限度物理主义。他认为物理主义是形而上学清单中较为特殊的项目，它完全依据物理的属性和关系而讲述世界的整个故事。那么什么是物理的属性和关系呢？杰克逊直接采用物理学、化学、生物学和神经科学所描述或区分的属性进行定义。这是一种比较粗略的概括，然而与其他心理学、政治学等人文学科区分开来，因此足够满足物理主义定义的需要。物理主义的核心思想是：“世界完全是物理的；当你说所有存在都是关于物理属性和关系时，你即在说任何事物或者任何包括偶然存在的心理学的事物都是物理的，这个世界除了物理世界别无所有，或者说只是物理世界；例示物理属性和关系的

① David L. Reduction of mind//Gluttenplan S. A Companion to Philosophy of Mind, Blackwell: Blackwell Publishers Inc, 1994, p. 413.

② David L. New work for a theory of universals, Australasian Journal of Philosophy, 61, 1983, pp. 343 - 377.

所有清单将是一个绝对完备的清单，无论过去还是将来。”[①] 如果物理主义是关于形而上学的完备性理论，那么它应当能够满足所有存在，即各种实在在物理世界中都有着一席之地，而不是在物理世界之外。杰克逊说，物理主义不只是关于我们世界中的个体的物理故事的完备性，而是整个世界的完备性。层内世界的完备性并没有抓住物理主义的本质，物理主义需要解决跨世界间的关系。

如果我们说①两个可能的世界都是物理方面复制的，它们是绝对复制的。①是一个整体随附性物理主义表述方式。它的问题在于：我们可以设想在另一个可能世界在物理方面与我们日常世界是完全相同的，但是它还包含着另外非物理或者心理的东西，这些东西都是非物理的材料构成的。这就意味着这个世界对于物理主义来说是错误的。因为物理主义的本质是关于世界的本质的，而不是仅仅是个体的世界。就此看来，我们可以进行适当的补充：②任何是我们日常世界的物理复制的世界都是绝对同一于我们的世界。

杰克逊认为②也不能抓住物理主义的本质。在它描述的世界中，这个世界要比我们的世界大一些，较大的世界与我们的世界是同一的。但是，这个大出的部分是什么呢？这仍然不能说，我们的世界物理本质可以穷尽我们世界的本质。因为，它遇到①同样的问题（如“活力分子”问题），大出的部分可能是非物理的材料构成的。所以，杰克逊建议：③任何是一个我们世界的最低限物理复制世界都绝对是我们世界的复制。

③表明，在这样的世界中，无论是个体世界也好，整体世界也罢，它们都不可能由非物理的材料构成，最低限度只是物理的。杰克逊认为这是对物理主义的最好表述，因为假如③是错误的，那么在我们的世界与我们世界的最低限度的物理复制世界之间就存在着本质区别，由此会导致以下情况：要么是我们的世界包含着最低限度的物理复制世界所没有的本质，要么是相反，最低限度的物理复制世界包含着我们世界所没有的本质。后一情况是不可能的，因为特殊的本质应当是非物理的（因为我们世界与复制的世界是物理上相同的），很明显，最低限度的物理复制世界不能包含着非物理的本质，因为它最低程度也是物理的。但是假如我们的世界包含着某些复制世界所没有的本质，那么这个本质必定也是非物理的。如果这样，物理主义就是错误的，因为我们的世界包含着非物理的本质。我们可以得出结论：假如③是错误的，那么物理主义是错误的。同样，可以表明假如物理主义是错误的，③也是错误的。我们来推理一下：假如物理主义是错误的，那么我们的世界包含着非物理的本质，而这样的本质

① Jackson F. Mind, Method and Conditionals, London and New York: Routledge, 1998, p. 158.

不能呈现于任何我们世界的最低限度的物理复制世界中，因为任何这样的复制世界在最低程度上是复制物理的。故此，这样的世界绝对不是我们的世界的复制，③是错误的。杰克逊得出的这样的看法，当且仅当③为真，物理主义为真。

不过，杰克逊还心存忧虑：假如我们的世界包含着非物理的本质，那么就存在着缺少这样本质的最低限度的物理复制世界。也就是说，这个某些复杂的物理属性在强"必然"意义上关联于某些不同的、非物理的属性。当然，对于这种关联，我们可以采用休谟式的说法，说成是一种习惯性联想，然而，一般是把这种关联看成实在的，即物理科学中所描述的属性和关系与非物理的属性和关系的关联并没有什么神秘的。

杰克逊接下去说，如果接受③，就要接受④：任何世界是我们世界的最低限度的物理复制，它也是我们世界的一个心理复制。例如，存在着一个是我们世界中武松的复制者，也许是另一个世界中的武松的幽灵，他可能与我们世界中的武松在心理上非常相似，但不可能完全相同。这个不同是因为他们的思维中的意向态度是不同的，比如，我们日常世界的武松会想到他的好朋友张青和孙二娘，但是另外一个世界的武松可能难以想到张青和孙二娘。如此，假如物理主义的条件是③，那么物理主义就是错误的。这种反驳称为"单独思维反驳"。

回答这个反驳，我们必须做到从③推导出④，也就是说，如果物理主义是正确的，那么我们应当推出任何世界是着我们最低限度物理复制世界，那么它也是我们心理的复制的一个世界。例如，在另一个世界中的武松想到他的好朋友也是我们这个世界中的张青与孙二娘。根据杰克逊的看法，作为形而上学的物理主义应当满足两个条件：它是可辨识的，它的主张也是完备的。这意味着物理主义应当能够推导出④，否则就不能称为严肃的物理主义。[①] 那么如何推导呢？杰克逊认为只能采用概念分析。例如，分析的功能主义就是分成两个阶段。第一阶段，分析功能主义是关于特定的功能和因果事实如何使得一个对象处在某种心理状态为真；第二阶段，这个特定的物理事实如何使得得到相应的功能和因果状态就可以为真。这种分析功能主义就是一种概念分析方法。概念分析方法分成先验概念分析与后验概念分析。无论是先验概念分析还是后验概念分析，它们都预设概念是一个本质名词。杰克逊说，对于心理学中，表征概念占据核心地位。表征的类并不是可以个体化的，例如，孪生地球人两个人虽然在分子上面是同一的，但是他们的思想却因为指向各自的外部环境而不同。这也

① Jackson F. Mind，Method and Conditionals，London and New York：Routledge，1998，p. 163.

构成了概念分析的困难。

对于杰克逊来说，物理主义的推导，有以下几种形式：

（1）P 先验推导出 Q，当且仅当任何 P 世界是一个 Q 世界，并且条件“假如 P，那么 Q”是先验的。

（2）P 推导出 Q，当且仅当任何 P 世界都是一个 Q 世界。

（3）P 后验推导出 Q，当且仅当 P 推导出 Q，并且 P 不能先验推导出 Q。

虽然对于心理学来说，有些时候采用后验的必然推导，但是在后验必然推导中包含着先验的部分故事。因为这个后验推导的条件依赖于语境，但这个语境完全是物理的。因此，物理主义承认存在着一个先验的故事，它可以告诉我们事物所是的物理方式如何使得事物所是的心理方式为真。这个故事可以分成两部分，一部分故事是告诉我们的事物所是的物理方式，它使得心理命题为真；另一部分故事告诉我们的语境使得如下情况为真，即使得心理命题为真。这都是一个先验的部分。

但这种最低限度的物理主义能否保证非还原主义的康庄大道呢？金在权把最低限度的物理主义分成三个部分：①心身随附性命题，即在所有物理属性方面完全相似的两个事物不可能在心理方面不同，或者说物理的不可辨识性推导出心理的不可辨识性；②反笛卡儿二元论命题，即不存在不拥有物理属性的纯粹心理的存在和心理属性；③心身依赖性命题，即某物所依赖的心理属性依赖于或决定于它拥有的物理属性。金在权说，按照一般人的理解，拒绝最低限度的物理主义就等于拒绝物理主义。

从最低限度的物理主义来看，心身随附性命题是重要的内容。我们分析一下心身随附性。随附性的核心是依赖性或决定性，从宽意义上讲，随附属性是由它的基础属性所固定的。依赖关系是不对称的：假如 X 依赖或者决定于 Y，那么不可能反之 Y 依赖或者决定于 X。在某种意义上，决定的东西必然被视为比被决定的东西在本体论上优先或者更为基本。对于最低限度物理主义来说，也主要是坚持物理在本体上的优先性。但是，如果心身随附性并不是非对称的，当然也不是对称的，它在这方面是中立的。我们可以根据随附性的依赖性理解，如果 A 依赖于 B，B 依赖于 C，那么 A 显然是依赖于 C，但是对于拥有 A 的事物与拥有 C 的事物存在着随附性所理解的“没有 A 的差异就没有 C 的差异”吗？肯定不是的，因为 A 的差异可能与 C 的差异存在着不一致性。对于这个最低限度的物理主义来说，它只是表明表明两个属性族的共变。这个共变在缺乏形而上学的依赖或者决定关系情况下仍然出现。两个属性族可能显示必要的共变是因为它们彼此依赖于一个第三者，其方式稍微类似于单个原因的两个并行结果所显示的律则关联模式。属性共变需要增加什么以达到依赖/决定性，或者决定/依赖性是否必须被视为一个原初独立的，这都可能是无法给出清晰答案的困难问题。

最低限度的物理主义遇到两个问题。第一，心身随附性是与大量的心身传统观点相一致的。事实上，它是一个许多相互对立的心身理论的共同承诺。我们知道，突现论也符合最低限度的物理主义，也意味着心身随附性。但是突现论是一个二元论，它把心理属性视为一个非物理的内在因果力存在。副现象论尽管在根本上反对二元论，但是明显倾向于心身随附性，即假如两个生物在心理方面有所不同，那么必定因为物理方面有所不同。

第二，最低限度物理主义如何解释随附属性与基础属性之间关系的本质。比如，我们认为的价值属性，对于莫尔来说，只是一个根本上综合的、先验的事实而无需进一步解释，它是那种通过我们的是非感而直接理解的。对于心身随附性来说，有人认为这是原初的事实，我们要秉持“自然的敬畏”（natural piety）；也有人认为，心身随附性只是一种广泛存在于自然界的普遍现象，它是一种抽象关系或函数对应关系。

由此，金在权认为最低限度物理主义只是表明心理和物理之间属性共变的模式，并指出二者之间存在一个依赖关系，但是没有达到对依赖关系的本体论的说明。在最低限度物理主义那里，随附性不是一种依赖关系，而只是一种属性共变，因而具有共变性的都可以称为随附性关系。随附性不是一个形而上学的“深层”关系，它只是一个关于属性共变模式的“现象”关系，而这些模式可能是一些深层依赖关系的外在表现。假如这是正确的，心身随附性并没有说明心理与物理关系的本质，它只是表明心理有物理的基础。就其主张心理世界不是自由飘浮的，是受物理域约束的，它才能称为最低限度的物理主义。

即便最低限度的物理主义在最低限度上承认心理是有物理基础的，但仍然存在着下面的问题。

（1）副现象灵媒质问题。

我们可以设想存在着一个可能世界，它与我们的日常世界在心理和物理属性分布确实类似，但存在着一点差异：这个可能世界包含着某些纯粹经验的东西，它与这个世界上任何东西都没有因果联系，我们称之为“副现象灵媒质”（epiphenomenal ectoplasm）。假如按照随附物理主义的定义（D. 刘易斯的定义），一个物理主义在一个可能世界 W 为真，当且仅当任何是一个 W 的物理复制品的世界绝对是 W 的复制品，假设物理主义在日常世界为真，那么这个可能世界不存在。因为它应当是我们日常世界的绝对复制品，而我们的世界是物理主义的世界，是没有这个东西的。当然，我们也不能从我们的世界推导这个世界是不可能的。为了解决这个问题，我们可以弱化这个物理主义定义，按照D.刘易斯的观点，这个可能世界只是一种弱程度物理复制我们的世界，但是它仍然不排除这个可能世界存在着这个副现象灵媒质。

(2) 游离的氨分子问题。

金在权对于最低程度的物理主义提出了另外一个思维实验。他设想存在着一个可能世界与我们的日常世界在物理上特别类似，但有一点细微不同：比如在土星环上分布着一种特别的氨分子。这自然可以推出在这个可能世界上心理属性分布类似于我们的日常世界，即便存在着氨分子也不能做出区分。但是按照随附物理主义的定义，我们明显可以得出这个可能世界与我们的日常世界在心理属性分布上是不同的。既然随附物理主义是指向那些确实是我们日常世界最低程度上的物理复制品，那么它对有着细微不同的世界就无法判断，因此它也无法判断这个可能世界。我们可以得出，在这个可能世界上任何属性都有心理属性，或根本没有，或有心理属性的只是土星环。但这似乎是荒唐的，当这个可能世界明显不是我们日常的复制品，因为它包含着特别的氨分子，在这个世界上心理属性的分布与我们的日常世界的心理属性分布是不匹配的。

(3) 模态问题。

戴维森认为物理主义如果为真，应当是一个概念或必然的真。但大部分认为是一个偶然的真，即只要满足一定条件，就可认为是真。但是，日常世界是否符合这些条件只是一个事实问题。比如，心理同一于物理如果是一个事实，它可能存在着两个世界，而不是心理是物理的复制品。这也是同一论的难题。

这个问题在于：一方面物理主义是用模态概念来陈述的，另一方面又说它是偶然的。具体来讲，假定S是表述日常世界的最低程度的物理本质，而S’是表述日常世界的整个本质，那么我们可以得出S推出S’。这个推出是一个必然事实。假如这是一个必然事实，那么物理主义如何是偶然的？对于必然的理解，克里普克区分出了先验唯物主义与后验唯物主义。

(4) 必然的存在问题。

杰克逊说，设想一个必然的存在存在于所有可能世界，比如上帝，它本质上是非物理的。假如这样的非物理存在存在，那么自然可以推出物理主义是错误的。但是假如按照随附物理主义的定义，这样的存在又与物理主义是不相融的。

具体来说，假如一个日常世界整个是物理的，并没有必然非物理存在，那么任何最低限度的日常世界的物理复制将是绝对的复制。既然非物理的存在存在于所有可能世界，那么它就存在于是日常世界的最低限度的物理复制的世界。因此，我们似乎面临着一个问题：非物理存在的存在推导出物理主义是错误的，但是物理主义的定义允许它是真实的。

总之，最低限度的物理主义仍然达不到物理主义的完备性要求，随附性需要进一步强化。

第五节　从随附性到超级随附性

从前面的章节中可以看出，当随附性作为依赖性时只是提供了物理主义的本体的承诺，是一种形而上的唯物主义，但是哲学家霍根说，公认的随附性关系，由于自身是无法解释和自成一体的，不可能在唯物主义中占有重要地位。或者说，各种公认的随附性面临着一个这样的问题：非还原物理主义无法给出高层属性的解释任务。他提出一个这样的升级版的随附性，即可以唯物主义解释的方式进行严格的解释的本体论上的随附性（ontological supervenience），称为超级随附性（superdupervenience），即物理主义的地位需要一个更为强的随附性关系，它能够保证借助固定物理事实得以提供一个本体论解释。霍根说："超级随附性确定会构成一类本体决定性，它自身不但是适合唯物主义，而且会提供给高层属性和事实以唯物主义体面的地位。"①

霍根在对超级随附性进行详细的描述之前，首先对历史上的各类随附性进行了分析。他认为，随附性主要有两种：弱和强随附性：

> 弱随附性是：□（∀x）（∀$F_{\in A}$ {x 有 F→（∃$G_{\in B}$）[x 有 G &（∀y）(y 有 G→y 有 F)]}（必然，假如任何事件有 A 中的属性 F，那么存在一个 B 中的属性 G，以至于假如某物有 G，任何有 G 的事物都有 F）。
>
> 强随附性是：□（∀x）（∀$F_{\in A}$ {x 有 F→（∃$G_{\in B}$）[x 有 G & □（∀y）(y 有 G→y 有 F)]}（必然，假如任何事件有 A 中的属性 F，那么存在一个 B 中的属性 G，以至于假如某物有 G，必然地，任何有 G 的事物都有 F）。

弱随附性和强随附性的区别在于，个体事件在层内世界和层间世界的依赖性的区别。然而，无论是弱随附性还是强随附性都只是表明了物理是一个本体论

① Horgan T E. From supervenience to superdupervenience：meeting the demands of a material world, Mind, 102（408），1993，p. 566.

上的基础，它与依赖于物理的高层事实之间只是一种共变关系，这并不意味着可以解释高层事实。对于物理主义来说，还有一个重要的任务，那就是要解释为什么高层事件出现，它如何能够以唯物主义方式进行解释。这也是当代物理主义中“解释鸿沟”的问题，即如何填补随附属性与基础属性之间的解释问题。

霍根给随附物理主义加上一个限制：任何真正的物理主义形而上学应当支持本体层间的随附关联，当且仅当它们可以用物理主义可接受的方式鲁棒性（robust）地解释。这里的随附性在本体论上的意义是指，在高层属性和事实与低层属性和事实之间是一种客观的关系；而给出鲁棒性解释是指它作为本体论上的解释。这种本体论上的解释区别于单纯的概念或术语解释。霍根提出，这样的本体论解释应当有三个任务：第一，目标问题。需要解释的哪些事实在用物理主义可接受的方式解释的时候能构成一个物理主义可接受的层间关系的解释？第二，起点问题。除了物理事实，哪些事实能够产生物理主义可接受的层间关系的解释？第三，资源问题。是否存在充分的资源以提供这样一个解释？

回答这些问题，我们不能采用还原主义的那种科学解释，即覆盖律解释，它需要一种桥梁法则，而这种桥梁法则自身不是物理学的部分，它需要进一步的解释。霍根认为，我们可以借用近来的心灵哲学中的“自然化”方案。所谓自然化方案就是指，以自然科学的理论和方法来解释和描述高阶属性的本质或定义特征。例如，心灵哲学中的功能主义者认为，假如心理属性同一于特定的功能属性，那么心理属性就可以通过概念上的物理属性因果角色实现来进行物理主义解释。不同于把自然化方案作为一种还原计划，自然化方案的主要特点是采用概念和科学分析给出高层属性出现或例示的充分条件。在这个意义上，自然化方案为超级随附性提供了一种解释思路。

对于超级随附性的鲁棒解释来说，它就是解释为什么随附属性具有特定的典型特征而不同于基础属性所具有的典型的特征。霍根举了个例子：解释为什么流动性随附于特定微观属性就是解释为什么任何具有某些微观属性的定量材料将展示出某些宏观特征。例如，在其目标问题上，它充分解释流动性，因为宏观属性决定了流动性；在起点问题上，它有一个连接宏观特征与流动性的原则，因为这些特征是可定义的，关联原则表达了流动性是什么的事实。即有“定量的材料”例示了流动性的特定的微观属性和高层属性，需要解释的目标事实就是特定与流动性关联的宏观特征。资源问题也得到肯定的回答，因为这样的解释通过理解多少量的材料例示这些的微观属性并产生宏观特征。同时对于起点问题，我们可以从宏观特征的微观解释得出流动性，因为在流动性和宏观特征之间存在着可定义的事实。既然物理主义可接受的事实与可定义的事实相结合，是物理主义可接受的，那么这个解释就是物理主义可接受的。也就是说，任何真正的物理主义形而上学应当支持本体上层间随附性关系，仅当它们可以以物理主义所接受的方式鲁棒性解释的。

杰西卡·威尔逊[①]认为鲁棒性地解释对于超级随附性既不是充分也不是必要的。超级随附性不是一般的物理主义可接受的随附性关系表述，即随附性需要单独考虑我们是否有资源去解释什么才是以物理主义可接受方式的解释。对于心理解释来说，目标问题是日常心理学的普遍性，这些普遍性限定在心理属性上。以物理主义可接受方式解释心理特征，加上可定义的事实，将会满意地解释心理属性。然而对于心理属性的解释来说，我们所具有的意向解释的普遍性并不能跨越到物理学解释的普遍性，意向解释具有不确实性和规范性。正如非自然的价值属性的自然化方案一样，意向解释中具有规范的因素，很难提供一种强解释的随附性。另外，心理具有感受性质也具有解释鸿沟，列文斯说："也存在着'现象'或'它像什么'的心理属性需要去解决，这就是所谓的'感觉质'。乍看上去，很难明白某人如何可能解释为什么任何特定的物理或神经属性通常会共同例示于（或者为什么它必然通常会共同例示于）一个特定的现象属性——或者所有任何现象属性。"[②] 所以，对于相同个体中出现了随附属性和基础属性来说，强解释是既不是充分也非必然能保证随附属性自身是物理主义可接受的。

根据超级随附性，杰西卡认为，只有一个条件才是充要的，即任何由随附属性所赋予的因果力同一于由它的基础属性所赋予的因果力。[③] 因为，从霍根提出超级随附性的出发点来看，他是要避免随附性突现主义解释的困难，即心理因果性问题。如果超级随附性不致陷入因果多元决定论或副现象论，因果力就是超级随附性讨论的中心问题。也就是说，假如 P 是一个突现的或自然的属性，P 就赋予了一个新的因果力，但是假如 P 是由物理主义可接受的 Q 属性的必然地例示的，那么坚持任何与特定随附属性关联的个体因果力必定同一于与基础属性关联的一个因果力就是超级随附性的条件。杰西卡称为超级随附性的"因果力条件"（condition on causal powers，CCP）的问题。

---

① 曾任职于密歇根大学哲学系、加拿大多伦多大学哲学系，是一位近来较有影响力的女性哲学学者，主要研究物理主义、突现主义等。

② Levine J. Materialism and qualia：the explanatory gap，Pacific Philosophical Quarterly，64，1994，p. 354.

③ Wilson J. How Superduper does physicalist supervenience need to be? The Philosophy Quarterly，49，1994，p. 33.

杰西卡提出，霍根的超级随附性是基于金在权所表达的层次结构论。金在权说：“一个由实在和它们的典型的属性的‘层次’或‘次序’结构构成的层次。通常认为，存在着一个低层，它是一个由那些微观物理学会告诉我们的东西，即构成所有物质的最基本微粒……当我们上溯到高层，我们发现结构是由属于低层的实在所构成的，而且任何给定的实在都被认为是由那个层次上独特属性所概括的。”[①] 这个层次观引出两个问题：不同层次上的实在之间的关系本质是什么？不同层次上的属性之间的关系本质是什么？这就是心身问题。随附性被认为是解决心身问题的最佳选择。但是霍根认为，从历史上的随附性用法来看，前景并不乐观。随附性的概念似乎首先是适用于非实在论立场，如黑尔和莫尔。另外，英国莫根、布罗德和亚历山大都用这个术语表达了随附属性是一种突现的属性。从历史上看，随附属性是一种非自然、不真实的或突现的属性。当代的随附性用属性的关联进行表述，但对这种依赖关联的说明并没有给出随附属性以物理主义可接受的地位。因此，任何随附性的预设都应当包括一个关于随附关联的强物理主义可接受的解释。杰西卡认为，在霍根那里，随附性表述是一种事件之间的因果关系，这是由低层微观结构的属性因果引起的宏观属性之间的关系。但是因果关系是一种历时关系，而随附性是共时的关系。按照斯蒂芬·亚布罗（Stephen Yablo）[②] 的说法，“就心理随附于物理属性的随附性的突现解释来说，一个事物的物理属性是形而上优先于它的心理属性，并且促使它的存在。用突现主义来描述，随附性是一种‘随附因果性’，它是在当初的随附原因上改进来的，并且形而上地保证它们的随附结果”。[③] 也就是说，随附性具有因果或随附因果的意味，它不能保证物理主义的诉求。当霍根指出突现论意味的随附性不能解释随附属性时是正确的，但是他把突现属性作为引起的结果具有不同于基础属性的因果力，如何区分物理主义与突现主义呢？

我们知道，当代的物理主义和突现主义都承认高层属性是真实的，具有下向因果力。物理主义同时承认因果闭合原则，低层属性具有物理的原因，这就产生了多元决定论。突现主义否认因果性问题的办法就是否认物理因果闭合原则，心理属性并不能为物理主义可接受的基础属性所解释。但物理主义则认为心理属性具有因果力，只是源于基础物理属性的因果力。因此，可以得到因果

---

① Kim J. The non-reductivist's troubles with mental causation//Heil J, Mele A. Mental Causation, Oxford: Clarendon Press, 1993, p. 190.

② 斯蒂芬·亚布罗（Stephen Yablo），美国哲学家，曾任教于密歇根大学、麻省理工学院，主要研究领域为逻辑哲学、心灵哲学、形而上学和语言哲学。2012 年当选美国艺术和科学学院院士。

③ Yablo S. Mental causation, Philosophical Review, 101, 1992, pp. 256, 257.

力的条件就是：每一个与一个随附属性相关的个体的因果力在数量上应当同一于与基础属性相关的因果力。那么霍根的超级随附性的强解释能否推出这个因果力的条件呢？答案是否定的。原因在于：作为属性例示的结果一般或至少有因果力，这个因果力不同于它们的原因的因果力。结果一般是除它们原因之外的东西。因果关系不能保证满足上面提到的因果条件，因此一个满足霍根限制的随附性即以物理主义可接受方式的强解释的随附性不是超级的。

杰西卡同意金在权的看法，解释关系最好视为一种形而上学关系的标志，即解释的实在论态度，假如 P 解释 M，那是因为在 P 和 M 之间存在着形而上的关系。但问题是为什么需要在解释之前设定一个形而上学的考量呢？可能的理由就是因为要解释属性的定义或特有的特征。比如，霍根说到随附性的就是关于是否公认的随附属性特定可定义特征能够被基础属性特定的可定义性特征所解释。因此，属性被分辨也是根据它们的可定义的特征，解释的条件将是必然性的，这样才能表明某个属性随附另一个属性。

指称属性的可定义特征不是唯一可能分辨出经验属性的方法，因果力也是分辨经验属性的方式。假如我们从因果力方面去做，我们需要重新考虑解释的目标。按照霍根的说法，这个任务或目标将涉及决定什么因果力关联高层属性，是否我们能够确实被高层属性所拥有的每个因果力都等于相应基础属性的一个因果力。但是满足因果力条件的物理主义随附性似乎不但不允许作为突现的随附属性，而且也不允许物理上无法接受的随附属性，其结果就是随附属性没有因果力地位，因此也无法区分这些高层属性。如果随附属性不同于基础属性，或许可能说随附属性因果力只是基础属性因果力的一个子集，这又不需要什么形而上的预设，它本身就可以还原到基础属性而得到解释。

下面，我们分析一下这个因果力条件问题。关于因果力有两个判断标准：一个是因果力下沉到基础属性的因果力；一个是除了基础属性因果力之外还具有独立的因果力。前者是还原主义的标准，后者是突现主义的标准。对于超级随附性来说，它显然不同意这两个结论。那么它说的因果力是什么呢？回答这个问题我们要先明确作为属性被赋予因果力意味着什么。杰西卡引入了梅尼克的说法，对于某物拥有因果力就是说它在特定的条件或境况下将具有特定的结果。对于条件或境况因果力的理解可以区分成律则充分性和律则必然性的因果力赋予。当在条件 K 的情况下，属性 P 的例示是属性 E 的律则充分条件，但是 K 单独不是 E 的例示的充分条件，这时我们说 P 被赋予了一个律则充分性因果力。同样，当在条件 K 的情况下，属性 P 的例示是属性 E 的律则必然条件，但是 K 单独不是 E 的例示的律则必然条件，这时我们说 P 被赋予了一个律则必然性因果力。然而，无论对于律则充分的因果力还是律则必然的因果力来说，霍根的因果力条件无法满足非还原物理主义。因为当条件 K 单独不能构成基础属性的充分或必然条件时，那么随附属性也同样不能单独构成基础属性的充分或必然条件。①

杰西卡认为，只有用基础力的因果力来取代律则的因果力才能解决因果条件问题。基础因果力分成重力、电磁力，以及强、弱核力，它们赋予了属性的因果力。由此，物理主义就是：对于任何属性 P 和 Q，假如 Q 必须地 P，那么由 P 赋予的任何因果力都同一于由 Q 赋予的因果力，后者是仅基于基础力。也就是说，因果力条件就是基础力所赋予的。如果因果力条件是基础力所赋予的，杰西卡说，超级随附性所需要的属性典型特征的解释关系就是不必要的，因为由随附属性所赋予的因果力等于基础属性所赋予的因果力，而后者是基于基础物理力的，这样，我们无须建立所涉及必然性属性的例示或因果交互关系。

林奇和格拉斯哥认为无论当代公认的随附性还是霍根的超级随附性都是为了表述一种合理的非还原物理主义。就公认的随附性主义者来说，他们把非还原物理主义所表述的层次之间的关系看成自然、逻辑和形而上学的关系。但是，就霍根来说，他更愿望把随附性看作一种客观必然性关系。这种“客观”意味着排除概念或语义方面的关系，进一步讲，随附性就是一种真正的关系，而且随附事实在本体上不同于低层的事实。那么，霍根的超级随附性能否满足非还原物理主义的要求呢？

对于霍根来说，非还原物理主义就是：“任何事实要么是物理的，要么是本体上不同的事实，后者是一种经由客观随附关系而借助于依赖于物理事实获得唯物主义承认的事实。”② 林奇和格拉斯哥认为，显然霍根是要为非还原物理主义的随附关系给出一个更令人信服的鲁棒性解释。由此，霍根就给非还原物理主义加上两个条件：充分条件和形而上学条件。充分条件是指，一个随附性关系的鲁棒性本体论解释需要一个能够确保随附属性或事实是物理确认的事实这样的关系。这对于超级随附性来说，是一个必要条件，但是，就霍根的思路来看，非还原物理主义不只是需要一种鲁棒性的解释，而是需要一种新的随附性的形而上学。

这种新的随附性形而上学是指，随附性关系必须自身是物理上令人信服的

① Wilson J. Causal powers, forces, and superdupervenience, Grazer Philosophische Studien, 63 , 2002, pp. 53 - 78.

② Lynch M P, Glasgow J M. The impossibility of superdupervenience, Philosophical Studies, 113, 2004. p. 204.

或值得肯定的关系。林奇和格拉斯哥认为，这才是超级随附性最根本的条件。“它自身是一种随附性关系的本体论上本质的条件，与这样的关系是否充分做到非还原物理主义希望它做到的工作无关。”① 在霍根那里，这种形而上的条件就是起点问题，即高层随附属性或事实有什么资格称为物理主义可接受的属性或事实。除非随附性理论能够满足这个形而上的条件，否则它们是不能满足上面提到的充分条件的。

林奇和格拉斯哥对三种随附性类型，即形而上随附性、自然随附性和逻辑随附性进行考察，发现它们都不能满足超级随附性的形而上的条件。按照超级随附性，必定存在着一种组成随附性的客观关系的事实，也就是关于这个关系的形而上的本质的事实。首先，对形而上随附性来说，随附事实与基础事实是一种形而上的必然关系，那么在它们中间也必定存在着这个形而上本质的客观事实，然而当我们考察这个客观事实与基础事实的关系时，会造成无限后退的结果，即也要寻找客观事实与基础事实之间的形而上学的关系的事实。其次，对于自然随附性来说，随附事实与基础事实之间是一种规则随附关系。但同样，我们也需要寻找形而上本质的事实与基础事实之间的规则随附关系。最后，对于逻辑随附性来说，问题仍然存在。

从上面可以看出，超级随附性所提出的形而上的条件无法达到非还原物理主义目标，甚至不能保证物理主义的纲领。林奇和格拉斯哥说，对于非还原物理主义来说，在随附关系下的高层事实要么是物理的，要么是由物理事实随附的。他们的结论是，物理主义可以采用一种温和的方式，即某些事实是物理的或随附于物理的，但某些事实是自成一体的，是一种非物理的事实。一般认为，“传统的非还原物理主义观点，即涉及用客观随附性关系去解释物理的非还原的但仍承认物理可接受的高层事实，必然提供一个对所讨论随附关系本质的解释。我们认为，要做到这一点是极端令人怀疑的”②。

第六节　来自概率的随附物理主义

以上我们谈的基本都是心身随附物理主义。随附性命题是否适用于各种层

① Lynch M P，Glasgow J M. The impossibility of superdupervenience，Philosophical Studies，113，2003，p. 206.

② Lynch M P，Glasgow J M. The impossibility of superdupervenience，Philosophical Studies，113，2003，p. 216.

次，既是随附物理主义的深化，也是物理主义本身的拓展。哲学家索伯[1]开始了这方面的尝试，在考察传统的随附性命题的基础上，他提出了从概率的角度来定义随附物理主义。

一般来说，随附性命题表述为：所有事件都随附于物理的事件，也就是说，在某时的物理事件或事态决定了那时发生的任何事情。索伯认为这是一种共时的随附性命题。但是，首先我们要知道这个命题是什么意思。显然，随附性命题涉及物理的属性，导致了亨佩尔难题。索伯说，与其担心物理是指什么，倒不如转换一下思路，"我们应当探讨这样的事实：对于作为一个心理的属性，我们知道什么"[2]。因为，物理概念与心理概念总是相伴而生的。假如，将来的心理概念不同于现在的心理概念，甚至会融入物理概念之中，那么我们就不可能说心理概念会构成对物理主义的反动。

索伯认为，心理属性只是一个物理属性的函数，是数学意义上的对应，进而，我们也可以说，系统的物理属性也是心理属性的函数。随附性命题也就变成了是否能提供心理与物理的非对称的问题。多样可实现性表明，心理依赖或决定于物理的，但是物理并不依赖或决定于心理的。索伯认为："随附性是一个例示状态的共时关系，即在某时 t 物理属性决定了在那时 t 的非物理属性。"[3] 当然，就时间来说，可能存在着两个事态并不是同时发生的。比如，我看的月亮的心理过程与月亮显现给我的过程存在着时间差距，但是我们可以忽略不计，而只是考虑相对于历时的因果决定关系而讲的。同时，这种随附性定义也适用于空间的变化，随附性基础本身就是一个包括宽意义的因素，如环境、个体等方面的物理因素。

既然心理与物理是共时关系，那么对于每个心理属性 M，假如在特定时间一系统拥有 M，那么就存在了一系统物理属性 P，从而 $Pr(M \mid P)=1.0$。这个概率表明 P 必然 M，只要有 M 出现就有 P 出现。作为物理主义的随附性，随附性的概率定义是否与物理主义的闭合原则相符合呢？就物理主义的闭合原则来说，可以表示为 $Pr(B \mid P)=Pr(B \mid P\&M)$（B 是在 $t+dt$ 时的系统行为）。我们可以推导一下：

---

① 艾略特·索伯（1948—　），美国哲学家，主要研究领域为生物哲学和科学哲学，代表作为《自然的选择：哲学领域中的进化论》（The Nature of Selection：Evolutionary Theory in Philosophical Focus，Bradford/The MIT Press，1984；2nd ed，University of Chicago Press，1993.）。

② Sober E. Physicalism from a probabilistic ponit of view，Philosophical Studies，95，1999，p. 136.

③ Sober E. Physicalism from a probabilistic ponit of view，Philosophical Studies，95，1999，p. 138.

$$
\begin{aligned}
Pr(B|P) &= Pr(B\&P)/Pr(P) \\
&= [Pr(B\&P\&M/) + Pr(B\&P\&not-M)]/Pr(P) \\
&= [Pr(B|P\&M)Pr(P\&M) + Pr(B\&not-M|P)Pr(P)]Pr(P) \\
&= Pr(B|P\&M)Pr(M|P) + Pr(B\&not-M|P)
\end{aligned}
$$

从这个推导的结论可以看出，假如 $Pr(M|P)=1.0$，那么就有 $Pr(B|P)=Pr(B\&P)$，即随附性命题推出物理因果闭合原则。但是，物理因果闭合能否推出随附性命题呢？我们可以采用反证法。假设随附性命题是错误的，在 $0<Pr(M|P)<1.0$，那么可以推导如下：

$$
\begin{aligned}
Pr(B|P) &= Pr(B|P\&M)Pr(M|P) \\
&\quad + Pr(B|P\&not-M)Pr(not-M|P)
\end{aligned}
$$

按照物理因果闭合原则，我们用 r 取代 $Pr(B|P)$、$Pr(B|P\&not-M)$ 和 $Pr(B|P\&M)$，那么得出：

$$r=r[Pr(M|P)]+r[Pr(not-M|P)]$$

这个公式是成立的，但同时表明随附性命题是错误的，物理因果闭合推不出随附性命题。

既然物理因果闭合推不出随附性命题，那么如何保证心理属性在物理系统的确定概率呢？索伯提出关于心理的物理可检测性问题，即假如心理属性由在 t 时的个体所例示，那么可以恰当地定位一个物理属性或者不存在这个物理属性而检测 M 的属性。我们称这个属性为 D。这种可检测性用概率表示就是：$Pr(D|M)\neq Pr(D|not-M)$。如果我们把这个 D 代换成 B，即上面提到的系统行为，那么就有 $Pr(B|M)\neq Pr(B|not-M)$。这个公式可以作为对于随附性命题的补充，它表明物理主义并不否认心理的可检测性。

根据以上对随附性的理解，我们来看看突现主义提出的心理因果性问题。一般来说，突现主义否认因果闭合原则，承认突现因果性，即 $Pr(B|P\&M)\neq Pr(B|P)$，因此，似乎因果突现主义否认随附性。索伯认为，在讨论随附性与突现主义的关联之前，有必要讨论一下突现主义的定义。按照麦克兰克林的说法，突现主义原则是不承认存在解释的桥梁定律的，必须接受突现属性是原初的事实或者“自然的馈赠”。索伯不同意这种看法，他说：“这种事实只是表明物理主义应当承认心物条件句没有单纯的物理解释。作为慎重的物理主义的追加原因来自考虑到因果条件句如何被解释，而不管它们所使用的术语是什么。”[①] 在因果解释过程中，我们要考虑到这样的情况，尽管因果关联的解释

① Sober E. Physicalism from probilistic ponit of view，Philosophical Studies，95，1999，p. 143.

项是前后相随的，但是因果解释的后项可能会与另外一项进行因果关联，这另外一项与原来因果解释的前项可能不存在着因果解释定律，尽管它们是随附关系。因此，归结到这样的问题："在什么意义上说心物条件句'需要解释'?"

索伯认为，尽管突现因果性和物理因果闭合性不相容，但心理属性具有因果性和物理属性具有因果性是可以相容的，我们可以从概率结构上解释因果有效性。因果的概率表征的基本思想是：一个正因果要素必须提高结果的概率，仅当其他同时例示的因果要素被固定时。其他同时例示的因果要素被称为"背景要件"。表示为

> C是E的一个正的因果要素，当且仅当假如，对于所有背景要件 X_i 来说，并且对于至少一个 X_i 是严格不充分的，存在着 $Pr(E \mid C\&X_i) \geqslant Pr(E \mid not-C \& X_i)$。

比如，吸烟对于人犯肺癌来说，只会增加其概率，而不是减少概率，因此可以作为一个正因果要素。但在判断这个正因果要素的时候，应当其他同时的要素被固定，如空气污染等。同样，对于心理和物理是哪个造成某种行为的判断，也需要区分正因果要素和背景要件。比如我去超市，是因为我渴望和相信超市里有我要买的东西。判断我的渴望和信念是不是一个正因果要素，这就要测算出我的渴望和信念相对于其他背景要件在我去超市行为中具有多大的概率。这些背景要件又包括提供实现我的渴望和信念的物理要件，所以很难测算上面的概率是多少。因此，物理是因果完备的和心理随附于物理并不能提出心理属性是因果无效的，反对心理因果性的论证也是不成立的。

对于心理因果性解释，索伯赞同丹尼特的"意向立场"之说，即我们对某种行为原因归属于信念或渴望：S的行为提供一个归属信念和渴望于S的理由，当且仅当这些归属是被用来解释和预测S行为的。比如，一个聪明的火星人对地球人的大脑了解一览无余，他就可以采取机械的解释，但对于地球人来说，只能采取意向解释，这是比物理解释更好的解释。但是这种通过解释的便利而得出的理由毕竟存在着问题，索伯还是希望通过概率来进行说明。我们可以假定心理属性作为一个行为结果出现的正因果要素，而相对于行为结果的不同物理实现者的则是一种背景要素，这样我们可以分别通过心理属性与不同的背景要素进行对比概率而得出一个结果来。随附性命题是成立的。

对于随附性命题，索伯还从认识论或者科学经验证据证明 $Pr(M \mid P)=1.0$。索伯说，如果是这样，那么我们就可以与突现物理主义进行比较，把随附解释为突现。一般来说，突现主义否认因果闭合原则，因为它承认心理具有因果下向作用。我们将在下一章讨论突现论与物理主义的关系。

第七节　层次观与随附物理主义前景

虽然随附性被认为满足了物理主义的要求，同时又不导致还原主义，但是随附物理主义能否解决心身问题等传统哲学问题还是存在着争论。目前的争论集中在随附性是否是一个形而上学的概念？如果是，它与其还原性、突现性的区别何在？

就随附性最初引入到哲学概念中，它并不是一种形而上学的概念，而只是为了解释“非还原物理主义”中的“非还原”的意义。前面我们说过，非还原只是一种理论、认识意义上的概念，即不存在理论上的还原。由此，我们说随附性概念也是一种认识上的概念。随着金在权对随附性概念的深入研究，他发现随附性的内涵就是依赖与决定，而这种依赖与决定事实上是许多理论共同存在的承诺。他说：除了同一论，像突现论、副现象论也承认存在着随附性，即不存在非物理实现的心理属性，或者说没有心理属性不是从物理中出现的。“假如心身随附性是解决心身问题上的许多彼此不同的和相互对立的观点的共同部分，那么它自身就不可能被划归到那些解决这个问题的传统方案中的一个立场。”① 因此，金在权说，随附性自身并不触及依赖关系的本质，而只是表明属性之间的一种关系：“随附性不是一类依赖关系——它不是那种可以归结到因果依赖性、还原依赖性、局部依赖性以及基于可定义或可推导的依赖性等之类的依赖性。确切地说，任何这些依赖关系都可以产生必要的属性共变，因而都有资格称为随附性关系。所以，随附性不是一个形而上学的‘深层’关系，它只是一个关于属性共变模式的‘现象’关系，而这些模式可能是一些深层依赖关系的外在表现。假如这是正确的，心身随附性只是表明了心身问题——而不是一个解决后者的方法。这意味着非还原物理主义必须在其他地方寻找形而上基础，随附性自身是不能提供的。任何接受心身随附性的公认心身关系解释必须说明心理和物理的依赖关系，这是能够建立和解释心身随附性的基础。”②

确实，随附性概念之所以受到物理主义者的欢迎，就在于它抓住了物理主义的共同承诺，所有的事物都有物理的基础，并没有脱离物理而自由漂浮的东

① Kim J. Mind in a Physical World: An Essay on the Mind-Body Problem and Mental Causation, Cambridge, MA: The MIT Press, 1999, p. 12.

② Kim J. Mind in a Physical World: An Essay on the Mind-Body Problem and Mental Causation, Cambridge, MA: The MIT Press, 1999, p. 13.

西存在。不过，当我们考察物理的东西与随附物理之上的东西的时候，问题就远非随附那么模糊的理解了。也就是说，随附物理之上的东西如何存在于这个物理世界？

在回答这个问题之前，我们先看一下我们是一个什么样的世界。在 20 世纪到 21 世纪里，存在着一种层次世界观，它成为我们在进行形而上学研究时的常态背景。它把世界分成一个由不同“层次”（levels）“次序”（orders）或者“层级”（tiers）组成的等级结构。最低层次通常被认为是由基本粒子构成的，不管我们最完美的物理学将会告诉我们什么，它都是构成所有物质事物的基本物质单元。随着层次上升，我们会遇到原子、分子、细胞、大的生命有机体等。形成层次结构的层间关系就是部分学（mereological）（部分-整体）关系：除了最底层上的实在，一个属于给定层次上的实在都会详尽地且毫无遗漏地分解成属于较低层次上的实在。但最底层的实在没有物理上明显固定的部分。层次模型向我们展示了有用的本体论图景，事物之间的关系就表现为层次之间的关系。金在权说：“我们有望建立一些确切的参数和条件，从而正确认识它的特殊性和与其他领域问题的共同之处。”[1] 对于这个层次世界观的讨论，有助于我们理解非还原物理主义的随附性方案的未来发展前景。

对于随附性来说，就是要解决在每个层次上“突现”的属性、状态和过程与低层次的属性、状态和过程之间的关系。既然随附性倡导者的初衷是反对把高层的事件还原到低层的事件，那么他们就要回答这个问题：一个给定层次的属性与相邻层次特别是最低层次的属性是如何关联的？例如，生物（“活力”）属性如何与物理化学属性关联的？意识和意向性与生物或物理属性如何关联的？社会现象、社会群体的现象特征与个体成员如何关联的？尽管前面我们提到对随附性的各种理解，但是当层次观与随附性结合的时候，高层属性与低层属性之间的随附性就是：

> 对于属于 L 层次（除了最低层次）上的任何 X 和 Y，假如 X 和 Y 在与所有比 L 低的层次上的属性关联是不可分辨的（或者，根据我们的说法，X 和 Y 是微观上不可分辨的），那么 X 和 Y 就 L 层次上的所有各种属性上都是不可分辨的。

问题是我们如何理解这个“微观上不可分辨性”？金在权说：

> 属于层次 L 上的 X 和 Y 是微观上不可分辨的，当且仅当对于任何 X 中

[1] Kim J. Mind in a Physical World: An Essay on the Mind-Body Problem and Mental Causation, Cambridge, MA: The MIT Press, 1999, p. 18.

的构成D分解成属于低层的固有部分，在下面意义上Y都有同构的构成C，即从D到C存在着一对一的函数使得对于低于层次L的层次上任何N元属性或关系P，P（dn）当且仅当P［I（dn）］，其中dn是D中的部分的N倍，I（dn）是在I下的dn的映像；反之，从Y到X亦然。①

从这个分析可以看出，层次观下的随附性就是一种部分学随附性（亦称为宏观-微观随附性），即整体的属性固定于其构成部分的关系和属性的学说。这种部分学随附性不会自动地产生对高层属性既依赖于低层属性，又同时独立于低层属性的合理性说明，其具体表现就是在心理因果性上面临着重大问题。

金在权说，随附物理主义在心理因果性问题面临着两难困境：如果随附性不成立，心理因果性是无法理解的；如果随附性成立，心理因果性也是无法理解的；因此心理因果性无法理解，物理主义的随附性方案是有问题的。② 我们来看一下具体的论证。

金在权从物理主义的普遍原则即因果闭合原则出发，否认心理现象与物理现象的因果关系是超出物理世界范围之外的，也就是任何心理事件依赖物理事件，物理基础决定心理事件。就心理因果性来说：①假定心理属性M的例示使得另一心理属性M*被例示。按照随附性的定义，②M*有个物理的属性基础P*。问题集中在，M*的例示从何而来？答案有两个：（a）是因为从假设出发，M引起M*被例示；（b）是因为作为M*的物理属性基础的P*在此场合下被例示。但是，（a）M不可能直接引起M*被例示，所以只能和（b）一起构成：③M通过引起P*而引起M*。不过，M本身又有一个物理基础P，它不可能与P*直接作用。再补充一下，就是④P引起P*，且M随附于P以及M*随附于P*。这最终的结论就是：M对M*和M对P*的因果关系只是表面的，这源于由P对P*的一个真正因果过程。也就是说，根据随附物理主义的主张，心理因果性只是表面的现象，它并不是一种真正的因果过程。这与物理主义当初的愿望是不符的，与其说解决了心理因果性，倒不如说使得物理主义重新回到了还原物理主义。

为什么会造成这种情况呢？金在权认为，“当代自称为‘非还原物理主义’的主流物理主义由于对心理和物理属性的二元性承诺而无法承诺一个心理属性

① Kim J. Mind in a Physical World：An Essay on the Mind-Body Problem and Mental Causation，Cambridge，MA：The MIT Press，1999，p. 16.

② Kim J. Mind in a Physical World：An Essay on the Mind-Body Problem and Mental Causation，Cambridge，MA：The MIT Press，1999，p. 45.

的还原主义，因而碰到相同的困难”。[①] 按照当初的随附性物理主义的想法，在保证高层现象或心理现象依赖于物理现象的本体论图景下，同时又不丧失前者又具有独立性，无疑是非还原物理主义的最好选择。但是没有料想，鱼和熊掌不能兼得，随附物理主义顾此失彼。对于“独立性”的理解过于模糊，直接导致了金在权的“随附性论证”的挑战。可以说，当随附物理主义承认实体一元论时，又陷入到属性二元论的沼泽。

如何回答属性二元论是后来的物理主义者亟待回答的问题。因为这个问题被当代二元论作为重振雄风的机会，也构成了对物理主义的巨大挑战，金在权称之为“笛卡儿的复仇”。按照当代二元论的说法，尽管心理与物理有着不同，但是它们仍然存在着关联，即所有可能世界，假如不同的物理属性被例示，那么心理属性也被例示。不少物理主义者说，如果属性二元论存在的话，这与休谟的名言相悖，即不同的事物之间没有必然的联系；也有物理主义者说，这只是一个解释的问题。无论怎样回答，当物理主义反对属性二元论的时候，也把随附物理主义拖入到一个尴尬的境地：随附物理主义如果反对属性二元论，那么就可能导致还原物理主义；如果不反对属性二元论，那么又与物理主义的基本纲领不符。所以，到 1990 年以后，许多哲学家认为这种非还原物理主义部分承诺了二元论，与物理主义是不相容的。非还原物理主义只是一个神话。

我们要承认到，随附物理主义对于物理主义者具有极强的吸引力，它不同意还原物理主义的简单粗暴的同一，而是认识到世界的复杂性和多元性。这种多元性不是本体上的“元”而是一种层次观中的“层次”。当随附物理主义把世界区分成不同层次，并且把层次间的关系视为一种随附性的时候，坚持了物理主义，又承认了各自的独立性，这得到了具体科学家的欢迎，也受到哲学家的推崇。

如果说，随附物理主义存在着什么问题的话，我们认为存在着两点：第一就是与还原物理主义有着千丝万缕的联系。如果不正确理解还原性，非还原物理主义就只能在还原物理主义与副现象主义中徘徊。因而，①物理主义应当拒绝物理陈述与任何其他陈述之间语义或分析同等的思想，物理主义不是一个语义的命题，不能保证语义上的还原；②物理主义拒绝任何例示属性同一于一个物理属性的思想，物理主义不是一个推导的命题，也不能借助推导还原；③物理主义拒绝存在着连接比如心理和物理定律的思想，物理主义不是一种理论表述，它不能保证理论还原。

---

① Kim J. Mind in a Physical World：An Essay on the Mind-Body Problem and Mental Causation，Cambridge，MA：The MIT Press，1999，p. 45.

第二就是随附物理主义的关于层次之间的关系并没有清楚明确的界定，也就是说随附性的本质是什么，它是如何描述层次之间关系的，仍在研究之中。就表面上看，随附性成了物理主义的必要条件：任何物理的变化都会引起随附事物的变化。然而，按照杰克逊的说法，这并不能表明物理主义的本质，因为物理主义是关于世界是物理的，至于事物之间的关系是不是物理之间的关系则仍然需要细致探讨。比如，我们说两个化学样本是物理上相同的，它们包含着相同的分子和相同的内在结构，但是一个样子可能比另一个样子重。因为化学系统的重并不随附于它们的物理的特征。对于这个“重”来说，能否构成对物理主义的反驳呢？显然，重是一个关系属性，而不是一个内在属性，它不但依赖于样本的内在特征，而且依赖于所处微重力环境特征，比如在月球上或地球上（月球上的物体是地球上物体的 1/6）。那么问题就是：关系属性是否随附于系统的物理特征呢？如果不是，随附性就不是物理主义的必要条件。帕皮诺甚至说，副现象论也满足于随附性。对于副现象论来说，心理状态不同于大脑的有意识状态，它漂浮于大脑之上，并不会对大脑产生物理的影响，然而，它受到大脑的物理决定，因为在没有物理的变化的情况下，有意识状态也不会变化。既然如此，副现象论也满足于随附性，“它排除了没有物理的变化就没有心理变化的可能”。但是它不是物理主义，因为它明确表明，心理属性是不同物理属性的。由此，帕皮诺认为，我们要得到需要的物理主义，不但心理是由物理决定的，而且心理在某种意义上也是物理的实在，这样才能排除副现象论。

第五章

非还原物理主义的“突现性”

无论物理主义的随附性方案的争议有多大，一个客观事实已经形成，即随附物理主义所开创的非还原物理主义已经成为最有影响力的哲学观点，内德·布洛克所称的“反还原主义阵营”稳稳扎根。“无论怎样，反还原论共识巩固的一个直接后果就是已经显出突现论的复苏——即使不是回到20世纪20年代和30年代的传统突现论所流行的信条，至少也是提到了它的专有术语和口号”“伴随着还原物理主义的颓势，突现论显出强烈的复兴信号，我们现在看到，无论是在严肃的哲学文献中，还是在心理学、认知科学、系统论等类似著述中，传统突现者意义上所采用的诸如‘突现’‘突现属性’‘突现现象’等术语在不断地增加并且未加分析地使用”。[①] 这种回归既是对随附物理主义所表现出的模糊不清的不满，也是对非还原物理主义的深化与拓展。

金在权认为，真正支持非还原性的应当是突现性。对于突现物理主义来说，随附性关于本体依赖的主张并不必然导致非还原，只能用突现性才能理解。不可否认，“物理主义和二元论都对它抱有浓厚的兴趣，尽力挖掘和开拓，将其整合到自己的体系之中……在此意义上也可以说，突现论是一把‘双刃剑’，可同时为物理主义和二元论服务”。[②] 因此，我们认为，当突现性为物理主义服务的时候，首先要清楚突现性的真实内容是什么，它能否保证避开还原物理主义而走向非还原物理主义。

---

① Kim J. Mind in Physical World: An Essay on the Mind-Body Problem and Mental Causation, Cambridge, MA: The MIT Press, 1999, pp. 7, 8.

② 高新民:《心灵与身体——心灵哲学中的新二元论探微》，北京：商务印书馆，2012年，第344页。

第一节　心理因果性与突现论复苏

事实上，非还原物理主义的上升与早期英国突现论的颓废有关。按照麦克兰克林的描述，英国突现论的山河日下主要原因是“在研究‘各种科学中关联或关联的缺乏’（布罗德）时，突现论留下了先验的陆地去面对经验财富的海洋（只有一个路线那就是海路）。它们按照一定方向出发，不一会，证据的风不时吹过海面，但是这个风渐渐减弱，最终消失在它们走过的路上”。例如，当初英国突现论者认为化学无法还原到物理学而相信化学属性是突现的时，随着对化学键的量子力学的解释的出现，突现论就失去了它最有力的证据。然而，时过境迁，当代非还原物理主义也遇到了致命的哲学困境，这又促使了突现论的回归。

我们先从非还原物理主义共同主张开始谈起。

（1）存在着不同于物理属性的心理属性。①

对于这个命题，主要来自普特南的多样性论证，即心理属性是由多种神经属性所实现的。例如，疼痛可以在哺乳动物的神经状态实现，也可以在章鱼的神经状态实现，因此，就不存在着连接疼痛的相同神经属性，物理属性与心理属性是不同的。

（2）心理属性依赖于物理属性。

心理属性虽然不同于物理属性，但是由物理属性实现的，因此心理属性依赖于物理属性。福多认为，每个具体科学都对应于不同的属性描述，虽然不能还原到最基本的物理科学，然而依赖于物理科学。这表明，由具体科学所识别的事件都依赖于物理科学所识别的事件。

（3）心理属性具有因果性。

虽然心理属性与物理属性之间不能还原，也没有严格心理物理定律关联，然而这只是从类型意义上来说的。对于戴维森来说，心理与物理类型之间不能进行还原，因为描述心理的语言是建立在整体论和规范性基础之上的，无法与物理语言之间关联；可是心理事件与物理事件却是相同的，它们的不同仅是描述语言的不同。因此，无论如何描述，心理与物理事件之间具有因果性关系，心理事件可以引起物理事件。

---

① 说明：在这里我们采用属性概念而不是事件概念，主要是考虑到类型与殊例这组概念；事件是一个殊例，如疼痛、悲伤等，而这些可以统称为心理属性，即心理的类型。当我们研究物理主义的时候，尽管存在着殊例的物理主义，出于普遍性还是以类型为宜。

以上是非还原物理主义的基本内容，但由于对不同命题的理解不同又有着不同的类型。比如，对于（2）的依赖，戴维森认为是“弱随附”，即没有物理的差异就没有心理的差异；金在权认为是强随附性，因而导致了还原主义。对于（3）的因果关系，金在权认为是律则充分的，而D. 刘易斯认为是反事实条件充分的。更有甚者，从（1）到（3）推出心理属性可以由物理科学的术语进行解释与预测，如安东尼和霍根。然而，戴维森、柏吉、贝克等则认为物理科学的术语无法解释与预测心理属性。

非还原物理主义最大的困难并不只是对于（2）（3）理解不同，而在于当它承认心理因果性地位时所面临的挑战。例如，当戴维森说心理具有因昊性时，只是因为它本身就是物理的，所以才作为其他物理事件的原因，由此看来，心理的因果性实际只是一种因果解释，而不是因果关系。后来的金在权开始在各种场合批判非还原物理主义，要么导致副现象论，要么导致多元决定论，即著名的“多元决定论论证”和“下向因果论证”。

在描述这两个论证之前，我们先看一下金在权的形而上学预设。金在权认为物理主义为真必须是限定在类型之间，而不只是戴维森的事件之间，因此他把心理属性称为高阶属性，而把物理属性称为低阶属性。

（1）物理实现命题。一个高阶属性M被例示仅当它是由一个物理属性P实现的。假如P实现了M，那么P对于M来说是律则充分的，M随附于P。①

（2）因果性的律则充分概念。因果性是律则充分的。②

（3）因果实现原则。假如一个S的实例是由一个Q的实例的实现的，那么这个S的实例的原因必定是Q实例的原因。

（4）因果继承原则。假如心理属性M借由物理实现基础P在t时的一个系统中实现的，那么这个M的实例因果力就同一于P的因果力。

（5）因果闭合原则。任何在t时有一个原因的物理事件就有一个t时完备物理原因。③

（6）因果解释排他性原则。任何事件都没有一个以上的完备和独立的

① Kim J. Multiple Realization and the Metaphysics of Reduction, in Supervenience and Mind, Cambridge: Cambridge University Press, 1993, p. 200.

② Kim J. Multiple Realization and the Metaphysics of Reduction, in Supervenience and Mind, Cambridge: Cambridge University Press, 1993, p. 204.

③ Kim J. The Nonreductivist's Troubles with Mental Causation, in Supervenience and Mind, Cambridge: Cambridge University Press, 1993, p. 43.

原因。①（例如，一个人不可能被两个子弹同时打死。）

以上是金在权提出的基本形而上学原则，由此可以进一步推出：

第一，多样可实现性论证。

(1) 假如心理事件 M 是由物理事件 P 实现的，那么心理事件 M 依赖于物理事件 P。

(2) 假如心理事件 M 引起了另一个心理事件 M’，那么就有一个物理事件 P’ 引起 M’。

(3) 根据因果闭合原则，M’ 有一个物理原因 P’。

(4) M’ 有两个原因 M 和 P’，因此是多元决定的。

(5) 根据因果排他性原则，M’ 不能有两个原因，不能是多元决定的。

(6) 非还原物理主义是错误的。

第二，下向因果论证。

(1) 假如心理等高阶属性既是不可还原的且具有因果有效性，那么这个非还原的高阶属性就具有下向因果性。

(2) 假如这个高阶属性具有下向因果性，那么一个独立的事件就有两个不同的律则充分的条件。

(3) 一个独立的事件没有两个不同的律则充分的条件。

(4) 高阶属性既不是不可还原的，也不是具有因果有效性。

(5) 非还原物理主义是错误的。

具体来说：

(1) 假设两个心理状态 M 和 M’ 分别由物理状态 P 和 P’ 实现的，同时心理状态 M 引起了 M’，那么根据因果闭合原则，M 引起 P’。

(2) 假如 M 引起了 P’，那么 M 是 P’ 的律则充分条件（根据金在权的因果律则充分概念）。

(3) 由于 M 是由 P 引起的，根据因果闭合原则，P 也引起了 M’ 并进而引起 P’，所以 P 也是 P’ 的律则充分条件。

(4) M 和 P 是 P’ 的两个不同的律则充分条件，M≠P。

(5) P 又是 M 的律则充分条件，因此 P 只能是 P’ 的真正原因。

(6) 假如 P 是 P’ 的真正原因，那么 M≠P，那么 M 不能引起 P’。

① Kim J. The Myth of Nonreductive Materialism, in Supervenience and Mind, Cambridge: Cambridge University Press, 1993, pp. 237 - 264.

（7）M不能引起M’。

（8）非还原物理主义是错误的。

上面两个论证如果是正确的，非还原物理主义就得承认不存在不可还原和具有因果性的高阶属性，因而要么是回到还原论，要么回到副现象论。如果非还原物理主义不想回到这两个结论，既想保持非还原又想维护心理属性的因果性，它只能另选出路。

蒂姆·克兰（T. Crane）和金在权认为这是突现论复苏的背景。按照金在权的说法，突现论是随附物理主义的最好注解。因为随附物理主义是要在还原主义和二元论之间寻找物理主义的出路，然而对于心理现象与物理现象之间的关系却语焉不详，无法说明心理因果性的地位，最终会导致还原论或副现象论。金在权甚至说随附性概念只是一个认识性的概念。相比而言，突现论对于心理现象等高层现象与低层现象的关系有着自己的独到的见解。经过对随附性的深入研究，随附性表现出的协变性、依赖性和不可还原性，被认为和突现论具有相同的承诺。金在权说，突现论是随附物理主义的较早的表达，只不过是语言的风格不同。“事实上，突现论可以作为非还原物理主义的第一个系统的表述。”①

蒂姆·克兰认为，突现论被重视的主要原因是心理因果性这个困难问题。非还原物理主义强调：①差异性，即心理属性异于物理属性；②依赖性，即心理属性就是物理对象的属性。非还原物理主义所提出这两个主张实际上类似于突现论的主张。因为突现论者大多认为心理属性不同于物理属性，笛卡儿的二元论是错误的，心理属性产生于物质复杂结合而突现出来的，它无法为物质的科学所解释与预测。诸多19世纪晚期与20世纪早期的哲学家认为突现论是适用于非物理属性的，因为突现论的根本思想就是，具体的属性都是从潜在的物理基质中突现出来的，产生的方式是不能从物理的基质所能够解释或预测的。

除了哲学上的原因之外，突现论复苏也得到了科学上的支持。自20世纪60年代以来，网络理论、非线性系统和自组织理论的提出，计算机模拟成为复杂系统的模型的实验工具，这使得科学家和哲学家认为许多世界的特性不能通过潜在的动力公式来预测，也就是说，这些特性只能通过系统的观点来研究，即复杂性研究。复杂性科学导致了突现论的复苏与回归。

复杂性科学研究者提出，虽然还原主义促进了科学的发展，物理学详细地研

---

① Gluttenplan S. A Companion to the Philosophy of Mind，Blackwell：Blackwell Publishers Ltd，1994，p. 575.

究物质的基本组成部分，如原子、分子、亚原子微粒及量子，生物学研究生物的分子基础，这些进展极大程度地提高了原子物理学解释物质的现象和分子机制解释生物现象的还原论的地位。然而，物理主义所提供的"万有理论"与公认的科学和哲学进展是不相符的，起码在两个领域遭遇困难，即意识本质和突现现象。第一，存在着复杂的定律并不与潜在的物理定律相矛盾、相冲突，生物和化学上的定律可以补充物理学定律；第二，最重要的原因是心身问题，在意识问题上可以存在着心理因果性，但并不能还原到物理因果性。这可以让科学家把意识作为宇宙中的一个基本属性而不是一种副现象，从而进行严肃地研究。

当然，英国物理学家保罗·戴维斯（P. Davis）认为假如科学接受突现，那么这会引起一个有趣的世界观，即世界处在物理实在基础之中，支持着所有学科的发展，构成了万物之基。1965 年，奥裔美籍科学家费耶阿本德（P. Feyerabend）就表达了这种观点，复杂层次从物理学定律到高层定律，经历了从物理属性到高阶属性，如"恶""美""愿望"等。他说："假如我们用一个宗教的比喻，哪个目的最接近上帝呢？是美和愿望，还是基本定律呢？当然，我认为正确方法应当是我们必定要看到的是整个事物的结构上相互关联；所有的科学，而且不仅是科学，包括所有理智类的成果都可以看到层级之间关联，美与历史的关联，历史与人的心理关联，人的心理与大脑运行的关联，大脑与神经刺激之间的关联，神经刺激与化学的关联，等等，从上到下，各个方面都存在着关联。今天我们不能看到，也无法想象我们能得出沿着一个事物的终点到另一个事物的终点的路线，是因为我们只是仅仅开始看到存在着一个相对的层级。我认为，任何一点都不接近上帝。"① 所以，克莱顿指出，突现论是在探讨还原论与物理主义背景下出现的，我们可以限制还原论而赞成突现论，这并不与科学冲突。相反，如果说还原论是与 20 世纪的科学统一体运动有关，那么突现论则在坚持物理主义的基础上，描述了事物的多样性与依赖性的世界图景，则与非还原主义所要求的科学非统一性纲领一致。

为了说明突现性与物理主义之间的关系，我们有必要回顾一下突现论的历史。

第二节　突现论的历史溯源

一般认为，所谓突现属性就是整体或者复杂系统的"新奇"属性，它是从

① Feyerabend P. The Character of Physical Law, 2nd ed, London: Penguin, 1992, p. 125.

整体的部分以及部分间的结合中涌现出来的。但是我们如何理解这个“突现”呢？要明白突现性是对物理主义的发展，还是二元论的联姻，做一下突现论的文献学、发生学的考证是必要的。当代关于突现性的概念尽管不同于传统突现论使用的概念，但在逻辑和历史上还是具有一定的传承，起码我们可以通过对传统突现论者关于突现的阐述，概括出突现性的基本要义。

一、前理论化的突现论思想

突现论概念的出现是较晚的，直到19世纪才有哲学家G. 刘易斯（G. H. Lewes，1817—1878）将其提升为一个理论概念。在突现论的前理论时期，与突现论相关概念如“emerge”（源于拉丁文“emergere”，意即“浮现、出现、暴露”，其反义词“merger”是“沉没”“淹没”之义）“emergence”（突现性）和“emergent”（突现的），只是作为一种文学或艺术的表达，类似于冰山浮在水面上的描述，因而具有弗洛伊德的意识与无意识之间的关系，与后来的哲学概念还是有一定差距的。然而，就突现论的思想来看，前理论时期还是有其思想的萌芽，它的先驱可以追溯到亚里士多德。

亚里士多德在他的《动物学》中描述生物的成长时，认为在生物体中安置了一个生长原理，这种生长原理是后来突现的性质或形式的原因。亚里士多德称这个原理为“圆满”，即引导生物实现它那以潜在形式所蕴含的性质。按照亚里士多德的“潜力”说，人类或动物成体是由幼体突现出来的。不像当代的突现论，亚里士多德认为完美的形式已经从一开始就在生物中存在了，比如种子，它需要从潜在状态转换成现实的状态。我们注意到，亚里士多德在突现的解释中包括“形式因”，是它推动生物走向最终的目的或完美。亚里士多德的变化和生长的概念在中世纪基督教思想中得到发展，特别得到后来的阿奎纳的大力宣扬，成为神学目的论的基础。在许多方面，生物学一直受到亚里士多德的影响，直到达尔文理论出现。亚里士多德的突现论思想蕴含在他的形式因思想，即形式依赖质料，从质料中突现出来。这种突现论是和自然主义相结合的。

第二个先驱可以追溯到公元3世纪时的普罗提诺（Plotinus，204—269）。普罗提诺的流射说表明，太一（或元一、一）包括一切存的事件，像无限的喷泉或太阳，永不枯竭，它通过流射创造出宇宙，并逐渐分三个阶段流射出精神或心灵、灵魂和物质。在流射过程中，每一个阶段都是下一阶段的原因。这种流射类似于突现过程，它形成了世界的层级结构。后来的新普罗提诺主义，把流射过程当作一个既涉及分化和因果性的下向运动，也涉及不断趋于完美、逐渐缩小与源泉的距离的上向运动，以至最终与一的重合。不像世界的静态模型，流射模型考虑的是一个生成的渐进过程。尽管后来流射模型普遍强调下向流射，生成一个心灵、灵魂和物理领域，它们的流射概念仍然考虑到新物种的突现。像普罗提诺一样，当这些流射被理解为一个空间的意义时，突现学说为生物或宇宙演化提供了重要的来源。

有证据表明，被视为提出现代意义上突现性的哲学家是黑格尔。通过代替静态的存在或实在概念，黑格尔提出一个时间化的本体论即普遍生成的哲学。在他的理论系统中，三位一体摆脱了从存在到无的概念图式。假如存在和无完全是对立的双方，那么就没有实在的发展。这二者的对立后来被黑格尔的生成概念所克服。三位一体既是系统第一步，也是它的基本原则的表达。通常，“精神自身生成”的普遍流动是相反方向产生，并被新的突现层次所克服。作为一个唯心主义者，黑格尔不是从自然或物理世界开始，他是从概念的世界开始。按照他的系统，在某些点上，概念产生于自然世界，在精神中这两者重新融合为一体。他的《精神现象学》表达了在大尺度范围书写的突现诗篇。各类过程哲学也接受了黑格尔的时间化本体思想，把实在根本上建构成一个过程。

后来的柏格森、威廉·詹姆斯（William James）特别是怀特海设想出越来越复杂的对象、结构、机构、经验形式和文化意识的突现。他们在数学、物理学（怀特海）和心理学（詹姆斯）的成果比起当时德国和英美唯心主义系统所做工作更有具体和经验基础。怀特海提出了一个严格的“突现演化”形而上学系统，这表现在他的巨著《过程与实在》之中。尽管按照怀特海在开始就表现出的经验观点来看，在宇宙演化中某些点没有突现，然而主观意识甚至上帝的“随附的本质”（consequent nature）是演化突现的产物：“对于康德来说，世界产生于一个主体；对于有机哲学家来说，主体产生于世界。”[①]

可以这样说，前理论时期的突现论思想把世界分成层次的，把层次之间的关系视为一种非还原式的、生成的关系，相对于简单把世界作为一元的唯物主义或唯心主义来说，具有一定的哲学意义。特别是，当科学还是自然哲学的时候，具有唯心主义的突现论思想在一定程度被认为具有特殊的作用。然而，在费尔巴哈和马克思颠倒了黑格尔的世界，用唯物主义取代了后者，即费尔巴哈的《基督教的本质》把精神的发展追溯到具体物理和社会实在的人类，马克思把人的意识奠基于物质的经济基础时，唯心主义的描述的世界图景就被整个翻过来。当这个“颠倒”的世界与科学通力合作时，休谟开辟的社会学

① Stephan A. A systematic view on its historical facets//Beckermann A，Flor H，Kim J. Emergence or Reduction? Essays on the Prospects of Nonreductive Physicalism，Berlin and New York：De Gruyter，1992，p. 88.

演化阶梯的唯物主义思想被后来人所继承，他们普遍承认人类的研究不能从柏拉图的理性观念开始，而只能从物理和社会世界的基本过程出发。在这种思想下，1850 年以后的突现论仍然被非科学地套上形而上学构架时，就显得不合时宜了。

二、突现论理论化的前期阶段：非叠加性突现

突现论进入到理论化阶段的标志是 19 世纪的以约翰·斯图亚特·密尔[①]、亚历山大·拜恩（Alexander Bain）和 G. 刘易斯为代表的突现论者的出现。他们首次提出了哲学意义上的突现概念，分析了在定律和结果上的突现和剩余概念。

虽然突现概念最早出现于哲学家 G. 刘易斯的文章中，但是 G. 刘易斯的突现概念是在他的老师密尔的“异质效应”概念上建立的。密尔是英国著名的哲学家，《论自由》是大家所熟悉的，但是长达 14 章共分 4 卷本的《逻辑系统》一书却很少为非专业人士所知。在这本书中，密尔阐释了对于后来突现论有着重要影响的思想，即异质效应。密尔在解释化学的应用及意义时，探讨了原因的构成问题，提出了两种因果性。一个是机械因果性，它是原因累加而构成的，称为同质因果性或同质效应。所谓同质效应是指遵守着“因果合成原则”（the principle of composition of cause），由单独的效应之和构成的总效应，即机械方式结合起来的。比如，受到来自不同方向的力的物体，最终对于物体会产生一个合力，这个合力就是同质效应。密尔指出，在自然界的事物并非都是如此，化学和生物现象就不是同质效应的结果，它们并不能由构成元素之和得出，因果合成原则在这里就变得不可能，因此就有了第二种因果性，即异质效应。所谓异质效应就是不同质的原因或因素相互作用而产生另外一种结果。比如，化学效应就是一种异质效应，当甲烷与氧结合起来，产生了二氧化碳和水，这个产物在任何意义上都不是独立活动的甲烷和氧所产生的结果之和。

密尔的异质效应表明了存在着无法从普遍定律推导出的属性。他说：“例如，既然存在着一个独特现象称为颜色，在现象上，它为我们的意识证明与其他现象如热、气味或运动等没有具体程度之别，但内在地与其他现象不同，因

---

① 约翰·斯图亚特·密尔（John Stuart Mill，1806—1873），英国著名哲学家、政治思想家。深受边沁功利主义和奥斯汀语言哲学影响，成为新一代功利主义的代表人物，发表了大量政治思想方面的著作，如《论自由》。哲学方面的代表作就是《逻辑学体系》，我们的讲的突现思想就出现在这本书中。

为它们是终极的颜色定律；尽管颜色的事实可以解释，然而它们从来不能用单独的热或气味或运动定律来解释，无论这种解释走多远，仍然会存在着颜色的定律。”① 这里密尔所讲的现象类似于后来心灵哲学所提到的主观感受性，它不依赖于其他现象的存在。为区别于其他现象，密尔认为这种现象具有终极属性。他说：“类似于自然的那些无机构成，所有的生物体都是由部分构成的，它们完全自身以无机状态存在；但生命现象，这种来源于那些以特定方式的排列的部分，并不类似于考虑为单纯物理作用体的构成实体的行为所产生的结果。无论多大程度上，我们可能想象得到使得生物体成长与完善的许多成分的属性知识，可以肯定并没有这些基本部分的不同行为单纯组合将会等于生物体自身的行为。”②

在异质效应和终极属性的基础上，密尔的学生 G. 刘易斯正式提出了突现概念。G. 刘易斯是 19 世纪的英国哲学家，文艺评论家，维多利亚中期达尔文主义、实证主义和宗教怀疑主义的主要推动者。受到密尔的影响下，他的兴趣从生物学、心理学转向哲学，研究生命与心灵的本质。虽然他的过早去世打断了他的思想进程，但是留下的四卷本著作《生命与心灵的问题》展示了他的思想脉络和框架，对后世产生了一定的影响。他把同质效应称为合成属性，把异质效应称为突现属性。在书中，G. 刘易斯发展了有机活动的整体论思想。他坚持有机过程和无机过程存在着根本区别，后者无法通过单纯机械原则解释前者。所有的神经活动部分都有相同的基本属性，如可感性。这种可感性与其说属于大脑，倒不如说属于低级脊椎神经中枢。脊椎神经负责心理生活的下意识区域，而神经系统高级功能构成了我们的有意识的心理生活，它是神经基质的根本属性复杂整合。这种神经器官是作为一个整体活动，特别是心理机制不能定义为有限的大脑区域，那种认为神经活动是由通过独立的通道从一个神经细胞进入到另一个神经细胞的假说完全是虚幻的。G. 刘易斯坚持神经活动区域和感觉性是完全同时的，它们是一个事物的不同方面，反对把动物和人作为自动机，认为感觉或意识是单纯的神经活动偶然伴随物。

对于 G. 刘易斯来说，在物理系统中整体要大于部分之和。在高一级的层次上会出现比低一级的层次所没有的新奇属性，它是低层属性所无法解释与预测的。比如，水可以用湿来描述，但是说 H_2O 分子是湿的则没有意义。“尽管每

---

① Mill J S. A System of Logic，Ratiocinative and Inductive，8th ed，New York：Harper and Brothers，Publishers，1882，p. 599.

② Mill J S. A System of Logic. Ratiocinative and Inductive，8th ed，New York：Harper and Brothers，Publishers，1882，pp. 459，460.

一个结果都是它的构成、要素的合成结果，但是我们通常不能追踪这个过程步骤从而把握每个要素的运作模式的结果。在后一种情况下，我主张称为是突现的结果。它起源于自主体的组合，而且以一种不同于自主体活动的方式展现出来的。”①

G. 刘易斯说，假如所有的结果都是合成的，那么科学理性的能力就是绝对的，数学应当能够解释所有的现象，然而，毕竟有些结果是突现的，因此，科学必然是通过实验和观察而不是理性推理。突现的结果是不可预测的。G. 刘易斯反对休谟及其追随者在心理学研究中的内省方法，而主张通过神经条件和社会历史资料进行客观的研究。生物学会帮助我们解释如感觉和思维等心理功能，但是它不能帮助我们理解人类发展的不同阶段和种族的心理能力差异。这些差异的生物条件可能永远不能观测到，因此被归结为社会环境的产物。G. 刘易斯强调心理现象的复杂性，认为心理状态是由三个不同部分构成的，它们是感觉效应、逻辑编组和动力刺激。

从以上三个突现论者可以看出，突现性是被作为一种部分与整体、要素与系统之间的关系，换句话说就是“部分之和大于整体”的性质。对于突现性的原因，密尔和 G. 刘易斯归结为部分之间的结合而成的整体性效应，即是一种合成的结果，这类似于后来的心理学的格式塔效应。我们把它称为“非叠加性突现”。具体说来，①众多原因共同产生一个结果，如不同量的东西相加会产生的一个大于部分量的东西，像 10 个苹果每个重 200 克，加起来就是 2000 克重；还有不同矢量的力合成会产生一个合力。②共同结果并不能还原到部分原因造成的结果。密尔区分共同结果为同质结果和异质结果，它们之间有本质的区别。同质结果是部分结果的量的相加，而异质结果则不能还原到部分结果的量的相加。比如不同的矢量的力如果方向不同，可能合力等于零。所以异质结果涉及内部的变化，必然有附加的构成出现，即合成产生突现。G. 刘易斯说：“这个突现不像它的部分，因为它们不存在着通约性，也不能还原到它们的总和或它们之间的差异。”②

不同于密尔的附加构成解释突现，G. 刘易斯关注的是突现的认识论概念，即意味着一个实在或属性作为突现或合成的主要依赖于能否得到一个理论去说明它们。他说：“谁能这样预测：假如把黄金投到一个由两种液体（氢氯化合物

① Lewes G H. Problems of Life and Mind，Vol. 2，London：Kegan Paul，Trench，Trubner，& Co，1875，p. 412.

② Lewes G H. Problems of Life and Mind，Vol. 2，London：Kegan Paul，Trench，Trubner，& Co，1875，p. 413.

和氮酸）构成的混合物，这两种液体任何一个都独立地保持着不变，那么黄金会变成氯化物？”① 当然，密尔也表达了突现结果是不可预测的思想，如他说：“我们不能，至少是在我们当前的知识状况下，去预测任何新的混合将会产生什么结果，直到我们试着去做具体的实验。”② 突现的这种不可预测性成为后来英国突现论者的主要内容。

不过，我们发现这一时期的突现论总体上属于认识论突现论，如化学中的化合物被认为具有不可解释性或不可预测性。然而随着后来科学的发展，化学被认为是可以还原为物理学的，因此密尔和G. 刘易斯的“非叠加性突现”备受打击。但是，他们提出的复杂系统特征对于后来的复杂性研究还是有启示意义。第一，复杂系统的聚合可以产生新的复杂系统。因而，我们能否根据对原复杂系统的知识推导出新的复杂系统呢？第二，有些部分混合并形成了一个复杂系统，那么从部分的属性能否推导出复杂系统的属性呢？

三、突现论理论化的发展阶段：强突现论

英国哲学家继承发展了G. 刘易斯突现论的思想，在19世纪末与20世纪初成为一个独立的突现论学派。其中，以塞缪尔·亚历山大③、劳埃德·莫根④、查理·布罗德⑤为首组成了英国传统突现论的“三剑客”。他们对突现论进行了深入阐述，提出了突现的定义、特征和论证。

（一）反活力论

英国突现论是在与活力论激烈的争论过程中发展起来的。活力论又名生机论或生命力论，它主张有某种特殊的非物质的因素支配生物体的活动。这一时期的活力论在某种意义也是起源于亚里士多德形式因，但是它去除了亚里士多德的形式与质料的突现思想，重点发展形式的“隐德莱希”思想，即生物的灵魂（动物有一种专司感觉的灵魂，植物有一种专司营养和繁殖的灵魂，人除了

① Lewes G H. Problems of Life and Mind，Vol. 2，London：Kegan Paul，Trench Trubner & Company，1875，p. 414.

② Mill J S. A System of Logilc，Ratiocinative and Inductive，8th ed，New York：Harper and Brothers，Publishers，1882，p. 371.

③ Alexander S. Space，Time，and Deity，Vol. 2，London：Macmillan，1920.

④ Morgan C L. Emergent Evolution，London：Williams&Norgate，1923.

⑤ Broad C D. The Mind and its Place in Nature，London：Routledge and Kegan Paul，1925.

这两种灵魂外，还有一种理性的灵魂）。[①] 近代活力论用各种超自然的精神实体取代亚里士多德的灵魂，其中尤以杜里舒的海胆发育试验为基础的生命自主体理论为代表。活力论遭到了不少哲学家批判。布罗德认为，杜里舒的活力论是一种实体活力论，“在我看来，杜里舒的论证至少不是决定性的，甚至是与生物机械论相反的……而即使认为杜里舒已经决定性地反驳了生物机械论，我仍无法看到他的论证有一点点能证明实体活力论的倾向。”[②] J. C. 斯马茨拒绝杜里舒的隐德莱希的假设，其根据是：“这种非机械的动因对机械的肉体的作用仍然是完全不能解释的。”但是对于活力论的复兴有重大影响还是法国哲学家柏格森。他最初拥护机械论，后来他认识到物理学不能把握意识中被经验的那种“绵延”的时间，所以提出生命冲动是生物活动的根本原因。当然不同于杜里舒的万物都有自己的隐德莱希的观点，他断言，个体本身并不足以独立于他物，并不足以与他物割裂开来，以使我们允许它有自己的生命力。柏格森说，生命冲动努力克服生命体形成过程中的惰性物质的反抗；但并不是有一个终极的目的在支配着它，相反，它创造性地探索物质范围内起作用的可能性。有些创造是适应的，有些创造是不适应的，适应的存在，不适应的消亡。

活力论在当时具有广泛的影响，特别是关于柏格森的论文在1909～1911年就达到了200篇。就连威廉·詹姆斯都对柏格森崇拜有加。不过，随着自然科学的进步，活力论只被作为一种关于生命和进化的充满诗意的神秘主义，而并不是对实在的形而上学的描述。莫根说：“尽管深怀敬意，但由于柏格森先生的

---

① 近代活力论的主要倡导者有比利时的J. B. 赫耳蒙特、德国的G. E. 施塔尔（1660—1734）、C. F. 沃尔夫（1733—1794）、J. 布卢门巴赫（1752—1840）和法国的M. F. X. 比夏（1771—1802）等。他们各自提出不同的名称，如赫耳蒙特的“生基”、施塔尔的“精气”或“有感觉的灵魂”、沃尔夫的“自发力”和布卢门巴赫的“形成欲”等，代替亚里士多德的灵魂概念，并都用一种超自然的精神力量说明各种生命现象。活力论把生命运动看作是凌驾于生命物质之上的力量引起的。这种观点不仅不能对生命现象做出科学说明，而且由于它片面夸大生命的特殊性，也就否定了生命的物质性，把有机界和无机界绝对地对立起来。19世纪以来有机合成的发展，不断突破了有机界和无机界的界限，达尔文的自然选择学说又用自然的原因解释了生物的合目的性，给活力论以沉重打击。20世纪初，德国胚胎学家和哲学家杜里舒提出新活力论。他把活力论定义为生命过程的自主理论，并企图依据胚胎学的成果予以证明。“生命自主”的主要证据出于他1891年所做的海胆卵发育实验。他将第一次分裂后的两个分裂球彼此分开培养，发现每个分裂球都能发育为完整而较小的胚胎。这一结果无法用机械的因果关系做出解释，因此他反对胚胎发育的机械论观点，认为卵作为一个和谐的、等潜能的系统，隐藏着一种能调节生物发育的精神实体，即“活力”或“隐德莱希”，以保持胚胎的完整性并使机体具有自己修复和再生的能力。杜里舒的活力论得到当时哲学家的尊重，并且使他最终离开胚胎学领域，在莱比锡大学得到哲学教授的职位，并主讲“有机体哲学”。

② 托马斯·鲍德温：《剑桥哲学史（1870—1945）》，周晓亮等译，北京：中国社会科学出版社，2009年，第731页。

诗人天赋——由于他的生命学说更近似于诗歌而非科学——所以，他对达尔文宏大的、真正科学的概括所进行的畅快淋漓的批判，只有助于表明，将涉及本源形而上学的问题与科学解释问题混在一起，会在多大程度上使生物学的意见变得不明，会在多大程度上严重阻碍生物学的进步。”① 英国突现论拒绝任何种类的实体二元论，拒绝超自然的生活活力或隐德莱希，他们宣称在适应性所推动的进化过程中，当物质开始以某种方式构形，真正的新颖性质就产生了，而且，这些新颖性质又以它们出现之前无法预料的方式影响事件的未来进程。从此，突现论接替了活力论而成为一时重要的哲学理论。

（二）层次观

英国突现论建立在一种层次观之上。按此观点，所有事物本质上都是属于特定的存在层次，每个层次都有自己的特殊属性。存在的层次构成了一个复杂性不断增加的层级，它们明显对应于进化过程出现的现象层级。从物理层次这个基本层次开始，历经化学、生物、心理、社会等层次。

从亚历山大到布罗德都认为世界是由不同层次构成的。实在层次的概念可以追溯到普罗提诺的新柏拉图哲学，他认为所有的事物都是从一向外流射出一序列的不同实在层次（努斯、心理、个体心灵、动物、人等）。不同于新柏拉图主义的实在的形而上学，英国突现论的层次观是在自然科学基础上提出来的。我们知道，20世纪初，自然科学正处于一个井喷阶段，科学成果向人类描绘出世界的不同层次。“这个世界自身的经验研究表明实在证明自身是一序列突现层次，而不是理解为所有事物基本基石的物质的重组”。亚历山大说，自然存在着五个层次，即时空层次、物质层次、生命层次、心灵或意识层次、神性层次。莫根说：“实在的层次或次序……意味着①当新型关联相继随附时，在完整系统中存在着持续增长的复杂性。②在这个意义上，实在就是一个发展过程。③存在一个上向标杆使我们能够说明实在的丰富性。④我们所知的最丰富的实在性位于演化到今天的突现金字塔的顶端。”② 布罗德说：“就突现理论来讲，我们本身甘愿接受外部世界的较少的统一和不同科学间的一个较松散的联系。充其量，外部世界和相关的各类科学将会形成一类层级。假如我们喜欢，我们可能保持这样的观点，即只存在一个基本类型的材料。但是我们应当必定认识到各类次

① 托马斯·鲍德温：《剑桥哲学史（1870—1945）》，周晓亮等译，北京：中国社会科学出版社，2009年，第734页。

② Morgan L C. Emergent Evolution，London：Williams and Norgate，1923，p. 203.

序的聚合物。”①

金在权认为，突现论这种层次观在英国突现论中占据重要地位，而且也在当代形而上学和科学哲学中有着重要的影响。对于英国突现论来说，层次之间的关系是一种整体与部分的关系，所有高阶层次都是由低阶层次构成的，除了最基本的层次之外。当然，有时这种层次观以语言和概念的形式表现出来，然而它们分别对应于不同的存在和属性。这种层次观已经成为许多哲学争论的背景，如还原论、心身问题和具体科学的地位。在自然层次观下，英国突现论者认为，高阶层次虽然依赖于低阶层次，但是并不能还原到低阶层次，它们是一种新的属性和实在。但是，对于这种“新”的理解，英国突现论者存在着不同的看法。

（三）英国突现论的特征

1. 新奇性

新奇性被认为是英国突现论的一个重要特征。莫根说：“从历史观点来看，层级序列有时明显表现出某些真正新奇的东西。基于此，我称为突现进化所强调的就是这种新的东西的出现。明显的例子就是生命的出现、心灵的出现和反思性思维的出现。”②

但问题是：什么是新的东西？它是新的结构、属性、实在或定律吗？当然新的定律作为对结构和属性的描述还是依赖于后者。突现论强调的新就是一种此前没有例示过的新的类型，所以新奇性主要是指新的类型的结构或属性。有些时候，各种系统的微观结构是相同的，所以新奇性就在于新奇的结构造成了不同新奇属性。突现论的新奇性预设了一个区分：复合体具有两类属性，一类是它的部分所具有的，另一类是它的部分所没有的。那么，后者称为系统属性，它是新奇的。

亚历山大是澳大利亚出生的英国哲学家，第一位剑桥大学的犹太教师。他主要以提出“突现性质”和“突现进化”而闻名于世。在《空间、时间和神性》一书中，亚历山大提出一个对心身问题的突现论解释，并且由此拓展到他的形而上学立场。亚历山大的目标是发展演化与历史的哲学概念。他首先预设，在宇宙中存在着身体，也存在心理属性或心理经验，因而问题是如何关联它们。亚历山大完全拒绝传统的二元论和唯心主义的观点，因为后者使得心理成为原初性；他也不同意物理主义，因为它对心灵产生了置疑。他主张心灵必定是从物理中突现的。亚历山大的思想受到斯宾诺莎的影响。斯宾诺莎认为，在任何层次上只有一种活动，因而在心身问题上不可能同时存在着心理原因和物理原

---

① Broad C D. The Mind and Its Place In Nature，London：Rouledge and Kegan Paul，1925，p. 77.

② Morgan L C. Emergent Evolution，London：Williams and Norgate，1923，p. 1.

因。亚历山大同样认为，我们乐于认为心灵因果性会进入到外在的因果性中，但同时我们又期望心理的因果性有一个外在原因，这似乎是悖论。

亚历山大认为，心灵不能作为一个原因，它的因果性只能来自外在世界。①“在时间过程中，形成了运动的新的复杂性，一个新的属性出现，也就是说，作为一个可观察的经验事实，新的复合性拥有了新的或突现属性……从任何存在的层次上突现的新属性意味着在那个层次上出现了属于那个层次的运动集群或排列，并且拥有对应于这个层次的性质，这个集群拥有不同于高阶复合体的新性质。这个性质和集群就其他归属的层次来看，从来就是新的，它可以根据它得以突现的那个层次的过程来表达。”[①] ②“高层性质从低阶存在的突现出来，那里才是它的根源，但是它虽然产生于此却不属于那个低阶层次，构成它的所有者是一个新阶的存在，具有自己独特的行为定律。像某些人说的，这样描述的突现属性的存在就是在原初经验事实强制下所注意到某些事实，或者按我倾向于采用平和的术语说，这些突现属性就是为研究者所接受的‘自然神性’。它承认没有解释。”[②]

从上面第二段引证来看，亚历山大认为突现性就是新奇的和不可预测的，我们只能把它看成一种“自然的馈赠”而去接受。但是，从第一段引语来看，亚历山大又认为可以通过低阶属性的定律来解释高阶属性的定律，那么就不存在着新奇性。所以，对于亚历山大来说，突现就是一种不可预测性或者讲是一种自然的神性，虽然我们可以解释，但不是不知道它会什么时候出现。大部分人还是认为亚历山大表述的突现论是一种新奇和不可预测性，是一种弱意义上的突现论。按照亚历山大的说法，在宇宙演进过程有四个主要阶段可以区分：第一，时空构成的物质突现；第二，由物质复杂构形组成的生命突现；第三，由生物过程构成的意识与心理的突现；第四，由意识构成的神性突现。亚历山大从对感觉的解释拓展到普遍心灵理论。我们的运动感官感觉到世界中对象的运动；我们意识到我们肢体的运动，我们的眼睛察觉到我们外在世界的运动。所以，我们饥渴中的感觉对象就是真实的损耗运动或过程，如我们观察在我们之外有一个植物处在饥渴之中的生理形式。因此，你不能把饥渴作为一种心理形式。

亚历山大的立场接近于非还原物理主义，即当代心灵哲学中关于心理依赖于物理的，但是不能还原到后者。他说：“毫不奇怪，我们应当这样认为，即作为一个心理的条件它是好像展现给一个看待它的心灵的东西，我们应当对颜色和味觉、声音以及心理的典型特征采用相同的概念。”在他看来，心灵应当是比意识更广泛的概念。身体代表着可以分析的概念，但是心灵则是代表着身体整体作用的概念。

---

① Samuel A. Space，Time，and Deity，New York：Dover Publications，1920，p. 45.

② Samuel A. Space，Time，and Deity，New York：Dover Publications，1920，pp. 45 - 47.

他说，整个世界展现出系列有限存在的突现，而意识与心灵则是这个层次的最高层。神秘性就是相邻高层次经验性质与我们知道的最高层次的经验性质之间的关系，由此形成一个普遍属性的突现层次。

可以这样概括亚历山大的思想：第一，在时空层次的基础上，时间是心灵，空间是身体，因而时间是空间的心灵。时空是由瞬时点构成的。较早的评论者认为亚历山大的观点很难说得通，随着时间的推移空间并没有改变。第二，必定有一个发展原理，有一个推动整体过程的东西，仅当假如存在一个正在突现的过程。所以，亚历山大认为在时空中有一个冲动（nisus），它产生于物质与心灵之中，并且推动它们向较高层次存在。第三，正是由于这个冲动，时空受到“运动”而分化。特定的有组织的运动模式（今天我们称为基因）是我们能够物化的承载者。因此，相比亚里士多德，物质自身就是突现的。今天的量子场论已经提供了证据。第四，物质的组织系统是宏观性质和化学属性的承载者。这构成分子层次上的突现。第五，当物质达到特定的复杂层次，分子变成了生命的承载者。这个思想与当代生命起源的工作是一致的，后者预设了从复杂分子到生命细胞的逐级传递。第六，某些生命结构变成了心灵或意识承载者。第七，特定的心灵层次可能是一个新的突现属性的生成物，亚历山大称为神性。我们知道神性只是身体构成的突现属性，是复杂层次不断增加的结果。

亚历山大的突现论仍然是一种弱突现论，因为他并没有预设新的实在，所以可称为物理主义，所有的存在只是物理世界。“通常来说，上帝并不拥有神性但是它是一种共相，为所有性质所包含……并不存在具有神性的性质的通常无限的存在；但是存在着一个具有朝向冲动的通常无限的、整体的宇宙；这就是一个宗教上的意识，尽管意识习惯于把它的对象的神性预想为以个体形式而通常实现的……具有神性的通常实在是一个充满所有时空的经验的世界，并且朝向于一个高层的性质。神性是一个冲动，并不是完成物。”奥康纳（Timothy O'Connor）认为，根据亚历山大的表述，可以推出：按照突现属性所对应的突现层次上的过程，这些属性及其所归属的属性集就不是什么完全新奇的。随着突现层次的上升，那么就会形成意识或精神，但是构成和它们的原因仍然是物理世界中的部分。像斯宾诺莎一样，身体形成整体，整体自身变成一个更大整体的身体。亚历山大从来没有引入精神或心理实在，更没有幽灵的存在。在高级复杂的形式中，宇宙可能变成相当神秘的，甚至是神性的，但是神秘的表象只是我们从无限的宇宙来看的。

亚历山大的思想大部分是一致的，但是仍然存在着一些问题。比如，当亚历山大说时间是空间的心灵的，那么时间自身就是有方向和目的的，但是目的论认为这与当代物理学和生物学中的精神无关。甚至亚历山大的冲动也是模糊的概念，冲动代表着时空中创造性倾向，然而创造性发展并不属于物理学部分。假如时间是发展成新奇性，那么存在一个时间之箭，但是这个时间之箭之源完全是物理概念吗？它与物理学家所说时间是由分成瞬时点而构成的吗？事实上，我们也无法从亚历山大那里得知意识是什么，它的因果力何在？这当然与当时神经科学不发达有关。那么，亚历山大对于后来哲学有什么启示呢？可以肯定的只有这一点，即心灵是一种整体的突现，它是由身体这个部分构成的，是一种形式的突现。那么这种纯粹形式的突现是无法充分表达意识的本质的。强突现论者认为，亚历山大并没有充分地对突现层次的新奇性进行概念化，即使他用精巧的语言表达新奇性的重要性，假如生命与心灵是真正的突现，那么生命体和心理事物必定具有某种因果角色，它们必定会对它们自己有因果力，比如下向因果力。按照亚历山大的说法，一个心理反应不能与它整体的部分分开，那么就不能说，心灵是一个视为整体的大脑，一个心理事件是个体的神经事件、状态或其他东西构成的整体。

莫根是 20 世纪 20 年代英国突现论的最有影响的人物。莫根把化学作为突现的例子，他说："当拥有特定属性的碳与拥有其他属性的硫混合，就会形成一个新化合物而不是一个单纯的混合体，它具有某些不同于任何构成元素的某些属性。"[①] 他接着说："这点需要强调。假设存在着自然事件三个连续层次，A、B 和 C。假定在 B 中有一类关系并不出现在 A 中；而在 C 中有某类关系并存在于 B 或 A 中。假如你居住在 B 层次上并得到关于 B 的经验，你不可能预测出 C 层次上的突现特征，因为它们的关系是表述的而不是存在的。假如你居住在 A 层次上也不可能预测 B 事件的特征，因为据推测，不存在这样事件。这表明，在前存在的事件中某些新的类型关联的突现表述是不可以预测的。"[②]

莫根的突现论是一种自然主义，它并未涉及超出自然的能力，比如活力或上帝。同时，它也不是一种机械论。按照莫根的突现论，一个突现属性不同于低阶的构成属性，低阶属性只是碰巧发生的新的类型关联而产生出来的，因此可以理解为"自然神性"。但是莫根又不同于亚历山大，因为他又主张下向因果性，所以是一种强突现论。

他的突现论思想主要有四个方面：第一，莫根不接受我们所称为的达尔文持续性原则。达尔文作为一个渐进主义者，在方法上要清除自然界中的"跃跹"。就莫根的观点，突现论完全是对下面的认识，即演化是"断断续续的"：甚至演化的完全重构将不能消除演化过程中展示的基本阶段或层次。在这方面，

① Morgan L C. Emergent Evolution. London：Williams and Norgate，1923，p. 3.

② Morgan L C. Emergent Evolution. London：Williams and Norgate，1923，pp. 5，6.

莫根与华生走得更近些，华生强调演化过程中性质上的新奇性，后者把演化过程中每个新阶段或层次都解释成神的干预。然而这样的话，莫根会面临着在演化之链上出现的鸿沟问题，自然会引出一个上帝去填补。所以，他提出用突现演化来解决这个问题。当然，他不是把突现作为展示某些额外的因果力的方法，而是因为他相信科学研究会揭示这些产生的原因和具体步骤。

莫根反对机械论宇宙观，他说：“一个机械解释或者按照一般的说法是机械论解释的主要特征就是，它是依据单纯的合成，从算法相加而推导出来的。它忽略了某些必定是突现的东西……突现进化是在反对这样的机械解释的争论声中而生。凡是有合成的，也是有突现的。然而，在自然主义策略下，在所有上升的层次上都有突现，很明显，它更被愿意认为是自然的神性。它是不能根据单纯的合成而解释的，这也是我们所不断强调的重点。”①

第二，莫根寻求一种为新生命形式和行为的突现提供充分位置的生物哲学。有趣的是，在亚历山大之后，柏格森是引用《突现演化》最多的作者之一。莫根拒绝柏格森的采用活力或活力能量来作为外在自然的力量，他认为这是笛卡儿非物质心理和 19 世纪时空观的结合。对于莫根来说，潜在力完全是自然过程中永恒的，但是他仍然接受了柏格森所讲的持续新奇类型的现象。

第三，莫根主张实在层次概念。他一直强调研究这样的自然世界，即看上去作为整体的一个系统的层次上的新奇属性，以及不在系统部分出现的属性。莫根总结他的立场：“然而，实在的层次或次序……意味着①当新型关联相继随附时，在完整系统中存在着持续增长的复杂性。②在这个意义上，实在就是一个发展过程。③存在一个上向标杆使我们能够说明实在的丰富性。④我们所知的最丰富的实在性位于演化到今天的突现金字塔的顶端。”② 从当时的情况来看，莫根的立场是受到科学而不是形而上学推动的，它认为这个世界自身的经验研究表明实在证明自身是一序列突现层次，而不是理解为所有事物基本基石的物质的重组。

第四，莫根在强突现意义上解释不同层次上的突现对象。在他的书中，莫根采用强方式解释层次间的关系。③ 根据当时的资料，莫根发现演化过程是不连续的，这些不连续导致多层次的出现，每个层次上的现象都证明是自然世界中

① Morgan L C. Emergent Evolution. London：Williams and Norgate，1923，p. 8.

② Morgan L C. Emergent Evolution. London：Williams and Norgate，1923，p. 203.

③ 莫根层次的强解释据说受到当时马文的哲学教科书影响。在这本教科书中，马文描述了层次的图景，实在可以分析成较小具体类型的实在，即可以描述成逻辑层级。逻辑和数学是基本的普遍的。物理学次之，其次是生物学，最后是心理、人类和社会。

的。在这些层次上的对象被证明了是整体的统一的，它们需要我们去把它们当成一个整体或对象，有着它们自己的独立性。因此，它们有自己的因果力去施加或影响其他对象，甚至构成它们的部分。相对于弱突现的本体论，莫根把实在层次作为根本上的不同："在整个演进前进阶段中的物质和实体都存在着增长的充实性；在每个层次的事件过程都存在着方向改变；这个方向的改变在某个特定拐点如此明显以至于表现出'显著的悖论'，即突现的新东西与拐点到达之前的明显过程是不相一致的。所有这些似乎都有证据表明。"①

引入突现层次作为产生一个新实体，意味着把更强的本体地位归于相对于部分的整体。有人说莫根这个思想来源于斯伯尔丁（E. G. Spaulding）。斯伯尔丁主张在物理世界中，作为非添加的部分组织成一个具有在性质不同于部分的整体，这是一个经验事实。很明显，斯伯尔丁这个结论来自于化学。假如突现理论可以指向只在心灵层次上突现的整体，它们就会成为二元论；假如它们定位突现整体在生命层次上，它们就会陷入活力论。相反，假如整体与部分相互作用会建立在物理化学中，就会证明突现不同于活力论或者二元论。

我们怎样评价莫根的突现演化呢？莫根的突现论主要是强调关系的实在性，他认为需要解释的主题就是关系性。这个关系就是突现的本体论。但是按照莫根的说法，"可能这样说，在每个这样熟悉聚合体中不但存在一个增加的剩余物而且存在一个具体的整体的关系，它构成了聚合物的每个成员的特征，那么可不可以说这是一个突现表达呢？假如这样，我们这就是突现演化所意指的解释。"② 如果每个关系的复杂性证明了独有的特征和因果力，那么这就不需要实体概念去描述它。这显然是一种强解释的突现论，它表明①个体关系复杂性；②通过一个关系的本体把实在归属于它们；③把因果力和活动归属于它们；④把它们当作一个个体的实在。

然而，按照近来的威廉·哈斯克（W. Hasker）这位哈丁顿大学的名誉哲学教授、神学家捍卫的"突现二元论"来看，"这不能说突现属性存在，我们需要的是一个突现的个体，一个新的个体实在，它作为大脑和神经系统的物质构成的一个特定功能构形而存在"。哈斯克表现了明显的实在论思想，他认为人类胎儿能够拥有人类灵魂，这种情况似乎可以看作自然发生的形式，因此假如我们把上帝从中略去，托马斯·阿奎纳式的灵魂就是突现的个体。

很明显，突现理论适用于广泛的本体论承诺。按照这个承认，突现根本没

① Morgan L C. Emergent Evolution. London：Williams and Norgate，1923，p. 207.

② Morgan L C. Emergent Evolution. London：Williams and Norgate，1923，p. 7.

有模式，没有因果力，它们只是实在，只是不同于原来的起源，就像笛卡儿的心不同于身体。我们知道，在科学哲学中有用的突现理论将会接受一个节俭性原则，突现实在和层次如无必要不应是多元的。从科学观点来看，它倾向于通过采用心理属性和中枢神经系统构成来解释因果性，而不是通过引入心理东西如心或精神来解释。我们认为，莫根的强突现关系是表明自然史上突现的层次是正当的，甚至无须增加突现实在也适用于下向因果性。

2. 不可推导性

布罗德认为突现是一种不可推导性。布罗德是英国传统突现论的巅峰人物，他的《心灵及其在自然界中的地位》一书构成了当代新突现论研究的基础。据说，这本书是布罗德在 1923 年剑桥的塔纳（Tarner）讲座的讲稿基础上形成的，它的目的是说明"不同科学间存在关系还是没有关系"。在该书第二章"机械论和它的替代者"中，布罗德提出了一个普遍问题，即当时在学界争论的关于对象行为的机械论与活力论之争。机械论认为，一个对象的行为可以从对象的构成行为的完备知识中推导出来，就像钟表的行为可以从它的零部件行为推导出来。活力论认为，一个对象的行为可以根据一个特别的构成即活力来解释，它并不出现在构成对象的物质部分之中（活力论类似于后来的泛心论）。

布罗德反对生物机械论，"生物不是自动机器，而是具有突现特征并且这些特征不能机械地说明的系统"。① 同时，他也反对活力论借助超物质的东西来解释对象的行为。在坚持机械唯物主义的唯物主义和活力论的生成性基础之上，布罗德提出了突现论，即系统行为的特征不可能从构成行为的完备知识中推导出来，它们不同于构成部分的属性。

布罗德说："根据纯机械论，一切看上去不同种类的物质都是由同样的材料构成的。它们只是在它们的构成微粒的数目、排列和运动方面不同。它们看上去不同种类的行为最终并无不同。因为它们都能根据一个单一的简单构成原理，从一对一对微粒的相互影响中推演出来；这些相互影响都服从于一个单一的规律，该规律与这些微粒恰好发现自己所处的结构和环境完全无关。我们所描述的这个理想可能称作'纯机械论'。"② "就突现理论来讲，我们本身甘愿接受外部世界的较少的统一和不同科学间的一个较松散的联系。充其量，外部世界和相关的各类科学将会形成一类层级。假如我们喜欢，我们可能保持这样的观点，即只存在一个基本类型的材料。但是我们应当必定认识到各类次序的聚合物。"③

---

① Broad C D. The Mind and its Place in Nature. London：Rouledge and Kegan Paul，1925，p. 92.

② Broad C D. The Mind and its Place in Nature. London：Rouledge and Kegan Paul，1925，pp. 45，46.

③ Broad C D. The Mind and its Place in Nature. London：Rouledge and Kegan Paul，1925，p. 77.

为什么机械论不适于描述整个世界呢？布罗德区分了两种不同的规律。他说："我们就会不得不承认各种层级的聚合体。而这里有两类根本不同的规律，可分别称为'同层'规律和'跨层'规律。跨层规律是将相邻层次的聚合体的性质联系起来的规律。如果层次B的每个聚合体都由层级A的聚合体组成，如果它具有A的任何聚合体都不具有的某些性质，这些性质也不能根据在低层级上表现出来的合成规律，从A的性质和B的复合体的结构中推演出来，那么，A和B是相邻的，并在上升层级中。同层规律是将同一层级的聚合体的性质联系的规律。跨层规律陈述了如下不可还原的事实：由邻近的低层级诸聚合体以这样那样的比例和安排构成的一个聚合体，具有这样那样的特点和不可还原的性质。"①

布罗德认为，突现可以用这样的定律表达，即连接具有低层部分的突现特征和突现层次上出现的结构或模式的定律。但是突现定律不能满足亨佩尔的覆盖律所要求的可推导性条件，它们不是形而上的必然性。也就是说，实现定律虽然可以推导出高层现象的例示或突现，但是它不能和构成高层现象的低层现象的定律联合推导出高层现象的例示或突现。

> 概括来讲，突现理论假定存在着特定的整体，它是由组分（比如）A、B、C以及彼此间关系R构成的；凡是由相同类型的A、B、C以及相同类型的R构成的整体都有特定的典型属性；A、B和C是能够出现在其他类型复杂体之中，但是这个复杂体却没有相同类型的R；整体R（A、B和C）的典型属性不能甚至在理论上从单独的A、B和C的属性或不是由R（A、B和C）形成的其他整体的最完备的知识中推导出来。机械理论拒绝这个假定的最后条款。②

相应的突现属性的概念表述为

> 一个由组分C_1……C_n并且彼此处于关系R所构成的系统的一个属性F是突现的，当且仅当（a）存在着一个定律保证凡是具有相同构成的系统都有F，并且（b）F仍不能甚至在理论上由单独的C_1……C_n构成或与此构成不同的系统的属性的最完备知识推导出来。③

从布罗德的突现定义可以看出，突现产生于低层实在的整体，系统的构成。突现属性具有独立的因果性，因而可以作为一个实体。这种实体无法为低层实

① Broad C D. The Mind and its Place in Nature. London：Rouledge and Kegan Paul，1925，pp. 77，78.

② Broad C D. The Mind and its Place in Nature. London：Rouledge and Kegan Paul，1925，p. 61.

③ Beckermann A. Introduction//Beckermann A，Flor H，Kim J. Emergence or Reduction? Essays on the Prospects of Nonreductive Physicalism，Berlin and New York：De Gruyter，1992，p. 17.

体的知识的推导。然而布罗德的突现实体并不是一个终极实体，它又构成了更高实体的基础。

布罗德还对突现论进行了论证。他根据物理理论的局限性，提出了一个天使论证。假设有一个数学天使，她知道原子的微观结构，就像我们了解一堆干草一样，然而她无法预测银或氯的行为，甚至它们的属性。但是，我们应当知道，作为数学上的天使，她知道所有的微观结构，应当能够从银或氯原子的知识推导它们的行为，除非“存在着所谓的‘二阶性质’，或存在着现象事实，它们虽然依赖于微观结构运动和物质微粒的排列，但是后者本身没有这些性质，那么这种依赖性的定律肯定是一种突现类型定律”。[①] 布罗德认为机械论的目标是统一科学，而突现论的目标是形成一个不同层级的科学。他并不否认世界最终是由某类材料构成的，但是他认为这些材料可以有不同的聚合方式，因而会有同层聚合和跨层聚合。在这些基础上形成的定律具有不可通约性。

从上面可以看出，布罗德突现论是一种唯物主义或物理主义。他这个唯物主义明显与 20 世纪后半叶的非还原物理主义相似，因为他既坚持唯物主义，又承认心理不能还原为物理。

四、突现主义的式微阶段与当代复归

自 1926 年突现论开始走向衰弱。[②] 衰弱的原因并不是来自哲学的批评，而是科学的发展。麦克兰克林说，自布罗德《心灵及其在自然界中的地位》出版之时，量子力学就开始发展了，它使得用电磁场开始解释化合价，从而导致了

---

① Broad C D. The Mind and its Place in Nature, London: Rouledge and Kegan Paul, 1925, pp. 71, 72.

② 当然，英国突现论并不是说从此消失，突现的研究和论文一直持续到 1960 年。标志性的事件是第六届国际哲学大会（1926 年）的召开。在这个大会上，与会者提交了许多关于突现的论文。有汉斯·德里斯克（Hans Driesch）的《突现演化》(Emergent Evolution)、亚瑟·洛夫乔伊（Arthur O. Lovejoy）的《“突现”的意义及其模式》(The Meanings of ‘Emergence’ and its Modes)、惠勒（W. M. Wheeler）的《突现演化和社会》(Emergent Evolution and Social)。同年，在亚里士多德学会（Aristotelian Society）组织的关于“突现的概念”（The Notion of Emergence）的讨论会上，有众多学者参与讨论，如罗素(E. S. Russell)、莫里斯（C. R. Morris)、麦肯齐（W. l. Mackenzie)、佩珀（Stephen C. Pepper)，会后结集出版《突现》(Emergence)。在随后的 10 年里，又有许多关于突现方面的论文出现，如 1939 年的斯泰斯的《新奇性、非决定论和突现》(Novelty Indeterminism and Emergence)、1942 年亨利的《突现的地位》(The Status of Emergence)、1944 年的柏格曼《整体论、历史主义和突现》（Historicism, and Emergence)。他们主要讨论突现概念与新奇性、不可预测性之间的关系。后来的贝伦达的《论突现与预测》(On Emergence and Prediction)、佩普的《绝对突现概念》(The Concept of Absolute Emergence)、亨佩尔和奥本海默的《解释逻辑研究》(Studies in the Logic of Explanation) 和 E. 内格尔的《科学的结构》(The Structure of Science) 等都属于这一时期的突现发展阶段。

分子生物学的发展以及DNA的发现。这些发现使得支持当时突现论的化学和生物的突现属性或定律的存在失去了意义。

除此之外，还有20世纪30年代的逻辑实证主义的兴起。逻辑实证主义反对形而上学和超越经验主义的哲学倾向，突现的模糊概念在科学或日常经验中应当没有自己的地位。在当时对英国传统突现论批判的浪潮中，如1926年的美国哲学家佩珀（S. Pepper）、1939年的斯泰斯（W. T. Stance）和1952年佩普(A. Pap)① 都对传统突现论进行了批评。其中，斯泰斯认为，尽管进化产生出了新奇性，但是它并没有什么哲学意义，并不能作为突现的依据。

对于突现论的批评主要以E. 内格尔为代表。在1960年，E. 内格尔批判地研究了突现概念的逻辑经验主义精神。E. 内格尔说，英国突现论认为突现的主要特征是不可预测性，即从低阶性质无法推导出高阶性质，所以是不可预测的。对于不可预测性，突现论可以从两个方面理解，它有时被理解为高阶组织层次上的性质不能从低阶组织层次上的性质预测出来，即不可预测性；它有时被理解为宇宙进化论的一部分，按照宇宙进化论，宇宙中的多种多样的事物都是从简单的性质和组织形式，如原始阶段的电子、质子状态逐级发展起来的，并且未来会继续产生不可预测的新奇事物。比如，布罗德在分析水和氢氧的知识之间关系时，就说："就我们所知，由两个要素构成的一个整体的性质不可能从分开来看的那些性质的知识中得到预言，或者不可能从这个知识加上含有这两个要素的其他整体的性质知识中得到预言。"②

对于第一个不可预测性，E. 内格尔不赞同英国突现论的不可预测性源于事物的新奇性，他认为，这不是属性的推导而是命题或陈述的推导的不可能。也就是说，一个关于复合体或系统的属性的陈述需要借助于一个中间桥梁理论而推导出它们的构成陈述的理论，这个中间桥梁理论具有可连接性，它包含着前者和后者的理论术语。当没有理论能够做到可连接性的要求时，比如关于"水是透明的"的陈述就不可能从关于氢和氧的理论陈述中推导出来，因为"水"和"透明"并不包含在这些理论中。因此，一个特定的属性是否是突现的，这

---

① 斯泰斯，英国哲学家，神秘主义的代表人物。这位哲学家曾经是锡兰（现为科伦坡的）市长，每天早上6点到8点读书，并且写下了《古希腊哲学批判史》《黑格尔哲学》《美的意义》，后来被聘为大学教授。他是一位英语世界中的经验主义者，相信经验主义并不需要限定于在严格意义可证实的信念命题，即反对实证主义。佩普，原籍为瑞典，后移居美国，他对于分析哲学研究有较高的造诣。他的论文曾经被E. 内格尔枪毙，却仍然得到众人的承认，后来的P. M. 丘奇兰德曾作为他的助手。回到欧洲后，曾经与佩普有着密切交往与友谊。死于1955年。

② Broad C D. The Mind and its Place in Nature，London：Rouledge and Kegan Paul，1925，pp. 62，63.

完全依赖于我们掌握的理论。“很明显，对于一个特定的性质说它是一个‘突现’性质就是赋予它这样一个特征，即该性质相对于一个理论或一组假定可以具有这一特征，但相对于某个其他理论就不具有这一特征。这样，就必须把突现论（在目前讨论的意义上）理解为是在阐述某些关于陈述之间的形式关系的逻辑事实，而不是阐述任何实验事实及至关于对象之性质的某些所谓的‘固有’特征的‘形而上学’”。[①]

所以，E. 内格尔提出，突现源于：当我们无法把设定的微观粒子或过程的性质通过观察来确定，也不能通过任何形式的“直接感知”所了解，我们只能通过某个理论才能详细说明这些性质和结构，然而这个理论假设了这些构成要素的存在，假设了它们的各种特征。因此，是否可以从它们的原子要素的性质来预言它们合成的某物的性质，这不是用原子所具有的内在本性来推导的。事实上，当一个原子结构理论不能胜任这一预测任务时，可以想象将来的原子结构理论或许能完成这一任务。比如，英国突现论在认为化学属性是突现的时候，其根据道尔顿原子论无法说明化学转变的特点，如化学键或化学转变中所显示的热变化，但是随着原子论的发展出现了量子力学，量子力学可以说明这一现象并不是突现的。“不管怎样，情况一定是这样的：不能从某些老的原子结构理论中预言到的化合物的性质是可以从目前关于原子构成的电子理论中得到预言的。”[②] E. 内格尔认为，英国突现论是以精确的逻辑严格性推导的意义上使用预言的词，它表明一个性质发生的特定陈述不能从其他陈述中推导出来，这与我们对原子“本性”的所谓“无知”或“不完备的知识”无关。故而，突现论是一个关于某些陈述的逻辑关系的观点，是相对于理论而讲的不可预测性或不可推导性。

另外一种进化突现论主要强调突现性质的新奇性。E. 内格尔引用了 1926 年第六届国际哲学会议上的亚瑟·洛夫乔伊的《“突现”的意义及其模式》。根据洛夫乔伊的说法，所谓进化突现是指世界原初阶段的组成部分根本没有的性质而在后来由于组成部分的相互整合或排列而产生出的不同于部分性质的性质，比如生命在当初的粒子状态中是没有的，后来经过进化就突现出来了。进化论的突现表明，对于突现性质的不可预测性理解并不能表明它们是新奇的，也许在既定时间内在我们看是新奇的，但是在长时段中根本不是新奇的。如果说不可预测性是陈述之间的逻辑关系的问题，而新奇性则是经验历史研究的问题。但是，在人类长时段中证明新奇性的属性是不是突现属性呢？也很难说，因为

---

① Nagel E. The Structure of Science，London：Routledge & Kegan Paul，1961，p. 369.

② Nagel E. The Structure of Science，London：Routledge & Kegan Paul，1961，p. 370.

我们无法把我们的知识追溯到大爆炸之前。另外，对于“属性”或“过程”的概念理解本身就是模糊的，没有精确的标准，怎么去判断它们是不是同样或不同的呢？E. 内格尔还指出，进化突现论者有一个前提信念不能不提，它影响到我们对突现的理解，即一切事件的产生都存在确定的条件。进化突现论者认为突现属性之所以产生，是因为具备了这些条件，在没有这些条件之前，是不存在的，而这个条件的出现是无法预测的，出现的属性自然是新奇的。但这个信念是相对于我们目前的理论理解来说的，因而并不能算作新奇性。E. 内格尔对于突现特征的理解是基于逻辑经验主义基础，认为突现实际上只是一个模糊的概念，是在相对意义上来说。亨佩尔和奥本海默也赞同了这种观点，认为突现不是一个本体论的概念，而只是认识论上的概念。

虽然传统突现论引来了众多批评者，比如他们用化学现象来解释突现论的存在基础已经被证明为不成立的，但是当进入到心理现象、社会现象等高阶现象的时候，突现论仍然有着顽强的生命力。

第一，波兰尼（Michael Polanyi）社会突现论。在社会现象中，一般认为价值、人格等规范性范畴就具有不可还原性，因此是突现的。在 1920 年传统突现论衰微以后直到 1990 年突现论重新复苏，这正是还原论的强盛时期，波兰尼是一位这一时期值得称道的突现论者。波兰尼的突现论声音似乎离经叛道，犹如空旷田野中的孤独的呼喊。波兰尼以提出意会知识而著称，但他提出的人格范畴的不可还原性思想也特别引人注意。这些思想都和他的突现论联系在一起。例如，在意识知识中，波兰尼认识到思维是由观察期望所推动的，“一直以来，我们受到此思想的支配，即感觉到一个潜在实在的存在并且是我们寻找的目标”。意会知识预设了两种实在，即殊相（the particulars）和它们整体意义（comprehensive meaning）。在此基础上，波兰尼逐渐发展出一种实在层次观，并且拓展到各个领域。除了他所熟悉的物理化学领域，还涉及生物、意识问题领域。

按照波兰尼的观点，所谓物理随机性可以理解为一种突现现象（体现在《个人知识》一书中），而生命以及生命机制都可以归结于由它们功能所控制的系统的机器，并对生物部分施加下向因果。波兰尼认为，人类目标和意向具有下向因果力，它可以解释智人的行为。他说：“生命的形成这样最早产生于所有进化系列阶段的原型，依靠它们高级原理，生命形式突现为存在，……突现递升阶段的景象使我们相信，在进化的高级阶段产生出我们能够意会认识的心理能力。”

波兰尼的思想中包含着当代突现论思想，并且对后世产生了一定的影响：

（1）积极和被动的边界条件。波兰尼区分了两类界限，即受边界控制的自然过程以及积极主动地产生结果的机制。也就说，波兰尼认为自然程序、过程与它们的机制是不同的两个层次。他区分出两种不同方式，一种是前台与背景兴趣的区分，一种是主动和被动限定的区分。对于第一种区分，他认为，如试管限定了发生在里面的化学反应，但当我们去观察时，观察到的是试管里面的反应而不是试管。在看棋赛时，我们关心于它的规则内的事情，即下棋者为什么这样走棋，下一步怎么走，而并不关心这步棋的规则本质。比起兴趣的背景与前台操作，更重要的是，波兰尼认为试管的因果角色是一种被动的限定，却意向主动地定制了一个从上到下方式的结果，“当一个雕刻家雕刻了一块石头或一个画家创造了一幅画时，我们的兴趣在于施加到材料上的规则，而不是材料本身”。从中枢神经系统发出的信息促使荷尔蒙以更为主动的方式释放，而大脑中的微管的物理结构不是主动的。微管结构一直是一个限定边界条件，而不是一个主动的类型。

（2）“抽取”转换和“聚集”注意。波兰尼在起先就注意到意义的完全理解是从“近似”到“远端”这样的过程，后来他又发展成一个“抽取”概念。理解意义涉及我们从单词到意义的过程，我们从单词中寻找意义。心灵就是一种从什么到什么样的体验，而神经的身体机制仅是这种经验的辅助。可以这样说，心灵只是特定身体机制的意义，如果我们集中身体上时，心灵就没有了。顺便提一下，波兰尼的意识理论类似于斯塔普（H. Stapp）的《心灵物质和量子力学》（*Mind Matter*，*and Quantum Mechanics*）。通过波兰尼的理论可以理解后者的理论为什么是强突现论。如果心灵被限定于一种经验区分的功能，那么心灵就不是一种特别的东西，它仍遵循能量守恒定律，但同时具有下向心理因果性。这就是一种物理主义。

（3）结构和信息的理论。像许多突现理论一样，波兰尼认识到结构是一种突现现象，他用结构理论为下向因果性保持一定的位置，主张生物的结构和功能是被决定的，就像机器的结构和功能一样，它们遵循由物理和化学的边界条件而限定的规则。波兰尼认为结构承载着信息，一个晶体结构表征出相应的信息内容，正如DNA分子上的核酸链表征出父本的遗传信息。就此看来，结构是一种突现的现象。

波兰尼的结构策略与当代信息生物学有很大关联。迪肯（Terrence Deacon）认为，认识生物的本质不能是物理学科学，它是一个符号科学，是一个意义与表征为本质要素的科学，进化生物学位于物理学和符号科学之间。所以波兰尼的贡献主要在于信息生物学的概念。但是，我们也有注意到，当代突现论已经分化，并且超过了波兰尼。第一，波兰尼在形态基因学上是错误的。波兰尼受到杜里舒影响，支持生物力和因果的存在。他主张，形态基因场推动了进化细胞或生物自身。现代干细胞研究表明细胞核包含细胞发展的必要信息。第二，波兰尼相信亚里士多德和活力论，这与当代生物学的假设是冲突的。波兰尼相信亚里士多德的四因说，特别是用"隐德莱希"这样的活力因子来说明生物的突现，当然也包括意识的突现。但这于当代生物学的实践是不符合的。

第二，斯佩里突现论。当突现论在社会领域中复归的同时，它还在心理领域中得到复兴。复兴的原因有两点：①意识现象的属性不可能是功能或行为分析的，即使我们对于意识的物质有充分的了解，也无法还原到物质的属性，这是一个解释鸿沟。在这个意义上，意识现象是绝对突现的。②当代神经科学发现，存在着利比特所讲的"意识延迟现象"。这表明，意识与神经并不是同一现象，它在独立发挥作用。

斯佩里是著名的科学家、诺贝尔奖获得者。他在1960年捍卫一种心理属性的突现论。作为一个神经科学家，斯佩里主张不能忽视神经过程的作用。同时，他认识到意识不仅是一个单纯的大脑副现象，意识思维和决策是在做大脑功能的事情。斯佩里支持的不是二元论，不是心灵的独立主义说明，也不是无需心灵的任何说明。到1969年，突现论已经成为斯佩里思想的主要概念。"主观心理现象被认为经由它们包含的突现属性而影响和控制着神经脉冲通道。特定大脑活动模式的个体神经脉冲和其他兴奋单元完全被普遍主导的整体活跃过程的动力学以这样或那样方式所左右或并联（原则上——正如水滴一样被水流中的局部旋涡所左右或者像车轮的分子和原子在车轮向下滚动一样被左右的方式，不管单个的分子和原子愿意或不愿意）。显然，它也是以其他方式在周围运行，也就是说，大脑模式的意识属性直接依赖于单元神经部分的活动。这样，在持续物理化学过程和包含意识性质之间被认为存在着交互依赖性。换句话说，神经生理学控制着心理效应，从而心理属性控制着神经生物学。"[①]

斯佩里有时认为坚持心理语言只是对整体大脑活动的重新描述，但是，他又清楚地表明心理属性具有因果力："在我们目前看法中，意识主观属性被阐释为具有因果潜在力，它控制着大脑事件的过程；也就是说，心理力或属性对大脑生理学施加一个规则控制影响力。"[②] 斯佩里用裂脑病人的病例等证明存在着

① Sperry R W. A modified concept of consciousness, Psychological Review, 76, 1969, pp. 532－536.

② Sperry R W. Mental phenomena as causal determinantsin in brain function//Globus G, Maxwell G, Savodnik I. Consciousness and the Brain, New York: Plenum Press, 1976, p. 165.

心理因果力。他发现无法用科学去解释为什么裂脑病人还有统一的意识。由此，斯佩里推出在意识的突现层次上必定存在着一个交互作用，进而意识状态对序列大脑状态产生一个直接的因果作用。

斯佩里是第一个有效地采用神经科学支持突现论的科学家。虽然他把自己的观点称为“突现变互作用”，但并没有系统地给出突现的详细说明，以至于后来的斯马特（J. J. C. Smart）说：尽管我读了很多斯佩里的文章，却仍然不清楚他的思想是否与唯物主义一致。现在我们从四个方面概括斯佩里的突现论概念。

（1）一个系统（部分及其构成关系）的微观结构决定着突现的宏观属性。斯佩里说：“我坚持，每当构成要素（无论原子或概念）在相同条件下以相同方式结合，那么同样新的属性会突现，因而突现过程是因果和决定论式的。”①

（2）系统的宏观属性或部分间的关系属性不能还原到部分间的非关系属性。斯佩里说：“对于任何已知实在，它时空中的部分间的关系完全无法还原到单独部分属性。”②

（3）系统（突现）属性作为整体属性不同于部分属性。斯佩里说：“它们（心理属性）是有待被发现的。整体构形属性。一旦它们被发现和理解，我们可以预言，它们将最可能被设想为一个不同于和比构成它们的神经事件要多得多的事件。”③

（4）系统属性对系统的部分有因果力，即下向因果性。斯佩里说，意识现象是大脑加工的突现功能属性，在塑造大脑激发整流模式中，它有着积极的因果控制作用。一旦高阶心理模式和程序从神经事件中产生，它就有主观的性质，并且形成自己的因果定律和原则。这种心理定律和原则不能还原到神经生理学。相对于神经生理学过程，意识事件具有主观的质，它是神经功能的构形或组织交互作用的结果。④

因此，斯佩里的突现论是一种强突现论，他相信有意识的心理过程作为突现现象对微观神经事件有因果力，并把心理事件作为一个单独原因而不只是关联项。就其“突现交互作用”来看，我们认为只是一种整体与部分间的作用，

---

① Sperry R W. Mind-brain interaction: mentalism, yes; dualism, NO. Neuroscience 5, 1980. p. 200.

② Sperry R W. Mental phenomena as causal determinants in brain function//Globus G, Maxwell G, Savodnik I. Consciousness and the Brain, New York: Plenum Press, 1976, p. 167.

③ Sperry R W. Mind-brain interaction: mentalism, yes; dualism, No. Neuroscinece 5, 1980, p. 166.

④ Sperry R W. Mind-brain interaction: mentalism, yes; dualism, No. Neuroscinece 5, 1980, p. 201.

那么微观结构对宏观属性的决定性与宏观属性对微观结构的因果性如何一致呢？所以，克利（Robert Klee）正确地指出，假如存在一个真正合理的宏观决定论，斯佩里的观点将最终会威胁到严格的微观决定论。① 由此，我们认为期佩里需要详细说明突现现象的因果机制。

第三，波普尔突现论。波普尔反对还原论所追求的科学统一体的过于狂妄的理想，提出世界分成三个部分：物理世界、心理世界和文化世界。这个多元的世界是突现的结果。他说："在进化过程中，新的事物和事件出现，这是一个事实。它是无法预料的，并且确实出现了无法预测的属性。这些新的事件和属性，比如伟大的艺术作品至少可以描述为新的东西。"② 在宇宙的进化中，突现了重元素、生命、知觉和自我意识及死亡、人类语言及其自我和死亡理论、艺术作品和科学。

对于波普尔来说，突现产生的原因就是宇宙的不可决定性的本质。量子力学表明，这个世界并不是传统机械力学所揭示的那样遵守一个法则，并没有决定性的图式，恰恰相反，这个宇宙是概率性、随机性的。然而，爱因斯坦说，量子力学是不完备的，上帝是不会掷骰子的。如果说量子力学不能证明世界是突现的，那么下向因果性则是突现论的有力证明。波普尔说，下向因果性意味着作为整体的宏观结构对于它们的构成部分可以施加影响，"任何负反馈的单个排列，例如一个蒸汽机阀门，它就是一个控制低层事件的宏观结构"③。下向因果性不但表现在日常生活中专门设计的工具和机器上面，而且也表现在生态系统和心理事件之中。它成为后来突现论在心灵哲学中复兴的主要证据之一。

第四，本格突现论。本格在1977年提出了弱解释的突现论。在《突现和心灵》一书中，本格这样概括突现："温度和熵是原子聚合体的属性，而不能被任何原子构件所拥有。同样，对于自我复制的能力也是一个脱氧核糖核酸分子的属性，后者并不为它们的构件拥有（如核酸）。这些都是突现属性或作为整体的系统的特征属性以及系统部件并不拥有的属性的例子。"④ 显然，本格把突现属性作为一个系统属性，突现的定义就是：

让P作为一个复杂事物的一个属性，而不是它的构成属性，那么（i）P是

① Klee R. Micro-determinism and concepts of emergence，Philosophy of Science，51，1984，p. 61.

② Popper K，Eccles J. The Self and its Brain，Heidelberg，Berlin，London，New York：Springer International，1977，p. 22.

③ Popper K，Eccles J，The Self and its Brain，Heidelberg，Berlin，London，New York：Springer International，1977，p. 19.

④ Bunge M. Emergence and the mind，Neuroscience，2，1977，pp. 501.

一个组合的或固有的，假如，P是一个某些X的构件的属性，(ii) 否则，例如，如果没有X的构件不拥有P，那么P就是突现的、集合的或格式塔的。[①]

设X为一具有A组成CA (X) 的系统，P为X的属性，则有：(i) P是A的组合（或相对于水平A的组合），当且仅当，X的第一个A成分都具有P。(ii) 不然的话，即如果X的任一A都不具有P，则P是A突现（或相对于水平A的突现）[②]。

本格的突现论与英国突现论不同。英国突现论认为系统属性虽然是系统部分所没有的，但有些是可以还原的，如集合属性，有些是不可以还原的，这就是突现属性。本格不这样认为，他说没有不可还原的集合属性，突现属性不是在这个意义上说的：“我们认识到突现的事实，但是假定任何突现都可以根据一个系统的构件及其匹配来解释。”[③] 本格的突现概念是关系性的，“想象的能力就是一个原初大脑相关于它的构成神经元而突现的属性，但它只是一个原初大脑的组合属性，因为它是为任一大脑的构件所拥有的，也就是大脑突现属性”[①]。

本格称他的突现论为理性突现论（rational emergentism）。他说，这是“一个既不同于非理性主义的整体论突现论，也不同于机械论者、能量主义者（energetist）和唯心主义者的理性的标准”[③]。这表明，本格的突现论是说某些系统属性是突现的，突现属性可以根据它的构件属性和构件之间的匹配所解释。本格的突现论介于非理性的突现论和还原论之间。他承认突现属性可以通过构件的属性进行解释，这是一种E. 内格尔或金在权的还原论。然而，本格又认为突现属性是突现的，因为构件中并没有系统属性。

另外，派利夏恩这位加拿大著名的认知科学家和哲学家，曾经对于人的感觉、想象和推理背后的认知系统本质做出重要贡献，他注意到探讨新的认知范式已经成为趋势。“在发展过程中，无论你持什么特别立场，再清楚不过的是，在本世纪末，突现理论再次成为科学与哲学（和医学）讨论的主要议题。现在，你必须慎重地对待近来哲学中的解释，因为当前的历史不可避免地会成为它们所要描述的一部分。”[④]

---

① Bunge M. Emergence and the mind，Neuroscience，2，1977，p. 502.

② 马里奥·本格：《科学唯物主义》，张相轮、郑毓信译，上海：上海译文出版社，1989年，第27页。

③ Bunge M. Emergence and the mind. Neuroscience，2，1977，p. 503.

④ Clayton P，Davies P. The Re-Emergence of Emergence：The Emergentist Hypothesis from Science to Religion，Oxford：Oxford University Press，2006，p. 15.

第三节　突现论是物理主义吗

一、突现论的基本思想

通过对突现论的历史探源，我们可以总结出当代突现论的基本思想如下：

（1）本体物理主义。所有的时空中的存在都是物理学所研究的基本微粒及其构成集合体。

（2）属性突现。当物质微粒的集合体达到一个恰当的有组织的复杂性时，真正的新奇性在复杂系统中就会出现。

（3）突现的非还原性。突现属性是无法根据它们突现的低层现象进行预测和还原的。

（4）下向因果性。高层实在会对它们的低层构成产生因果作用。①

学者们对突现这些特征进行了详细的研究。关于（1）。学者们认为突现论明显反对二元论，认为所有存在的都是时空中的物理的。然而，突现论并不认为只有物理学所研究的基本微粒才是真实的存在，相反，有些存在是在基本微粒基础上突现出来。也就是说，突现论坚持一种更为中立的本体一元论。本体一元论认为实在最终都是由基本的“材料”构成。然而物理学的概念不能充分解释这种材料所采取多种形式，比如它们的结构、个性和因果有效性等，也就是说，物理学所表达的本体论是不充分的，还有结构、信息、因果性等实在存在，而这实在是物理学本体论清单上所没有的。“因而，突现论应当是一元论，但不需要是物理学所描述的本体论意义上的物理主义。”②

于是有些学者认为，突现论只能是一种自然主义，即所有超自然的解释都是无法接受的，不承认存在着上帝、灵魂、活力因子等。突现论认为，所有结构本质上都是由相同的基本部分构成的，并没有像活力论所提出的存在着只有为生物或意识存在特有的部分。莫根说：“自然主义主张的是，有证据表明，不但原子和分子，而且生物和心灵都是易于为类似的基本科学方式所解决；这都

① El-Hani C N，Pereira A M. Higher-level Descriptions：Why Should We Preserve Them? // Andersen P B，Emmeche C，Finnemann N O，et al. Downward Causation：Minds，Bodies and Matter，Aarhus，Denmark：Aarhus University Press，2000，pp. 118－142.

② Clayton P，Davies P. The Re-Emergence of Emergence：The Emergentist Hypothesis from Science to Religion，Oxford：Oxford University Press，2006，p. 2.

属于一系列的事件；都证明了一个基本计划。”[①] 接受自然主义保证了突现论坚持了经验和科学的世界观而并不会导致还原论。但是由于对自然主义的理解不同，那么对于突现论要想实现的目标是有影响的。比如，强自然主义认为，所有的心灵都可以自然化，这等于说可以还原到物理属性和现象。另外，如果是弱自然主义，当说心灵可以被自然化时，也可以还原到物理属性和现象，也可以还原到生物或化学属性和现象，甚至可以还原到其他科学的属性和现象，那么这等于说心灵是以多种形式存在，甚至会出现了属性二元论，如查默斯的二元论就是一种自然主义。

我们认为，突现论是一种物理一元论，所有的实在都是由物理的部分构成的。因而，所有的属性包括突现属性都是由物理结构例示的。在这个意义上，我们说突现论是一种物理主义。

关于（2）。自然中的新奇属性的发现确实是刺激突现论出现的主要动机。莫根说：“从历史观点来看，层级序列有时明显表现出某些真正新奇的东西。基于此，我称为突现进化所强调的就是这种新的东西的出现。明显的例子就是生命的出现、心灵的出现和反思性思维的出现。”[②] 但问题是：什么是新的东西？它是新的结构、属性、实在或定律吗？新的定律作为对结构和属性的描述还是依赖于后者。突现论强调的新就是一种此前没有例示过的新的类型，所以新奇性主要是指新的类型的结构或属性。有些时候，各种系统的微观结构是相同的，所以新奇性就在于新奇的结构造成了不同的新奇属性。

奥康纳这位在斯坦福百科词条提供“突现属性”的作者，对突现属性提供了全面的解释，他认为突现属性应当具备四个条件。假设某对象 O 具有突现属性 P，那么：第一，P 随附于 O 的构成部分的属性；第二，P 不为 O 的任何部分所具有；第三，P 不同于 O 的任何结构属性；第四，P 对于牵涉 O 的部分的行为模式有着直接的决定性影响（下向作用）。[③] 我们应当特别注意奥康纳所提到的第二个条件，他称之为非结构性条件。这可以推出第三个特征，即属性的存在潜在地被一些复杂的对象所拥有，而不是被任何部分所拥有，它不同于对象的任何结构属性。但在后来的复杂性科学研究中，突现属性往往被认为是复杂事物的结构属性。

因此，我们认为突现论的新奇性预设了一个区分：复合体具有两类属性，

① Morgan L C. Emergent Evolution. London：Williams and Norgate，1923，p. 2.

② Morgan L C. Emergent Evolution. London：Williams and Norgate，1923，p. 1.

③ 这可参见他在 1994 年所写的《突现属性》，最初发表在《哲学季刊》（American Philosophical Quarterly，31，1994，pp. 97，98），后来收录于斯坦福哲学百科词条。

一个是它的部分所具有的，一个是它的部分所没有的。那么，后者称为系统属性，它是新奇的。只要存在着结构的差异，就会出现不同于部分的属性。产生这种新奇属性的原因既有自然的进化，也有人类的实践活动，它们共同构成了我们这个世界不断变化的动力。因此，突现论是一种属性二元论。

关于（3）。这个特征表明在不同的层次或次序上有不同的实在，它们相互是不可还原的。突现论预设了一种层次观。按此观点，所有事物本质是都属于特定的存在层次，每个层次都有自己的特殊属性。存在的层次构成了一个复杂性不断增加的层级，它们明显对应于进化过程出现的现象层级。从物理层次这个基本层次开始，历经化学、生物、心理、社会等层次。

金在权说，层次观在英国突现论占据重要地位，而且也在当代形而上学和科学哲学中有着重要的影响。层次之间的关系是一种整体与部分的关系，所有高阶层次都是由低阶层次构成的，除最基本的层次之外。韦马斯特这样总结："对于组织的层次，我在这里是指构成层次——材料的层级区分（这里是范式上的而不必然是物质材料上的），它们通过部分与整体关系而建构的，一个层次上的整体是作为相邻的层次（较高的层次）的部分而作用的。"① 韦马斯特最初是把突现本体论与蒯因的"荒漠景观"（本体论的节俭性）相对比，认为它可能导致还原论，也可能导致整体论。

从上面意义上看，突现论是一种整体论。当然这个突现整体论不同于我们现在所称为的新整体论，它是一个受约束、受控的整体论，即存在着因果性形式不能还原到物理原因，这个因果性是我们探求本体论的最初向导。按照韦马斯特的说法，从本体论上讲，应当把世界的原初活动的物质当作一种因果关系，它们彼此以多种方式相互关联，共同构成一个因果网络模式。

突现最重要的问题是：在什么时候我们可以确切地说一个新的层次在自然次序中突现了。传统意义上说，生命和心灵是世界中的突现层次，也就是说心灵不能被理解为笛卡儿的二元论。在近来的著作中，耶鲁大学的生物物理学家莫洛惠兹（Harold Morowitz），这位圣菲研究所复杂性科学研究者认为，从大爆炸到现在自然史中至少有不下 28 种突现层次。通过与数学相比有助于澄清突现层次是什么，尽管数学知识在不断增加，数学很明显不会碰到新奇事物的出现。数学中的工作是发现逻辑的推导，从最初的公理化系统而建造规则和原理，而这些规则和原理是经验中事物中的抽象关系的表达。然而在自然世界中，系统的复杂程度或微粒的量经常起着重要作用，在复杂系统中，结果往往是部分

① Wimsatt W C. The ontology of complex systems：levels of organization，perspective，and causal thickets，Canadian Journal of Philosophy，Supplementary，20，1994，p. 222.

之和，探究复杂性何时和为什么充分产生新的结果就成为困难的任务。

我们认为突现论是一种整体论，它表达了整体与部分的关系，因而具有不可还原性。

关于（4）。许多人认为下向因果性或整体与部分作用是强突现论的重要特征。像奥康纳提出的，一个突现的因果作用是不能还原到它所随附微观属性的因果作用，它会对后者产生直接的影响。不同于结构的宏观属性，它不会是构成的微观属性的活动而产生的因果作用。因而，突现论认为的下向因果性反对把因果性归结为微观物理原因。当然，这涉及对于因果的理解，捍卫下向因果性者经常会提到亚里士多德的四因说。亚里士多德认为原因可以分为质料因、形式因、动力因和目的因。如果是质料因，即构成事物存在和以某种方式活动的原因，它与动力因相比都有物理主义的倾向。然而，目的因是一个事物产生和运动变化所追求的目的，就好比建造房子是为了住，它总是与活力论、二元论和超级自然论联系在一起，而大多数自然论将会采取避免这些立场。形式因，这种对象的形式、结构和功能对它活动的影响则是亚里士多德的偏爱，以至于当代许多学者也持这种观点，甚至把它当作一个广泛的因果理论。

根据对因果性的理解，当代学者把它区分成强突现和弱突现。这种弱和强只是突现程度的差异，而不是观点和立场程度不同。强突现论坚持真正新的因果行为者或因果过程存在于演化史之中，英国突现论者一般都属性于强突现论。相比而言，弱突现论认为，作为一个新模式突现，基本的因果过程仍然存在于物理的。对此我们更习惯于用突现范畴如蛋白质合成、饥饿、亲族选择和爱的渴望等来解释因果过程。确实，重构基本的因果历史存在着顽固的障碍。突现模式和解释的作用再高，因果工作最终只能是在微观层次上进行。弱突现论承认不同种类的因果相互作用可能显示支持高层实在，但是我们不能认识到这些相同基本过程的突现的模式，这源于我们知识的目前局限性。出于这个原因，弱突现在某时称为“认识突现”，以相对于本体上的突现。迈克尔·西尔伯斯坦（Michael Silberstein）和约翰·麦格里瓦尔（John McGreever）对这两个术语很好地进行了区分。他们说：“一个对象或系统的一个属性是认识论上突现的仅当这个属性还原或决定于这个对象或系统的终极组成的内在属性，然而同时我们又是很难基于这个终极组分推导出这个属性。认识论上突现属性只在一个描述层次上是新奇的……认识论上的突现特征既不能还原也不能决定于基本的特征。本体论上的突现特征是这样系统或整体的特征，即它们拥有的因果能力不能还原于部分的任何内在因果力，也不能还原到任何部分间的（还原）关系。”①

这样弱意义上的突现论定义就不难得出：“F是S的一个突现属性当且仅当（a）存在一个定律使得所有具有这个微观结构的系统有F；（b）F不能甚至在理论上也不能被系统的构成部分‘C_1，……，C_n’的基本属性的最完备知识推导出来。”②

毫无疑问，从早期20世纪30年代英国突现论江河日下到20世纪末期，弱因果理论占据科学哲学和形而上学的突现表述，从而引起了对弱突现论的研究。20世纪后半叶哲学家主要提倡一种亚历山大的突现论，而不是传统的英国突现论。然而，弱意义的突现论主要强调认识的背景，因而又引起了强突现论的反驳，引出了突现论与物理主义结合的可能性问题。

二、突现论是物理主义吗

金在权认为，突现论是一种非还原物理主义的最好表述。我们认为主要原因在于：首先，突现论与物理主义结合在于目标的一致。如果物理主义要沿着非还原的道路发展下去，它必须对非还原给出详细的解释。突现论当初的目标就是在机械唯物主义与活力论之间寻找中间道路以解释生命现象，如今拿过来解释心理现象也并不违背它的初衷。它认为，世界并不存在超自然的现象，不存在着一个活力因子，当然也不存在着脱离物理现象的心理现象，它们都是由无生命的物质所构成并且依赖于后者的。在这个意义上，突现论是与物理主义的基本思想，即世界所有现象都是依赖于物质的。莫根说：“有证据表明，不但原子和分子，而且生物和心灵都是易于为类似的基本科学方式所解决；这都属于一系列的事件；都证明了一个基本计划。”③

如果有人说突现论不是一种物理主义，充其量只是一种自然主义，而坚持了经验和科学的世界观而并不会导致还原论。接下来的问题是，如何理解自然主义。由于对自然主义的理解不同，那么对于突现论要想实现的目标是有影响的。比如，强自然主义认为，所有的心灵都可以自然化，这等于说可以还原到物理属性和现象。另外，如果是弱自然主义，当说心灵可以被自然化时，也可

---

① Silberstein M，McGreever J. The Search for Ontological Emergence，The Philosophical Quarterly，49，1999，p. 186.

② Beckermann A. Supervenience，emergence，and reduction//Beckerermann A，Flohr H，Kim J. Emergence or Reduction? Essays on the Prospects of Nonreductive Physicialism，Berlin and New York：De Grugter，1992，p. 104.

③ Morgan L C. Emergent Evolution. London：Williams and Norgate，1923，p. 2.

以还原到物理属性和现象，也可以还原到生物或化学属性和现象，甚至可以还原到其他科学的属性和现象，那么这等于说心灵是以多种形式存在，甚至会出现了属性二元论。所以，突现论又分成强突现论和弱突现论。对于随附物理主义来说，它也面临着同样的问题，即金在权对随附物理主义的顾虑，要么强到还原，要么弱到为副现象。相比较而言，突现论似乎更能说明这种依赖程度。事实上，突现论被认为是一种物理一元论，所有的实在都是由物理的部分构成的。因而，所有的属性包括突现属性都是由物理结构例示的。

其次，非还原物理主义与突现论有共同的层次观。在英国突现论那里就有着随附性的表达，而这个表达是建立在层次观之上的。莫根说：“我说的在突现进化的金字塔上任何给定的层次上的事件是‘涉及’在低层上的并发事件。现在，在任何给定的层次上突现的东西提供了一个我提到的一种新类型的关联性的例子，即不在低层上出现的东西。世界已经通过活力和意识关系的产生而相继充实。这使我们必须接受亚历山大的‘自然馈赠’。假如它建立在某种程度给定的东西，那么我们应当可以发现它。但当某些新类型的关联性是随附性（如生命的层次），在它们过程中物理事件参与的方式是不同于它们的存在——不同于它们应当的存在，假如生命已经不存在的话。”① 非还原物理主义也承认存在着世界是由不同层次构成的。福多认为不同的科学对应着不同的实在层次，它们是不能还原的。高层现象如心理现象、生物现象都是一种不同于物理的现象。金在权认为，对于突现论来说，它是一种真正的新奇性，是无法解释的，而随附性也被认为是不可还原和推导的，至少是物理的基础所无法解释的。然而，随附论只停留于无法还原为止，而没有进一步说明，突现论则给出了解释为什么高层现象不能还原到物理现象。

接下来，突现论是非还原物理主义的最好表述吗？我们首先看一下非还原物理主义的类型即随附物理主义与突现论的关系。

我们前面说过，任何物理主义都应当抓住最低限度的物理主义。有学者认为，随附物理主义是一种最低限度的物理主义。随附性排除了心理属性自由飘浮，假如一个事物的物理本质被固定，那么它的心理本质就被完全固定。金在权说，随附性定义了物理主义的最低限度。然而，他又说，各种心身理论都承诺了随附性，它只是一种共变性模式的表述，这也适用于二元副现象论，随附性难以充分保证物理主义。不过，如果随附性配备上物理实现原则则可以保证物理主义。金在权说：“假如一个系统 X 在某时 t 有一个心理属性 M（或 X 在某

① Morgan L C. Emergent Evolution. London：Williams and Norgate，1923，pp. 15，16.

时 t 处在一个心理状态 M），那么 X 是一个物质的东西，并且 X 借助这样的事实而有 M，即 X 在 t 时有一个物理属性，它是在 t 时 X 中的 M 所实现的。”[①] 这里的物理实现原则是一种本体论上的，并没有说明心理如何实现物理属性的。有人认为，本体论的主张并不能充分说明抓住物理主义的思想，而应当需要任何事物可能被物理解释的条件。霍根认为，那种授予高阶物理和事实的物理方面的层次间关系并不能展露出本体论随附性，即超级随附性——本体论随附性不能严格地按照物理方式进行解释。如果物理主义需要有物理实现原则的话，那么突现论不能作为一个物理主义形式。也就是说，当物理主义认为所有事物都是由物理实现的，那么就可以根据物理进行解释、推导。但是，我们知道，突现论是不可以通过物理或功能定义或分析的，它不是随附物理主义。

为什么说突现论不同于随附物理主义呢？霍根认为，突现论的意思是决定高层属性突现的定律是形而上的和科学上基本的，大致类似于说物理学的基本定律是基本的，它们都是无法解释的解释者。然而物理主义却不是这样。物理主义相对于突现论来说，它认为物理学是因果完备的，任何形而上基本的事实或者定律即无法解释的解释者都是在物理学内的事实或者定律。也就是对于物理主义来讲，所谓高阶的定律或者事实实际也只能是物理事实或者定律。按照霍根的说法，突现论否认非物理事实和定律是可根据物理事实和定律最终解释的，然而这对于物理主义来说则是根本的。

据此说来，非还原物理主义与突现论区别是很明显的。突现论认为心理属性是有因果力，它们不能根据物理基质的因果力进行解释。但非还原物理主义认为心理因果力是可以根据潜在的物理属性和定律进行解释的。所以，非还原物理主义否认心理属性是突现属性。因此，克兰认为这种区分只是表面上的。因为当我们检查突现的概念时，突现论与非还原物理主义是不能在形而上的基础上进行区分的，也就是二者的区别不在于形而上的基础上而是在于认识论的基础上的，它要根据我们解释的先验的目标范围。霍根区分突现论与非还原物理主义只是形而上的，对于突现论来讲，心理属性是突现的，非还原物理主义认为不是突现的。但事实证明，非还原物理主义认为心理属性是一种突现属性。

克兰认为，一旦如此，非还原物理主义必定承认归属于突现论的问题也归属于非还原物理主义。实质上，突现论主要包含两个问题，一个是心理属性有自己的因果力，另一个是心身关系是不可解的。假定如此，非还原物理主义也

---

① Kim J. Philosophy of Mind. Boulder：Westview Press，1996，p. 74.

承认这两个问题。然而，非还原物理主义是承认这两个原则的，按照戴维森的说法，第一，物理世界的因果闭合性原则；第二，心身问题的可解性。事实上，在当代心灵哲学，标准的物理主义就是发展心理因果性的不同性的说明，另外认为心灵的可解性是完成心身解释鸿沟的难问题。

对于突现论者来讲，他们更愿意接受当代心灵哲学中的立场，心理属性具有不同的因果力，心身问题是不可解的。对于非还原物理主义的心灵难问题恰是突现论更愿意接受的原初事实，他们称为“自然馈赠”的“哲学困境”。所以，克兰认为这是突现论的认识论态度而不是形而上的内容。就此看来，突现论要和物理主义结合首先需要回答突现的概念问题。如果突现是一种认识上的问题，它们就存在着物理主义所谓的“解释鸿沟”问题，这和物理主义是一致的。

第四节　突现属性与佩珀-金在权论证

突现论与非还原物理主义的主要区别在于对高阶属性的理解不同。当高阶属性理解为突现属性，突现论是在什么意义上来说的？

一、新奇性

事物属性与其他属性关联有多种方式。有些整体的属性是它的部分的直接结合所得到的，如 10 公斤的土豆就是由不同重量的土豆构成的。虽然不同重量土豆不同于 10 公斤土豆，然而它们并不是具有不同属性，它们都是由重量这个属性决定的。按照 E. 内格尔的说法，这些属性应当从逻辑形式来推论，按照一个定律可以解释，但是当从它们关于对象性质的某些所谓固有特性这样的形而上学意义上来说则是突现的。例如，把许多木条加工、铆合成为一把椅子，这个椅子就具有一种不同于木条的属性。因此，G. 刘易斯在《合成与突现》中说：“有两类结果可以明显区分为合成结果和突现结果。进而，尽管每个结果都是它们部分的结果，是它们要素的产物，我们通常不能追溯它们的过程步骤，以至于能明白每个要素的运行模式的结果。在后面的情况中，我乐意称为突现的结果。”①

① Lewes G H. Problems of Life and Mind，Vol. 2，London：Kegan Paul，Trench Trubner，&Co，1875，p. 412.

所以，理查德·斯宾塞-史密斯这样定义“新奇”属性：一个属性 P 在 X 中是新奇的，如果 X 有 P，且作为相同可确定物 P 没有任何确定物 P′，以至于 X 的任何构成要素都有 P′。这里的可确定物（determinable）和确定物（determinates）的关系是特殊和一般的关系，如颜色是由红色确定的，人是由柏拉图确定的。然而，可确定物与确定物的关系不是种与属的关系。属是由把独立的性质加之于种，而确定物则不能把属与可确定物连接起来得到说明。因为，确定物具有明确的肯定性内容，如果述谓一确定物为一对象是正确的，则该对象必定要列入相应的可确定物的项目中。例如，只有当一物可以着色时，我们才能述谓它为红色。因此，可确定物是确定物的必要充分条件，确定物作为互相排斥的群成员来源于可确定物，以至于同一可确定物的所有确定物是不可兼容的。

兰克认为这个定义是有问题的。我们无法把物体“颜色”作为新奇的属性，如某物体 X 可以分成两个部分，而每部分都是绿色的。这里 X 有一个“颜色”，两个部分有一个可确定颜色的确定属性——绿，按照定义，颜色不是一个新奇属性。然而一个颜色是这样一些对象，它达到一定程度才具有，这样就确定可归为新奇的属性。同样，对于液体的湿性也可归为新奇属性，然而根据定义它不是，因为只有氧与氢原子结合才会具有。

兰克认为上述定义可以修改一下，用“所有”取代“任何”：一个整体的对象的非新奇属性是可确定属性，则其他确定属性为它所有部分占有。一个对象的新奇属性是这些可确定属性，则它的确定属性不被所有的部分占有。因为并不是物体的所有的部分都是有颜色的，并不是液体的所有部分都是湿的，这样颜色和湿性才是新奇属性。然而，新奇属性是不是作为突现属性的充分条件呢?倘若突现属性并不能区分还原属性，就不能说是突现属性。在某种程度上，还原论也承认突现属性的存在。例如，斯马特就说“在说到复杂的事物只不过是它的部分排列，我并不否认它可以做些单纯的一堆或者杂乱的部分所不能做的”。大多数人也认为对象具有它的部分所没有的能力或者属性，并无法还原到部分。然而，这不是说这些能力或者属性不能还原到部分的能力或者属性，而是在“附加”意义上不必要还原。

因此，新奇的定义不能区分开突现属性与还原属性。突现论者认为我们所说的突现属性是指它作为整体的因果力与它部分因果力是不相关的，是没有联系的。毕竟，当我们说突现属性是由它的部分构成的一个事物的属性时，如何解释它们是形而上与它的部分无关的呢？例如，我们对一个部分施加影响会影响到整体的属性，那么这个整体的属性就会与它的部分因果相关。假如我们把部分按一定方式放在一起，那么整体将会出现，又怎么说部分与整体没有关系呢？然而，强突现论显然否认这种整体与部分的关系。

由此，可以推出，突现论的强概念否认下面命题的合理性：一个整体的突现属性是随附于它的部分的属性。随附性命题对于整体的属性似乎是不正确的，如存在着一个关系属性，那么关于对象的关系属性事实并不随附于关于单独的对象以及它的部分。然而，对于相信依赖性的人来说，一个整体的内在属性的事实随附于它的部分属性的事实。假如它们不是这样的随附的，似乎描述成突现属性就是荒谬的。可以推测，这个主张的要点认为一个事物的部分合在一起就能得出新的东西，并不是因为你从外面加入新的东西。假如突现论要想区别于二元论和活力论（这是从外面硬加入新的东西），那么它必定拒绝突现的强概念。故而合理的突现论就要承诺整体属性随附于它部分的属性。

当然，D. 刘易斯不承认这点，他认为随附性就广义上看就是还原论；阿姆斯特朗认为随附性并不是区别于它所随附的特性的一个特性。根据他们的观点，所谓随附性就是 X 随附于 Y 意指 X 只不过是 Y，即任何随附于物理的东西表达的是由物理必然确定的东西。非物理的东西只不过是物理的，因为只要假定给出我们这个世界的物理事实，那么任何具有这些物理事实的必然包涵相同的非物理事实。然而假如突现属性是些什么，那么它们明显只是些从它们所突现的东西中来的。那么突现论如何接受随附性呢？

解决这个困惑的办法就是认识到单纯随附性概念并不支持 G. 刘易斯和阿姆斯特朗对它所进行的解释。随附性概念显然坚持物理事实决定所有的事实，非物理事实不同于物理事实。换句话说，由 B 对 A 的决定性并不意味着 A 和 B 没有差异。因而，相信随附性并不需要某物对随附基础的本体论的承诺穷尽了它的本体论承诺。当然，类似 G. 刘易斯和杰克逊的同一论就只需要一个承诺。但是，很明显这些理由与随附性命题是不同的。

因此，一个突现论者认为心理属性随附于物理属性，然而，它们并不是只不过是物理属性。这可从金在权的强随附性概念中看出来。一个属性族 A 随附于属性族 B 当且仅当：假如某物有 A 中的属性 F，必然存在一个 B 中的属性 G 以至于某物有 G 并且必然有 G 的任何物有 F。

随附性概念并没有说是否 A 属性只不过是 B 属性：即 S 认同 A 和 B 属性的差异性，也认同每个 A 属性同一于 B 属性。另外，它还认为 A 属性有自己的因果力。因此，强随附性和突现论是一致的。金在权认为“按照突现论，高层属性特别是意识和其他心理属性当且仅当一组相应低层基本条件出现时就会突现，这意味着高层属性出现是由相应的低层属性及其关系的例示所决定和依赖的。除此之外，突现属性被认为是‘真正新奇’特性，无法还原到它们所突现的低层过程上。那么，很明显，突现概念具有随附性的三个要素，即属性共变、依赖和非还原性。事实上，突现论被认为是非还原物理主义的最早系统形式”[①]。

兰克认为非还原主义是不同意金在权的观点的，因为他们认为心理属性随附于物理属性，然而不是突现的。那么，非还原物理主义与突现论之间究竟有什么区别呢？总结突现论者的观点，突现论认为突现属性是对象例示的属性不能根据对象的部分属性例示的知识所能预测的。例如，布罗德认为，“再多的关于一个生命体的部分如何以独立的或者其他和非生命整体活动的知识也不能让我们充分地预测一个有机体的典型行为。这并不与这个观点矛盾：生命体的典型行为完全决定于自然以及构成它的化学成分的排列，在某种意义上，任何成分以这样的排列方式构成的整体将会显示有生命的行为，没有其他东西能这样做”[②]。这里，布罗德告诉我们，有机物虽然随附于无机物但是有机物不能被无机物的知识所解释与预测，这同样也适用于心理属性及其他突现属性。

当然事实上，我们不能通过低层属性的知识来预测高层属性，并不能说明低层属性是突现属性，因为这涉及我们有没有足够丰富的词汇与术语来描述这些现象。确实存在着这样的情况，有些现象不能由低层属性的科学来单独给出，如心理现象就不能单独由神经活动来描述。在理论还原那里碰到的困难之一就是有些低层理论还没有得到充分发展，因而找不到对应的理论进行还原高层理论，所以为了把高层理论的词汇所描述的事实与低层理论的词汇所描述的事实连接起来，E. 内格尔引入了一个桥梁定律。如果说我们不能根据低层理论的知识来预测高层理论的知识，主要原因是我们缺乏一个桥梁定律来连接两个定律。

当然，兰克指出非还原并不是突现。假如预测的不可能性主要源于还原论，那么它就不是突现论的显著特征，尤其是它不能区分出突现属性与其他属性。因为，在我们把不同层次的属性等同情况下仍不能预测，那么就是突现论也不可能让我们区分出这些属性。不能预测主要源于我们在低层理论所使用的术语是有限定的，并不是因为高层的属性的本质的问题。所以，兰克认为预测与解释都是认识论概念。除非把预测理解为形而上的概念，作为“原则上的预测性”，因而一个高层上的事实可以被一个低层上的事实所预测只是说有一个方法能够做到从低层推导出高层，不管我们知道不知道。当然我们不能拒绝这种方式，然而它真正意味着什么呢？就兰克看来，那只能说高层是由低层所固定的，

---

① Kim J. Supervenience//Gluttenplan S. A Companion to the Philosophy of Mind，Blackwell：Blackwell，1994，pp. 576，577.

② Broad C D. Mind and its Place in Nature. London：Kegan Paul，Trench，and Trubner，1923，pp. 56，57.

固定了低层高层也就固定了。这不就是随附性所说的命题吗？其实突现论也是这样认为的。显然能不能预测并不是区分随附性和突现论的标准。所以，突现论也承认随附性命题，只要固定基础的属性与定律，那结果就是高层属性突现了，结果就是突现属性也是可以在原则上预测的，这和还原论观点一致的。如果说桥梁定律是用来预测的，那么突现属性就像还原属性一样在实际上是不能预测的。

然而，有学者认为，突现的本质不能在理论背景下进行解释，也就是说不能在共时性的条件下进行说明；突现实际上是一种进行、历时性的特征。我们知道，世界是变化的，宇宙是进化的，许多现象也是由低级系统形成高级复杂的系统，纵使世界在开始的时候没有这个后来的突现现象，但是后来是可以形成的。英国突现论者亚历山大就用突现概念来概括形成高级层次的新结构类型。莫根还提出了关于如何排列层次的说明。近来，本格也给出了层次定义的正式表述。这时的突现被认为是层次之间的关系。亚历山大在《突现进化》中说：从存在的任何层次突现出新的性质都意味着在那个层次上产生着特定的属于那个层次的运动的排列或聚合，这个排列拥有着高级复合体的独特新性质。这个性质能为突现它们的层次上的恰当属性进行描述。

按照亚历山大的说法，只要一个特定层次上运动和部分形成一个特定的聚合体就会产生突现性质。但问题是亚历山大又认为这个突现性质是可以为它突现的层次的属性进行描述，似乎又回到了还原性。然而，他后来又说心理行为是不可以为生理学所预测的。可以看出，亚历山大认为突现的主要特征是不可预测性，而不是不可还原性，即可以用低层次的理论进行描述的和解释。这很类似于后来的本格的说法。本格认为，一个突现属性不是由部分属性所拥有，而是它们的系统或格式塔属性。这种系统属性依赖于微观属性，并且可以根据后者进行解释。故而，本格的突现论也是一种可还原性。

尽管本格试图把自己的突现论与还原论区别来，但是我们在考虑还原论的时候似乎发现：本格是反对本体论还原的，但并不反对认识论还原。如果从这个角度来看，他们又是不反对可预测性。但是，亚历山大又反对可预测性，那么我们只能把他们反对的还原论再细化为解释还原，而不是理论还原。理论还原是建立在推导基础上，这是可以预测的。但是解释还原没有这个意思，它只是说我们可以用突现的基础进行解释，知道突现的属性并不神秘，只要它产生了，我们都能够进行解释。至于能否在此基础上预测，那就是复杂的事情了。

因此，如何理解新奇性涉及本体论问题与认识论问题。如果它是一个新的实在，那就是在本体上不同的实在，非还原物理主义也承认这一点。如果它只是认识的考虑，这就与非预测性和非还原性相联系起来。

二、不可预测性的突现论

早期的突现论者把新奇性与非预测性联系起来，即无论你对于事物的信息了解如何完备，但不能根据你的知识去预测这个事物的出现。

波普说，原则上的不可预测性一直被认为是突现的特点。[①] 波普认为，不可预测性可以从下面方面来理解：①不存在着决定的定律能够预测；②系统是非线性；③定律可能是概率定律；④宏观定律描述不是微观实在而是宏观实在；⑤宏观定律与微观定律是不同的范式，具有不可通约性。那么波普的不可预测性指的是什么意思呢？根据波普与埃克尔斯合著的《自我与大脑》来看，他们主要是认为构成部分的排列不同会产生一种新的系统，而这个系统是从构成部分的定律所无法推导出来的。既然无法推导，就无法预测。当然，这里是存在问题的。比如，我们不能从一个苹果重量推出整筐苹果的重量，那么整筐苹果重量是不是突现的呢？这里显然不是，它也是可预测的。显然，不可预测性不能作为认识上的问题。

对于传统的突现论者来说，不可预测性不是一种认识上的局限性，而是一种根本上的、形而上意义上的神秘东西，它是“自然的馈赠”。按照他们的说法，即使存在着一个无所不知的天使或妖，它们也不能预测突现属性，因为它们在原则上无法预测。这种无法预测性可以有两种理解：第一，例示系统的微观结构在它第一次出现之前是无法预测的。也就是说，你不知道它什么时候出现，这是我们所不知道的，即神秘性的。第二，它是不可还原的，也就是不可推导的。第二个情况在下面会详细谈到，我们先说一下第一种情况。

对于第一种情况可以有三种理解：①系统属性是还原的，但是不可预测的。造成这种情况的原因在于我们只有在系统出现这个属性之后，经过研究我们发现了这个系统属性的构成基础，在此之前，我们根本不知道会有这个属性。比如，我们在寻找意识相关物的时候，只是在意识出现以后，否则我们从大脑的科学知识中是预测不到意识的出现。②系统属性是不可以还原的，也是不可预测的，这主要因为宇宙根本是不可决定的，例示这些属性的系统微观结构是不可预测的。像生命的进化一样，我们不知道宇宙的原初物质如何进行结合，它们可能受到外星或其他原因的介入而造成了结构的变化与差异，所以系统属性是不可预测的。③新奇结构的出现是一种混沌过程。这些属性不可能进行预测。

---

① 波普：《客观知识》，舒炜光译，上海：上海译文出版社，1987年，第309页。

在复杂性研究中，混沌过程是一种自然的过程，它可能会突现出新的属性。

然而，如果从上述意义上理解不可预测性，所谓突现还是一种认识论上的概念，也就是说，不能预测主要源于我们不能用低层属性的知识来描述高层属性，或者说我们在低层理论所使用的术语是有局限性的，并不是因为高层的属性的本质的问题。所以，兰克认为预测与解释都是认识论概念。除非把预测理解为形而上的概念，作为“原则上的预测性”，即不管我们能否做到，总是存在着一个高层上的事实可以被一个低层上的事实所预测。

兰克认为，我们不能通过低层属性的知识来预测高层属性，并不能说明低层属性是突现属性，因为这涉及我们有没有足够丰富的词汇与术语来描述这些现象。确实存在着这样的情况，有些现象不能由低层属性的科学来单独给出，比如心理现象就不能单独由神经活动来描述。按照我们前面讲过的还原条件来说，理论还原需要一个连接高层理论与低层理论的桥梁定律，那么对于不可预测性来说，就是缺乏一个这样的定律。兰克指出，如果预测的不可能性主要源于还原论，那么它就不是突现论的显著特征，尤其是它不能区分出突现属性与其他属性。

从认识论意义上来说，突现论类似于后验唯物主义。[①] 后验唯物主义认为，假如唯物主义是真的，它应当是必然和后验的，即日常世界的本质是物理的，那么整个世界的本质都是物理的。这个推导不是我们的知识能去预测的，而是一种后验的事实的。也许有朝一日，我们是可以找到连接高层理论与低层理论的桥梁定律，进而可以预测到高层现象的出现。例如，当初英国突现论的主要证据是化学现象是突现的，但是后来出现的理论证明化学现象也是可以还原的，所以是可预测的。因此，现在认为不可预测的现象也许未来是可预测。不可预测性不能作为突现论的根本特征。

三、作为非推导性的突现

由于不可预测性是一个比较模糊的概念，布罗德把它发展成了不可推导性。他说，突现论和机械论都承认，一个系统的行为特征是，整个是由它们部分及其部分之间的关系所决定的。然而，突现论认为系统的单独部分定律或者部分关系定律并不能推出系统的行为特征的定律。布罗德认为，“再多的关于一个生命体的部分如何以独立的或者其他和非生命整体活动的知识也不能让我们充分地预测一个有机体的典型行为。这并不与这个观点矛盾：生命体的典型行为完

① Byrne A. The Emergence Mind, Ph. D. Dissertation, Princeton University, 1993.

全决定于自然以及构成它的化学成分的排列，在某种意义上，任何成分以这样的排列方式构成的整体将会显示有生活的行为，没有其他东西都这样做”[①]。

从不可推导性来看，突现性类似于随附性。当我们说随附性是高层由低层所固定的，然而不可由低层推导出高层时，我们是指不存在着关联高层与低层的定律。如果说定律是用来预测的，那么不存在着这条定律就是不可推导性的前提条件。问题是，突现的不可推导性是不是源于缺乏相应的定律呢？奥本海默与亨佩尔在1948年说：“突现并不是某些现象内在固有的本体论特征，它是在特定时期的我们知识程度的描述。因此，它不是绝对的，而是相对的。对于今天用到的理论来说，它是突现的，但是到了明天就没有了突现的地位。”[②] E.内格尔也在《科学的结构》中提到突现是一种不可推导性。不可推导性的直接原因是我们知识的不完备，是我们知识的有限性。

对于不可推导性的理解与还原的理解相关。当初英国突现论者就是基于化学难以从物理学推导而提出的。然而，非还原性又与还原的理解有关。还原有两种模式，一种是内格尔的还原，一种是金在权的还原。内格尔的还原要求是可连接性和可推导性，其中可推导性最为重要。那么，不可还原性就是不可推导性，即不能由低阶的完备知识推出高阶的知识。这种不可推导性在布罗德那里表现得很明显。他说：“通常在物理领域有这样的逻辑可能性，即突现的定律的出现归因于我们微观知识结构的不完备或我们数学的不完整性。”[③] 那么，如果我们掌握了微观结构的知识，比如对化学属性的微观结构理解，就可以把化学属性还原到微观属性。所以，这种不可还原性的理解对于突现来说是相对意义上的，是在认识论意义上的。

如果是金在权的功能还原，这个不可还原性就是在本体论意义上的，即不能通过金在权的还原而达到功能或行为分析还原。也就是说，一个属性不能根据行为或功能进行分析，它就不能被功能化；不能被功能化，它就不能依据行为进行分析。所以这里的不能还原性是指，不能根据行为或功能进行分析的系统属性是不可还原的。因此，像心理属性等高阶属性的不可还原性就意味着它们是在本体上不同于物理属性的属性，从而导致了属性二元论。在这个意义上，

---

① Broad C D. Mind and its Place in Nature, London: Kegan Paul, Trench, and Trubner, 1923, pp. 56, 57.

② Hempel C G, Oppenheim P. Studies in the logic of explantation, Philosophy of Science, 15, 1948, p. 48. Reprinted in: Hempel C G. Aspects of Scientific Explanation and Other Essays in the Philosophy of Science. New York: Free Press, 1965, pp. 245-290.

③ Broad C D. The Mind and its Place in Nature, London: Kegan Paul, Trench, and Trubner, 1923, p. 81.

突现论是一种属性二元论和实体二元论的随附物理主义。这样我们就可以得出：①随附物理主义与突现论一致；②突现论与二元论一致；③随附物理主义与二元论不一致。所以，随附物理主义与突现论不一致。

我们认为，突现论与随附物理主义虽然都反对还原主义，但是同时承认层次观。对于突现论来说，一个世界分成多个层次，高层具有低层所没有的属性，这个属性是由低层突现出来的。随附物理主义是建立在整体论之上，整个世界呈现不同的模式像一个点阵图。无论是金字塔或者是点阵图都是看待世界的方式，它们都不可能归结到最基本的部分。然而这是两种不同的范式，具有不可通约性，所以斯图尔加认为这是不一致的。因为，突现论认为不同层次之间存在着必然的关联，这个不同层次如果是不同的，那么按照休谟的名言不同的实在如何会有关联，因此突现论是有问题的。

四、作为具有下向因果性的突现

下向因果性是当代突现论复兴的重要原因，也是突现论的特征。莫根在《突现进化》中说：“在生命层次上的物理化学事件的发生并不同于仅在物质性层次上得到的情况；鲜明的意识层次的有机事件的发生也不同于那些只在生命力层次上得到的情形。我要说的是任何层次上的进行方式依赖于某些突现进化中所随附的新的和突现类型的关联物。只要按照单纯自然主义意义上术语用法，我们可以说高阶类型的关联物引导或控制着低层事件的发生。”[①] 在这里，莫根表达了一种下向因果性。也就是说突现属性可以因果影响到它得以突现的构成部分的行为。

当叠加性、新奇性、不可预测性、不可推导性概念都不能把突现属性与还原物理主义所提出的还原属性区分开来，下向因果性能否给出非还原物理主义的解释呢？如果我们从自然属性中挑选出这个突现属性，那么就可以推断出具有这个突现属性的物体在因果力上是不同的。换句话说，突现就其概念上来看，就是具有不同于它所随附的低层属性的因果力，也就是说假如你要列出某物体的因果力，不能只列出低层属性的因果力，它还有高层属性的因果力。事实证明，有些突现属性是能够影响到物质的运动，它是后者运动的原因。我们把这种因果情况称为“下向因果性”。麦克兰克林认为这是突现属性的一个重要特征。然而如果按照兰克所说，突现论与非还原物理主义都有同样的形而上的承诺，那么非还原物理主义也承认下向因果性。这是正确的吗？

---

① Morgan L C. Emergent Evolution，London：Williams and Norgate，1923，p. 131.

下向因果性最初是由坎贝尔（D. Campbell）提出的。他说在生物层级系统中，下向因果性发生在高阶对低阶的因果作用。后来的斯佩里提出的下向因果性成为当代哲学讨论的基础。斯佩里说，突现的心理或意识现象对于潜在的神经生物过程有一个决定性的影响和结果。在《一个意识的修正概念》（1969 年）中，斯佩里说："主观的心理现象被认为通过它们包含的突现属性而影响和控制着神经通道。"[①] 斯佩里用滚动的车轮来说明下向因果性。他说下向因果性就是作为一个系统的整体突现属性对于微观部分的作用力。不过，克莱（Robert Klee）说，车轮对其分子构成的下向因果性并不是宏观对微观的决定性，而是微观的结构关联所造成的。

那么，突现属性如何引起物理属性的呢？我们首先看一下这个例子：我决定抬起手臂，于是手臂举起，我的决定是手臂举起的原因吗？但是这容易陷入两难境地：在第一种情况下，似乎是我的心灵直接地影响到分子，但是这是怎样进行的？在第二种情况下，我的心灵对于运动什么也没做，这又导致神秘主义或副现象论。按照金在权的论证：

（1）物理域的因果闭合。假如一个物理事件在 t 时有一个原因，那么它在 t 时有一个物理原因。

（2）因果排他性原则。假如一个事件 e 在 t 时有一个充分原因 c，那么就没有不同于 c 的原因可以是 e 的原因。

（3）决定性或生成性排他原则。假如一个事件或一个属性的例示 e 是由一个事件 c 所决定或提供的，那么 e 的出现不能由任何整体上不同的或独立于 c 的事件所决定或提供。

（4）如果心理属性 m 有因果性，引起了一个物理属性 p，而按照（1），这个物理属性应当有一个物理属性 p_1 作为原因。

（5）进而，p 应当有两个原因 m 和 p_1，根据（2），它只能有一个原因，即心理属性 m。

（6）但是按照（3），我们可以得出 m 造成 p 的原因是 m 的基础属性引起 p 的基础属性，即心理物理属性二元论。

假如突现论试图接受突现属性具有一定因果角色，那么它必定接受因果有效性，而这违背了物理因果闭合原则。假如突现论否认下向因果性，那么突现属性就没有因果作用，它就是副现象论。这个悖论被称为佩珀-金在权困境。因为佩珀是在 1926 年提出的一个论证突现的问题，后来经金在权进行详细系统的论证；斯

① Sperry R. A modified concept of consciousness，Psychological Review，76，1969，p. 532.

蒂芬（Achim Stephan）明确地概括为佩珀-金在权悖论。

麦克兰克林反对金在权的突现论证，认为下向因果性虽然不能用力学定律的原因进行解释，但是存在着另外一种力，即构形力。构形力（configurational force）是经典“变形力”（deformational force）概念的拓展，另外一种常见的叫法是“材料力”（material force），有时也叫“化学力”（chemical force）、“增殖力”（accretive force）或“组分力”（compositional force）等。构形力是指有一定的复杂性或者特定类型的结构的物体而产生的力，它不像重力产生于两个物体之间。按照传统力学，一个物体对另一个物体施加加速度，那么就要遵循牛顿定律。然而这些定律并不是物体产生的条件，并不能告诉我们物质为什么如此运动。当这个特殊的力被施加到物体上，比如力是由物体的电子荷施加的，那么物体的加速度将由电子荷的定律所决定，例如，遵循库仑定律和作用于物体的其他力的定律就会产生加速度。运动定律并不局限于促使物体运动的哪类力。因此，假如只存在这样的力，物质达到一定复杂层次才会形成一个力，那么经典力学所需要的就是：由这些力所产生的运动应当遵守牛顿定律。因此，假如我们根据构形力来理解下向因果性，那么下向因果性的存在不是不和力学定律相符的。

我们可以总结一下突现论的基本类型：弱突现论和强突现论，或者说认识突现论和本体突现论；而强突现论又分成历时突现论和共时突现论。这几种突现论之间的关系如图 5-1 所示。

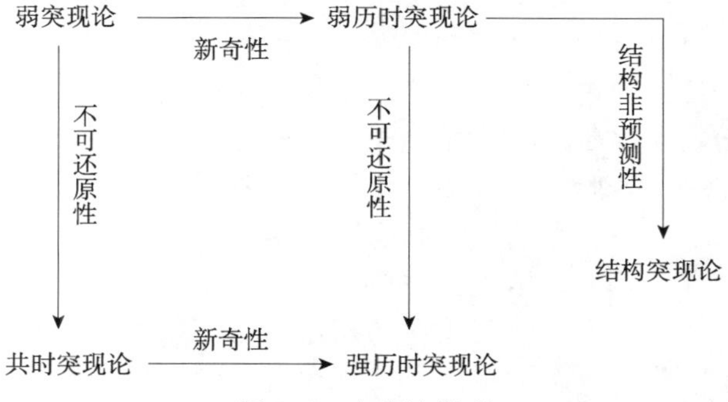

图 5-1　突现论类型

我们认为，突现论的突现只能从本体论意义上去理解，即具有本体论意义上的新奇性，因此在认识上表现为不可推导性、不可预测性和不可解释性。然而，如果我们坚持本体上的突现论，那么它如何在物理世界中寻找自己的地位呢？

一般来说，无论是还原物理主义还是非还原物理主义都是接受世界因果闭合原则，以及在原生层次与随附层次之间的依赖的关系。在非还原物理主义中，随附性似乎保留着心理现象对大脑状态的依赖性以及二者的非还原性。然而这些目标恰是亚历山大等弱突现论者所追求的目标。可以这样讲，当代科学家都是始于弱突现论的，并把弱突现论当成工作的起点。即使是普遍的民众也是认为心理是有因果性，这是一种直觉知识。“但是当某人与当代自然科学观点——确切地说或者是英美哲学家——进行对话时，他就进到了物理主义者和弱突现论占据主导地位的领域。”[①] 然而强突现论近来不断发展，强化哲学论证，主张具有下向因果性的突现具有保证日常直觉和作为行为者的日常经验的优点。特别是那些捍卫心理因果地位的学者更是把强突现论作为一个重要的选择。无论怎样，当代讨论主要是围绕以下问题进行的：突现是在什么意义上来说的？如果是在本体意义上，这个世界就有着不同的实在存在，那么物理世界如何安排这个实在？如果是认识论意义上，这个世界还是原来的世界，只不过我们还没有能力认识，难道突现只是一种幻相吗？

第五节　突现的世界：以意向性为例

我们生长的这个世界是不断生成的世界，是人类实践的世界，是统一于物质的世界。物质的世界经过进化形成了千姿百态的事物，它们相互联系、相互制约、相互作用。在这个世界中，突现发挥着重要的作用，扮演着不可替代的角色。

突现论与非还原物理主义都承认世界是物质的世界。非还原物理主义是绝对避开超自然的事物存在，认为所有的事物都依赖于物理的。对于突现论来说，它也不相信存在一个先验的基础能够给出自然不同层次之间的关系，而相信从经验基础得出来的结论。然而，当我们考察自然不同层次间的关系时，存在着不连续性和下向因果关系。尽管我们可以接受这个自然馈赠的事实，然而这不能让我们停止去研究层次间的关系，追问是否有突现的属性或者剩余。按照莫根的观点，对于一些真正新的东西，只是在演化发展过程中才能说认知是突现的。然而这不能排除——不，确切地说，它迫切地需要我们作为一个突现论者——坚持试图用突现的场景和追踪（假如可能）细微的阶段，理解演化过程中不存在着鸿沟或者间隙意义上的连续性断裂。他告诉我们在研究层次间的关

① Clayton P，Davies P. The Re-Emergence of Emergence：The Emergentist Hypothesis from Science to Religion，Oxford：Oxford University Press，2006，p. 27.

系时，我们可能发现一些“突现的阶段”，也可能会找到剩余的东西。我们能不能做到这样只是一个经验的问题，在这个意义上突现论也是经验论者。非还原物理主义则只是承认高层次的事物依赖于低层次的事物，并没有说明它们之间的关系是什么。假如我们不是取消论者，非还原物理主义必定要解释心物等层次间的关联。显然，只是把这些关联当作最终和说不清的事实是不合理的。例如，麦金说，当代意识研究中有一个问题，那就是我们要说明为什么出现有意识的心灵。一般我们希望给出这样的形式解释“X 处在疼痛中当且仅当什么”。

由此，我们可以看出非还原物理主义和突出论的区别不在于形而上的不同，因为它们都是坚持物理主义的，不同的是在于它们对我们限定于知识范围的两个理论的反应。它们都承认我们不能正确地理解非心理属性与心理属性是如何关联在一起的，然而非还原物理主义认为这只是解释为什么“我们经验到我们经历的那种质的特性”，这个解释并不只是说明非心理与心理的复杂关系。突现论者否认这是必须要做的。假如证明意识与大脑间的关系是不清楚的，我们只要接受它是大自然的馈赠就行了，但这并排除我们去研究自然的突现的层次以确保没有持续性的层次断裂。但突现的层次一直是突现的层次，在我们研究这一点时我们可能接受科学的研究会给出关联的说明。突现论立场的可用性在于鼓励我们去怀疑下面的思想必要性：这些关联只是一个哲学问题。

因而，突现论给出我们一个提示：说“解释疼痛如何感觉到”只是一个形而上学的问题实际就是一个误解，意识和思想不是一个神秘的问题，与大脑属性无关的问题。坚持物理主义观点的人都认为塞尔所讲的“意识只是大脑的高阶属性”并没有什么启示性。对于突现论者来讲，心身问题并不是一个神秘的问题，不是大脑如何产生意识，因为心理属性和它们对大脑的依赖可能就是大自然的馈赠。确切地说，它就是如同乔姆斯基所说的“统一问题”：假定我们有心和语言方面的好的完善的理论，而且只要有关于心与大脑的关系的基本观念，我们就可以解释心脑是如何统一的。这种看待心身问题的方法并不要假设存在着解释鸿沟，或者难问题，它仅仅是假定类似超随附性形而上的概念有助于填补这个鸿沟或者解决这个问题。它假定我们在对自然事实做进一步解释时无需借助先验的东西。我们应当对自然的馈赠采取开放的态度。突现论的意义在于它认识论的价值与意义，它能够解释我们世界出现的新奇事物。我们下面以人工智能中意向性难题为例说明突现论的价值所在。

意向性被认为是人类心理属性的重要属性。布伦塔诺把它作为区分物理属性与心理属性的主要标志。但是，如果意向性是非物理的属性，它就会回到笛卡儿的“机器的幽灵”陷阱，世界就分成心理世界和精神世界；如果它是物理的属性，那么它是如何产生的？这也是当代人工智能面临的难题。

人工智能的难题源于塞尔 1980 年的《心灵、大脑与程序》一文。塞尔指出，传统人工智能认为心灵之于程序，正如计算机软件之于硬件。也就是说，人类的意向性就是一种功能的抽象状态，是依赖于大脑进行的抽象加工的功能状态。然而，塞尔说，如果意向性是一种抽象加工状态，那么它就什么也不理解，因而也不是什么意向性。“从严格意义上讲，编程计算机所理解的，正是汽车和加法机所理解的，就是说，恰恰什么都不理解。计算机的理解并不只是局部的或不完全的，而是零。”[①] 他进行了一个思想试验：假设不会中文的塞尔被关进有两个窗口和一部中英文对照说明书的房子里。从一个窗口递进写有中文的问题的纸条，塞尔根据说明书与中文问题进行匹配，并将答案以中文的形式从另一个窗口送出。塞尔认为房子里的内部设置就是一个计算机硬件，而他就是一台计算机。根据程序加工所接受的问题，输出对问题的答案，塞尔就通过了图灵测试，然而他并不理解问题与答案。同样，一个计算机只是根据所设计的形式规则进行操作，而不能意识到它所操作的符号的内容。由此，塞尔得出结论，计算程序并不是心灵，因为前者是形式的或句法的，而后者具有语言内容。语义学并不内存于句法学，而句法学对于语义学是不充分的。总之，心理具有语义内容，即心理学家布伦塔诺所说的意向性。意向性是心理的重要特征，而计算机没有意向性，因而无法思维。

那么什么条件下才能具有意向性呢？如果说中文层论证是一个否定性的论断，那么在后来塞尔论述心理意向性时候又进一步提出了肯定性的陈述，即意向性是一种生物性因果能力，它不能为计算机拥有，而只能为大脑的生化物质所拥有。“如果不把意向性赋予这些动物，我们就不能理解它们的行为，同时，我们都知道禽兽是由和我们类似的材料构成的。”[②]

那么塞尔这两种论断是否一致呢？博登认为，塞尔的意向性论述不过是一个承诺性的注释，“从最坏处讲，只是在兜售神秘主义而已”。[③] 因为，按照塞尔的论证，没有系统是有意向性的，系统内部的塞尔只是专职负责接受外在的输入并按照规则加工然后输出状态，但这并不理解内容。不过，塞尔又认为能够

① 约翰·塞尔：《心灵、大脑与程序》，引自：玛格丽特·博登：《人工智能哲学》，刘西瑞、王汉琦译，上海：上海译文出版社，2001 年，第 99 页。

② 约翰·塞尔：《心灵、大脑与程序》，引自：玛格丽特·博登：《人工智能哲学》，刘西瑞、王汉琦译，上海：上海译文出版社，2001 年，第 109 页。

③ 玛格丽特·博登：《逃出中文屋》，引自：玛格丽特·博登：《人工智能哲学》，刘西瑞、王汉琦译，上海：上海译文出版社，2001 年，第 128 页。

具有意向性的事物只有大脑神经元，大脑中有一个东西能够承担意向性的职责。它之所以有意向性是因为“它是模拟懂中文大脑神经突触的形式结构，并且它给出中文作为输出”，正如“每一段水流的连接都对应于懂中文的大脑中一个突触，整个系统装配起来，使得在全部应有的激发产生后，也就是在所有正确的开关都打开后，中文答案就会在管理系统输出端冒出来”①。这种大脑中的东西，按照查默斯的说法，类似一种笛卡儿式的妖。确切地说，这种妖之所以具有因果性是因为它有某种特定的物理化学因果力。

这种因果力只能由大脑材料恰当地表现出来。那么什么是“恰当”的因果力呢？为什么只有大脑神经元而其他材料就不能产生这种因果力呢？塞尔说：“这是因为我是某种有机体，具有某种生物结构（即化学和物理结构），在一定条件下，这个结构能够以因果的方式产生感知、行动、理解、学习以及其他意向性现象。……这是一个经验主义的问题，与光合作用是否能够由化学性质不同于叶绿素的某种物质完成的问题，有其相似之处。”② 既然，大脑神经元能够以类似由化学性质产生光合作用一样产生意向性，那么神经因果关系就是可以在神经元层次上实现，这等于说当意向性出现时，从我们大脑中物理属性中抽象出某种因果属性。这难道不是传统人工智能强调的认知或心灵就是计算的吗？

虽然塞尔一再强调信息加工的功能性并不是意向属性的必要条件，但是在中文屋论证中，我们面对着一些计算系统的奇怪操作，它具有超出单纯信息加工属性的一定物理和化学属性。那么，塞尔如何肯定就不存在意向性呢？如果按照塞尔所说的这是一个经验问题，显然石头、飓风、水管没有意向性的论断也不能否认逻辑上没有意向性的可能。当塞尔说在中文屋中的塞尔没有意向性，因为他是在做符号操作，而在大脑中的妖具有生物化学本质上的因果操作，因而具有了意向性。然而，假如塞尔承认大脑中的妖会产生意向性，甚至他本身没有也可以，那么可能中文屋中的塞尔也会产生意向性，尽管他本人没有意向性。塞尔显然否认后者的可能，因而塞尔的两个结论是不一致的。

造成塞尔两个论断不一致的原因体现在他对系统论置疑的回复中。塞尔说：“因为个体中不存在的东西，在系统中仍然不存在。如果个体未做出理解，就不

---

① 约翰·塞尔：《心灵、大脑与程序》，引自：玛格丽特·博登：《人工智能哲学》，刘西瑞、王汉琦译，上海：上海译文出版社，2001年，第106页。

② 约翰·塞尔：《心灵、大脑与程序》，引自：玛格丽特·博登：《人工智能哲学》，刘西瑞、王汉琦译，上海：上海译文出版社，2001年，第111页。

存在系统中能够理解的方式，因为系统只是个体的一部分。”① 也就是说，系统只是个体的相加，个体没有的属性，作为整体的系统也没有这个属性。

我们认为，塞尔的中文屋论证源于两个错误的直觉知识：第一，无法想象高级复杂的功能可以在中文屋中实现；第二，只有碳基材料才能产生意向性，硅基材料不可能产生意向性。首先，对于第一种直觉知识，我们认为塞尔这种思想是一种缺乏想象性的表现，犯了“构成悖谬”（fallacy of composition）。所谓构成悖谬就是指部分不存在的属性不会在整体中存在的错误。这种错误一般被认为是还原论的看法，即所有高层的属性都是同一于低层的属性，并不存在不同于低层属性的高层属性。然而，为什么复杂的系统就不能具有部分所没有的属性呢？系统论告诉我们，一个系统具有它的部分所没有的属性，或者说整体大于部分之和。例如，我们说一个飞机不能在天空中飞翔，是因为它的材料不能飞翔，这显然是荒谬的。既然如此，塞尔就不能说一个系统没有意向性是因为它的部分没有意向性，作为一个整体的系统可能有意向性。一个整体系统具有不同于部分的属性恰恰证明突现现象的存在。突现现象的存在是塞尔这种“构成悖谬”为悖谬的原因。尽管塞尔正确地指出了中文屋中的部分没有意向性，但是这些部分以正确的方式相互作用与关联是可能突现出意向性的。因此，塞尔在对系统论的反驳是没有说服力的。恰恰相反，系统论并没有说一个大系统必然具有意向性，而只是说有些大系统可能具有意向性，塞尔忽略了突现性的存在。

其次，对于第二种直觉知识，塞尔犯了“碳基沙文主义”。塞尔嘲笑心理属性竟然会从那种材料如电线、金属片等中得出来，也很难想象在这些材料中会有心智出现。所以很难想象一个人和纸片结合会理解中文。按照塞尔承认的意向性只能由大脑材料的因果力产生出来，那么我们用其他无机材料代替大脑生化材料去实现这种因果力，为什么就不能产生心理属性呢？事实上，突现不但产生在人工构造的环境中，而且普遍存在于自然界人类社会群体中，像生命棋、飞行的群鸟、森林大火、交通拥挤等，那么为什么认知、意向等心理现象不是能突现的呢？查默斯认为，看待这个事物的方式要澄清由塞尔中文屋描述所忽视的两点：第一，中文屋中的“纸片”是单纯的一堆形式符号。它们构成了一个具有因果结构的具体动力系统，这个因果结果直接对应于原初大脑的结构。我们关联符号操作的缓慢使得这一点并不明显，就像操作这样的符号的妖一样存在，然而它仍是纸片中的具体动力学，从而产生了意识的经验。第二，妖的

① 约翰·塞尔：《心灵、大脑与程序》，引自：玛格丽特·博登：《人工智能哲学》，刘西瑞、王汉琦译，上海：上海译文出版社，2001年，第99页、第100页。

角色完全是次要的。重要的因果动力学是那些发生在纸片中间，它对应于原初情况下的神经元。妖仅只是作为一类因果设备，把意识经验归属于它只是层次的混乱。事实上，妖的意识经验完全与系统的功能无关。系统的主要方面就是它的动力学。查默斯认为塞尔的论证是以一种奇怪方式执行程序而盗走了我们的意向性，一旦我们认识到我们心灵中并没有什么妖存在，屋子里的因果动力学实际上反映出我们大脑中的动力学特征，那么假定这个系统会产生经验就没有什么不合理的。

塞尔认为，在计算系统中根本不能发现认知属性，并推出认知属性不能还原到计算。我们认为在计算系统的构成部分没有发现认知属性，但并不意味着作为一个整体的计算系统没有认知属性。认知属性是从构成计算系统的个体部分之间相互作用中突现出来的。

按照塞尔的观点，意向性或意义是一种高阶的属性，高阶的属性不能还原到低阶的属性。然而，这并不意味着二者没有关系。根据突现论的观点，高阶属性依赖于低阶属性并且独立于低阶属性。突现论反对二元论和活力论，即坚持在物理主义框架内解释问题。它认为，世界可以分成不同的层次，每个层次都是下一阶层次的突现，一直到最低层次。下一阶层次按照复杂结构的增加而突现出高一阶的层次。在这一点上，突现论反对神秘主义的，即它并不认为突现属性是一种认识上的新奇的、无法预测的现象，甚至可能是神秘的，相反它是承认依赖、随附于其他属性。因而，真正的突现应当是一种本质上不同的、新奇的实在。认识上无法解释与预测并不存在着必然性，它可能今天无法做到，但并不意味着将来不可能做到。比如，在传统英国突现论者密尔那里，他就认为化学属性是突现的，事实上后来化学属性也被还原到物理属性。因此，意向性或语义的突现是一种本体上的突现，是一种本质上不同于计算系统的属性。

意向性或语义突现类似于近来复杂性科学研究中发现在各类复杂系统中都会出现的突现现象，如生存游戏（the game of life）、联结主义网络，以及生物、认知和社会现象。奥康纳对突现属性提供了全面的解释，认为它应当具备四个条件。假设某对象 O 具有突现属性 P，那么：第一，P 随附于 O 的构成部分的属性；第二，P 不为 O 的任何部分所具有；第三，P 不同于 O 的任何结构属性；第四，P 对于牵涉 O 的部分的行为模式有着直接的决定性影响（即下向因果作用）。[①] 按照奥康纳的突现条件，属性的存在潜在地被一些复杂的对象所拥有，而不是被任何部分所拥有。在后来的复杂性科学研究中，突现属性往往被认为

① O'Connor T. Emergence property，American Philosophical Quarterly，31，1994，pp. 97，98。后来收录于斯坦福哲学百科词条。

是复杂事物的结构属性。

沙弗尔（M. J. Shaffer）对塞尔中文屋论证做了进一步说明："可以如下考虑这样的可能世界 W_1。世界 W_1 类似我们的世界，因此我们可以假定在某种意义上除了在下述方面不同于我们世界之外大多是相同的。在这个世界里，我们可以假定存在着另外的突现属性，它是 W_1 世界本质定律 L 所许可的一系列属性之一。让我们定义这个由 L 许可的突现属性是丰富句法系统的所充分得出的，是一种语义属性（你也可以说或意向属性、意义、心理状态）。"[①] 注意塞尔在中文屋论证中预先排除了语义属性从句法属性突现的可能性，那么如果突现属性存在的话，即使中文屋的人并没有本土的中国人那样理解中文，但是假如他的句法系统充分丰富，保证突现语义属性产生，那么他是理解中文的，具有本土中国人所拥有的心理状态。在这个意义上，在可能世界中，句法是语义的充分条件，中文屋论证并没有必然证明句法不是语义的充分条件。事实上，经验证据表明，这样的属性是存在的。许多突现属性出现在日常世界的定律中，如流动性、混沌状态。因此，没有特别的理由保证中文论证对于人工智能构成威胁。当然这个突现依赖于对概念的如何理解，以及它在语义上的运用。但是，"我认为，这并不是完全新的东西，自然它意味着强人工智能和传统人工智能并不像它最初表现那样的不变的，然而十分清楚的是中文屋论证似乎并没有证明它所意图证明的那样"[①]。

对于计算机来讲，我们应当区分句法加工和语义加工。我们知道，计算机存在着两个符号系统，一个是由计算机内在程序例示的内在符号，一个是由计算机作为整体而拥有的外在符号。句法加工就是对内在符号进行处理，把计算机作为一个文字处理器，主要对符号进行操作。计算机操作的符号又形成一个符号系统即程序，它是外在于计算机的，不同于内在符号系统。我们可以采用上面塞尔的思想实验。在最初的背景下，在屋里操作的人明显与汉字卡片是外在关系，他不理解汉字的意义。这个人把汉字作为一个字符串按照规则进行加工，就像通用图灵机中的读写头一样，而规则书则像通用图灵机的编码，作为一个整体的系统是一通用图灵机，它模仿机器。就我们所知，机器 M 是完全意向的，理解汉字的。

应当注意，在存储规则书中并没有什么真正的变化。事实上，作为一个物理的存在，一个人的存储内在于人的，这与是不是作为一个认知存在的人是内在没有关系的。一个人储存的符号系统是那些一个人加工或计算的东西，因此，

---

① Shaffer M J. A logical hole in the Chinese room, Minds & Machines, 19, 2009, p. 299.

它是外在人的。就像通用图灵机一样，一个人会模拟具有不同属性的不同系统。对这个系统来说，汉字确实是内在的，但可能机器有一个对中文对话的理解，就像外在符号系统所关于的内容。这样，我们看到中文屋论证并不能得出句法不能进行语义加工，相反这恰是该思想实验的详细特征。因为，被认为理解汉字符号的计算系统就是一个由这样汉字符号构成的符号集合。换句话说，外在于系统的汉字符号被认为形成了内在符号，它同时引导了计算过程。现在，这样一个装置并不需要那种对于说中文的人来说有意义的符号，就如对于输入I，通常图灵机和个别图灵机有不同的看待，你不能认为像说中文的人那样对于汉字有意义，因而认为计算系统对于汉字同样看才有意义。

在计算机中，理解来自使用者对加工符号的解释，实际上中文屋里的人就是一个语言计算系统，因此，符号对那个人是有意义的。包含汉字的规则书与是否一个系统有恰当的理解是不同的，事实上，规则书包含英语符号。即使这样，我们仍不能说是否这个系统有恰当的理解，除非我们把一个系统看成一个整体。

按照塞尔中文屋论证，未来的人工智能不能像厄纽尔和西蒙那样基于物理符号系统假设，而只能向大脑学习，模拟大脑的神经元功能。事实上，目前人工智能发展并不是完全沿着所谓的联结主义或情景认知的理论前行的，因为按照这种理论，我们不但要了解人类智能产生的神经元复杂模式，而且要造出特别复杂的机器结构，这在实践上是一项艰巨的任务。恰恰相反，当代人工智能专家认为机器人并不是造得越来越复杂越聪明，他们只用非常简单的逻辑步骤以简短的连线却造出“聪明”的机器人。

麻省理工学院移动机器负责人罗德尼·布鲁克斯（Rodney Brooks）认为，机器人并不是先会思考才能做事的，也就是说并不是先造出类人的大脑才能有意向行为。他们制造出一系列的异形机器人没有思考却无所不能，如它们能偷桌子上的苏打罐，穿越曲折的房间。这样的机器人有没有意向呢？如果按照塞尔对待意向性或语义的策略，就是一种从上到下策略，即根据有意向心理属性的系统能力分解到有意向心理属性的部分或个体，寻找到承载具有这些属性的基质，那么这样的机器人是不可能有意向的。但是，按照从下到上的策略，从简单组件开始逐渐增加复杂性，直到产生高阶、复杂的心理属性则是可能的。布鲁克斯认为，机器人可以采用包容体系结构，即依赖于一组独立的简单行为，行为的定义包括触发它们的条件和采取的动作。一个行为是建立在其他行为之上，当两个行为发生冲突时，一个中央处理器决定哪个行为应当优先。机器人的总体行为是突现的，即先做简单的事，然后学会准确无误地做简单的事，在简单任务的成果之上添加新的活动层级，重复上面的步骤，无限类推。这种机器人就像市场经济活动一样，看似无法理解，然而整个活动却像受到一个头脑在指挥，显示出意向性。

丹尼特指出，从爬虫似的机器人可以看出，意识或意向性只是一种功能性的东西。它们是从一个由许许多多微妙的而无意识或意向性的神经环路构成的分布式的网络中突现出来的。布鲁克斯认为，每个单独的生物内都有非生物的东西，也许将来有一天，每一台单独的机器内含有一大群非机械的东西。他说，包容结构实质上是一种将机器人的传感器和执行器连接起来的并行分布式计算。这种结构的要点是将复杂功能分解成小单元模块并以层级的形式组织起来，这种由上而下控制的嵌套式层级会逐渐形成完整的结构单元，并且底层活动较快，上层的活动较慢。控制的分类聚合比须从底部开始渐进累加。这样的机器人告诉我们，人工智能并不需要配置更多的电脑部件，配置部件越多，也就越笨重，越不具有意向性；相反，不断增加组件的层级，意向性就突现出来。

因此，所谓人工智能难题只是一个人类优越性的体现，不存在着单独的会思维、有意识意向的中心，而只有无中心的、突现的智能。人工智能进展会打破人类智能所固有的常识心理观，即思维有一个中心，有一个实体。事实上，人类智能也只是人类在种群和个体在生长和发展过程中不断由无意识无意向的材料而突现出来的整体性特征。

第六章

取消唯物主义与概念革命

取消唯物主义（eliminative materialism）是当代物理主义一种大胆而备受争议的理论。它把还原物理主义的本体冗余论贯彻到底，而坚持反对非还原物理主义非冗余论，整个颠覆了人们的常识世界认识。认知科学哲学家福多甚至说，如果取消唯物主义所宣称的常识心理学是错误的，那么人类的知识大厦将为之倾倒。取消唯物主义能否拯救当代物理主义，以及其对于物理主义发展有何启示，这将是本章的讨论重点。

第一节　“釜底抽薪”

一般来说，取消唯物主义主张所有的东西都是由物质构成的，心理的东西根本不存在，因而所有以心理实在为基础的概念或理论都应当被取消。这种被认为是大胆新颖的心灵“本体论”革命主张曾经引起了许多哲学家的关注，但也正是这个特征使得取消唯物主义被冠以“极端”“激进”的称号而在心灵哲学家中少有明确宣称自己是坚定的支持者。有学者甚至说，取消唯物主义过于违反我们的直觉知识了，我们很难想象我们习以为常所说的“心”竟然是不存在的，我们人类竟然错误了几千年，而且还可能一直错下去。

取消唯物主义在心灵哲学中的出现并不是偶然的。可以这样说，取消唯物主义是物理主义发展的必然产物。物理主义认为世界上所有的现象都是物理现象，在最低程度上，所有的现象都依赖于或决定于物理现象。同样，心理现象也是物理现象，心理现象依赖或随附于物理现象。由于对依赖或随附的理解不同，当代物理主义又分成多种形式，大致可以区分成还原物理主义或非还原物理主义。还原物理主义是物理主义的最根本的形式，即心理现象可以还原为物理现象；非还原物理主义是物理主义目前占据主导的形式，即心理现象虽然不能还原为物理现象，但是心理现象依赖于物理现象，简单说就是一种实体，两种性质。然而，无论还原物理主义或者非还原物理主义都遇到了反物理主义的挑战。对于还原物理主义如同一论遇到的难题，除了普特南的“可多样实现性”论证，还有T. 内格尔的“蝙蝠”论证、杰克逊的“黑白玛丽”论证，即意识的主观性具有不可还原性。对于非还原物理主义来说，它们虽然避免了还原论的路线，然而却走向了性质二元论，这又与物理主义的宗旨背道而驰。总的来讲，对于当代物理主义来说，最大的问题就是如何来面对心理属性的不可还原性问题。如果不能解决这个问题，新二元论、神秘主义、副现象论等主张就会不断涌现，从而直接威胁到物理主义的地位。

如果物理主义要继续走下去，必须合理地解释证明心理不可还原性的原因。当还原物理主义把心理不可还原性问题交给经验科学去解释的时候，它实际上是没有正面回答这个问题。而非还原物理主义试图把本体论与认识论分开，把心理不可还原性交给认识论问题，反物理主义则从认识论问题的“解释鸿沟”而得到本体上的二元论，所以非还原物理主义同样并没有足够的说服力去解释心理不可还原性。因此，从20世纪80年代物理主义转变策略，罗蒂、费耶阿本德、P. M. 丘奇兰德、P. S. 丘奇兰德、S. 斯蒂克（Stephen Stich）等采取“釜底抽薪”法把心理实在从大自然中扫除出去，不再干扰人类的理解难题。

取消唯物主义的聪明之处在于直接置疑问题本身，即这个问题是不是一个问题。我们经常引用的一个例子很能说明这一方法的巧妙之处。在很久很久以前的一个部落里，世代的人们相信存在着一个戈肖克，它可以给人们带来智慧与欢乐。部落里最有智慧的人都终身致力于寻找这个东西，然而一代又一代过去了，戈肖克到底是什么仍然没有答案。后来，有一个人突然大胆提出，这个东西也许并不存在，它根本就是一个美丽的传说。这时人们才恍然大悟，原来我们寻找的东西并不存在。这个故事告诉我们：当我们以为存在问题的时候，我们应当首先考虑问题本身存在不存在。取消唯物主义就是要把心理不可还原性的问题取消掉。这很类似于我们中国的太极高手，不能直接硬碰硬，而是要以柔克刚，把对方的力量化解掉，从而起到四两拨千斤。

取消唯物主义的特殊招数就是“取消”。取消唯物主义认为心理不可还原性问题并不在于我们的物理概念与物理知识有任何问题或不足的地方，而是认为真正的问题在于我们对心理的认知是有问题的。取消唯物主义把心理作为一幻觉或者说是错误的知识所造成的假象。正是因为还原的对象是不存在的事物，所以，心理的不可还原性问题根本就不是一个问题，而是一个不需要解决，只需要被消除或取代的问题。在这样的主张下，取消唯物主义便不需要面对心理不可还原性难题。P. M. 丘奇兰德说："我们关于心理现象的常识概念是一个完全虚假的理论，它有根本的缺陷，其最终会被神经科学所取代。"[①] 这种说法很类似于休谟对因果关系的怀疑。虽然我们强烈地认为因果关系存在，但我们根本没有证据证明它的存在，我们只不过使用因果关系的思考习惯去理解事物。这种思考习惯或模式融入到我们的语言与思维系统中让我们以为因果存在，事实上，我们可以想象因果关系并不存在，也可能它们真的不存在。这样我们就不会为因果问题而在哲学上长期争论。

所以，取消唯物主义是一种延续休谟因果关系分析的路数，甚至我们可以在某种意义上是继承了分析哲学的路数，即像分析哲学家所说的，我们所说的形而上学命题可能只是我们语言的错误，实际上它们并不存在。但又不同于休谟和分析哲学家的思想，取消唯物主义又是一种物理主义，即承认世界上真正存在的只有物质，所有的东西都是由物质构成的，而对物质的了解就是对世界的了解，世界上所有的东西都是由物质来解释的。

因此，取消唯物主义的"取消"第一层意思就是取消非物理的东西本体地位，而不是只取消非物理的概念。在这个意义上，取消唯物主义并不是取消主义（eliminativism）。取消主义是一种更为宽泛的哲学立场，它认为特定区域描述实在、属性、过程、事件或事实的范畴或概念并不存在，因为它们没有真实的所指，所以可以取消掉。[②] 因此，取消主义包括行为主义、同一论等还原物理主义和取消唯物主义。就还原物理主义来说，当它认为心理语言同一于物理语言时，这就是一种取消主义。但是取消唯物主义认为，心理语言根本没有对应的所指，只能是取代而不是同一。

取消唯物主义中"取消"的第二种意思是取消不可还原的心理属性，而并不是所有的心理属性都无法被客观科学所解释。例如，心理有认识事物的功能，可以记忆，可以推出，等等。这样的功能基本上是可以被客观科学所解释的，取消唯物主义并不必然否认这些东西的存在。恰恰相反，对于之前提到的心理不可还原性的一些心理性质像痛的痛感、红的红感，以及像是我们的"信念""欲望"等心理现象，我们是无法用物理知识来解释的，也是无法来分析的，于是就产生了难题，而取消唯物主义就是通过否认这些东西的存在来解释心理不

① Churchland P M. Eliminative materialism and the propositional attitude//Lycan W. Mind and Cognition：A Reader，Cambridge，MA：Basil Blackwell，1990，p. 206.

② Schulz S. Alien Minds：Investigating Eliminative Materialism，Paderborn：Mentis，2002，p. 11.

可还原性问题。事实上，我们在研究取消唯物主义的时候，无论是 P. M. 丘奇兰德还是斯蒂克都是在取消“信念”“欲望”等民间心理学中经常出现的术语，但他们从而推断出所有民间心理学都是错误的，这为反取消唯物主义留下了话柄。所以，与其说取消唯物主义主张心理不存在，倒不如说是主张意识或意向内容不存在，或者更为精确地说，我们用以描述那些具有不可还原性的心理现象的概念实际上无法指涉真实存在的事物。既然它们并没有真实存在的地位，那么我们也就没有什么可以还原的了。

取消唯物主义的“取消”第三种意思是取消错误心理理论的概念图式。取消唯物主义之所以被认为是荒唐的理论，就是因为它们不符合我们的直觉，心理或意识怎么可能是不存在的呢？我们如何能够把我们清楚明白呈现于我们面前而且我们可以用来描述的东西当成是一种不存在的呢？比如，我们怎么能说“我没有心，我什么也没有想，我什么也不相信”？但是对于取消唯物主义来说，我们可能就是错在直觉上，比如直觉上我们似乎是一种有理性的人，但是我们还是做了许多不想做的事。按照取消唯物主义来说，这是我们对心理或意识诸多不了解而建立的错误的理论，而依据这些理论了解心理根本无法在世界找到对应的东西，只不过是我们用来欺骗自己而已。最明显的例子，就是我们说我们有爱情，我们在爱对方，但这可能只是我们编织的美丽的谎言，或者根本不存在。所以，P. M. 丘奇兰德说，人类数千年来发展出一套解释心理现象的理论称为民间心理学，而这个民间心理学形成了一套框架构架，这个框架深深地和我们日常生活语言融为一体。当我们在学语言的时候，我们的认知包括我们的直觉都在跟着这一套概念框架走，我们的父母或朋友都在帮助我们树立这个思维框架，并且用于日常交流。P. M. 丘奇兰德说，我们的心理现象存在的强烈直觉都来自这种概念图式。取消唯物主义就是要取消这种错误的概念图式。下面我们再详细地说一下，取消唯物主义为什么不能说只是取消民间心理学而是取消错误的心理概念图式。

回答这个问题要和反取消唯物主义对取消唯物主义的论证结合起来。对于反取消唯物主义来说，取消唯物主义只要让我们相信取消唯物主义是正确的，就已经在用到民间心理学语言来论证他们认为根本没有指称现象的语言，这就犯下了一个循环论证的错误，即：

> 因民间心理学已经根深蒂固地附着在我们的语言中，当我们使用语言来论证民间心理学所使用的心理词语的指涉是真实存在的时候，我们便犯了一个循环支持的谬误，因为我们所要论证的已经预设在我们的前提之中。

那么取消唯物主义如何回答这个问题呢？显然它要把取消民间心理学和取

消民间心理学的概念图式分开。民间心理学是在不断地建构的，可能在先民时期，我们认为灵魂存在，那就会用灵魂来解释一切现象，而在中国古代又认为存在着精、气、神，从而又有了中国的民间心理学。但是，取消唯物主义认为这些民间心理学都有一个心理概念图式，这个概念图式是错误的根源，民间心理学可能偶然是对的。

通过分析取消唯物主义的“取消”真实表达的意思，我们就可能通过三种维度来分析各种取消唯物主义的类型以展现它们的发展脉络。

第二节 整体和局部取消

“取消”本身就有范围之别，程度之分，可以取消所有的非物理现象，也可以取消个别非物理现象。同样，取消唯物主义在对待不可还原性的心理现象上，由于每个学者对心理现象的取消程度不同，也存在着强或弱的差异。舒尔茨（Stian Schulz）把取消唯物主义分成：整体型取消唯物主义和局部型取消唯物主义。

整体型取消唯物主义也只是相对于局部型取消唯物主义来说的。如果把所有的心理现象都取消掉，那就是一种“灾难性取消唯物主义”（catastrophic eliminativism），也就是说把所有与心有关的现象包括概念都要从名单中划出去。这很类似于福多所讲的，将会对人类的文化造成极大的灾难。但从最初的费耶阿本德和罗蒂来讲，他们虽然没有明确提出这种说法，却也直指民间心理学要被认知科学或神经科学所取代，也可以算得上是一种整体型取消唯物主义。当然，最具有代表性的要说是 P. M. 丘奇兰德，在著名的论文《取消唯物主义和命题态度》中，他说：

> 取消唯物主义是这样的一种命题，我们关于心理现象的常识概念是一种完全虚假的理论，它有根本的缺陷，因此其基本原理和本体论都将被完善的神经科学所取代，而不是被平稳地还原。我们的相互理解和内省都可以在成熟的神经科学的概念框架中得到重构。①

从这段引文，我们可以看出，P. M. 丘奇兰德要把整个心理区域的日常概念都要取消。他认为，我们日常意义上的心理现象概念构成了一个经验理论，而

① Churchland P M. Eliminative materialism and the propositional attitude//Lycan W. Mind and Cognition：A Reader，Cambridge，MA：Basil Blackwell，1990，p. 206.

这个经验理论可能是错误的。按照纽拉特的逻辑经验主义主张，我们的所有表述都可能是经验上的错误。与此相应的就是，我们日常经验的心理现象也可能是一种错误，由此我们可以推断出：我们民间心理学的错误源于我们心理实在本体论的错误，那就是后者并不存在。所以，就 P. M. 丘奇兰德来说，像"爱""痛""意识""感觉""嫉妒""羡慕"等心理状态或过程的表述都是要被取消的。

P. M. 丘奇兰德说：

> 根据我们对内在（大脑）结构理解的指导，我们尽量去建构一个完全不同于自然语言的语言交流系统，它由新的因素建立起来的新的更强有力的复合语法，完全形成了具有外在属性的新奇复合。这个替代系统的复合链……不能被评估成正确或错误的，也不能从它们之间的关系推断例如句子之间的关系。
>
> 一旦建构了，这个"语言"证明是可以习得的……所谓的自然语言的合成形式或语义范畴都将完全消失。

同时，P. M. 丘奇兰德的夫人、著名神经科学家 P. S. 丘奇兰德也是一种强取消唯物主义者。她研究的"意识"日常概念也经常为人们所谈及。即：

> 在科学历史上，有时会出现：为人们所熟练运用、根深蒂固的受崇拜和受尊重的概念会是靠不住的。也就是说，在各种经验主义和理论影响的条件下，特定的概念丢失了它们的完整性，并且土崩瓦解……点金术的"精神"和"原理"、前伽利略天文学的"水晶球"、中世纪医学的"恶魔附身""燃素""以太"和"符"等现在看来都不过是早期人类理智形态的木乃伊……同样的命运可能落到我们自身习以为常运用的并且引以为完善和重视的概念身上……我想强调的概念就是意识。①

这可能是 P. M. 丘奇兰德整体取消唯物主义的最好表达。整体取消唯物主义再推下去就是我们整个的日常意义心理概念都要被取消，不但是民间心理学的"相信""欲望"，而且还包括与民间心理学相关的日常意义心理概念都要被取消。比如，我们讲的"椅子""小鸟""艺术""历史"等属于与心理有关的概念，因为贝克莱告诉我们"凡是存在都是被感知"，这个被感知与心是分不开的，我们很难相信与心没有关系的存在。那么这是不是都要被取消掉？

---

① Churchland P S. Consciousness：the transmutation of a concept. Pacific Philosophical Quarterly, 64，1983，p. 80.

可能 P. M. 丘奇兰德本人也认识到这个问题，他只谈取消唯物主义与命题态度的关系，甚至在上面的引文中，我们还可以看出心理理论不能被平稳地还原，但并没有提到不能还原。这还是给某些心理现象留下了还原的空间。只不过 P. M. 丘奇兰德关心的并不是这些心理现象。所以，我们只能说他的理论还是一种局部型取消唯物主义。P. M. 丘奇兰德把目光盯在了命题态度上，因为他假定我们民间心理学本质是一种以信念-欲望为特征的心理学，命题态度的考查涉及民间心理学的地位。按照他的思路，只要证明命题态度是错误的，整个民间心理学就是错误的。然而，民间心理学不但涉及信念与欲望，它还涉及其他一些民间心理学范畴，如“头痛”“意识到醒了”“意识到某些东西”等。

P. S. 丘奇兰德虽然也表达一种强取消唯物主义，但是在具体说到应当取消什么心理现象，从前面的引文我们也可以看到，她也只是说和意识有关的概念。假如我们说所有的意识相关的概念都丢失了完整性，这是不是意味着所有的有关意识的民间心理学概念，如“注意”“疼痛”“厌恶”“高兴”等都将是如此呢？

近来，丘奇兰德夫妇纠正了他们这种强取消唯物主义，开始转向一种乐观主义的态度。他们认为，我们的民间心理学框架某些范畴和特点应当被保留下来：

> 当有人建议“意识”范畴可能是破碎的……它可能被一套不同的范畴所取代时，人们可以认定我们否认存在着任何能被解释的现象。这完全是一个误解。当然存在着能被解释的现象。我们确定无疑的是，处于睡着和醒着、处于昏迷和功能完好、知觉到刺激和没有知觉到刺激等之间有重要的区分。我们奇怪的是如何去解释、理解和分类这些现象，我们期望科学给我们带来惊喜……在 1986 年，我同意坝贝尔（Keith Campbell）所说，除了“取消唯物主义”，有些术语也会合适。……当我丈夫在准备写他的书《物质和意识》而我写《神经哲学》时，他和我都在琢磨这个词。我们想用“修正唯物主义”可能更接近于我们想要表达的思想。[①]

从这段引文可以看出，丘奇兰德夫妇已经明确认识到强的整体型取消唯物主义的困难。我们不能否认有些现象是可以被科学解释的，它们可以为物理知识所还原，不可还原性的心理属性并不是指所有的心理属性。按照查默斯的说法，意识分成容易问题和困难问题，容易问题是可以科学解释的。从这个意义

① Churchland P M，Churchland P S. The future of psychology，folk and scientific//McCauley，R. The Churchlands and Their Critics，Wiley：Wiley-Blackwell，1996，p. 298.

上来说，意识并不是只出现于民间心理学，它还出现在科学中。当意识成为科学研究的问题时，我们如何去取消掉而不是还原呢？对于丘奇兰德夫妇来说，否认存在着“信念”“欲望”等本体论地位并不必然推出意识或其他心理状态不存在。他们只是说，我们日常语言特别是与命题态度有关的语言是错误的，我们最好放弃我们现在的对它们的思维框架。

如果就此看来，取消唯物主义还存在着局部的取消唯物主义。这种局部的取消唯物主义就是一种弱的取消唯物主义，它并不是要我们取消所有的心理现象或状态的本体论地位，按照我们前面的分析，它只是取消不能还原的心理属性，如命题态度的取消唯物主义。

除了我们所说的丘奇兰德夫妇在新近发表了命题态度的局部取消唯物主义看法之外，斯蒂克也开始在 1990 年转变了以前的极端的取消唯物主义观点。他说，我们取消民间心理学的命题态度并不是要取消命题态度的指称，而是取消命题态度背后的理论。我们建立的命题态度是建立在指称理论基础上的，然而这个错误的理论并没有为大家所普遍接受的、用以判断的理论指称是否错误的标准原则。[①] 他举了一个飞行器的例子，飞行器有多种，可能有小孩的玩具，也可能有我们乘坐的飞机，当然也有风筝。我们到底指的是哪一种呢？同样，如果我们用来否定命题态度的指称，我们到底指的是哪一个指称呢？因此，斯蒂克认为取消命题态度涉及我们语言哲学中谈论的意义理论，但这个意义理论并不是通常所讲的指称描述理论，而是因果角色语义理论。如果我们把取消命题态度背后的理论看作是因果角色理论，那么有些命题态度可能正好担负着恰当的因果角色，它可以用于人们进行日常的实践，但也可能有些理论不能担负着恰当的因果角色，故而可以取消掉。

事实上，我们可以注意到这些取消唯物主义的代表性人物并没有提到取消所有的民间心理学概念。更重要的是，“作为反对其他哲学家和科学家，他们并没有主张取消任何哲学家所宣称的意识的‘性质’方面”[②]。一般来说，局部型取消唯物主义只是涉及某些日常概念以及并没有对整体结构影响很大的子概念。当然，有可能他们在提到民间心理学时，认为民间心理学存在着某些错误的概念，这些错误概念影响到民间心理学的未来。但是，我们发现他们只是提到某些“精神”“灵魂”“运气”“忠诚”“阴魂”“圣灵”等，这些概念确实应当被取消，尽管我们在生活中会经常用到。比如，我们说“你太幸运了”，“幸运”这个词并没有真实的所指，它只是我们日常生活习以为常所用的，并不能对我们

① Stich S P. Deconstructing the Mind，Oxford：Oxford University Press，1996，p. 47.

② Schulz S. Alien Minds：Investigating Eliminative Materialism，Paderborn：Mentis，2002，p. 36.

的行为产生什么影响，也不代表着什么生物、物理、化学属性。可以推测，这是我们过去的传统民间心理学对于我们心理的一种错误认识，是一种对我们心理图式的错误描述，根本没有什么正确而言，也不能解释什么。取消唯物主义就是根据燃素说或者占星术的类比，而指出我们的民间心理学存在着一定的错误，但是有些民间心理学概念还是可以保留下来的。按照斯蒂克的说法，有些民间心理学概念可能只是一种功能角色的描述，那么它就不可以取消。比如，我国古代有这一样一句话“心之官则思”，这个“心”尽管被认为指向了错误的实在，即心脏，但是我们仍然可以用，因为它描述的是一种功能，当我们换成正确的指称时，这句话是正确的。

最后，我们看一下取消唯物主义这种类型的区分问题。第一，整体型和局部型取消唯物主义并没有截然的界限，我们很难明确表述在何种程度上哪种取消唯物主义是整体型取消唯物主义，哪种是局部型取消唯物主义，也就是整体是什么，局部又是指什么。就整体型取消唯物主义来说，它是全部取消与心理现象有关的知识，还是只是民间心理学，这恐怕对于取消唯物主义者本人或者反取消唯物主义来说都是可怕的灾难。事实上，取消唯物主义者在最大程度上也只是取消民间心理学，但这是整体还是局部呢？第二，当取消唯物主义在谈论取消意识时，并没有说要取消意识的日常概念，而是要取消意识的某些特性，这是用整体或局部取消无法区分的。因为就取消唯物主义本人来说也没有直接说拒绝一个概念或一组概念，而是拒绝某些它们日常语言的用法。

第三节 “公开”和“隐讳”的取消

前面我们谈到取消唯物主义如果要取消人类所有的语言或概念会使我们的人类文化面临着巨大灾难，无论是整体或局部取消都不可避免会导致文化另起炉灶。当代的取消唯物主义开始认识到，有些概念是可以取消的，但有些概念却不一定要取消，它们稍加修正仍然可以用。例如，我们不必要放弃“灵魂”或“心灵”这些概念，而需要把它们的非物质的性质取消就可以了。修正的“灵魂”“心灵”概念可以一直用以指称我们人类的某些心理特征。这种修正就是一种“隐讳”的取消主义，而坚持用科学术语取代日常用语的取消主义就是“公开”的取消唯物主义。它们在具体操作程序上有着明显的区别。

公开型取消唯物主义主要代表性人物显然是罗蒂、丘奇兰德夫妇和斯蒂克。他们公然主张我们民间心理学的命题态度概念都是没有真实所指的，因而可以用神经科学或认知科学术语所取代。按照P. M. 丘奇兰德的说法，我们有朝一日可以用神经科学的语言来描述我们的相信或欲望等心理活动。具体来说，大脑中真实存在的只有神经元活动、过程和连接模式，并不存在着常识心理术语所赋予的状态和实在，因此必将随着科学的发展和科学术语的常识化而被精确的科学语言所取代。斯蒂克指出，民间心理学的心理图式根本与我们认知科学中联结主义的图景不相符。传统认知模式预设了命题模块性，包括语义的可解释性、功能的具体性和因果有效性，但在联结主义网络中，不存在着表征具体命题的个别网络状态或部分，信息是整体储存并分布于网络之中的。对某一具体命题的计算往往涉及许多权数、单元或偏差，而每一联结强度、偏差和隐蔽单元又都在很多计算中发挥作用。所以，“不存在具体的、语义上可解释的、只在某些认知阶段而不在别的阶段发挥因果作用的状态”①，也不存在民间心理学的命题态度可以合理地与之同一的东西，因此，民间心理学的命题态度可以为联结主义所取代。

取代是公开型取消唯物主义的主要特征。就“取代”的意思来看，它是用一种东西去替换另一种东西，等于说后者根本没有存在的地位和必要性，完全否定了后者的价值，根本不存在两者可以并列的情况。比如，民间心理学就不能和神经科学共同存在，你要么承认民间心理学，要么承认神经科学。所以，当取消唯物主义被认为是“取代”的时候，这等于把自己置于孤立的地步，好像天下就只有一种可以承认的学科存在。这也是取消唯物主义被视为极端的一种表现。

事实上，我们在前面也说过，取消唯物主义只是取消不可还原的属性，它并不是要取消所有的实在。因此，在近来的取消唯物主义来看，取代并不是一种明智的选择，进行适当的修正才是比较合适的。这种取消唯物主义，我们称之为修正或隐讳的取消唯物主义。

修正的取消唯物主义认为，我们的语言并不是从刚一开始就固定下来的。即使对于分析主义哲学家来说，语言也是一种习得性的，在历史长河的变迁中，语言虽然没有变，但是意义是在不断变化的，我们可以赋予它新的含义。奥图·纽拉特就说：

> 科学的变迁是通过抛弃特定历史时期的语言而实现的，它们经常被其

① Stich S P. Deconstructing the Mind. Oxford University Press，1996，p. 47.

他语言所取代。有时保留下来了同样的字，但它们的定义有了变化。①

著名哲学家丹尼特不像P.M.丘奇兰德等那样公然把民间心理学的语言全部取代，他对于这些语言持保留态度，尽管他也认为我们的命题态度只是一种幻觉。他的思想主要体现在他的工具主义。工具主义是一种谨慎的对待命题态度的方式，虽然命题态度不存在，但我们仍然可以把它作为工具来用。但是作为工具来用的时候，它并不再是当初的用途。比如，我们挂在墙壁上的剑，本来是用来攻击或防卫之用的，但是我们稍加修饰，只是作为装饰之用。

有人把丹尼特工具主义作为一种实在论，就是说，工具之所以能够发挥它的功能，还是有一定实在属性所指。丹尼特在《意向立场》中明确说明，他不是实在论而是反实在论，起码在意向态度问题上是反实在论。按照他的思想，民间心理学概念是有用的，这种有用并不是因为有其真实的所指，在人体内只有物理过程、状态和属性，根本没有民间心理学所说的状态、过程和属性，所以无法还原为微观过程。民间心理学有用只是因为它是一种意向系统心理学。这种意向系统心理学在合理性假定之下，能够把各种相互依赖的心理现象如信念、欲望等构成的系统作为自己的基础，从而模拟这种系统而具有解释与预测的任务。我们不能取消民间心理学，尽管它没有真实的指称，没有描述任何实在，但是它恰好对应于一种系统，一种高级的系统。也就是说，民间心理学描述不是某种具体物理实在，而是一种物理实在对应的抽象能力。比如，我们的算盘或计算器，拨动了算盘上的算珠或按动计算器的键，它们可能并不是真实的数量关系，但是这些算珠或键的运动可能代表着某种数量关系。同样，描述和说明信念、意图并不涉及任何真实的过程和状态，但这碰巧使我们解释和预测了个人的真实行为。

在意识问题上，丹尼特也没有明确地宣布取消意识的日常概念。他认为，我们要区分意识的自然语言概念和技术上的哲学概念。就意识的困难问题来讲，主要源于我们使用了意识的哲学概念，即意识具有某种特征，它是一种为我们主观所拥有的感受性质。这种意识概念具有以下特点：第一，不可言说的（ineffable）。我们无法用语言表达我们的感受性质，它只能存在于每个人的体验中。第二，本质的、内在的（intrinsic）。虽然无法表达，但是确实是实在的，本质上是内在的。第三，私密的（private）。每个人都有不同的感受，其他外人无从知道，也没有得以观察的渠道。第四，直接地（directly）。感受性质拥有者对自

① Neurath O. Protocol sentence//Ayer A J. Logical Positivism, Glencoe, Illinois: The Free Press, 1959, p. 203.

己的感受性质具有权威性，可以直接掌握。丹尼特认为，意识的概念是哲学家自己所建立的，并不存在内在的完整性。他在《意识的解释》中说：

> 为什么意识就应该是唯一不能得到解释的东西？固体、液体和气体可以从自身不是固体、液体和气体的东西来解释。生命也能从自身不是无生命的东西来解释——而且这种解释不会使有生命的东西变成无生命的东西。我怀疑，认为意识是个例外的错觉之所以出现，只是因为人们未能从理解上成功解释这个普遍特征。由于误以为解释遗漏了某物，我们就想挽救这种不然就会失去的东西，于是，就把它重新放入观察者内部，说它是感质，或者“内在的”奇妙的性质。心理成为保护的围裙，在它底下藏着所有这些招人喜爱的小猫咪。也许的确存在着一些动机，促使人们认为意识不能得到解释，但我希望我已经表明，我们有很好的理由认为它可以得到解释。①

丹尼特认为，我们应当取消哲学上的意识术语，并不是取消意识的自然语言。意识的自然语言是指我们用日常方式进行描述意识的直觉概念。这些描述意识的直觉概念可能是有用的，它可以用我们的认知科学理论重新赋予新的含义。这种重新赋予就是一种修正。当然，丹尼特的修正是用一种隐喻取代另一种隐喻：

> 我还没有用非隐喻的（“本义的、科学的”）理论取代隐喻的理论——笛卡儿剧场。我所做的全部其实就是，用一组隐喻和图景代替另一组隐喻和图景，用软件、虚拟机器、多重草稿、小人的群魔战场，换掉剧场、见证者、核心赋义者、虚构物。你可以说，这只是一场隐喻之战——但是隐喻不“仅仅”是隐喻，隐喻是思考的工具。没有隐喻就不能思考意识，所以，重要的是，用一套可以获得的最好的工具来武装自己。②

总的来看，公开型取消唯物主义和隐讳型取消唯物主义的区分就在于“取代”与“修正”，它表明了对待我们常识心理学语言的不同态度。取代认为我们的常识心理学语言根本没有存在的价值，完全是一种错误的语言，但修正则程度上相对弱一些，认为我们的常识心理学语言还是有存在的价值和地位，只不过我们重新赋予不同含义，旧瓶装新酒，同样可以具有新意义。

---

① 丹尼尔·丹尼特：《意识的解释》，苏德超、李涤非、陈虎平译，北京：北京理工大学出版社，2008年，第522页。

② 丹尼尔·丹尼特：《意识的解释》，苏德超、李涤非、陈虎平译，北京：北京理工大学出版社，2008年，第523页。

公开型取消唯物主义向隐讳型取消唯物主义的转变，实际是在反取消唯物主义的攻击下所做出的反应，即不可否认民间心理学在我们日常生活实践中具有不可替代的价值和地位，它仍然具有指导我们预测和解释的意义。当公开型取消唯物主义用认知科学或神经科学去取代民间心理学时，我们不但无法知道认知科学或神经科学是否真的具有民间心理学的解释或预测功能，而且在时间上我们也无法允许等到了那一天我们再去准备解释或实践。最好的办法就是我们承认民间心理学可能存在着错误，但并不是完全的错误，有些是不成功的，有些可能是成功的，而且可能正好对应着我们科学所描述的东西。这些东西我们应当保留，所以正确的态度就是有保留地进行修正。

第四节 概念和本体取消

我们一般认为，取消唯物主义认为心理没有真实的所指，在世界中没有本体论地位，自然应当取消，从而描述它的概念或理论也应当被取消。这是对取消唯物主义的片面理解。我们从丹尼特的隐讳型取消唯物主义可以看出，他虽然认为意向态度只是一种幻觉，并没有真实的对应实在，但是并不主张取消意向概念。因而，取消唯物主义又存在着概念上和本体上的取消唯物主义。

所有取消唯物主义都是本体上取消唯物主义，但在概念上取消唯物主义存在着区分。P. M. 丘奇兰德的取消唯物主义既主张本体上取消唯物主义，又坚持概念上取消唯物主义。他主要通过概念上科学分析民间心理学的概念，发现这些概念并没有意义，从而推出本体上取消唯物主义。他认为，我们民间心理学从根本上来讲是由错误的理论构成的，它很类似于自然科学发展中的“燃素说”，必将被“氧化说”所取代。按照 P. M. 丘奇兰德的说法，这些错误的理论包含着大量错误的概念，如“燃素”并没有描述出任何现代科学中的成分，因为并没有燃素这个实体存在。可以推断，民间心理学的状况像“燃素说”被“氧化说”取代一样，它终将被神经科学所取代。所以，本体上的取消唯物主义重要的一点在于：“保罗·丘奇兰德和其他取消唯物主义者通过宣称民间心理学概念的隐含框架的错误性推出民间心理学的‘假定’的本体的取消主义。”①

我们可以发现，P. M. 丘奇兰德的本体取消唯物主义包含着这样的前提：第一，理论或概念是对实在的描述。P. M. 丘奇兰德坚持科学实在论，要求在本体

① Schulz S. Alien Minds：Investigating Eliminative Materialism，Paderborn：Mentis，2002，p. 36.

论上预设一种实在，而在认识论上要求科学理论描述这种实在。这种科学实在论的基础就是还原论，所关注的实在都是最基本的实在如微观粒子或物质。当民间心理学描述的实在无法顺利还原到微观部分的时候，我们就说它根本并不存在，自然也不存在用微观部分去解释这个实在。第二，凡是实在都是可以经验或借助科学工具观察到的。真正的实在应当是具体的、殊相的，比如我们观察的微观粒子、基本构成；即使我们肉眼看不到的东西，我们也可以借助科学工具观察到。它们都是独立于我们的心灵而客观实在的。正是 P. M. 丘奇兰德的这种科学实在论才推出了民间心理学本体上的取消。然而，民间心理学是不是在这个基础上建立起来的呢?

P. M. 丘奇兰德说，民间心理学就像“燃素说”一样来进行建立的。“燃素说”真的和民间心理学有相同的命运和地位吗？它们真的可以放在一起进行比较，从而得出“相信”和“燃素”都是错误的概念。试想，我们假设用燃素的存在来解释燃烧现象，但是我们是否是假设有相信这种心理现象的存在来解释某些心理现象？相信这个心理现象是一个假设吗？或者，其实它就是一个需要被解释的现象？那么，痛这样的心理现象又是如何呢？难道如果我们生来就没有学过关于痛的语言我们就不会痛了吗？我们或许会发展出错误的理论来解释痛的现象，但是，这些心理现象却似乎是需要被解释的，而不是为了解释某些东西而发明的。也就是说，我们的民间心理学并不一定是按照描述某种具体的实在那样的样式建立的，我们为什么不可以设想，民间心理学描述的并不是微观实体，而不过是一组可以观察情况和另一组观察情况联系起来的方便手段或工具。

丹尼特同意本体上的取消唯物主义，承认民间心理公认的实在如信念或欲望等并不存在，但并不认同我们民间心理学没有用，是可以完全被神经科学所取代。我们前面提到丹尼特反对科学实在论，主张反实在论。也就是说，当 P. M. 丘奇兰德坚持费耶阿本德式科学革命的时候，完全把科学当成一种实在论变化而取得进展，实际没有看到我们的科学发展并没有完全取消所有的概念。比如，原子论在古代德谟克利特那里就提到“原子”概念，它根据大胆的推测，指的是一种不可分割的微粒；但到了近代原子论那里，这个概念仍然被保留下，但是指由原子核和围绕原子核运动的电子构成的最小单位，原子属性发生了变化。同样，在牛顿的力学中所使用的时间和空间概念，空间和时间的本性被认为是与任何物体及运动无关的，存在着绝对空间和绝对时间。牛顿在《自然哲学的数学原理》中说：绝对空间，就其本性来说，与任何外在的情况无关。始终保持着相似和不变；绝对的、纯粹的数学的时间，就其本性来说均匀地流逝，而与任何外在的情况无关。但是在爱因斯坦相对论中也沿用了时间和空间概念，但它们会变化，会弯曲，只是人们的一种参照系。当代的反实在论认为，我们的科学描述的量子、场、能量并没有具体的微观实在，但是它们仍然是我们有效的科学预测理论。科学哲学家范·弗拉森认为，科学旨在给予我们经验上合适的理论；而接受一理论所包含的信念只是其经验上的合适性。

从表面上看，既然我们的语言没有描述真实的实在，那么就可以像抛弃“鬼”这样的术语来对待它。假设，我们放在柜里的东西不翼而飞，你不能再用“鬼”来解释东西的不存在，因为“鬼”根本不存在。但是为什么概念取消唯物主义认为我们的民间心理学话语仍然可以保留下来，帮助我们进行解释与预测呢？工具主义认为，我们的日常心理话语是有用的和真实的，尽管像“信念”或“欲望”在解释并没有指向我们的内在的心理状态。丹尼特用一个比喻来说明他的思想。他说，“信念”或“欲望”类似于我们经常提到的术语，如“重心”“家庭平均拥有孩子数”。一般来说，我们认为下面的两句话是没有问题的，“他的重心不稳，摔倒了”，“美国每个家庭拥有 1.9 个孩子”。虽然我们很少会在现实生活中找到这些概念真正对应的具体实在，不可能会有 1.9 个孩子存在，但它们同样可以帮助我们进行解释与预测美国的家庭状况。

同样，丹尼特说，我们公认的信念或欲望概念也是一个抽象的存在，并没有真实的对应。尽管没有真实的对应，信念或欲望像“重心”一样可以作为我们预测或解释某种现象的有效工具。我们不能把心理状态的日常话语作为一个系统的日常因果状态，而是要把它们考虑成一个“意向立场”。就像当年的卡斯帕洛夫与计算机“深蓝”进行了一场人机大战，卡斯帕洛夫并没有把计算机下棋作为一种功能状态，而是想象成它有某种意向或想法；同样，我们在思考某人下一步活动时，也会把对方当成有某种意向或欲望，而不是想象成大脑的某种神经活动。我们使用意向术语只是作为工具解释或预测某种系统的活动，而并不是把它归属于某种真实的实在。

所以，后来利康认为丹尼特的思想类似于戴维森的解释主义，把意向活动作为一种规范性的活动。比如，戴维森说：“我们必须筹划出他意指的理论，这样就马上给出他的态度和话语的内容。从我们需要理解他的意义上，我们设法寻找一个理论以找到他的一致性，对事实的相信，对美德的喜爱。”① 也就是说，我们的意向立场有用并不是来自经验证据的支持，而是一种规范性的描述。所以，丹尼特说，决定某种东西是意向系统的有效证据的基础是允许有某种规范

① Dennett D C. Brainstorms，Cambridge，MA：The MIT Press，1978，p. 13.

性或逻辑性的预测，而不是经验证据。但是不同于戴维森的解释主义，丹尼特认为意向等心理活动并不是建立在整体论上的高阶存在，也不是可以局部还原到物理的现象，它只是一种方便的工具。

P. M. 丘奇兰德的取消唯物主义与丹尼特的工具主义在下面问题上存在着根本的区分：第一，我们民间心理学框架是不是根本错误的以及是不是应当被不同的框架所取代。P. M. 丘奇兰德取消唯物主义回答是肯定的，因为按照科学实在论来看，民间心理学作为科学理论是错误的。但是丹尼特工具主义认为，民间心理学不能作为一种科学理论，看作是一种内在有效性状态的描述，它只是一种我们用来解释或预测的合理性假说。雷（Ray）说，它是反对一般科学实在论的背景，尤其是反对那些把现象作为需要具有任何因果解释目的的实在。因而，民间心理学的存在不依赖于经验实体的存在，不依赖于内部的神经活动过程。民间心理学的成功可能说明它的基本框架是正确的。

第二，本体取消唯物主义能否推出概念取消唯物主义。P. M. 丘奇兰德认为既然概念没有真实的所指，因而不能平稳地还原到神经科学知识，所以本体上取消意味着概念的取消。我们应当把所有心理概念或理论都当成错误的概念或理论取消。但是丹尼特并不认为本体取消唯物主义非要取消概念，也就是说本体论上的问题不能推出认识上的问题。认识问题是一个综合性的问题，它涉及我们的各种认知因素，如背景知识、规范因素等。

第五节　物理主义的“概念革命”

评价一个理论不能单独研究它本身的内容或论证如何创新，关键在于放到一个大的背景下。同样，如果只是关注取消唯物主义提出取消民间心理学的地位这样的令人惊诧的结论，这不是对取消唯物主义的赞扬，反而在某种程度上贬低了它的价值。取消唯物主义应当与当代心灵哲学的发展结合起来。

我们知道，在心灵哲学历史上有一本重要的著作，即赖尔的《心的概念》。在这本书中，赖尔提出了对心的概念地形学、地貌学的结构分析，从而开启了心灵哲学的当代发展。但是在这条道路上，行为主义把心理概念归结为行为倾向，还原主义把心理概念同一于物理概念，非还原主义则承认心理概念的实在地位，其结果仍然无法解决心身问题。取消唯物主义则提出了具有创新性的思路，我们的心理概念可能本身就是没有实在所指，心理概念需要取消或修正。按照著名哲学家麦金所说的，在心身问题上必须进行一场心理概念的彻底革命。

但是心理概念需要一场什么革命呢？取消唯物主义的取消是一场什么意义上的革命？

一、概念与概念框架

哲学问题的发生总是与概念相关。维特根斯坦说，我们的哲学问题就是来源于我们的语言误用。他举了一个例子，我们想抬起手臂，于是抬起手臂。分析下去，我们发现：除了我们手臂进行肌肉的收缩，根本没有所谓的“想”的存在。这也是心身问题存在的原因。同样，赖尔认为心身问题来源于我们的“范畴错误”，把并不属于一类的语言范畴归结为一类范畴，犯下了我们到了学校的图书馆，却要问这个学校在哪里的错误，因为“校图书馆”与“学校”不是一类范畴。我们确实是在范畴中思考，没有概念就没有思考。当一个哲学问题出现的时候，如果我们不针对这个概念进行深入的探讨，就不会理解这个哲学问题出现的原因。也就是说，如果我们的哲学问题所使用的概念是错误的，那么我们可能产生出一个错误的思考，以及错误的解决方式。当这种情况出现时，我们必须指出概念是如何产生的。

概念是当我们使用一个语词时，该词语对应于我们内心思考所呈现的东西。我们通常将这种东西称为词语的意义。概念就是词语对应的意义。这个对应通常包含着使用语词的人正在使用该语词时所用以指称的东西，以及与这个语词所伴随其他语词的关系。前者可以称为语词的指称，后者可以称为概念框架。

那么，当我们说一个概念是错误的时候，自然至少包含着指称与概念框架两个部分，当概念的指称发生错误的时候，我们可以说这个概念是错误的，而这种错误的发生在于指称不存在的东西。从这个角度来说，我们可以说“燃素”是错误的，因为它无法指称任何存在的东西。但是像“灵魂”或“心”是不是指称不存在的东西呢？这恐怕存在着争论。我们也可以说，如果一个概念本来就不打算指称一个不存在的事物，本来就是以虚构的身份被使用，就是“方的园”“金山”等概念，原本就是打算不指称任何存在的事物。

概念错误还涉及概念框架的错误。概念框架就是以某些关系连接起来所形成的一个框架，而我们使用一个概念时，这个框架就是伴随着这个概念，以至于在该概念被使用时，如果不注意到这方面，这个概念的意义就会受到框架的影响。例如，我们说某个人是“强盗”时，这个概念本身并没有包含着贬义的意义。但是贬义的评价则与小偷的概念相关联。如果我们称某个人为“侠盗”就不同了，这个概念本身也没有褒义与赞扬的评价，但是这个概念总是与赞美相联。所以，当这样的概念框架出现错误时，我们也可以说这个概念是错误的。

具体说，即使概念有正确指称，指涉某种存在，但我们对于该概念与其他框架的关联的理解是错误的时候，或者概念框架中部分概念间的关联并不正确指称到其他真正存在的关联，在这样的情况下，我们都可以说这个概念是错误的。那么，是不是心理的概念就是一个概念框架的错误所造成的呢？

因此，我们在谈到取消唯物主义对于概念革命的时候，必须区分是概念没有真实的指称，还是概念框架是错误的。就此角度来看，P. M. 丘奇兰德的取消唯物主义认为错误在于概念指向了不存在的东西，命题态度“信念”或“欲望”同“燃素”“幽灵”一样都是这种错误。所以，避免这种错误就只能用科学术语来取代。但是，丹尼特等工具主义者认为，我们的心理概念如“信念”或“欲望”并不一定指向真实的存在，它们是我们为了解释的需要而选择的，本身并不存在错误或者不错误，只有当我们把这些概念与其他概念关联起来，我们才能判断出错误。按照我们上面的分析，心理概念的错误可能就在于概念框架的错误。

二、心理概念框架

错误的概念导致了对于事物的理解出现了问题，而错误的概念框架则导致了整个系统的崩溃。在日常生活中，人们为了圆一个谎言就必须说上数十乃至数百个谎话来配合。这同样适用概念错误，当这样的情况出现时，我们就要反思概念框架。有理由相信，心理概念框架是有问题的，或者说我们心理概念框架是与目前我们所知的物理世界的概念框架格格不入的。我们可以发现，我们在理解心理概念的时候经常采用物理概念框架去理解，比如我们认为心理具有空间性，“心胸宽广”“心胸狭窄”或者“在心里”“心里想”等概念表述这种概念框架。

是什么造成心理概念有这样的框架呢？按照西方心灵哲学家杰恩斯的说法，灵魂等概念不是对实在或属性的真实认识过程的产物，而是由语言的运用所创造的，或者说是古人在扩展语言的使用对象与范围的过程中杜撰、虚构出来的。[①] 他认为，心理概念首先是在物理概念的基础上产生出来，人们关于心理世界的观念是比照物理世界而建构出来的。如果杰恩斯是对的，那么心理概念框架包括一种物理世界的客观概念框架。

在客观概念框架中，我们认为所有人会看到相同的东西，它对应的就是一种第三人称描述的结构，比如它有空间、体积、质量等。麦金认为，

> 这种思维方式是世界科学描述的本质，是科学所关注的具体领域得以

① 高新民、刘占峰：《心灵的解构》，北京：中国社会科学出版社，2005年，第350页。

引入的基本框架。所以，当我们试图去理解心身问题时，这种基本框架将无法保证我们的思维稳定可靠。我们在天文学、物理学、生物学、数学和语言学中运用得很好的概念框架将无法承担意识问题的任务（对于奇怪的背痛折磨也是基本如此）。因此，在解决心身问题上，我们的科学能力有着错误的“语法”。这正是我们体验到问题如此奇怪深奥、如此概念化和如此特别哲学化的原因。这是为什么意识的理解不完全是一个日常科学方案的原因。我们不但需要进行“范式转换”去抓住意识，我们也需要一个根本上全新的思维结构。①

从麦金的引文中，我们可以看到客观概念框架对心理概念影响之深，以至于造成了我们心身问题难题。如果心理只是客观物理概念框架，而且我们也用客观物理概念去理解，也就不存在问题了。问题是心理概念还有一种概念框架在影响着我们。也就是说我们还采用另外一种概念框架，即主观的概念框架。

一般来说，我们对于心理的描述，特别是心理的感受性质，采用就是一种内省的方式，即我们经验到什么，它是什么样子的。在这种概念框架中，所有东西都只对每一个个人呈现，也就是以第一人称的方式来看待世界，我们称之为主观的概念框架。我们心理的主观经验描述的概念就是建立在这种概念框架基础之上的。麦金说：

内省也不是借助与内省力接触的心灵而运行的，它不像光线接触到视网膜或物体碰到皮肤。当我们检查我们的心理状态时，并不是说心灵像我们的五种外感官那样，在某种程度上转到内省力范围之中。根本不存在着对应的空间概念，使得内省力对于心灵中所要发生的什么做出反应。②

当这两种概念框架同时使用来理解心理的时候，就会出现心理的不可还原性问题。从客观的概念框架来看，我们无法理解心理的感受性问题，因为后者是用主观的框架建构的；从主观的概念框架来看，我们无法理解物理概念如何解释心理概念，因为物理概念是客观框架建构的。

三、心理概念框架的深入分析

我们在思考心理概念的时候，可能采用了以下的概念框架建构。

① McGinn C. The Mysterious Flame: Conscious Minds in a Material World, New York: Basic Books, 1999, p. 59.

② McGinn C. The Mysterious Flame: Conscious Minds in a Material World, New York: Basic Books, 1999, p. 114.

(1) 心理概念仅对应到物理概念的部分，而且有些部分的因果关系不一致。从主观观察以及从客观观察来看，因果关系可能会有不一致的地方。因为每一个神经作用都会影响到其他相关神经细胞，每一个神经作用都会产生主观的心理现象，所以有可能实际上我们主观上只能观察到神经因果方面的一小部分，而忽略其他部分。例如，主观的痛指涉部分客观的痛，但是客观的痛仍然存在的情况下，主观的痛可能会不断地减弱。这可以在日常生活中感觉到，一个人打球累了，肌肉酸痛，然而并不一定带来持久的主观的痛，甚至会感觉不到或者有主观的爽。在这样的情况下，从主观的角度出发所掌握的因果结构实际上无法对应客观的因果结构。

因此，我们借以主观观察所造成的主观方面的因果结构可能是错误的，它们可能把客观概念框架套用到主观概念框架之上。当然，P. M. 丘奇兰德的取消唯物主义提出应当回到神经科学方面去理解心理的因果结构。对于他的取消唯物主义来说，客观概念框架是没有问题的。但是，如果我们要相信自由意志存在的话，那么客观概念框架就是有问题的，剩下的就是要取消物理概念框架。

(2) 几个不同的心理概念组成物理概念。我们也可以设想有一种客观的物理概念对应着不同的心理概念，它们从不同方面来描述物理概念。比如一种痛的神经活动，可以对应着悲伤、忧郁、紧张、焦虑等心理概念。从客观的角度来看，痛是一种实际存在的整体的东西，后面四种情绪应当是它的一部分，但是从主观的角度来看，后面对应的四种情绪可能并没有因果结构，它们是分裂的不同的部分，有着不同的因果结构。这也造成了心理不可还原性的问题。

(3) 一个心理概念涉及不同的物理概念。这是比较复杂的情况。从著名神经科学家艾德尔曼的《意识的宇宙》中可以发现，我们的大脑的神经活动是在不断变化的，每一个意识可能对应着不同的动态核心，而且随着时间推移，参与这个动态核心的神经部分又会失去或者又有新的神经部分参与其中。可以这样想像，一个心理概念出现应当对应着相同的因果关联的物理概念，然后我们把它当成同一件事物而形成一个概念。但是随着不同的物理概念的加入，这个心理概念就会出现前后不一致的情况。

(4) 一个心理概念涉及非存在的概念或者是虚构的概念。我们知道，我们在描述心理活动的时候，可能内省经验到某种东西，它可能是某种幻觉，也可能是某种巧合。它可能形成一种心理概念，这种心理概念在主观的层面是不存在的，但又非常类似于某种客观存在的东西。比如，有些人在濒死体验中，说看到灵魂出窍，甚至说灵魂进入到了天堂。这个灵魂就是这样一种心理概念。

从这些情况中，我们可以明确地发现到，这些可能的概念框架错误导致了我们心理概念与物理概念格格不入，所以，取消唯物主义在坚信物理概念框架没有错误的基础上而相信心理概念是错误的，其结果就是取消心理概念。我们不同意取消唯物主义只取消心理概念，而是应当取消心理概念框架，也就是说在保留心理概念的情况下，对心理概念框架进行革命或者修正。同时，我们也不同意物理概念框架没有问题，它也不是对世界的完全描述，概念革命也应当包括物理概念框架的修正。

四、概念革命的尝试

取消唯物主义在解决心身问题上提出了大胆的尝试。它继承了赖尔等分析哲学家的概念革命，而提出了概念的取代或修正。至于这种革新是否实用，是否在日常生活中能够行得通，则并不重要，我们关注的就是取消唯物主义对于还原物理主义和非还原物理主义所陷入困境提供哪些启示的思路，以及按照这种思路我们如何发展下去。

当然，按照取消唯物主义者乐观的预言，未来的心理语言将要被神经科学语言所取代，到那一天，我们说到痛的时候，可能会说“我的某根神经束在以一定频率激发”。这样的说法可能令当代的我们感到可笑，而且根本在日常生活中没有实用性。但是，许多正确的理论都是在开始的时候让人接受不了，这并不影响它在科学中得到极大的运用。比如，我们虽然知道太阳围着地球转，但我们仍然用“太阳从东方升起来了”描述自然现象，不同的是，这一理论对于科学具有很大的价值。所以，如果我们仍然采用旧概念去思考心物问题，这个问题永远待在那里，我们对于意识之谜没有丝毫进展，当然也不会对于人们出现的心理问题有着深刻理解。我们的目标就是要从旧概念的范式中跳出来，不在用旧概念的框架去寻找解决的出路，而是要把旧概念及其概念框架中的错误找出来，通过修正旧概念或取代某些旧概念来重新理解心身问题。

但是，我们又不像麦金那样认为，我们不可能通过概念革命来解决心物问题，因为我们固有的概念框架图式是先天决定的，即我们无法跳出“认知闭合性”，心理的不可还原性是我们的认知能力造成的，它不在我们的认知能力之内。我们接受取消唯物主义的看法，心理不可还原性在于我们的概念错误，只要取消或修正这个概念错误就可能解决这个问题。那么如何进行概念取消或修正呢？以下我们提出了自己的看法。

(一)“旧瓶装新酒”

旧概念不断进行意义拓展而成为新概念，这是科学发展过程中经常出现的现象。前面我们说过，原子在古代原子论那里并不是今天科学中的意义，但它被保留下来，并与当代的电子、原子核概念结合起来有了新的意义。同样，心的概念也是在不断地发展的，由原来指的心脏到今天指的人的大脑，甚至某种神经属性。可以这样讲，一个概念能够一直保留当初创立时的意义是不可能的。

当然，我们在谈到心理概念创新的时候，不仅指对概念的指称进行多大的变化，更重要的是进行概念框架的创新。举例来说，我们有某种心理概念“快乐”，可以将其相关的概念结合起来进行分析，如“快乐”可能与肌肉收缩A、血液流速加快B、神经活动状态C等相关，但是快乐是主观的描述概念，而ABC是客观的描述概念，从表面上看完全无法还原。特别是我们认为快乐具有一种感受性质，这是ABC无法解释的。那么，对于这个问题我们就要进行概念框架的创新，而不是寻找快乐本身有没有真实的所指。

如何进行概念框架创新呢？假设我们发现了快乐与ABC存在着必然的因果关联。我们把这个因果关联称为E。当我们在对快乐概念进行修正时就应当把E包含进来，合成一个概念体系。亨弗瑞（Nicholas Humphrey）提出这样的构想：当我们把一个心理状态等同于一个大脑状态时，就等于把这两者连接起来，只要在思考上我们可以连接两者，那么，问题就可以解决的。当然，这是一个概念框架建立的过程。例如，我们从痛的主观性质出发，连接到痛的感官感觉，再连到痛的经验，再连接到躯体受到刺激所产生的痛，等等，以此到连接大脑产生出的痛的神经状态。当我们在认知上能够完全做到这些，构成了一个概念体系，这个痛的主观性质也就不能理解了。因此，我们说，痛的主观性质不在痛的神经活动中，而是在这个相连的概念框架中。正如我们说“重心”，它并不是在世界上存在着一个有着体积、质量的实在，而是在我们的物理学中相关概念体系中存在的。你只要找到这些相关概念体系就可以理解了。

（二）内外结合

我们前面分析提出，我们的心理不可还原性问题在于我们同时使用了两种概念结构，即客观和主观的框架结构。从客观框架结构来看，我们的心理应当是有体积、大小和质量的东西；从主观的框架结构来看，我们的心理没有体积、大小和质量。那么，我们能否将两者结合起来形成一种新概念来取代旧概念呢？或者说当我们看到某种状态同时又能够直接内省这一状态所产生的心理状态时，能否找到一种必然的关联而重新形成一种新的概念？

这种方法并不是说我们要找到一个包含主观框架结构与客观框架结构的概念，而只是说要找到一个能够把它们联系起来的概念，可以不用纠缠于主观与客观思维区分而无法解决心理不可还原性问题。事实上，按照取消唯物主义的观点来说，心理不可还原性问题本身并不是问题，只要我们换一种思维方式就可以理解了。同样，当我们找到一个概念能够把心理概念与物理概念联系起来，问题也就不存在了。

但问题是这样的概念是一个什么样的概念呢？我们只能设想它是一个中介概念，可以让我们同时能够从主观角度和客观角度进行思考。有个神经科学的例子可以说明这个问题。斯坦福大学神经影像和疼痛中心的主任麦基（Sean Mackey）以及神经生理学家狄羌（Christopher DeCharms）共同设计了一个实验，让一些疼痛病人观看大脑功能性核磁共振的图片来调整他们自己的疾病经验。首先，让他们躺在可以展示大脑状态的核磁共振仪器里，并且让他们可以观看自己在疼痛发生时的大脑区域的活化程度状态，画面以一个火焰来代替，当火焰越大则活化程度越大，主观感受就越痛。反之，当火焰变小则大脑该区的活化程度变小，主观的疼痛也随之降低。病人在接受训练来控制自己的疼痛经验之后，多数人都相当程度地能够控制自己的疼痛了，而且火焰的大小和主观感受真的可以有正确的因果对应了。

对于疼痛病人来说，疼痛与大脑的神经活动就通过火焰来联结起来，即疼痛程度对应着屏幕火焰的大小，而屏幕火焰的大小对应着大脑疼痛区域的活动程度。当三者因为经常性的训练而被联系在一起的时候就会浑然天成形成一种概念时，至少对于经常训练的人来说，其疼痛的概念将会改变，由本来完全的主观感受加入了屏幕火焰的大小以及所相对的大脑某区的活化程度。这个火焰概念在某种程度就是一种中介概念，它本身在这里并没有什么原来的物理概念的意义，而与其他两种活动的概念联在一起形成了一种新概念。

我们可以大胆地设想，将来人们会找到一个为大家公认并且较少引起歧义的中介概念，使我们能够同时考虑到主观和客观结构的两个方面，并且不认为二者之间存在鸿沟。

（三）建立“象”思维的概念

如果说非要问能否找到一个超越主观和客观框架结构建立的概念，那么我们认为可能建立在中国“象”思维上的概念更为好一些。“象思维”是中国的学者王树人首倡，他认为中国的传统哲学迥异于西方传统哲学之处在于思维方式的差异，后者采用主客二分的概念思维，而前者采用象思维。象思维是人类最本原的思维，是一种前语言、前逻辑的思维方式，又是富于原创性的思维。[①] 具体地来说，象思维是指运用带有直观、形象、感性的图像、符号等象工具来揭示认知世界的本质规律，通过类比、象征等手段把握认知世界的联系，从而构建宇宙统一模式的思维方式。

象思维建立天人合一的前提下，以物象为基础，从意象出发来看待事物，它可以让我们从旧概念的思维中解脱出来。比如禅宗就是一种象思维的方式，六祖说，通过一定的禅修，可以达到“无念、无相、无住”。这种境界就是一种我们日常概念所无法把握的世界，因为日常概念总是要指向某种客观对象。象思维把握的对象是非对象化的，它的概念既不是专名，也不是概念，而是随语境变化而变化的，并促使新的意义生成。这类语言很类似于诗化的语言，它表达出了我们很难用日常自然语言无法把握的东西。比如，明代诗人马致远的“枯藤老树昏鸦，小桥流水人家，古道西风瘦马，夕阳西下，断肠人在天涯。”所描写的主观感受就不是一种自然语言所能表达的，他采用的一种直观形象的图像，通过联想类比，描述出了远方的游子孤独凄凉的心情。

同样，我们研究心理的不可还原性问题，也可以采用这种思维方式建立概念。我们可以设想，心理与物理共同具有相同的意象。按照现象学的方法，把心理进行现象和本质还原，找到心理的先验图式。根据这个先验图式我们再进行神经科学研究，寻找对应的神经科学图式。假设心理的图式是 X，神经科学图式是 Y，再细分下去，心理图式是 A、B、C、D，神经科学图式是 a、b、c、d。我们发现，A、B、C、D 总是对应于不同的 a、b、c、d，这样把 Aa、Bb、Cc、Dd 连接起来，形成一种新的概念框架。这个新的概念框架的关键点在于寻找基本相同的对应，然后把这些对应起个新名字。这些新名字既指涉心理概念也指称物理概念，当被表述出来的时候，我们可以马上把心理特质与物理特质对应起来。

① 王树人：《中国哲学与文化之根：“象”与“象思维引论”》，《河北学刊》第 5 期，2007 年，第 21 页。

第七章 知识论证与物理主义

近年来，二元论在心灵哲学中东山再起，不断对物理主义展开攻击，出现了各种各样的反物理主义论证。其中，由澳大利亚哲学家杰克逊所设计的“黑白玛丽”的思维实验成为备受分析哲学家关注的著名思维实验之一，并且演化成分析哲学家广泛讨论的反物理主义知识论证。本章将以物理主义对知识论证的反驳为例，分析物理主义的当代发展。

第一节　杰克逊的表征主义“反水”

一、知识论证的内在矛盾

公认的知识论证版本是杰克逊在回答 P. M. 丘奇兰德等的质疑而于 1986 年在《玛丽不知道什么》一文中明确表述的。杰克逊说，物理主义应当从物理的知识中先验地推导出现象经验或主观经验知识。杰克逊设计了一个思想实验来论证他的这一结论：玛丽是一名从出生起就被关在黑白房间中的女孩。通过自己的努力，她成了一名优秀的科学家，知道了关于这个世界的所有物理知识。终有一天，当她走出房间时，面对外面色彩斑斓的世界，从直觉上说，她将会获得了一种不同于以往的新的现象体验，而这种体验无法从原来的物理知识推导出来。也就是说，关于现象经验的知识不能先验地从物理知识中推导出来，它一定是非物理的。由此可以得出，物理主义肯定遗漏了现象事实，因而是错误的。后人把这种反物理主义论证称为知识论证。

(1) 玛丽（被放出前）知道他人所知道的任何的物理东西。

（2）玛丽（被放出前）不知道他人所知道的任何东西（直觉知识）。

（3）存在其他人（和她自己）无法用物理主义描述是事实。①

杰克逊在这个时期非常肯定地说："知识论证是一种有效的论证，它从合理的前提出发得出了物理主义为假的结论，即使前提是公认的不可证明。"①根据杰克逊的论证，前提（1）和（2）是本体上中立的，但是只要同时承认（1）和（2）就不能不拒绝物理主义这种本体上的承诺。由此导致我们得出二元论的结论。杰克逊不想回到笛卡儿的二元论，因为笛卡儿二元论认为心理与物理交互作用而陷入到心理因果性难题。他提出感受性质物理世界并不产生因果作用，没有因果有效性，虽然它是由某物物理引起的，"因此副现象论者可以主张从其他人行为到他的感受质是从他的行为追溯到他人大脑中的原因，而不是再回到他的感受质"②。

（4）感受质不能作为物理的原因，副现象论为真。

然而，进入到20世纪90年代末，杰克逊对知识论证的态度发生了变化。他不无忧虑地说："我现在想，（这个论证）从表面上看是正确的，再一反省则是错误的。"③ 那么，杰克逊反思到什么？是什么让他后来态度发生转变？

在1998年的《感受性质附言》④ 中，杰克逊提到，我们对感受质和心理学的感觉方面的知识有个因果起源，这是因为"看到红色和感受到疼痛施加给我们，从而留下了记忆线索以保证我们在多种场合在既没有看到红色和也没有感觉到疼痛下，也能有我们关于看到红色和感觉到疼痛的知识"。既然我们的感受质知识有因果起源，杰克逊说："我们最好不要选择不能由关于这些选择的因果起源的东西所不能证明的选项。"也就是说，杰克逊开始注意到当代心灵哲学中所提到的物理因果闭合原则：一个由物理事件所引起的事件也必然是物理的。"没有什么选项能推翻这些选项的因果起源的最好理论所需要的东西。"⑤（可参见杰克逊的注释）对于心理或感觉状态的知识，它有个纯粹的物理原因，此后

---

① Ludlow P, Nagasawa Y, Stoljar D. There is Something about Mary: Essays on Phenomenal Consciousness and Frank Jackson's Knowledge Argument, Cambridge, MA: The MIT Press, 2005, p. 54.

② Jackson F. Mind, Method and Conditionals, London and New York: Routledge , 1998.

③ Ludlow P, Nagasawa Y, Stoljar D. There is Something about Mary: Essays on Phenomenal Consciousness and Frank Jackson's Knowledge Argument, Cambridge, MA: The MIT Press, 2005, p. xvi.

④ Alter T, Walter S. Phenomenal Concepts and Phenomenal Knowledge. New Essays on Consciousness and Physicalism, Oxford: OUP, 2007, p. 418.

⑤ Alter T, Walter S. Phenomenal Concepts and Phenomenal Knowledge. New Essays on Consciousness and Physicalism, Oxford: OUP, 2007, p. 420.

心理或感觉状态会对我们产生作用，进而形成一种知识。

(5) 感受质可以对我们产生作用，物理因果闭合式最好的选择，物理主义为真。

(6) 根据 (3) (4) (5)，可以推出这个论证是不一致的。

因此，杰克逊认为“这也是我现在想知识论证错误的原因”。

二、知识论证之“谜”

既然知识论证具有不一致性，而前提 (1) (2) 本身也是正确的，那么知识论证为什么会得出错误的结论呢？杰克逊开始重新思考，他认为“知识论证之谜在于解释我们为什么有这样强的直觉，玛丽学到的某些事物如何能推翻我们从事物怎样的物理陈述推导出来的东西”①。也就是说，造成知识论证之谜的原因在于直觉知识，即在对待心灵问题上，我们的物理故事或知识不能完全说明解释它。直觉知识是相对于理性知识或科学知识而言的，它有着深刻的人类心理学基础，即心灵的偶然结构导致我们倾向于认定存在着某种事实，它向我们呈现出某种原初的模态事实，或可能事实，因此对于某些人来说，可能知道所有的物理事实，如闻到玫瑰花香，但不知道这种感觉像什么样子。② 既然杰克逊注意到从直觉知识来进行反物理主义论证是错误的，但是否就要回到当代各种物理主义的方案中呢？在当代各种物理主义反知识论证方案中，代表性的观点是后验必然的物理主义。必然物理主义尽管承认玛丽在放出去以后获得了一种新知识，但是否认玛丽获得一种新事实，也就是说否认可以从物理中先验地推导出新知识，而只是通过后验的对旧事实的新知识。杰克逊不同意这种回答，他说，位于知识论证之后的认识直觉是“玛丽不能完成从物理信息中先验地推导出他要处理的色彩视觉的现象学”③。因此，这种物理主义应当只是证明感觉质是必然物理的，但不是从物理先验推导的。

对此后验物理主义，杰克逊提出了二维模态的反对意见：对后验必然的二维分析。后验必然物理主义对于直觉知识的概念分析是采用一种因果历史指称

① Alter T, Walter S. Phenomenal Concepts and Phenomenal Knowledge. New Essays on Consciousness and Physicalism, Oxford: OUP, 2007, p. 419.

② Ludlow P, Nagasawa Y, Stoljar D. There is something about Mary: Essays on Phenomenal Consciousness and Frank Jackson's Knowledge Argument, Cambridge, MA: The MIT Press, 2005, p. 2.

③ Alter T, Walter S. Phenomenal Concepts and Phenomenal Knowledge. New Essays on Consciousness and Physicalism, Oxford: OUP, 2007, p. 423.

理论，因而仍然无法解释现象概念与物理概念的同一的偶然性现象。杰克逊指出："概念分析追求的是先验的结果。"[①] 他把必然性分成概念必然性和形而上必然性。当后验必然性采用概念上的必然性，我们就要寻找它的真值条件，即它的外延在任何世界都固定指向某个指标。然而，后验物理主义都是指向现实世界中某个指标，因此并不是具有必然性。我们只能采用形而上学的必然性，即回答直觉知识的先验推导性。杰克逊举了一个例子：气体的温度等于分子平均动能。按照后验物理主义的分析，气体的温度后验地必然同一于分子平均动能，解释这个后验的条件就是需要给"分子平均动能"相关联条件，而这依赖于一定的语境。但是，要给这种语境需要一系列的前提。没有这些前提，我们就无法理解"分子平均动能"的条件句，而这些前提则先验地预设"气体温度等于分子平均动能"这个结论。杰克逊的二维模态分析表明，后验必然仍然是以形而上学必然为前提，即只能承认一种先验的必然，从而又回到了直觉知识的问题。

知识论证之谜在于当我们坚持物理主义是先验推导的时候，为什么物理世界的经验或感觉方面是个例外。[②] 这是一种宇宙的启示，还是一种"幻觉"呢？杰克逊说知识论证之谜如同罗素的假设，我们只能靠经验的证据去证实世界是不是在五分钟之前存在。如果采用证据的"追溯"，那么这种证据本身是不可靠的，也许会导致错误的结论。但是，"我们有资格拒绝罗素假说，因为它违背了好的理论是特别建构的原则"。[②]同样，对于知识论证之谜，我们应当相信一种纯粹的物理主义假说（bare physicalism），即世界确实在所有方面都是物理的，没有任何东西不能从物理的陈述中无法先验地推导出来，这种假说并不是临时添加的，而是具有我们理性需要的解释力和简单性；任何物理主义者也没有理由超出这种纯粹的物理主义因果。

不过，后验物理主义者仍然会说，这种纯粹的物理主义不能先验地推导出现象知识。杰克逊承认也许不能推导出来，但这种说法是把纯粹物理主义当成概念上或认识上的可能性，而我们不能忽视纯粹物理主义也是一种形而上学的可能性。例如，在上帝没有后验必然性的情况下，并不能因而撤除它存在的形而上的可能性。也就是说，我们可能找不到存在的现象知识与物理知识的普遍规则，因为它可能超出了我们的能力或者计算过于复杂的原因，但是从对物理

① Jackson F. From Metaphysics to Ethics ：A Defence of Conceptual Analysis，Oxford：Clarendon Press，1998，p. 56.

② Alter T，Walter S. Phenomenal Concepts and Phenomenal Knowledge. New Essays on Consciousness and Physicalism，Oxford：OUP，2007，p. 425.

知识的了解可以先验推导出现象知识来。

因此，杰克逊给出物理主义解决知识论证之谜的条件："它应当允许我们看到从物理到色彩本质的通道是可能的，在某种程度上是先验的。"

三、直觉知识的"幻觉"

按照杰克逊上面的主张，解决知识论证只能采用先验物理主义，那么物理主义如何拒绝直觉知识呢？杰克逊首先探讨直觉知识的来源。

对于现象或感觉的直觉知识一般都是赞同莫尔的透明性命题（diaphanousness thesis），即我们的经验的性质特征是公认的经验对象的特征，它构成了我们的直觉知识。然而，关于公认的经验对象却有着不同的看法，即一种是以莫尔为代表的感觉材料理论。感觉材料告诉我们感觉是对产生一定性质的感觉材料或对象的直接觉知，因而我们经验或感觉一个对象。由此，透明性命题告诉我们这些对象的性质决定着我们感觉性质本质，感觉材料理论把经验的特性视为某物存在的例示属性。

杰克逊采用了第二种方案即哈曼（G. Harman）的"经验的内在本质"之内涵说。也就是说，感觉并不是一个直接对象，它只是受到形而上的误导，"以讨论事物如何被表征或呈现的方式而用命题的语法范畴归属的语言建构的约定俗成的方式"。① 比如，我们谈论直接意识到视域中长方形的存在，并不是有一个长方形直接进入到我们视域中，而只是说我们的视域经验表征或呈现着存在某长方形事物于我们面前。因而，我们"长方形"单词描述我们的经验并不是为拥有单词的代表的属性的某物与我们之间的关系，而只是一种经验表征或呈现某物存在的方式。就此看来，经验的长方形只是一种内涵属性，而不是例示属性。

如果按照感觉材料理论所讲的感觉性是一种例示属性，它需要"存在着例如某种红和圆的东西为我们直接意识到，自动地借助或部分借助到主要表征性概念"。② 但是，我们可以试想，在没有某物存在的情况下，我们仍然可以想到是圆和红色的某物，如苹果。因此，当玛丽走出黑白房间看到的事物，并不是某物的例示属性，它只是一种我们从感觉材料理论出发或者对透明性知识的错误理解，是一种后者内在或意向属性当成了例示属性的幻觉。杰克逊指出，这

---

① Alter T, Walter S. Phenomenal Concepts and Phenomenal Knowledge. New Essays on Consciousness and Physicalism, Oxford: OUP, 2007, p. 427.

② Alter T, Walter S. Phenomenal Concepts and Phenomenal Knowledge. New Essays on Consciousness and Physicalism, Oxford: OUP, 2007, p. 428.

种本质对于一般人来说就是关于属性的信息的本质，类似于这时我知道那张桌子是房间最大的物体。“相应地感觉经验呈现我们面前的是好像它是关于内在本质信息的获得。”① 但是，杰克逊说，“非常明显，它不是关于内在本质的信息，由此玛丽获取的信息呈现给我们好像它是关于物理之外的某些东西的信息”。③杰克逊得出玛丽在放出后获得新知识的直觉是一种强烈而错误的直觉，它根源于我们的“幻觉”。知识论证之谜的答案在于“（玛丽）获得的特定关系功能信息的鲜明非典型本质”。

（7）玛丽被放出后错把内涵属性当作例示属性。

四、直觉知识的表征主义

揭示直觉知识“幻觉”的真相之后，杰克逊转向了对感觉质的内涵分析。在分析之前，他需要回答的问题是，构成一个感觉经验的现象本质的各方面是否都是它的或内涵本质的表现？如果不是，为什么我们不能说感受质既有内在属性又有内涵属性？

杰克逊说，这可以从两个方面来说明感觉质的本质是内涵或意向的。第一，无论哪里有现象特征不同，就有它们被表征红性的亮度不同；反之，没有后面的变化，也没有前者的不同感受。第二，感受质的表征方式不同于纯粹的认知表征。认知表征类似于地图或语句表征；它可以区分出表征的事物与表征的特征，如气象图中的气压梯度和等压线。然而，感觉质的表征方式不能这样区分。当我们面前有一个圆、红色的对象的视觉经验时，那就是它表征的一切。我们可能或不可能接受事物是这种方式被表征，但是这种方式是经验特征的一部分，“我们只能以内涵属性来理解经验的性质”②。

就经验的内涵属性来看，根本不存在 T. 内格尔称为的“作为这种感觉是什么”的问题。例如，对于红色的感觉它意味着红性的存在。这种红性只是一种事物如何被表征出来的特征。在被表征的过程中，事物会呈现出一种共同模式。有时它是静止的，有时却是非常不明显的，甚至出现错误的表征。这些不能明显的模式只有在充分收集信息情况下才会揭示。颜色经验由此是一个相当不寻

---

① Alter T，Walter S. Phenomenal Concepts and Phenomenal Knowledge. New Essays on Consciousness and Physicalism，Oxford：OUP，2007，p. 419.

② Alter T，Walter S. Phenomenal Concepts and Phenomenal Knowledge. New Essays on Consciousness and Physicalism，Oxford：OUP，2007，p. 430.

常的获取高度不明显的关系和功能信息的“方式”[1]，因为这是我们在进化过程中适应存在的必要方式，否则会面临生死危险。其结果，颜色经验就是呈现给我们，它好像是获得关于我们环境的内在特征，因此我们民众认为它好像是关于非物理特征的信息，这也是二元论产生的基本根源：把不明确的信息模式误认为是一种非物理信息，它超出了我们能够识别的复杂关系之外。[2]

所以，(8) 色彩经验的现象特征的事物就是这些经验的表征状态。

基于此，杰克逊提出物理主义面对知识论证应当表征我们明白感受质的本质可能是从物理先验地推导出来，而表征主义满足这种需要和要求。按照表征主义，感觉状态就是一种特定的表征状态，这种表征的事实促使我们能从物理的陈述中先验推导出感觉状态。也就是说，我们的“共变、各类因果关联、进化选择史以及类似各类要素的陈述中都是纯物理先验地决定的”[3]，进而推出感觉状态。那么如何先验地推导呢？

(9) 玛丽可以在放出前，先验地从物理事实推导出经验状态的事实。

至此，对于杰克逊的表征主义就要进入到如何寻找感觉的表征方式以证明表征主义的可行性。有些表征主义是通过内容的概念化来发现“感觉”，认为“感觉”是非概念内容而与信念的分开。杰克逊认为这种“内容”定义本身存在争议，它与概念有没有必然联系尚在讨论。因此，寻找感觉要采用不同的方式，“我想表征主义应当询问当某物看上去或感觉到某种方式时所发生的具体表征是什么”。[4]

杰克逊提出了感觉经验表征的五种特征：第一，这种表征是丰富多样的，如视觉经验表征事物如何在这里，则是通过色彩、形状、位置、外延、方法和运动等。第二，这种表征的丰富多彩的方面相互密不可分，如对苹果的视觉表征是红感和图感构成，但你不能把图感悬置一旁而单独表征或呈现红感。第三，这种表征是直接的，如看到日薄西山而呈现或表征出我的沧桑感，但并不是仅落日存在呈现或表征给我的。第四，这种表征中存在内容上的因果关联。感知

---

① Alter T, Walter S. Phenomenal Concepts and Phenomenal Knowledge. New Essays on Consciousness and Physicalism, Oxford: OUP, 2007, p. 431.

② Alter T, Walter S. Phenomenal Concepts and Phenomenal Knowledge. New Essays on Consciousness and Physicalism, Oxford: OUP, 2007, p. 432.

③ Alter T, Walter S. Phenomenal Concepts and Phenomenal Knowledge. New Essays on Consciousness and Physicalism, Oxford: OUP, 2007, p. 419.

④ Alter T, Walter S. Phenomenal Concepts and Phenomenal Knowledge. New Essays on Consciousness and Physicalism, Oxford: OUP, 2007, p. 436.

表征世界是因为与我们相互作用，感觉某物就是部分感觉到它与某人身体交互作用。第五，感觉经验具有一种特别的功能角色。虽然事实上在穆勒-莱耶错觉图（Mulier-Lyer）中，我们相信两根线段是相等的，但是我们仍然秉持一根长而一根短的信念，因此感觉经验是一种以表征而简捷地获得内部发生关系和功能属性信息的方式，具有调节不同信念的特殊功能角色，“它自身并不是一种信念状态，不需要把一个主体移入到另一个表征它存在的信念中，主体可能知道它们是幻觉或虚幻的主体或者已经相信事物是作为经验表征它们，但这将决定信念状态映射到另一信念状态的对应关系”。①

（10）五种特征分析解释了现象表征。

（11）这五种特征是物理可解释的，是从物理事实先验推导的。

五、重新回到知识论证

假如感觉是一种丰富、充分而直接的表征内容并且具有因果功能角色，那么玛丽在被放出后就具有了所有这些属性的表征状态。杰克逊说，玛丽获得的直觉知识就是能够识别、记忆和想象这种状态。如此说来，玛丽就类似于内米罗、G. 提出的能力假说，即获得了一种新的能力。但杰克逊反对这种能力假说，因为G. 刘易斯、内米罗认为获得新的命题知识的能力，而表征主义为不存在可指称或指示性的东西新表征，它只有感觉经验的直接内容。

但是奥尔特（T. Alter）认为，表征主义只是一种“烟幕弹”，知识论证不过是由“意识经验是物理的吗”变成“现象表征是物理的吗”。② 表征主义关注的是意识经验的表征方面，但如果存在着非表征方面，那么它是物理的还是非物理的？比如，我们面前有个红苹果，可能不同的人有不同的感觉，有人会感觉到红色诱人有人会感觉到饥饿难耐，但如果是由表征属性决定的，只能有相同的经验特征。所以造成不同，这是因为存在着心理与物理的关联，即存在着非物理方面。它也是反驳物理主义的主要根源。

杰克逊回应道，知识论证根源在于如何先验地推导出感受质，而不是能否被表征的问题。他承认确实存在着表征方式无法表征感受质的问题，但是区分表征方式和表征内容并不能证明表征主义是错误的，当我们关注于表征方式即

① Alter T，Walter S. Phenomenal Concepts and Phenomenal Knowledge. New Essays on Consciousness and Physicalism，Oxford：OUP，2007，p. 438.

② Alter T，Walter S. Phenomenal Concepts and Phenomenal Knowledge. New Essays on Consciousness and Physicalism，Oxford：OUP，2007，p. 74.

关注于事物如何被表征出来。那么，这就要区分弱和强表征主义。弱表征主义承认有些感觉是不能被表征出来，这留给人们设想感觉经验是由表征部分和非表征部分构成的，“我们可能在没有改变它如何表征事物存在的情况下而改变了经验的本质”。① 但是在原则上弱表征主义并不否认感觉经验是被表征的，如果向前推一步就是强表征主义。

弱表征主义如何能进入到强表征主义？杰克逊又重新引入感受经验的透明性命题。根据透明性命题，得出经验的本质就是经验对象的属性，让我们假设经验对象的属性是E，它表征某物具有某种属性P，E与P如何关联呢？如果E是时空对象的属性，那么E要么不同于P的属性，要么同一于P的属性，前者无法关联，因为属性不同，后者违背了透明性命题，因为E的本质是表现的。因此，E只能是意向或内涵对象而表征出P，可推出所以经验属性永远是事物如何被表征为存在的属性。经验性质的变化就是表征事物的变化，并没有内在额外地去表征它，也就是说，经验的本质是由经验内容以及不同感觉表征内容的方式所决定的。看到红色的感觉可以由它的内容来穷尽，但是这个内容不是部分内容，而是整个内容。可以由温度、质感上的经验感觉来进行表现。这样我们可以得出结论：“感觉经验的本质可以由它从弱表征主义以及透明性而如何表征事物采穷尽。”② 这就是强表征主义。

强表征主义没有知识论证的问题。知识论证认为我们的感觉经验是依赖于非物理的内容，这种非物理内容是一种例示的属性。但如果是例示的属性，它就不在我们物理世界中，由此变造成了一种困境。强表征主义否认存在例示属性，而只承认意向或内涵属性，因此只有如何被正确表征的问题。如何正确表征是弱表征主义讨论问题。对于强表征来说，它是必然可以表征出来并决定感觉经验的本质，而不需要扩大我们的属性理念去涵盖它。

六、知识论证的再反思

杰克逊的知识论证在当代分析哲学界的广泛讨论自然有其深刻的哲学问题，不能因为杰克逊提出了表征主义的策略就赋予他能解决知识论证的特殊地位。我们看一下杰克逊是否解决了知识论证之谜。

从杰克逊对知识论证的分析来看，他把知识论证仍归结于反对物理主义的

---

① Alter T，Walter S. Phenomenal Concepts and Phenomenal Knowledge. New Essays on Consciousness and Physicalism，Oxford：OUP，2007，p. 258.

② Alter T，Walter S. Phenomenal Concepts and Phenomenal Knowledge. New Essays on Consciousness and Physicalism，Oxford：OUP，2007，p. 61.

论证，因而重点放在对前提（2）的分析之上，即直觉知识只是一种错把内涵属性误认为例示属性，从而维护物理主义的立场。然而，知识论证前提（2）本身并没有问题，它告诉我们一种直觉知识。关键在于我们如何从（1）（2）推出（3）这个结论的。如果（1）（2）推出的不是（3），那么杰克逊的知识论证回应是不是南辕北辙？事实上，有些哲学家认为知识论证反对的不是物理主义而是反对物理主义和二元论背后的本质主义，甚至反对的是当今自然主义。由此知识论证就具有更深刻的哲学意义，它不但反映了心理和物理关系难题，而且反映了主观与客观，事实与价值关系难题。

对于知识论证之谜的看法，杰克逊认为是主观或经验的事实不能先验地从物理中推导出来，因而他侧重于先验推导的问题。先验推导需要概念分析，而概念分析是一种有关语言、思维与事实关系的分析。当我们在采用概念分析的时候，必然要在信念或渴望等思维意向活动下进行，它要么承认非物理的存在，要么取消非物理的存在，但这不会是知识论证所关心的问题。如果杰克逊否认非物理存在，则需要取消非物理存在，这又陷入取消主义的难题，即不能在有意向活动下而又取消意向活动。因此知识论证之谜不在于如何先验地推导，而在于我们的思维不能缺少语言概念，只要思维在思维着，这个知识论证仍然有效。

从知识论证的表征主义来看，杰克逊认为感觉经验是一种表征状态，具有某种特殊的功能角色。这等于说感受质和意向性紧密关联，如果在没意向性的情况下，我们是无法研究感受质的。但是有哲学家认为，有些感觉状态并没有意向对象，如无名之火，那么它如何表征呢？还有哲学家认为，如果没有感觉状态存在，那就等于否认我们的感觉状态是有内在表征构成的。另外，当杰克逊把感觉经验作为一种对物理世界产生因果效应的状态，承认物理因果闭合原则，也承认一种律则因果关系，可问题是因果只有一种律则关系吗？难道不能理解为概率因果或统计因果？如果我们把心理因果归结为一种概率因果，心理就不一定非是物理的，它可能是非物理的。

当然，杰克逊的知识论证回应还涉及如何说明“物理”概念的问题，否则会陷入“亨佩尔难题”；另外，杰克逊也需要解释命题知识与能力的关系，以及统一性和推导性的关系。

第二节　现象概念策略运动

面对当代反物理主义者构造的知识论证这样精致的二元论论证，物理主义从单纯依靠经验或科学论证转向了现象概念的分析，以此同化反物理主义难题。斯图尔加把这一物理主义路径称为“现象概念策略运动”，而这种物理主义被查默斯称为“B类物理主义”，霍根和廷森（John Tienson）则直接称之为“新唯物主义”（new wave materialism）。

一、旧物理主义的困境

反物理主义认为，物理主义如果是正确的，那么，它所坚持的命题就是一个必然的形而上学命题，即心理事物在本体上或形而上的同一于或随附于物理事物。戴维森明确指出，物理主义如果为真，它应当是一个概念上或必然地为真。[①] 也就是说，假设P是对物理世界中的事物的本质描述，S是对整个世界的甚至可能世界的本质描述，那么，物理主义为真的条件就是：

（1）假设P，则S（也就是 $P\rightarrow S$）。

只有（1）是必然的，我们才能说物理主义为真，因而（1）是否具有必然性将会影响到物理主义的形而上学地位。

对于（1）的必然性理解一般认为是先验的，即凡是必然的都是先验可分析的。知识论证反物理主义的理由就是，我们无法先验地用物理知识推导我们的感受性。当然，有些物理主义者反对这种知识论证，因为知识论证只能反对同一论式的还原物理主义，物理主义可以采用更为宽容的随附性来解释物理主义命题，即所有的事物都逻辑上随附于物理的。

对于这种随附物理主义，查默斯认为同样没有先验必然性。他设计了一个可想象性的僵尸论证：如果物理主义是正确的，它就要排除一个可设想的僵尸世界的存在，这个世界与我们的世界在物理上完全相同，但那里的人们没有意识；物理主义无法先验地排除这种可设想的僵尸，因而这种存在物具有形而上的可能性，物理主义是错误的。也就是说只有我们可设想 $P\wedge\bar{S}$ 的存在，那么（1）就是假的。

总结以上反物理主义论证，我们可以这样表述其基本思路：

（2）物理知识无法先验地推导出现象知识，或者可以设想没有现象知识下的物理知识。

（3）物理主义为假，二元论是可能的。

---

① Davidson D. Mental events//Davidson D. Essays on Action and Events，Oxford：Oxford University，1970，pp. 207 - 233.

以上论证关键在于（2），即物理主义如果为真，我们通过内省所形成的现象知识应当可以从物理知识推导出来，然而基于现象概念的现象知识无法先验推导，因此只能得出二元论的结论。因此，物理主义与反物理主义争论就集中于如何看待表述心理现象或状态的概念及其与物理现象或状态关系。所以，反思心理或现象概念已经成为捍卫物理主义的面临的首要任务。布洛格（Balog）指出："现象概念在近来的心灵哲学中引起了越来越多的关注，源于它们经常出现在二元论论证和物理主义反对二元论的论辩中。"① 帕皮诺也说："现象概念成为几乎所有研究意识的当代哲学家的通用货币。"

自20世纪90年代以来，以希尔（Hill）、洛尔（Loar）、麦克兰克林为代表的哲学家开始指出，现象概念是不同于其他概念的，然而被反物理主义者抓住不放，得出了二元论或其他结论。麦克兰克林认为，反物理主义论证需要回答关于现象概念和物理概念区分的特定事实，而不是像常识心理学那样为现象概念设定一个实在。洛尔直接呼吁，揭开现象概念背后的直觉，同意现象概念是内省和不可还原的，但是，应当利用当代脑科学成果把现象概念的指称展示出来。斯图尔加把此捍卫物理主义运动称为"现象概念策略运动"，而由此提出的物理主义被霍根和廷森称为"新唯物主义"。新唯物主义的主要任务是：①解释为什么存在解释鸿沟？它是一个本体论问题，还是一个认识论问题？②如果是认识论问题，现象概念在其中充当了什么角色？它与物理概念之间有何区别与联系？③如何保证物理主义命题的必然性？

二、现象概念与概念二元论

现象概念在反物理主义论证中具有重要作用。按照霍根和廷森对反物理主义的总结，即①当以一个现象概念设想一个现象属性时，这个现象属性被认为是一个与物理功能不同的属性；②当以一个现象概念设想一个现象属性时，这个现象属性被认为是它自身；③如果以一个概念C设想一个属性P是一个与物理功能不同的属性，而以概念C设想它是它自身，那P不是一个物理功能属性；④现象属性是一个非物理功能属性。因而，物理主义需要回答什么是现象概念，它与物理概念有什么区别，以此表明反物理主义论证是不成立的。

新唯物主义者承认①②的有效性，即相信存在着认识上的鸿沟，但否认由此可以推出本体上的鸿沟。在他们看来，现象概念和物理概念分属两种不同的

① Balog K. Phenomenal concepts//McLanghlin B R，Beckermann A，Walter S. The Oxford Handbook of Philosophy of Mind，Oxford：Oxford University Press，2009，p. 2.

概念系统，它们以不同的模式来指称属性，因而在认知中扮演着不同的因果角色。换言之，不同的概念影响到我们对心理与物理关系的看法。T. 内格尔在他著名的论文《作为一只蝙蝠会是什么样子》中明确提出，以感知想象和以移情想象方式所使用的概念系统是不同的，进而影响到我们对其后所描述事实的判断。

新唯物主义的代表性人物洛尔在T. 内格尔的基础上推进了这一思路。在他看来，我们确实有两套不同的概念系统：一种是第三人称的物理概念，它是用理论语词来表述的；另一种是第一人称的现象概念，它是用理论语词来表述的。因此，现象概念具有与理论语词不同的概念角色，这种概念角色使得现象概念直接指称对象，而无须固定的高阶指称对象。洛尔说："什么是解释现象和物理概念的概念独立性？简单的答案就是，识别概念和理论概念通常在概念上是相互独立的……这两类概念具有完全不同的概念角色。毫不奇怪，一个物理属性的一个识别概念应当可以分别出它而无须用科学术语进行分析。"① 麦克兰克林说："这是因为它们的概念角色如此不同，以至于我们能同时在没有感觉状态的关联的物理-功能状态下来想象和设想感觉状态，反之亦然。我们认为，当某人看到这样的概念如何在它们概念角色是不同时，他将也同样处在这样一个立场下理解为：不存在先验理由去相信，这样想象和可设想活动能可靠地引导出上面情况中的可能性。同时，我们坚持，就广泛经验基础来看，涉及感觉和物理-功能概念共同运用的想象和可设想性活动能可靠地引导出可能性。"② 麦克兰克林说，对于属性有一个神经本质或功能本质，它并不能被你在内省中现象概念的使用而揭示出来，这个原因在于现象概念既不是神经的也不是功能的概念，它不具有物理概念的角色或作用，然而，现象概念可以通过现象的表征模式，指向物理属性的类的方面。帕皮诺认为，现象概念具有目的论语义学功能，它会把部分对于整个的语义学价值的贡献视为依赖于系统的贡献，即这些部分做出的它们参与的整体的因果或生物功能。

为了说明现象概念的因果角色，我们必须了解现象概念与现象经验之间的关系。以下为布洛格所概括的现象概念的九个特征③：①亲知性。现象概念是通过亲知而非推论地从现象经验中获得的，这给了我们对现象经验本质的直接、

① Loar B. Phenomenal states，Philosophical Perspectives，4，1990，p. 84.

② McLaughlin B P. In defense of New Wave Materialism：a response to Horgan and Tienson//Koons R C，Bealer G. The Waning of Materialism，Oxford：Oxford University Press，2010，p. 320.

③ Balog K. Phenomenal concepts//McLaughlin B R，Beckemann A，Walter S. The Oxford Handbook of Philosophy of Mind，Oxford：Oxford University Press，2009，pp. 294，295.

无中介的认识。②非对称性认识。我们可以直接知晓到我们的意识状态或现象状态，但其他人却无法知道我们的意识状态或现象状态。③不会出错的直觉。我们对涉及现象概念的判断在直觉上不会出错的，我们是唯一的裁定者。④透明性。当某人关注于他自身的意识或现象经验时，他就知晓到此感知对象的特征。⑤经验命题。只有经历过或至少当下经历过的经验主体才能获得相关的经验。⑥细微性。经历具有细微性，它不能被经验主体所拥有的概念完全捕捉，甚至于也不能被思维中的使用的概念所捕捉。⑦语义稳定性。现象概念可以独立于日常语境而指向相同的属性，即它的外延可以独立于经验观察而确实。相反，类似物理概念则是依赖于日常语境的。由此，造成这样的结果：⑧僵尸的可设想性。这是因为在以物理概念所形成的认知无论如何也不能从逻辑上排除这种可设想的僵尸。⑨解释鸿沟。由于现象概念独立性，与物理概念缺乏先验的关联，所以不存在推理上的关系。

当然，对于现象概念的因果角色不同的物理主义者有着不同的看法。有人认为是标识概念，即某人思考到的意识状态的概念；有人认为是指示性或说明性概念，即在具体条件下能够证明适用的概念；有人认为是索引概念，类似于“我”和“现在”；有人认为是条件概念，即现象概念是非物理的现象性质还是物理性质，这完全取决于我们的现实世界究竟是怎样的；有人认为是那些不能完全表明“我知道不是什么”，但是在一个特定的“真实和决定方式”下能够展示的意识状态的概念；有人认为是用于以“感觉概念”为基础的认知结构的概念，它继承了感觉概念的表征简单性。[①]

我们以洛尔为代表具体说明现象概念不同于物理概念的因果角色。洛尔认为，现象概念和物理概念的区别在于一个是识别概念（recognitional concept），一个是理论概念。理论概念是自我指称的，它是由我们指称的分辨能力所分辨的属性，如长度、宽度、质量等，而现象概念不是一个自我指称的概念，它不能还原为自我指称的识别概念。有着自我指称的概念并没有现象性质。比如盲视病人，他们虽然感知不到面前的物体，然而却能准确地“猜出”面前的物体。洛尔说：“据我们所看，现象概念并不能通过偶然的表征模式而设想为它们的指称。因此，它们可以被直接视为可设想的现象性质。称这个是对本质的理解，对我来说是正确的，因为现象概念不能通过它们偶然的属性而设想为它们的指称。”[②] 因此，现象概念是一个识别概念。所谓识别概念就是一种类型说明性概念。洛尔说：“现象概念属于我称为的识别概念这一广义类别的概念。它们有一

① Sundström P. Phenomenal concepts，Philosophy Compass，6 (4)，2011，pp. 267 - 281.

② Loar B. Phenomenal states，Philosophical Perspectives，4，1990，pp. 81 - 108.

个这样的形式：'X 是那类中的一个'；它们是一种类型说明性的。这些类型说明性是基于归类的倾向性，即通过感知区分特定的对象、事件、情境……这些倾向性典型地关联于形成图式的能力，其概念角色似乎侧重于关于一个在缺少当前可感知的例子中的可以确定类的思维。”它具有以下特征：①原初识别性，即不需要专业术语和知识来理解事物，而只需要原初的概念；②无具体指称性，只需要判断为某些类型中的一个；③格式塔分析，不依赖于部分的分析；④透视性，即根据不同的观察角度而得出的概念。作为识别概念的现象概念，它与物理概念是在概念角色上独立的，“这两类概念有完全不同的概念角色。毫不奇怪，一个物理属性的一个识别概念应当可以分别出它而无须用科学术语进行分析”。[①] 不同于物理概念是在理论上设想它们的指称，现象概念具有一种殊型的表征模式，能够辨识出现象性质。“给定了关于认知能力的正常背景下，有了特定的识别或辨识倾向就有了某个识别概念，这就是说，它就有了基于那些特定的识别倾向来做出判断的能力。这类简单的判断具有这样的形式：该对象（事件、情形）a 是那种类型中的一个。对其中谓词 a 的支撑认知正是一个识别倾向，它是统一地归于对象的倾向，它常常（但并非一定）与特定的想象能力联系在一起，识别倾向足以产生出有着特定概念角色的心理谓词，并以这样的方式产生认知内容。这是一个有关我们认知构造的基本事实。”[②]

洛尔认为，知识论证中玛丽所缺乏的知识就是一种在现象或经验描述下识别的物理功能类的概念。因此，当玛丽看到红色时，她并不是知道一种新的类，而只是知道一种已经为她所知的新的设想方式。洛尔说，我们的问题就是如何理解玛丽在走出黑白房间之后得到的描述和表征模式的新奇性。这种表征模式的不同可以解释为由特定概念的属性表达之间的差异。比如，CH_3CH_2OH 和酒精，它们都指向相同的类，然而它们表达的属性是不同的。前者表达的是作为构成 CH_3CH_2OH 分子的属性，然而后者表达的是作为酒类中易醉成分的属性。所以，假如你知道这个瓶子中包含着 CH_3CH_2OH，并且你知道了瓶子中是酒精，你的信息中增加了一种关于 CH_3CH_2OH 的新属性，即这是各种酒精中的易醉的成分。这个例子说明两个独立的概念的差异是一种表达方式和概念角色的不同。

总之，新唯物主义认为，现象概念与物理概念是两种不同的概念：第一，现象概念与物理概念不存在着推导上独立的关系（inferentially isolated），即单

① Loar B. Phenomenal states//Block N，Flanagan O，Guzeldere G. The Nature of Consciousness，Cambridge：The MIT Press，1997，p. 602.

② Loar B. Phenomenal states，Philosophical Perspectives，4，1990，p. 87.

纯物理特征不能推导出现象特征，依据分析现象概念的因果指称也无法推出物理概念，因而存在着“解释鸿沟”。第二，现象概念是经验上独立的，即为了拥有某种意识状态的现象概念，必须要亲自有那种经验。假如现象概念是经验上独立的，那么就可以解释一个缺乏经验的主体如何认识所有物理然而不知道（因为缺乏相关的概念）看到红色像什么（现象可设想的）。

三、后验必然的物理主义

既然新唯物主义相信概念二元论，那么如何保证现象或心理的就是物理的呢？前面我们说过，物理主义求助于先验必然性时会遇到解释鸿沟问题，所以我们选择第二种必然性，即克里普克所说的后验必然性。克里普克否认“凡是先验都是必然的，凡是必然都是先验的”的认识，“我们已经断定，当名称之间的同一陈述确实是真时，它就必然为真，即使人们可能不是先验地知道它”。[①]这个断定来自科学的验证，以科学研究的结果为前提，因而是后验必然的。例如，长庚星就是启明星，这个同一陈述就是基于科学研究而都指向金星。克里普克表明：虽然两个严格指示词之间的等同关系是后验建立起来的，但这种等同实际上指称对象自身等同的逻辑必然关系。然而，这种后验必然性要求同一陈述两边术语是严格的指示词或自然类，表达心理的概念并不是这样的概念，因而具有偶然性现象。按照杰克逊的说法，作为一个后验必然的句子如何是通过经验活动和认知来达到必然的呢？这类似于罗素假说，我们如何通过经验来否定世界不是五分钟之前存在的呢？[②] 因为经验证据具有偶然性，我们理解这些句子无须知道它们为真的条件而只需进行先验性的推导。

对于这种偶然现象问题，新唯物主义继续对现象概念的指称能力进行了分析。新唯物主义者认为导致反物理主义二元论直觉的根源在于除了现象概念的特别角色之外，还有现象概念的指称问题。现象概念并不是直接指称某种属性，它是通过经验自身的呈现模式来指向物理属性。布洛格认为，现象概念并不是直接与指称有着关联，我们可以设想在疼痛不在场的情况下，疼痛概念仍有所反指，即某人的内在标记。洛尔认为，现象概念不是直接指称经验而是以呈现模式指向经验的。帕皮诺说，因为呈现模式，我们不会有一个相关描述能描述

---

① 克里普克：《命名与必然性》，梅文译，上海：上海译文出版社，1988年，第110页。

② Jackson F. From Metaphysics to Ethics：A Defense of Conceptual Analysis，Oxford：Clarendon Press，1998，p. 71.

我们已想过的东西，并用来指向一个具有描述所归属的属性的实在，因此，现象概念是由具有加前缀的“经验______”算子这样的感知经验所形成的。卡拉瑟斯（Carruthers）虽然也承认现象概念没有任何描述的呈现模式，但是他仍认为类似呈现模式引导现象概念指向它的指称，即一种经验的高阶经验引导现象概念指向它的指称，这是因为他认为现象概念的说明应当有我们这样的感觉，我们直接知晓到现象概念应用的基础，以便于不涉及与非现象概念的先验关联。这个高阶经验是基于我们一阶经验基础上的，当一阶经验被心灵阅读能力所经验到时，它们自身获得了高阶类似内容，如一个红感的内容的表征状态也就是类似红感的经验内容表征。① 还有人认为，现象概念是它们指称的现象经验所构成的，即构成性说明，用于当前的任何概念的讨论都是由标记现象经验所构成的。现象概念与经验关系比因果关系更为紧密。物理概念并不是由概念的所指称的东西构成的。

因此，新唯物主义坚持本体论上的一元论。洛尔说：“这里我要捍卫的观点是：现象概念是一个识别概念，它拣出特定的内在属性；它们是大脑的物理功能属性。它们是我们在现象反思时的采用的概念，没有充足的哲学理由去拒绝下面的说法：即使它看上去合理，这些现象概念揭示的属性仍是物理功能属性——但当然不是物理功能描述下……它作为拥有特定的经验像什么的属性只不过是大脑特定的物理功能属性。”② 洛尔继续说：“要说明在什么样的抽象条件下，现象概念会在认知上独立于物理或功能概念或功能概念，同时由前者引入的属性却完全是物理或功能属性，这一点并不难。下述这一图式能够对此做出说明：（a）关于大脑状态的物理功能概念所指称的恰好也是物理学理论语词所指的事物，并且（b）现象概念具有独立于‘理论’语词不同的概念角色。这种概念角色使得现象概念有直接指称，从而无需高阶的指称方式，虽然它们的概念角色是设想到独立的，也就是说，即使通过物理功能语词的形成的知识不能使一个人处于那种运用特定的现象概念为他带来的认知处境，或者反之亦然。现象概念直接指称的那种属性，恰恰会是那些通过物理功能理论语词来把握的属性。”③ 因此，现象概念和物理概念是直接指向物理功能属性，只是它们从不同方面反映了物理功能属性类的不同或本质属性。

---

① Carruthers P. Phenomenal concepts and higher-order experiences, Philosophy and Phenomenological Research, 68, 2004, pp. 316 - 336.

② Loar B. Phenomenal states//Block N, Flanagan O, Guzeldere G. The Nature of Consciousness, Cambridge: The MIT Press, 1997, pp. 601, 602.

③ Loar B. Phenomenal states, Philosophical Perspectives, 4, 1990, p. 84.

洛尔认为，由两个直接指称共外延的概念所表达的属性必然是同一的。我们假定一类P有两个本质不同的F和G属性，那么在F和G之间必定存在着必然关联。因为，假如，F和G的关系是偶然的，那么P可能是F而不是G，这意味P将不会必然作为G；也可能P可能是G而不是F，这意味着P可能不必然F。假如我们假定F和G是两个不同的属性，就难以明白F和G之间的关系可能是必然的。在这个意义上，洛尔认为属性并不是由概念构成的，也不能从概念上的独立性推导出形而上的独立性，即属性的独立，所以概念上的鸿沟不可能反映出表达属性的鸿沟。概念的独立性是概念现象，我们应当能够解释它，因为它们是概念层次上的不同以及概念功能不同，而并不表达属性层次上的不同。布洛克说："一个现象概念在基本的用法方面而个体化，即涉及通常现象属性的出现。在这些基本用法方面，一个通常出现的经验被用于思考那种相应的经验。没有人能够有一个这样的现象概念，即假如它们不在某些方面关联于这种基本用法的概念，其中对象通常具有一个现象性质的例示。"① 他们否认现象经验指向某种类型的经验，而坚持现象概念适用于对象的经验属性，例如，现象概念"红"指向成熟的西红柿和火花塞的属性，而不是由这些对象所引起的经验的属性。

新唯物主义都承认，不是先验不一定意味着不同一，这并不必然导致二元论或反唯物主义主张。例如，帕皮诺说，现象概念和物理概念是两类不同的概念，但均指向同一属性，即大脑特性，原因有两点：①在近年的神经生物学研究中，并没有发现可以还原为基础物理力之外的其他特殊力，而且通常我们认为像疼痛这样的意识经验对我们的躯体有因果作用，所以疼痛这样的意识经验现象属性同一于物理属性；②如果科学的发现证明现象属性就是大脑物理属性，那就是一个原初事实。按照克里普克的后验必然性条件，假定a和b是两个严格的指示词，它们在一切可能世界都指称同一个对象，也就是说，a=b在一切可能的世界里都是真的，因此，"a存在着和b存在着都蕴含着了a=b"这个命题在一切可能的世界里都是真的，因而这是一个必然真理。例如，温度等于分子的平均动能是一个后验必然命题，因为它是通过科学研究发现事实上温度等于分子的平均动能，而且"温度"和"分子平均动能"又是严格的指示词。所以，我们可以得出：①现象属性同一于物理或功能属性。②现象概念是一种识别概念，它通过完全说明的方式而指向物理或功能类的本质。因而现象概念独立于

---

① Block N. Max black's objection to mind-body identity//Torin A, Walter S. Phenomenal Concepts and Phenomenal Knowledge: New Essays on Consciousness and Physicalism, Oxford: Oxford University Press, 2006, p. 127.

共同指称的物理概念，表明在人类思维中具有不同的概念角色。③现象概念和物理概念的独立性，反映了现象概念和物理概念的同一陈述是一个后验的。

当然，新唯物主义认为由于概念的独立性，现象属性和物理功能属性分开是可以合理地设想的。例如，可以合理地设想为物理功能属性在没有心理属性例示下被例示，尽管是物理功能属性等于心理属性。同样，也可以设想为存在着与我们物理上相似的生物，而且环境也相似，它们的内在状态是现象状态，却与我们的经验的现象特征是完全相反的（颠倒感受性质），也可以设想存在着这样的生物复制品，环境也是我们世界的复制，但是它们却根本没有现象特征。不过，现象概念和相关的物理功能概念是严格的：它们不但在日常世界而且在可能世界都有共同指称。这样分离的背景就是形而上的不可能，尽管它们可以设想，尽管事实上的相关的心理物理同一是后验的。可设想性不能推出可能性。[①] 洛尔说，我们能够解释也确实解释了一个特定现象概念如何能够完成识别一个具体的物理功能属性而没有剩余物：这个概念分辨出属性而不是通过一个偶然表征模式分辨出的。以此方式这就弥补了现象和物理之间的解释鸿沟。我们理解“如此这般现象性质”如何能识别出物理属性 P，尽管“如此这般现象性质＝P”并不能用物理术语提供一个（先验）解释，即为什么一个给定的现象性质感觉到它是如此。既然当我们归纳时前者应当推导出关于现象性质的物理主义是真的，而且我们理解这两个事物，因而我们理解了物理主义如何为真的。总之，①现象概念直接指向现象属性，②现象概念并不是物理功能概念，③现象属性同一于物理功能属性。这三个命题是一致的。[②]

第三节　对新物理主义的反思

新唯物主义一经提出就得到众多物理主义的支持和赞同。首先，新唯物主义的论证为物理主义的合理性提供了坚实的基础。客观地讲，当代心灵哲学的反物理主义论证对物理主义构成了强大的冲击波。这些论证不断置疑物理主义命题的条件和完备性问题，直接威胁到物理主义的地位和作用。如果物理主义再采用以前的直觉和信念论证，它就难以对反物理主义做出强有力的反驳。新

① Horgan T E，John T. Deconstructing new wave materialism//Koons R C，Bealer G. The Waning of Materialism. Oxford：Oxford University Press，2010，p. 307.

② McLaughlin B P. In defense of new wave materialism：a response to Horgan and Tienson//Robert K C，Bealer G. The Waning of Materialism. Oxford：Oxford University Press，2010，pp. 328，329.

唯物主义没有回避困难，它借用反物理主义所擅长的概念分析，围绕必然与先验的关系，提出了后验物理主义主义主张。它认为那些任何试图用可设想论证来证明可能性的推论都将涉及现象概念的采用与拥有，如疼痛、痒感等，但这些概念有着具体的特征，当这些特征被充分注意到时就可以证明这些论证是错误的。

其次，新唯物主义区分了认识上的物理主义和形而上的物理主义，更具有包容性。由于现象概念与物理概念在认知中的因果角色不同而造成了我们认识上的不可通约性，但这并不能构成否定物理主义的依据。物理主义作为一种世界观已经被当代哲学家所广泛承认，然而受到我们原来概念图式的影响，不可能在认识上贯彻到底。当我们接受了概念二元论和本体上一元论的时候，就会承认现象知识和现象事实的存在，唯物主义就具有更强的包容性。

最后，新唯物主义对心身问题提出新的解释策略。新唯物主义认为心身是同一，但不是先验的同一，而是后验的同一。这个后验的本质的解释“不是在于世界这一面，而是在于心灵的另一面，即根据不同方式思考或想象，或根据不同的概念去解释”①。就此看来，新唯物主义认为，只存在着一种属性，即一种大脑过程，它同于心理过程，但是我们可以用两种不同的概念即现象和理念概念去设想它。由于这些概念是不同的类型，所以不可能先验地知道它们指向相同属性的概念，我们只能后验地认识。在这个意义上，新唯物主义承认心理现象的特殊性，但是这个特殊性在于我们所采用的理解概念图式不一样。所以，心理现象也并不神秘，它只是概念的不同解释的结果。

然而，由于新唯物主义对于二元论反击做出的妥协与退让，即承认现象概念的认识论地位，其结果就造成必定有不同于物理概念的指称，那么这个指称是什么呢？如果它就是物理属性，那么为什么用指称物理属性的物理概念无法思考呢？因此，新唯物主义下一步需要对现象概念的语义进行详细分析。我们比较赞同克里普克的因果历史指称论，即现象概念除了表达内在物理属性之外，它还表示一种关系性属性，如社会、文化背景下所实现的高层次的事件、状态、过程和属性。这促使我们不但要重视语义学考察，还要吸取自然科学成果，以修正和丰富物理概念，从而正确理解物理主义或唯物主义。

---

① Horgan T E，John T. Deconstructing new wave materialism//Koons R C，Bealer G. The Waning of Materialism. Oxford：Oxford University Press，2010，p. 307.

第八章

构成与实现物理主义

虽然非还原物理主义占据着物理主义的半壁江山，然而在遭受金在权的下向因果性论证之后，一度岌岌可危。纵然实现论试图拯救非还原物理主义，却也面临着同样的问题。物理主义似乎回到了原点。有些学者尝试用“实现性”和“构成性”来解释物理主义，以避免非还原物理主义的问题。

第一节 物理的“可塑性”

在1980年还原物理主义余威未消而非还原物理主义风生水起的时候，理查德·波义德就提出关于心理的物理主义既不能是类型同一论，也不能是殊型同一论。当他否定类型同一论时，他是在否定还原物理主义的表述，当他否定殊型同一论时，实际上也否定了戴维森的随附物理主义的表述。面对物理主义的发展方向，他提出：“在日常世界，所有的心理现象是物理实现的。”[①] 他是最早提出物理主义的实现性表述方式的代表人物之一。

波义德否定还原物理主义是基于克里普克反物理主义论证。克里普克认为，还原物理主义的命题为真，要么是先验必然的等同，要么是后验必然的等同，即所有的事物必然都是物理的。对于先验必然的同一来说，所有的事物包括心理的事物具有它们的本质属性，而物理的也有自己的本质属性，前者并不蕴含后者，因此不具有先验的必然性。按照笛卡儿的分析，心理具有

---

① Boyd R. Materialism without reductionism: what physicalism does not Entail'//Block N. Readings in the Philosophy of Psychology, London: Methuen, 1980, p. 87.

思维性，而物理具有广延性，但是心理能否先验必然包含着广延性呢？克里普克认为，心理推导不出物理的广延性，或者说在没有物理情况下，心理的思维性仍然存在。

还原物理主义不是先验必然的，那么能否是后验的必然的呢？对于后验必然的同一来说，克里普克认为同一的两边必须是严格的指示词，虽然意义不一样，但是在随后的研究中发现它们可以后验地同一，如 H_2O=水。“在任何可能世界中，这些描述指向（假如它们全部指向）某物或某属性，这些某物或属性是和在日常世界中严格指示某物或属性在感觉上相同的属性。”[①] 因此，我们可以宣称这些描述的指称在任何可能世界都是同一的，就像我们日常世界中严格指示词指示的事物一样。然而，还原物理主义并不能满足这些条件，即心理的术语并不是一个严格的指示词。我们以同一论命题“疼痛＝C 纤维激活”为例论证如下：

（1）假如命题为真，“疼痛＝C 纤维激活”是必然的。

（2）“疼痛＝C 纤维激活”不是先验必然的，那么它应当是后验必然的。

（3）“疼痛”和“C 纤维激活”应当是自然类的严格指示词，即存在着两个可能世界，W 和 W’，以至于：（a）在 W 中，存在着一种日常世界中疼痛所有的自然属性，但不是 C 纤维激活，也不是疼痛；（b）在 W’中，存在着一种 C 纤维激活，但是不能感觉到疼痛，否则就是疼痛。

（4）在一个可能世界中，存在着疼痛但没有 C 纤维激活，并且在一个可能世界中，有 C 纤维激活但没有感觉到疼痛，这是荒唐的。

（5）“疼痛＝C 纤维激活”不是后验必然的。

对于克里普克的反物理主义论证，波义德没有进行正面的回击，而是寻找物理主义及其反物理主义存在的共同问题，即总是把物理主义表述成同一论。对于物理主义者来说，造成对唯物主义的还原表述的原因来自经验主义的还原论分析，希望以此把唯物主义与副现象论分开。副现象论的产生是为了避免笛卡儿的二元论困难，特别是机器人幽灵的神话，因此承认心理现象存在，但是认为大脑现象并没有因果作用。这显然是违反我们的直觉。当还原论把心理因果性还原为大脑本身就没有了这个麻烦。不过，这种还原论并不必然推导出严格的同一论。波义德区分出两种同一命题，一种是分析性同一，另一种是偶然性同一。例如，“水包含着氧气”，我们可以说“水同一于包含氧气的物质”；“水在撒哈拉沙漠是缺少的”，我们可以说“水同一于撒哈拉沙漠的缺少的物

① Boyd R. Materialism without reductionism：what physicalism does not Entail’ //Block N. Readings in the Philosophy of Psychology，London：Methuen，1980，p. 82.

质”；前面的“同一”是一种分析性的，后面的“同一”是偶然性的。因为前面命题包含的是严格指示词，而后者则不是一种严格的指示词，“撒哈拉沙漠”可以用其他沙漠来替代。因此，当反物理主义攻击物理主义的时候就是直接针对这两个命题。他们认为，物理主义如果为真，必须具有必然性。然而，无法哪个同一论命题的必然性，反物理主义都要求同一陈述的词是严格指示词，这是传统本质主义的表现。即使像克里普克的论证所提到的后验必然同一，也是认为心理与物理术语不具有像“水”“H_2O”那样的严格指示词，因而无法同一。

因此，波义德提出，“心理现象的唯物主义陈述并不能推导出克里普克论证所采用的一类同一命题”。[①] 首先，潜在反还原物理主义下的本质主义是哲学史上争论的话题，唯物主义不需要在此问题上争论；唯物主义陈述不用同一论命题与唯物主义的思想并不矛盾。唯物主义可以通过下面的假设避开克里普克的论证，即所有自然现象、事件、过程、对象等事实都是物理的，因为它们都是由物质及其物质之间的相互关系构成的。“尤其是心理事件、状态和过程只是在实现它们的物质和物质力的特定排列或构形上存在着不同。例如，疼痛不同于地震，但是这种不同是构形的，而不是构成的问题。”[②] 所有的事物都是由相同的物质构成的。

为什么所有的事物是由相同的物质构成的却不是同一的呢？波义德引入了一个“可塑性（plasticity）”概念。他认为，所有类型的事件、状态和过程都是物理实现的，具有充分的可塑性。例如，一辆汽车是由不同的材料零部件塑造的。不同的事件、状态和过程的可塑性程度不同，这是由于实现的物理材料不同。根据实现形式不同，波义德把可塑性分成两种：一种是构成可塑性（compositional plasticity），另一种是构形可塑性（configurational plasticity）。

构成可塑性是指一类状态、过程和事件在某种程度上由于构成它们的部分的实体或因果要素的不同而得出实现性。例如，钢与铁的区别在于构成的要素不同，前者在铁的构成上加入另外的碳而具有的实现性。构成可塑性是指一类状态、过程和事件在某种程度上是由于个例的实现者的结构构型或构成部分排列不同而具有的实现性。例如，金刚石和石墨是由于碳原子的排列不同而具有不同的性质。对于波义德来说，这种可塑性表明状态、过程和事件并不是存在着一种本质主义所强调的严格指示对象，它们是变化的、运动的，因而没有一

① Boyd R. Materialism without reductionism: what physicalism does not Entail' //Block N. Readings in the Philosophy of Psychology, London: Methuen, 1980, p. 86.

② Boyd R. Materialism without reductionism: what physicalism does not Entail' //Block N. Readings in the Philosophy of Psychology, London: Methuen, 1980, p. 85.

种自然类术语描述。

然而，有些反唯物主义哲学家仍然认为，无论构成可塑性和构形可塑性都可以推出同一论。因为，当我们把事件、过程和属性加上具体的限定，如一个人的疼痛，那么就可以推出这个的疼痛同一于实现它的内在构成或者与其他实现者之间的构型。例如，戴维森认为个例的心理事件同一于个例的物理事件。波义德认为，“对于所有动物来说，存在着疼痛的任何完全具体相同的神经生理状态是完全不可能的，甚至说在所有逻辑可能的动物上其疼痛的定义只有着单纯的神经自动结构也是完全不合理的”。① 所有的心理状态都是由不同的变化的中枢神经系统实现的。

由此，波义德阐释了同一与构成的关系。让我们假定特定的疼痛为 P，相应的实现者神经过程为 C。他说，尽管我们可以说 P 只不过是 C，然而并不能说 P＝C。造成这个问题的原因在于，我们如何来概括 P 与 C 的关联。当我们把这个关联称为同一的时候，我们错误地理解了“是”（to be）。例如，“柏拉图是一个哲学家”和“柏拉图是《理想国》的作者”，这两个“是”：一个是蕴含关系，一个是等同关系。对于“P 只不过是 C”来说，它是一种蕴含关系，波义德称为构成关系。“关于‘to be’这个动词的用法没有什么怀疑的，它与同一的关系没有什么意义。”②

对于个例的同一的反驳，波义德还采用经验的证据。他说，相同的分子运动集合可以实现许多不同的个例事件、状态或过程，甚至类型不同的事件、状态或过程。例如，相同的神经分子运动可以实现三种不同个例状态：我在此时的疼痛，某种神经的激活，以及特定神经分子的运动状态。当然，波义德也认识到某些哲学家会说，这些状态就是相同的状态，只不过采用了不同的描述。对于这个问题，他说，这只是一种语言的问题。例如，“a 与 b 有着相同的 F”为真仅当在某些情况下，a 实现的 F 同一于 b 实现的 F。这种语言操作的背后实质是一种倾向：唯物主义心理学的主张是，可以通过心理学的术语和定律的语法还原到物理学的术语和定律。这恰是波义德要反驳的。

尽管波义德明确提出了反物理主义的主要错误在于本质主义，然而对于非物理与物理关系还是没有深入说明，特别是当他反对本质主义预设了一种本质的时候，很容易让物理主义陷入到违反直觉知识的结论。比如，我们在判断桌

① Boyd R. Materialism without reductionism：what physicalism does not Entail’ //Block N. Readings in the Philosophy of Psychology，London：Methuen，1980，p. 91.

② Boyd R. Materialism without reductionism：what physicalism does not Entail’ //Block N. Readings in the Philosophy of Psychology，London：Methuen，1980，p. 102.

子的时候，总是有一个特性让我们把桌子与椅子区分开，而这是通过材料无法分辨的。就像科学家在研究蝙蝠的过程中发现蝙蝠并不是鸟，他们肯定有着本质或自然类的预设。作为一种理论，物理主义不能完全走向与日常知识的对立面。后来的梅尼克、休梅克、贝克等哲学家对于波义德的实现物理主义进行了继续拓展。

第二节　梅尼克的物理主义“宣言”

安德森·梅尼克是美国密苏里大学的教授、哲学家，从 1987 年就开始认真思考物理主义问题。他刚一开始相信取消唯物主义，后于 1998 彻底放弃了这一观点，并认为整个世界是丰富多彩的，相应的学科也是多样的，不但有类似气象学、地理学、生物学、化学、物理学，而且也有民间心理学、民间物理学。每个学科都有它们自己的特有的理论术语，因而也描述了不同的对象、事件和属性。然而，这些学科之间是什么关系呢？它们描述的对象是什么关系呢？哲学应当为理解这些学科和相应的描述对象之间的关系提供一个基础。其中，物理主义就是一个这样的哲学，它相信物理学在众多学科中具有优先性，并且其描述的对象、事件、属性具有形而上的优先性。然而，对于这个优先性在物理主义内部又有着不同的声音：取消唯物主义认为物理学及其本体论是真实的，其他学科及其本体论则是错误的描述；同一论认为其他学科及其本体可以还原为物理学及其本体论而被确定为真实的；非还原物理主义认为所有的学科及其本体事实依赖于物理学及其本体的事实，然而不能还原到后者。

从一开始，非还原物理主义的物理主义与非还原主义就被认为有着矛盾和张力。假如心理属性不能还原物理属性或者不能同一于物理属性，那么这似乎是说具有心理属性的个体不是单纯物理的，假定如此，心理属性就是由物理现象单独所能支持，因此非还原物理主义就欠下对二者之间如何一致的解释。戴维森提出的随附性也被认为不能充分保证物理主义为真。前面我们说过，心理对物理的随附不能解释心理为什么依赖于物理。当戴维森采用殊型同一论以避免实体二元论时，他就是说心理属性（类型状态）不同一于物理属性，然而心理事件（殊型或个例状态）同一于物理事件，也就是说某种具体的心理事件是同一于具体的物理事件。然而，殊型同一论不能保证物理主义，因为一个单纯的殊型同一并没有说明心理属性与物理属性如何具有共变性，它承认与日常世界在物理上不可分辨的世界会完全没有心理的东西，这显然是与物理主义不相容的。

为了满足物理主义的要求，并且不与我们日常世界的直觉知识冲突，梅尼克发展了波义德的实现物理主义原则，心理和其他高层的东西都是由物理实现的。他说，物理主义的学说只能用实现的概念，随附性、同一性（甚至殊型同一）都不能堪当大任。为什么说物理主义只能用实现进行表述，而不能用随附性表述？在回答这个问题之前，我们先看一看梅尼克描述的实现物理主义图景。

梅尼克认为他的物理主义是一种“科学的假说”，有两个前提预设。

第一，所有存在的事物都是个例的，而不是类型的，因为类型也是由个例构成的。个例的事物有着两个本体论范畴：属性、对象类，或者是事件类。因此，所有日常属性实例、个体对象和个体事件要么是基本物理的，要么是由物理实现的。第二，所谓物理的都是偶然存在的或者在世界中具有某些因果角色的存在。“如上所知，实现物理主义主张所有的事物（例如，任何日常偶然的或因果的个例）要么是完全现在意义上的物理的，要么是宽泛意义上的物理的，即与第一种意义上所谓物理的之间具有特定关系的物理。”①

梅尼克的实现物理主义的“实现”概念最初是与功能属性的概念紧密相关。一个功能属性或类型就是由完成特定功能角色的例示构成的。对于任何功能属性或类型 F，就存在于一个功能角色 R，以至于任何事物 x 是一个 F 的例示，当且仅当 x 发挥着 R 的角色。例如，一个自动售货机就是一种功能类型，它存在着特定的功能，即只要送进 5 元硬币，它就会吐出相应的商品。同样，对于心理属性，功能主义者也认为是一种具有恰当因果角色的状态。因此，这种功能类型就是由发挥特定因果角色的东西实现的。那么，这个实现关系是类型之间的关系还是殊型之间的关系呢？梅尼克认为，根据功能主义所称为的多样实现性来看，一个功能类型可以由多个不同的实现者来实现，如疼痛可以在乌贼、章鱼、哺乳动物，甚至在火星人上实现，这种实现只能发生在个例或殊型之间。实现关系可以概括如下：

【R】殊型 x 实现殊型 y（或者殊型 y 是由殊型 x 实现的），当且仅当：

（ⅰ）y 是某些类型功能状态 F 的殊型（例如，某些类型的殊型化仅是满足特定条件 C 的某些或其他类型的殊型化）。

（ⅱ）x 是事实上满足 C 的某些类型的殊型，并且，

（ⅲ）F 的殊型，它的存在是由支持（ⅱ）句子而在（强意义）必然化

① Melnyk A. A Physicalist Manifesto：Thoroughly Modern Materialism，Cambridge：Cambridge University Press，2003，p. 18.

的，则在数上同一于 y。[①]

这个实现关系表明我们不需要个例同一。从（ⅲ）来看，实现我当下的疼痛 y 的实现者神经状态 x 必定是一种具有恰当因果角色的类型，但是 x 不需要同一于 y。因此，心理事件是由物理事件实现的，具有心理特征的生物都是由物理身体所实现的。然而，有人可能要质疑，心理事件是等同于构成的神经事件呢？还是说具有心理属性的人是同一于构成的身体呢？

梅尼克提醒我们注意（ⅰ），功能类型 F 的殊型化是由满足条件 C 的一个类型的殊型化所必然化的，例如，洗衣功能的实现总是由具体的因果角色功能来实现的，洗衣机可以，人类也可以。因此，一个功能类型与相关条件之间的关系是概念上的。梅尼克说，假如分析功能主义是正确的，心理属性是功能属性只是一种概念上为真。不过，还原功能主义如金在权通过经验分析仍然得出殊型上的同一。为了避免这种殊型上的同一，梅尼克认为实现关系应当是一种形而上的关系。

> 【RP】任何类型的任何因果或偶然殊型（无论是一个对象、属性例示或事件）必然要么是（1）一个物理类型的一个殊型，要么是（2）一个功能类型的物理实现的殊型。

如果实现关系是一种形而上的关系，那么为什么不能用随附关系来取代呢？梅尼克提出了两个原因。第一，随附关系是指任何在物理上与日常世界不可分辨的世界也是在心理上不可分辨的，但不是任何在物理上与日常世界不可分辨的世界都是一个包含着日常世界所包含的物理事件的世界：有些世界在物理上与日常世界不可分辨，但是包含着一个事件与日常世界的物理世界不同，尽管它们在物理上不可分辨。因为假定任何一个心理事件是一个物理事件并不排除这样的世界从心理上区分开日常世界，由此不能推导出与日常世界在物理上不可分辨的世界也是心理上不可分辨的，这就出现了我们第四章中是提到“灵媒质问题”。如果采用实现关系，一个心理事件都是由一个物理事件必然实现的，那么就不存在着这样的问题。

第二，事实上，当我们说一个事件在日常世界是一个心理事件，但是不能直接得出这个事件是可能世界中的心理事件。有这样的世界，它包含着日常世界所包含的任何物理事件，但没有什么是一个疼痛或一个思维的，因为作为一个疼痛或思维不是任何通常疼痛或思维事件的本质属性。如果是这样，随附性

---

① Melnyk A. Realization and the Formulation of Physicalism, Philosophical Studies, 131, 2006, p. 129.

不能保证物理主义的必然性。

由此，梅尼克说："我得出，随附性不能提供实现主义的一个最佳选择，因此我们现在没有理由拒绝实现主义作为物理主义的表述，这是因为它有着随附表述更少看重的承诺。"①

对于梅尼克的实现主义，傅善廷（Francescotti）认为它无法抓住物理主义的信念，即心理现象是借助物理现象而得到的，因为梅尼克对实现的分析表明，不但前者是由后者实现的，它们也实现了后者。② "假如某些物理类型在特征上是功能的，因而有着实现的殊型，那么这些物理殊型能否被非物理类型的所实现呢？物理类型的殊型按照【R】可以被心理类型的殊型所实现吗？"③ 也就是说，按照梅尼克的实现定义，物理现象可能有心理实现者，这消弱了人们对物理主义的信念。

傅善廷根据梅尼克的定义进行了分析：假定对于任何有感觉的生物 x，存在着一个物理殊型 y，其中 y 是 x 的物理躯体，因此（ⅰ）躯体 y 是一个类型 F 的殊型，一个密度的承载者，加上（ⅱ）x 是一个心理类型 G 的殊型，后者满足条件 C，这个条件是作为一个具有特定质量与体系之比的项的例示。另外，（ⅲ）x 是满足 C 的一个类型的事实必然是有一个 F 的殊型，这个 F 必然的殊型同一于殊型 y。如此，我们可以得出，具有密度就是一个真正的属性，一个物理学的真正属性，作为感觉必定有资格称为一个心理属性，最后，心理殊型 x 就实现了物理殊型。因此，这就导致了永恒的心理因果性问题。

第三节　休梅克的"物理实现"

悉尼·休梅克（S. Shoemaker）是美国的哲学家，他在《实现和心理因果性》一文中提到："对于心灵的物理主义或唯物主义来说，解决心理因果性问题的关键是得到一个心理如何被物理实现的充分理解。近来物理主义讨论主要集中在随附性观念上，但是我想重心应当转到实现的观念上。"④

---

① Melnyk A. A Physicalist Manifesto：Thoroughly Modern Materialism，Cambridge：Cambridge University Press，2003，pp. 69，70.

② Francescotti R. Realization and physicalism，Philosophical Psychology，23，2010，pp. 601－616.

③ Francescotti R. Realization and physicalism，Philosophical Psychology，23，2010，p. 605.

④ Shoemaker S. Realization and mental causation//Gillett C，Loewer B. Physicalism and Its Discontents. Cambridge：Cambridge University Press，2003，p. 74.

由于随附物理主义虽然保证了心理依赖于物理的，但是又陷入到金在权的下向因果性论证，导致了属性二元结论。为了避免属性二元论，休梅克决定对物理属性实现心理属性的“实现”进行阐释。他认为，任何属性，只要它的实例是某物的一个原因或部分原因的，都将会导致它的属性实例赋予它的对象一系列“条件因果力”。一个事物绝对有因果力就是说它所处的特定环境（比如，它与其他事物之间的特定关联）引起了特定的结果；一个事物具有特定的条件力仅当它有着特定的属性就绝对有特定的因果力，其中这些属性本身对于赋予那种绝对的因果力是不充分的。因此：

> 一个属性 X 实现 Y，仅当在下种情况下，即由 Y 所赋予的条件力是由 X 所赋予的条件力的子集（X 不是一个作为一个合取项的具有 Y 的合取属性）。①

在这个定义中，被实现的属性是多样实现的，由它所赋予的条件力将是每个实现者属性所赋予的系列条件力的一个子集。不同的实现者属性在条件力方面相互不同，但是在被实现者属性所赋予的条件力方面是相似的。休梅克认为，赋予特定条件力的存在就是被认为具有属性的“前溯性因果特征”。因此，一个属性 X 实现属性 Y 仅是说，Y 的前溯性因果特征是 X 属性的前溯性因果特征的子集。

就此看来，非还原物理主义在把心理状态作为原因时，它主要把心理属性的条件力等同于一个心理状态的条件力。例如，我们相信天要下雨，因此我去拿伞，其中我的信念就成为我行动的原因。事实上，信念引起了行为是特定对象的渴望和特定对象的其他信念的合取。因此，由信念属性所赋予的条件力就包括其他较多的条件力。例如，我想不被淋湿，相信伞可以避雨，这将导致如果我要出去，我就会拿伞。因此，当非还原物理主义无法还原时，就是没有注意到不同的心理状态所赋予的条件力是不同的，它们都是由物理实现者所实现的。

当这些心理属性混合产生特定的结果时，这些属性是物理实现的，然而它不是说心理属性的各自不同的物理实现属性混合会产生特定的结果。休梅克说，物理属性是共同例示的，它们虽然是不同心理属性的实现者，但是却归属于不同的属性族。那么，它们是如何共同例示一个结果的呢？这是因为不同的实现者的前溯性因果特征混合产生了相同的属性族。

① Shoemaker S. Realization and mental causation//Gillett C，Loewer B. Physicalism and Its Discontents，Cambridge：Cambridge University Press，2003，p. 78.

为了说明这个问题，休梅克引入了亚布罗对于实现的关系描述。亚布罗认为，实现是确定者与被确定者之间的关系。一个被实现的属性与实现属性之间的关系类似于红色与深红色、矩形与长方形之间的关系。虽然后者实现了前者，但是后者的属性族才实现了前者。由此，原因与结果的关系应当是相称的、成比例的。既然如此，心理属性就不能比实现者预先占有因果性。

虽然，休梅克实现主义对于非还原物理主义心理因果性问题做出了独到的分析，但是在心理属性与物理属性之间的仍然存在着不对称性的问题。当实现主义说物理实现心理时，这是符合物理主义的基本要求的；从非还原主义角度来说，心理也是可以实现物理的，但是这不同于物理实现心理的关系。由此造成了实现主义的“不对称性问题”。如果我们不想回到梅尼克的泛化的还原主义，休梅克必然要说明这种不对称性的原因何在。但是休梅克没有具体说明。

第四节　吉尔特实现“维度观”

卡尔·吉尔特（Carl Gillett）捍卫实现的维度观（dimensioned view of the realization），以反对传统的“平面观”（flat view of realization）。平面观是指根据功能角色的占有者来定义实现的，相反，维度观是以构成来概括实现的。

吉尔特认为，实现性是一种属性实例之间的关系，它可以根据实现属性的实例的因果力而得到。这个因果力是指实现属性的实例促使了例示被实现属性的个体化。具体说：

> 属性/关系实例 $F_1 \sim F_n$ 实现了在个体 s 中一个属性 G 的实例，当且仅当 s 有着这样的因果力，它凭借由 $F_1 \sim F_n$ 所引起 s 或 s 的构成的因果力而使 G 的实例个体化，但不是反之亦然。[①]

在这个定义中，“因果力”是由属性的因果理论来定义的。根据吉尔特的观点，特定系统例示了特定的属性，只有当它或它的部分具有个体化属性的因果力。也就是这个个体化属性的因果力归属于它的承载者，或者承载者的部分。但是，吉尔特的高明之处在于，他认为实现可以跨越不同的层次，从而区分于传统的平面实现观。例如，休梅克提出实现的关系仅是实现者所赋予条件力之

① Gillett C. The dimensions of realization：a critique of the standard view，Analysis，64（4），2002，p. 322.

间的关系，因此特定个体实现了特定的属性。

吉尔特认为，平面观点忽略了这样的可能性，即实现者与被实现者属性可能是由不同个体的例示的。具体说，某些属性是借助实现者属性的实例而在一个对象中例示，而不是在相同的对象中例示。因此，实现的出现就有两种方式：一种是横向的实现，即个体化被实现属性的因果力是由水平的层间个体属性所造成的；另一种是纵向的实现，即个体化被实现属性的因果力是由垂直的跨层间个体属性所造成的。以金刚石为例：金刚石硬度是由构成金刚石的原子的属性所实现的。按照吉尔特的观点，硬度不应当理解为一个个体所例示的属性，它可以为所有的个体属性所例示。假如是这样，实现与被实现的属性不是在相同个体中所例示的。

不过，波利哥（Thomas W. Polger）和夏皮罗（Lawrence A. Shapiro）认为吉尔特的观点前后矛盾。他们从吉尔特的前提入手进行归谬论证：

> （P1）任何被实现的事物是一个属性实例，至少是一个属性实例是被实现的。
>
> （P2）某些被实现的事物是多样可实现的。
>
> （P3）没有属性实例是多样可实现的。
>
> （C1）从（P1）（P2）可以得出某些属性实例是多样可实现的。
>
> （C2）不存在（P1）。

我们来分析一下。当吉尔特说实现是一种属性例示关系时，只有属性实例才是被实现的。我们又知道某些实体是可以多样实现的，比如桌子可以用铁、木材料来制成。如果按照吉尔特的观点，这些实体多样实现只能是属性的实现。既然属性的实例是多样实现的，那么就不会存在不同的属性，否则就没有共同性。因此，可以得出吉尔特的前提是错误的，起码导致了自相矛盾。

既然前面提到的实现主义不能保证非还原主义的难题，有些学者又开始采用构成的概念来说明非还原物理主义。

第五节　贝克“属性构成”论

林恩·鲁德尔·贝克（Lynne Rudder Baker）承认非还原物理主义面临着重要的挑战，特别是金在权的随附性论证对它造成了致命的攻击。“假如金在权的论证是有效的，那么就可能不存在着既不能还原又具有因果有效性的宏观属性。”① 然而，如果非还原物理主义不合理的话，那么我们日常世界都是不真实的。为了捍卫非还原物理主义，贝克提出了属性构成物理主义。

一、实践本体论

无论什么哲学，贝克认为思考都是从三个方面开始：第一，语义学方面的。没有语言我们就不能哲学化，学习一种语言就是学习一个世界是什么的方法。第二，认识论方法。我们要认识到我们的预设，这是不可取消的，所谓的笛卡儿的绝对的起点是不存在的。第三，本体论方面的。我们不但要关注世界中的普通的对象，也要关注到人工制品、艺术品等对象。当然，在具体的哲学中，这三种方面被混合使用，但是最主要的还是本体论方面的预设。贝克的哲学也是从反思本体论开始。

贝克认为传统的哲学坚持了一种本质主义思维方式，即认为在所有事物背后都存在着一个不变的东西。因此，对于日常的实在有三种观点：一是取消主义。日常对象并不是存在，它只是我们错误术语描述的。像燃素、孙悟空一样，那些桌子、椅子、塔都是没有指称的术语。二是还原主义。日常对象存在，但仅是基本的微观部分构成的总和。例如，桌子就是一堆部件构成的，然后由基本的粒子组成。也就是说，日常对象在本体上是冗余的。三是非还原主义。日常对象真实存在，并且不能还原到基本的粒子。在本体上并不是冗余的。

取消主义和还原主义在某些方面可能是对的，但是对于大多数日常现象则是违背直觉，特别是心理现象，我们如何取消和还原呢？另外，还有大量依赖于我们思维意向性的对象，比如信用卡、驾照，还有社会、经济、政治和法律现象。它们大多依赖于人类的意向。贝克把此日常对象称为意向依赖对象（intention-dependent object 或者 ID object）。意向依赖属性是那些缺乏信念、渴望和意向等存在的情况下不能例示的属性。意向依赖现象的独立性不是单纯的因果的，而是本体上的。例如，铀裂变在我们日常世界如果没有意向、信念、渴望等参与就不会存在，因为铀的同位素在我们世界很少，没有什么自然过程能够让它们一起产生巨大的质量。但是意向自主体汽车的依赖性则是本体的，它是设计用来交通的某种设备，没有意向就不存在。

贝克说：“我想提供一个日常事物的‘本体’说明，我意指我所说的本体是

① Baker L R. Nonreductive materialism//Mclaughlin B, Beckermann A. The Oxford Handbook for the Philosophy of Mind, Oxford: Oxford University Press, 2008, p. 2.

我们日常所碰到的对象或存在的完全目录（如护照、鱼等）。”[①] 他之所以坚持日常对象在我们生活中的本体地位：第一，出于态度和实践的需要。如果坚持日常可证明的对象只是微观粒子的集合，那么我们就无法识别出对象，也将置于不合理性的境地。第二，避免这个危险的方法就是把证明的对象与相应潜在的对象关联起来，并且保持不同。也这就是把日常物体作为一个非还原真实的，因而可以解释我们日常证据的可靠性。例如，对于反日常意义的传统形而上学，它们只是借助微观的描述，因此无法确定日常物体的存在，也无法解释日常现象，如我们被车子撞了，那只能归结到两堆粒子的碰撞以及相应的粒子轨迹。第三，另外把日常物体作为非还原真实的就是日常世界是我们人类关心和关注的焦点。

贝克提出，“为了维护这样的信念，我将提出一个实在的非还原观点，以本体术语而不是概念术语去理解我们碰到的世界”。[②] 我们把日常对象作为非还原的，是因为它们在任何现象的成功的日常因果解释中都是不可取消的。第一，因果解释需要的任何对象和属性应当是本体上可辨识的（作为真实的就是具有因果力）；第二，借助于日常对象和属性在因果解释中不可替代的（在经济学、政治学、社会学中可以证明）；第三，日常对象应当在本体上是可辨识的。日常事物像基本的物理实在一样是真实的，日常事物是不可还原的对象，不同于微观物理实的集合。像护照或鱼不是单纯的谓词，而是表达了属性，是一种原初类。本体不但包括物理微粒和它们的总和，而且也包括护照这样的人工制品。柏拉图及其当代反日常意义的形而上学是把日常事物当作不真实的，是可以还原的，贝克说，日常事物是不能还原或取消的，它们是我们完备本体论中的部分。此种观点，被贝克称为“实践本体论”。

因此，贝克乐观地说，非还原物理主义是我们理解所遇到的世界的最有希望的形而上学的观点，这个世界是充满着类似人类、人工产品和艺术品等日常世界的世界。只有非还原唯物主义才能提供一个形而上学，才能根据表面判断日常事物和它们的关系，并且把它们视为合理的。只有非还原唯物主义在科学世界观背景下才尊重实在的日常概念。

---

① Baker L R. The Metaphysics of Everyday Life: An Essay in Practical Realism, Cambridge: Cambridge University Press, 2007, p. 1.

② Baker L R. The Metaphysics of Everyday Life: An Essay in Practical Realism, Cambridge: Cambridge University Press, 2007, p. 25.

二、金在权的“暗伤”

贝克的实践本体论认为，日常现象是实在的填充物，任何日常事物在世界中都有本体地位，它不能降到只是我们语言的描述，或者只是微观属性在时空中的分布。金在权的随附性论证继承了传统的本质主义，在形而上学上有着以下两个前提。

第一，以微观为基础的宏观属性是宏观对象的属性，它可以根据微观结构进行概括，如P是一个以微观为基础属性以至于P是一个完全可分解为不重叠属性的部分（a_1，a_2，…，a_n）属性，以至于P_1（a_1）P_2（a_2）…P_n（a_n）和R（a_1，a_2，…，a_n）。[①] 例如，作为一个水分子就是由一个微观为基础的属性：它是一个由两个氢原子和氧原子以特定化合关系构成的属性。以微观为基础的属性既是宏观属性也具有因果有效性。金在权说，我们错误地假定所有宏观属性本身都具有因果有效性。

第二，心理属性和它们的实现者都处于同一层次。一个单独的产生者的所有属性都处在同一层次。心理与物理的冲突也是层内的冲突，如信念属性和神经属性都是同一层次。一个信念是一个二阶功能属性，它只是拥有发挥特定因果作用的一阶属性的属性。一阶属性和二阶属性之间的不同在于层次间的区分，因此实现关系不能追踪到微观与宏观之间的关系。神经属性是一阶属性，具有因果角色的一阶属性，心理属性和它一样处在同一层次，具有相同的因果力。一个属性是一个实现者，仅当它可以功能化，即它可以建构为“由它与其他属性特别是还原基础的属性之间的因果律则关系而定义的属性”。金在权把实现与随附联结起来：假如P实现M，那么M随附于P。功能属性和它的实现者，即附生的属性和它的基础属性都处于同一层次。因此，心理因果性问题不能拓展到跨层间的因果性，因为心理与神经属性处于同一层次。

根据金在权的形而上学观点，心理属性就是一种以微观为基础的属性，它本身并不具有因果性。例如，像心理学、经济学等提到的具有意向性的心理活动本身没有本体论地位。然而，没有它们我们无法理解世界。贝克把这些属性称为具有意向依赖的属性，我们的命题态度就是一种意向属性。根据戴维森或丹尼特的思想来说，意向态度是出于我们解释的需要。如果拓展开来，像开瓶器、合同等都可以作为意向依赖属性，没有我们的命题态度就没有这些属性，

① Kim J. Mind in a Physical World：An Essay on the Mind-Body Problem and Mental Causation，Cambridge，MA：The MIT Press，1998，p. 84.

它们也根本不存在于我们的世界中。当然，这些属性不能建构成以微观为基础的属性，意向依赖属性仍然有因果属性。

按照贝克的属性理论，属性是一个 X 的因果属性，当且仅当可能是存在着某些事件 E 以至于借由拥有 P 而 X 引起 E。例如，一个欠债单具有因果有效性，它可以让你做出还债的举动。这种欠债单本身就是一种意向依赖属性，而按照金在权来说，它不具有因果性，只能是非意向实现者的因果属性。那么金在权如何来解释呢？首先，属性被功能化。我们不清楚欠债单的属性如何有单独的因果角色，如何决定它是否有这种因果角色。其次，寻找实现者。如何寻找实现者，金在权只能借助于属性所随附的物理属性。非意向的实现者实现了欠债单的属性，如纸、字等。然而这些纸和字仍然具有意向依赖的属性，因此只能回到构成纸或字的碳纤维或者墨。最后，寻找基层的理论去解释高层实现者如何例示功能要求。然而我们无法找到非意向实现者，自然没有这方面的理论，即使我们存在碳纤维的理论，但它们也无法解释。

如果按照金在权的观点，我们的“合理解释”或“理由解释”只是一种虚幻的解释，是人类进行的编造活动。那么这就导致金在权走向了丹尼特的工具主义，甚至是极端的取消主义。我们就无法对于人类的活动给出描述，也无法理解人类的活动背后的原因与动物有什么区别，也许我们只是“无意识”的僵尸。

三、属性构成论

贝克赞同非还原物理主义，同意高阶属性如意向依赖属性具有因果性，但是不同其他非还原物理主义者采用的采用方式。他称为属性构成观点，即 property-constitution。属性构成物理主义反对金在权的反非还原物理主义论证，主张命题态度是一个因果属性。此观点有三个部分：一是不同本体论层次上的属性观念；二是属性构成的观念；三是独立因果有效性观念。

第一，对于不同本体层次上的属性观念。贝克说，属性赋予它们承载者以因果力。每个对象的原初类决定了它的层次并且赋予其他低层次上无法证明的因果力。但是对象也有其他低层次以及其他原初类属性所在层次上的因果力。比如，一个铜像有着作为一个雕像的因果力，也有构成部分铜所在层次上的因果力。总之，心理属性不同于物理属性，这是因为它们赋予不同层次上的因果力。或者说心理属性不同于物理属性是在于它们的因果力不同。

第二，属性构成观念。属性例示或实例是由其他低层上属性例示或实际所构成的。贝克说，构成的东西是属性实例而不是属性本身。属性构成概念类似于物质构成概念。在特定场合下，一个属性的构成者可能是属性的随附性基础的恰当部分，但是构成的实例并不是被构成的实例的充分条件，如向左转的信号并不只是信号灯的闪烁。属性构成弱于随附性：是否一个属性实例构成另一个属性例示，这依赖于环境。例如，在特定情况下举手构成了投票，在特定情况下手臂上举构成了举手；在特定情况下手臂肌肉伸缩构成了上举。也就是任何属性实例都是在支持该属性的环境中的，但是假如此属性实例是由另一个属性实例构成的，那么另一个属性实例可能就不是出现在这个环境了。

贝克提出了另外一个概念，即 G 支持性环境（G-favorable circumstances）：G 支持性环境是那种某物具有作为一个 G 的属性的环境。G 支持性环境是 G 属性出现的必要条件，但不是充分条件，它还需要加上另一个构成属性实例。当一个 F 实例出现在 G 支持性环境中时，就产生构成了 G 实例。

属性构成的图式如下：

(P-C) X 在 t 时拥有 F 构成了 X 在 t 时拥有 G：可以定义为

(1) X 在 t 时拥有 F 并且 X 在 t 时有 G，并且，

(2) X 在 t 时处在支持 G 的环境中，

(3) 必然有：□z［（z 在 t 时有 F 且 z 在 t 时处于支持 G 的环境中）→ z 在 t 时有 G］；且，

(4) 可能是：X 在 t 时有 F 且 X 在 t 时缺少 G。①

对于属性构成，贝克说：我的唯一要点在于有这样一些限定，即一个构成属性实例可能有某些不同的类型的非意向构成者，在潜在的构成者中可能没有物理的相似性。然而，以上定义太宽泛了，甚至我们说拥有质量的实例构成了拥有护照的实例。贝克又增加了“直接属性构成”。

(DP-C) X 在 t 时拥有 F 直接构成了 X 在 t 时拥有 G：可定义为

(1) X 在 t 时拥有 F 构成了 X 在 t 时拥有 G；

(2) 没有这样的 H 以至于 X 在 t 时拥有 F 构成了 X 在 t 时拥有 H 并且 X 在 t 时拥有 H 构成了 X 在 t 时拥有 G。

因此，尽管拥有质量的实例可以构成拥有护照的实例，但是也存在着中介性的构成者。因此，拥有质量的实例不能直接构成拥有护照的实例。尽管构成性关系自身不是随附性关系，然而哪里有构成，哪里就有随附性关系。一个构

① Baker L R. Nonreductive materialism//Mclaughlin B, Beckermann A. The Oxford Handbook for the Philosophy of Mind, Oxford: Oxford University Press, 2008, p. 18.

成属性实例随附于它的亚原子构成者。贝克认为：构成是偶然和高度语境依赖的；随附性是必然和独立于语境的。然而，随附性支持构成的属性实例依赖于它们的构成者。构成性支持因果属性介入到因果解释中。因此，构成属性理论承认心理属性依赖于物理属性。

第三，独立因果有效性概念。贝克认为，我们在心理因果性问题上受到日常概念的影响。在日常生活中有很多常识因果性概念，如“吸引”“刺激”“撕破”“打开”“移走”“扩大”“增加”等，它们的用法均涉及因果互动。安斯科姆（G. E. M. Anscombe）也展示了相同的因果概念，如“刮掉”“推”“打湿”“运载”“进食”“燃烧”“敲击”“离开”“塞进”“制作”“伤害”等。常识因果性根本观点使某物或某事发生的原因就是发生、产生或引起某物或某事。当然，常识因果性不是休谟式因果，我们的经验不仅是序列事件，单个的因果互动是局部的，它们不是依赖于规则。作为真实的就是具有因果力的。贝克说，具有因果力就是真实的，即一个对象或属性实例有因果力，当且仅当这个对象借助它有一个结果而有一个属性。

构成属性实例赋予因果力是它们实现者的因果力。某些非还原物理主义坚持一个属性实例有独立的因果有效性，当且仅当它应当有它自己的结果即使它的构成者是不同的。贝克认为，构成属性的因果力不受单独的构成者所决定。G支持性环境是构成属性例示的必要条件。

> 因此（IC）一个属性实例有着独立的因果有效性当且仅当（1）它应当有它自己的结果即使它的构成属性实例有着不同，并且（2）它赋予因果力，这个因果力不能被它单独的构成属性实例所赋予。

贝克说，构成属性具有因果力只是因为它的实例有着独立的因果有效性。贝克反对金在权的三个原则：物理实现命题（公认的高层属性可以例示仅当它还原到低层属性）；因果实现原则（没有非还原高层属性可以有因果有效性）；因果继承原则（没有高层属性实例赋予它的产生者任何新的因果力）。由于这些原则排除了非还原、高层、因果有效的属性，它们应当不会被非还原物理主义所接受。假如属性构成观点是正确的，那么每一个原则都是错误的。

物理实现命题和因果实现原则对于金在权的下向因果性论证是必要的，因果继承原则是确保高层属性没有独立的因果有效性。但是，贝克说属性构成理论并不违背因果闭合原则。任何属性实例要么是同一于或最终由微观物理属性实例构成的。意向依赖属性是物理属性。因此，它们的因果有效性不违背因果闭合原则。假如MP是某人愿意举起手臂的微观物理构成者，而MP’是某人举起手臂的微观构成者。就属性构成观点来看，MP不是MP’的完备原因。因果完备原则只需要MP’有一个完备微观物理原因，而不是MP作为MP’的完备物理原因。MP只是一个较大微观属性集合体的适当部分，它是MP’的律则充分条件。根据属性构成观点，某人愿意举起手臂引起了他举起手臂，他愿意举起手臂是由MP构成的，他举起他手臂是由MP’构成的。但是MP不能引起MP’。假如引起他愿意举起手臂的微观物理状态引起了他举起手臂的状态，那么并不违背因果闭合原则。因此，尽管属性构成观点并不需要MP作为MP’的充分条件，然而并不违背因果闭合原则。

贝克论证如下：

(1) 金在权的主要论证是无效的，即多元决定论论证是无效的。

(2) 假如金在权论证是合理的，它将置于非心理意向属性为副现象。没有非心理意向属性，我们不能进行因果解释。

(3) 提出非还原的因果模式的属性构成观点。非还原意向因果具有心理因果性。

(4) 贝克的观点与金在权的形而上学原则是不一致的。

贝克认为，属性构成观点是非还原物理主义一种，它可以证明常识因果性，同时拒绝了还原观点。“通常的非还原唯物主义是最有希望的理解日常世界的形而上学观点，这个世界充满着像人、人工制品和艺术品等日常事物。只有非还原唯物主义提供了一个形而上学，它把日常事物和它们之间的关系看作有价值和可能理解的。”①

四、构成与统一

如果贝克属性构成理论是正确的，那么贝克如何来描述我们的世界呢？他说构成关系是世界中一种非常普遍的关系，它是空间上偶合的不同类事件之间的基本关系。构成关系不是一种同一关系，它是一种统一关系。在一定构成条件，所有在我们身处的世界中发现的对象都是构成性对象。有时，一个日常对象是由另一个日常对象构成的，但最终所有日常物质对象是由亚原子微粒集合体所构成统一的。

为什么说构成不是一种同一关系？贝克认为同一性的观点源自于传统的部分学观点，世界是由不同的层次构成的，低一层次构成了高一层次，或者说高一层次作为一个整体是由部分而构成的。贝克认为，事物不是部分与整体的关

① Baker L R. The Metaphysics of Everyday Life：An Essay in Practical Realism，Cambridge：Cambridge University Press，2007，p. 120.

系，任何事物都是一种原初类，“当一个原初类的事物处在特定环境下，另外一个原初类的事物，即一个具有新的持存条件和因果力的事物会产生”。[①] 假如 x 在 t 时构成 y，那么 x 不是 t 时 y 的部分。一个构成的对象的同一性独立于它的部分的同一性。构成的对象有着它的低层构成者不同的因果力。例如，毕加索签名的菜单有着不同于它的构成的菜单和墨水的集合体的因果力。构成者不是集合体。集合体有着不同于构成的事物的持存条件。例如，河是由不同时间的不同的分子集合体构成的，但是在稍后没有形成河的情况下，仍然存在。因此，假如某对象不是处在最低层，它就是构成的：∀y∀t［y 在 t 时存在→∃x（x 在时存在 &x 在 t 时构成 y)］。

被构成对象与构成对象是一种原初类之间的关系。按照亚里士多德的说法，对于任何 x，我们可以说，x 最基本的东西是什么？我们称其为原初类。任何事物存在都是某些原初类。原初类可以是关系性的，如基因；也可以是意向性的，如护照；也可以什么都没有，如马或白菜。因此，对象的原初类属性决定了它最基本的东西是什么，所以一个对象有它的原初类属性。一个对象在没有它的原初类属性情况下不可能存在。每个对象都有它的原初类属性，你本身的原初类是人，你身体的原初类是一个动物。当然，也有些事物可能在没有原初类属性下也有原初类，如作为那种类的最基本的类和由那种类最基本类的事物所构成的偶然性关联的类。例如，铅笔是一个原初类，这支铅笔本质是一支铅笔，但是构成它的微粒总和只是偶然为铅笔。微粒的总和不是一个铅笔，除非它构成了一个铅笔。贝克认为，归入原初类有两种方式：作为本质上的那种类；作为由本质上那种类事物构成之间的偶然关联的类。这些决定了原初类具有派生性属性和非派生性属性。

贝克定义了拥有派生属性和非派生属性的条件。

派生属性：(D) x 在 t 时派生拥有属性 H 定义为

(a) H 不是一个排他的属性；

(b) 有这样某些 y 以至于：

(1) y 在 t 时有 H 独立于 y 与 x 在 t 时构成关系，并且，

(2) 它不是这样的情况：x 在 t 时拥有 H 独立于 x 与 y 在 t 时的构成关系。

非派生属性 (N)：x 在 t 时非派生拥有属性 H 定义为

① Baker L R. The Metaphysics of Everyday Life：An Essay in Practical Realism，Cambridge：Cambridge University Press，2007，p. 32.

(a) x在t时有H；

(b) 或者，

(1) H是一个排他属性，或者，

(2) 没有这样的某些Y以至于：

(ⅰ) y在t时有H独立于y与x在t时构成关系，并且，

(ⅱ) 它不是这样的情况：x在t时拥有H独立于x与y在t时的构成关系。

非派生关系是部分学的关系，构成关系是一种派生属性间的关系。一个构成的事物原初类是具有不同的持存性条件的原初类，它们相互借用彼此的属性。"虽然构成不是同一，但它是真正统一的关系。并且因为构成是一个真正统一的关系，假如x在t时构成了y，x可以在t时从y借得属性，y可以在t时从x借得属性。"[①] 也就是说，假如x在t时是由y构成的，那么某些x的属性在t时在y中有它们的起源，某些y的属性在t时在x中有它们的起源。假如x在t时是由y构成的，那么可以推导x在t时是F，y在t时非推导性是F，或之反之亦然，并没有存在着两个F。

总之，尽管构成不是同一，然而构成是一个统一关系。由构成所产生的统一允许属性的双向借用——从被构成者到构成者，从构成者到被构成者。这是因为构成是为构成者和被构成者所共有的许多属性的统一。

五、构成的本体意义

构成观点是关于自然世界的具体实在的形而上学的观点，它描述了一个没有同一的统一世界。按照贝克的构成观念，世界是充满新奇性的，本体上并不是一而是多。

对于贝克构成性来说，这种无需同一的统一关系是一种亚里士多德所讲的存在的相同性，而不是一种数上的相同性。例如，特修斯之船虽然经过不断修补，仍保持着原来的一个，但是这不是真正的同一性，真正的同一性是存在或实在或逻辑上的同一性。数上的相同性是偶然的。例如，当一个人站起时，坐着的人没有了。当一个人死了，活着的这个人没了。它们都是偶然的统一，这里并没有两个人，只有一个人。亚里士多德的偶然相同性应当解释为本体论上，不是语言上的；偶然的相同性不应当是偶然的，而是必然的同一性。假如A和

① Baker L R. The Metaphysics of Everyday Life：An Essay in Practical Realism，Cambridge：Cambridge University Press，2007，p. 37.

B是偶然相同的，那么A和B在某种方面是相同的，在某种方面是不同的。某种偶然的相同就是一种数上的相同。没有同一的构成有着形而上学上的合理性，原因在于：其一，日常对象的持存条件完全不同于构成它们的原子的持存条件。同一是必然的，没有时间的关联，然而，构成是偶然的，有着时间的关联。其二，日常对象有着不同于构成它们的原子不同的因果力。

我们先从构成的定义谈起。当F和G是原初类，F在t时构成一个G，那么F是处在支持的G的环境中。也就是说，只有在特定定律和有效的习俗的环境下，一片塑料才可以成为护照。只有在有机环境和可能进化史中，细胞团才构成人类心脏。G支持的环境是一个恰当的F构成它存在的条件，以至于没有这个条件，就无法构成G。那么这个支持环境如何理解呢？

第一，构成对象是绝对的时空偶合的。第二，保证没有什么事物能够同时构成相同类的两个不同事物；不可能一个部分构成了两个不同的事物，却是相同的类。这是反驳部分学的观点，即两个事物有相同的部分，如桌子与椅子都是由相同的部分构成。第三，不同的原因是因为存在着支持性条件，它们是一种原初类存在的充分条件。第四，构成是非对称的。第五，构成是非反身性的和偶然的。第六，构成传递性，没有什么非物质的东西存在。

如果有些事物在一定支持环境是实在的，那么日常事物包括心理事件都具有本体论意义。一个具有本体论意义的属性部分或整体是由它的承载者的条件所决定的。富翁就不是一个本体论意义的属性，因为在这个富翁死后或不存在了，其他人也可以成为富翁。但是作为一个人具有本体论意义，是因为这个人不存在了就没有什么存在了。作为一个人不但是人的本质属性，而且也决定了人的持存性条件。

贝克认为存在都是时空中的存在，而不是绝对的存在。日常对象都是时间中的存在，而不是绝对的存在。我们可以对存在进行量化，把存在称为一个域中的存在，然而，这个绝对的存在是没有时空的存在。一个非时空存在的域在进行量化时，可以同意一个时空世界，在不同的时间有着不同的本体，今天的世界不同于数世纪之前的世界。因此，世界之中有着真正的新奇性，不但存在着新的个体，而且存在着不同新类，并且构成不同的本体层次。

贝克构成观反对传统部分学观点。一般认为，实在是不同类的层次构成的，分成亚原子微粒、原子、分子、细胞及有机物等。这些不同的层次构成了上层。最标准的层次概念是部分学的：上一层的对象是下一层对象的部分学之和。因此，在本体论上，不同实在层次没有区别。部分和其之和处在同一层次。你的两个眼之和和你任何一个眼都是相同的本体，并没有什么区分。然而，你的两眼之和不同于任何一个眼。总和只是单纯的集合体，在本体上，一个集合体并不比它的部分高。对于部分学层次概念来说，只有一个实在层次，也就是最基本的层次。所以，不同的层次的存在是由最基本层次决定并还原到最基本层次。所谓不同的层次只是一种描述方式不同，并没有本体论的对应。构成观点认为，层次不能基于部分学。分子之和构成了人，但是分子之和完全不同于人的。分子的描述与人的描述不是在描述层次上的区分，而是本体上的区分。高层原初类属性是，G是比F高层原初类属性，仅当存在着x、y、t，以至于：①x原初类属性是F，并且y是原初类属性G；② x构成y在t时。实在层次不同，不是解释或描述的不同，而是本体上的不同。一个原初类的高层属性与另一个原初类的属性有着不同的本体。

贝克构成观点也给理解进化和新的个体类的突现提供了自然理解方式。突现属性一般被理解成：作为一个（还原）“网状属性”，它是由承载者基底的要素的系统特征构成的；作为一个新奇属性，它是不可还原到其他属性的。贝克认为，几乎所有的突现特征都是部分学的，整体是部分的突现。按照金在权的概念，突现是“当系统获得不断增加的较高程度的系统复杂性，它们开始展示出新奇属性，在某种意义上超出了它们构成部分的属性，并且以某种由控制简单系统的定律所无法预测的”。[①] 虽然，金在权认为由物质微粒构成的复杂系统不能展示出这样的新奇属性，但是贝克认为除复合之外还有一种构成关系，一种实在不是由集合而成的，而是构成的。假如复杂系统是由集合体构成的，并且不能同一于后者，它们就是突现的属性。

第六节　构成观的反驳

贝克的属性构成物理主义一经提出，便招致众多的哲学家的关注。有人认为是非还原物理主义最好的形式，也有人认为这只是一厢情愿，无法拯救物理主义。

一、蒙蒂切利的“包含问题”

蒙蒂切利（Roberta De Monticelli）承认，贝克的构成理论具有以下三个特点：其一，与自然科学一致；其二，从本体论空或无中挽救了具体的日常世界

① Kim J. Making sense of emergence, Philosophical Studies, 95, 1999, p. 3.

和我们自己；其三，避开了二元论。特别是第三个特点吸引了许多支持者，他们对贝克构成物理主义取代非还原物理主义充满了信心。然而，问题集中在，构成事物与被构成事物之间是什么关系？它们是同一的还是统一的？没有同一的统一能否达到物理主义目标？同一的统一需要付出什么代价？

蒙蒂切利相信贝克也脱离不了传统“统一主义”（unitarian tradition）的窠臼。统一主义可以追溯到柏拉图。日常经验认为，整体是由部分构成的，因而等于部分，但是对于柏拉图来说，整体不同于部分，并且在一定意义上是一个新的个体，即整体大于部分。柏拉图认为整体的存在具有自己的本质形式，称为“相”或“理念”，它们构成了世界统一的基础。亚里士多德认为，这要区分两种不同的物质对象，即一个是单纯堆砌，一个是真正的实体。贝克就是继承的亚里士多德的思想。所以，贝克的构成理论包含传统的部分学观点，因为构成者不同被构成对象，它等于部分学的总和。后来的 G. 刘易斯试图在部分学中重新表述集合论，并提出了一种还原形而上学的概念框架，把物体、人和人工制品还原成最终的部分。因此，“包含传统部分学”的形而上学既证明了它自身与唯物主义形式是相符的，另外也对主要还原主义的进行挑战。

那么，贝克是如何看待整体与部分的关系的呢？蒙蒂切利先从整体大于部分之和的意义出发，提出有下面两个说法。

（P_1）鉴于和是本体论无涉的（部分的存在是整体存在充分条件），柏拉图式事物不是和（部分的存在对于柏拉图事物的存在不是充分的）。

（P_2）然而这不意味着有两个事物，例如和（同于所有部分的复合体）和柏拉图式事物（不同于它所有部分的一个事物）。

总体来看，无论是支持或反对 P_1 的人，他们都忽视了 P_2，因为支持 P_1 的人变成了二元论，而反对 P_1 的人也是因为 P_1 包含着二元论，不过他们都忽视了 P_2。蒙蒂切利认为贝克构成理论是一种 P_1 的形式，他是相信本体新奇性的形而上学，但是不承认二元论。当然，对于贝克来说，这种本体新奇性不是构成新的构成实在来说明或者新的整体来说明，而是依据构成性，即“构成性是一个单独的广泛的形而上学关系，它把实在的不同层次项目统一成一个我们日常生活中经验到的对象，这些对象不能还原到构成它们的微粒集合体”。①

蒙特切利说，假如我们称贝克的本体新奇事件为“柏拉图式事物”的话，贝克应当不会接受本体论新奇性是一个 P_1 的样式。我们把柏拉图的事件称为 P 整体，而按照贝克术语则称为构成性事物。现在贝克的问题是：当根据 P 整体

① Monticelli R D. Constitution and unity：Lynne Baker and the unitarian tradition，The Monist，96 (1)，2013，p. 4.

而不是根据构成呈现和证明时，本体新奇性的原则能否表明暗含着二元论？接下去，P 整体阐释和构成理论阐释是相等吗？或者有着明显区分吗？

对于柏拉图式事物即 P 整体的理解，我们可以从柏拉图的术语或概念开始。柏拉图采用“子整体”（holon）和“整体”（whole）指向合成的聚合体（还原到部分）；谈及“单个实体有自己特别的形式”指向柏拉图事物（或构成的事物）。这虽然是语言的问题，但是也有基本的要点。蒙特切利认为，贝克是正确的，因为传统部分学不能作为具体物体的本体论，因为它们是用部分的构成来解释的，这显然无法解释本体论的新奇性。一个反还原主义哲学家可能不愿意把它们解释掉。蒙特切利主张弱形式的传统部分学（即充分具体日常对象与部分学的总和之间存在着差异）也不能解释本体论新奇性。这种弱化的部分学似乎违背了部分学的精神，结果把任何物体都还原到一堆微粒。

蒙特切利和贝克都同意，传统和准传统部分学不能给出具体日常对象的满意解释（因此给构成理论留下了空间）。进一步的问题就是：一个总体大于部分之和的事物如何根据包含实在的不同理论来解释（这个理论将包含着作为亚里士多德理解的部分学，它们处理的不只是部分-整体关系的所有具体的实例）。但是，作为一个包含性的实在，它是一个不同的其部分的实在，这将初看上去能避开二元论，因为 P_1 假定的本体论新奇性的实在应当包含着部分的总和，而不是不同的实在。也就是说，这样的本体论新奇的事物说明 P_1 将暗含着 P_2。然而，这种包含如何被统一成一种实在呢？或者说这种构成如何统一成一种实在呢？

蒙特切利认为，柏拉图式的实在是基于传统的部分学，无法解释部分与整体的关系，我们现在可以回到一种包含来自胡塞尔的逻辑研究中的理论。对于柏拉图直觉，我们可以从以下方面进行理解：把整体看作一个封闭的实在，由于被封闭的实在统一方式上不同有着差异，即联合方式。因此，不同组合的统一产生不同的整体或封闭实在。蒙特切利把整体与部分的关系看成包含与被包含的关系，一个整体在没有部分的情况下是不能存在的，而在没有整体的情况下部分也不存在，类似于没有父亲就没有儿子，没有儿子也没有父亲存在。这里面是包含与被包含的关系。所以，一个整体就是由一个组合统一所定义的部分构成的。

问题是如何理解这个包含呢？我们可以从三个方面理解：其一，反身性。任何 X 都包含它自身。其二，传递性。假如 X 包含在 Y 中而 Y 被包含在 Z 中，那么 X 包含在 Z 中。其三，反对称性。假如 X 被包含在 Y 中和 Y 包含在 X 中，那么 X＝Y。因此，蒙特切利根据包含程度分成 0 程度的包含和大于 0 程度的包含。其中，0程度的包含，也就是整体等于部分之和。这是一种总和统一，如果这种类型的统一是组合统一的类型，那么0程度的整体就是可能的整体。“假如我们否认传统部分学会产生一个唯一的详细说明是什么被包含在某些包含实在中，那么我们不需要接受传统部分学是一个具体物质世界的本体。”① 0程度的包含是传统部分学的核心，很容易导致本体上的还原，然而按照G. 刘易斯说法这是本体无涉的，正如石头与雕像之间的质量关系，而不是本体上的关系。所谓大于0程度的包含，也就是一个比较的包含整体，或者说统一性形而上学的，也被称为“融合”。这被称为新古典主义部分学。

当贝克说物质构成不是部分学构成，而是不同的形而上学的关系，它的思想被描述为“一个原初类的事物处在特定支持的环境中，另外一个原初类的事物即新事物将具有新因果力而存在”，因此，贝克的构成理论就属于大于0程度的包含。如果是大于0程度的包含，它就要遵循两个原则，即普遍性原则和独特性原则。普遍性原则是指，所有部分都具有相同性；独特性原则是指，作为整体又具有不同的部分的性质。按照物质的构成是一个部分学的构成，那么要解释整体的独特性就不能回到部分，而这又违背了普遍性原则；要么用部分解释普遍性，而这又违背了独特性原则。例如，①我们如何区分一个提修斯之船是不是原来的船，它经过修理，更换了船板，显然不能再用船板来解释。那么保持这个船的一致性和独特性的构成是什么呢？②假如我们把整体作为一个整合的整体，那么这些部分的整合是什么呢？形状还是结构？

我们先区分一下不同的整体：较紧密的整体为实体（substances），较松的整体为堆积体（heaps），而此中间则可以称为整合的整体（integral wholes）。堆积体如果没有空间连续性也不可能存在，同样一个事件没有时间上的连续性也不能成事件。因此，连续性成为整体的一个主要条件。根据连续性又可以区分为不同类型的整体，斯科特斯（Duns Scotus）描述了不同的统一体，如接触性统一（contiguity）、持续性统一（continuity）、连续性统一（succession）；根据次序的统一，又分成从外到内统一，如社会团体，军队或组织，以及从内到外统一，如格式塔或结构性统一。还有偶然性统一，这种统一是部分仍然保持着独立存在，但是可以整合一个构成性存在，如人工制品、汽车、电脑等。第四个统一就是物质实体的统一，如物质和形式并不是相同的实在，但是它们并不是分开而存在。它们的部分是以本体独立性而关联起来的。本体上独立性是一个模态概念，它们明显强于因果或功能上的独立性。因此，有人把这种本体

① Monticelli R D. Constitution and unity：Lynne Baker and the unitarian tradition，The Monist，96(1)，2013，p. 8.

上的独立性称为形式实在论。

本体上独立性是指它们的关联项在形式上不同，但不是真正的不同，它们只是数上不同。一个形式的区分或者不同是相对于它们真正的实在基础不同。真正的实在基础不同，如苏格拉底的生物性与理性不同，它们虽然在数上相同，但是本质是不同的，甚至是统一于苏格拉底。所以，蒙特切利认为，当贝克说到本体上的新奇性时，这个事物统一的基础是什么呢？如果说由构成者的属性统一的，那么这就回到了传统部分学观点。贝克反对传统部分学观点，因此他只能回到胡塞尔所讲的统一。按照胡塞尔的说法，那就是 A 依赖于 B 是根源于 A 的类本质。“现在，即使‘根源于事物的本质’（由上面定义的 A 和 B 的类谓词所表征），本体依赖明显可能存在于不是由包含关系所关联的事物之间，如上帝和世界。”① 因此，统一是一个基础的统一，只要部分有一个本体上的关系，它们就存在。例如，ME 这个词就是在基础上统一的，也就是柏拉图式的整体。ME 是基于 M 和 E 两个字母的总和，每个字母都是独立的，但是在整体中它们相互依赖成为一个恰当的词。

统一基础决定着本体论区域，每个不同统一基础具体形式决定着具体或区域性本体论。大于 0 整体的性质个体化称为单一性（monadicity），它在统一的基础上跨越各类部分内容。作为具体或有形的个体就是在这个世界上有比时空关系还进一步的关系所排列，纯粹的殊相或仅是外延的个体不是一个由时空外延所统一的单元，它具有内在的丰富性或多样真实特征。具有 0 内在内容或内在包含的单元没有内在结构，没有组织复杂性：不存在具体存在或单子的单元。个体的条件就是：没有具体、无条件的实在，没有作为单纯时空部分的个体。一个具体或殊相的存在不是由本质“外延”所确定的，而是由内涵或内隐多样性所确定的，具有多形式的单元。这意味着：有更多功能依赖性域，有更多定律。我们要拒绝笛卡儿的“一位派传统”。实在不是本质上外在于时空中，不是非物质的世界，而是由丰富的物质构成的。笛卡儿外延是 0 程度构成单元的模式表现。

单子的个体不是原子化，在某种意义不是没有部分的内容，而是没有独立性。单子的个体是“不可分”的整体。一个具体的个体作为数字上的一是：①它是一类或本质存在；②它具有由根源于本质的统一基础所蕴含的存在的所有方面或特征。但是作为一个个体具有一种类或本质是不是意味着二元论呢？假如某些 x 是一个 F，那么就不能存在于一个与 F 相同的 y，以至于 y 不等于 x。

① Monticelli R D. Constitution and unity：Lynne Baker and the unitarian tradition，The Monist，96 (1)，2013，p. 15.

贝克说构成是亚里士多德数字上相同的类，如此 x 和 y 虽然构成了 F，但是 F 并不是 x 和 y。统一 x 和 y 的基础是不一样的，它们不是数字上的相同，而是其他本体上的相同。例如，人与他的身体，雕像与石头。

“这个一种我们称为‘一位派传统’的本体论方案中的决定性分析步骤方式，也是一个整合各种区分形式与复杂具体事物的当代理论的方式。因为我们现在认为某些事物本质或本质统一是基础上的统一。一个本质证明存在着一个复杂事件的内在结构，更确切说是一个它的部分内容的可能变形的类律则关联。”①

二、托马森的“紧缩构成”

阿米拉·托马森（Amiel Thomasson）赞同贝克实践本体论和属性构成物理主义，反对取消主义和还原主义，以捍卫日常物体的存在。构成是单个的完全的形而上学关系，它把实在的不同层次上的项目统一成一个我们日常生活中经验的对象，因此是物质世界中形而上的黏合剂。

首先，构成的观点为非还原物理主义捍卫日常对象提供了基础。日常对象是生活中关注的事物，日常对象是那些我们日常讨论的事物，是那些我们在感觉经验中参与的对象。取消主义和还原主义把我们日常对象作为不合理的，我们关于它们的经验是不精确的。只有非还原唯物主义提供了日常对象和经验的形而上学。同时，日常对象的持存性不同于构成它们的原子的持存性。

其次，构成的观点提供给我们对象之间的具体关系的理解，不是同一的统一。它可以解释：当我们既有雕像又有构成物质时，为什么不是两个对象存在。这是计算的问题，假如我们承认雕像存在，但又否认它可以还原到构成的石头，我们似乎在同一时间承认两个对象，这似乎是不合理的。当我们认为明显只有一个对象时，为什么不是两个属性例示存在。也就是说，假如我们接受一个雕像是 10 磅重，另外构成它们部分的整体也是 10 磅重，但是却否认它们是统一的，这似乎是当我们把两个放到同一天平上，它应当读作 20 磅重，事实上它不是。

然而，托马斯发现贝克构成观点遭到了不少学者质疑，主要有：塞迭(Theodore Sider)②“空间偶合性”问题。塞迭认为，构成观点预设了在完全相

① Monticelli R D. Constitution and unity：Lynne Baker and the unitarian tradition，The Monist，96 (1)，2013，p. 16.

② Sider T. Review of Lynne Baker，persons and bodies，Journal of Philosophy，99，2002，pp. 45 - 48.

同的空间中定位了数上不同但是非常相似的事物。对于构成者与被构成者之间的关系，贝克认为它们是处于这样一种情况，即一个事物是由另一个事物构成的，而不是说一个事物是由微粒构成的。贝克发展了亚里士多德的数上相同性而不是同一性的观念，即我们不要用同一性来计算相似性。亚里士多德的例子就是，人和一个固定的人只是偶然的相同，但不是同一。贝克提出假如 X 和 Y 是构成关联的，那么哪里有 X 和 Y，哪里就有两个事物 X 和 Y 是数字上相同的，尽管它们不是同一的。如果是这样，贝克在解释我们为什么只算成一时说，构成物质的同一性由被构成事物所包含或归并，“构成的事物比它的构成者有着本体上的优先性”。当贝克说，并没有两个数上不同的事物，根据构成的关系，我们只有数上的相同性，但并不是同一，构成者的同一性就被归入到被构成者之下。然而，构成观不能回答为什么两个数上不同的事物却具有空间上的耦合性，因为空间耦合性是建立在定义之上的。

夏洛特和齐默尔曼的“解释问题”。夏洛特说：构成观点只是对问题换个说法，并没有提供充分的解释。[①] 他说：“构成的另一个方面提供了一个不要同一的统一主张的基础，这个思想是被构成的对象的同一是由它原初类给出的，而不是构成者的原初类给出的。这是提供构成性明确的统一而非同一的主要步骤，我不认为贝克的同一性归并的隐喻在没有进一步解释下能够完成这个任务，因为没有同一性的统一是构成观点的核心。贝克欠我们一个解释，即同一性的归并如何不同通常旧的同一性。”齐默尔曼也说：“它一直需要表明，当有两个思考或处于疼痛的存在而且在他的意义上不可分离的存在时，是有两个不同的思考者或两个疼痛。它不可能仅通过称为‘不可分离性’的关系而表明，并且坚持这是某个理论的部分，即处在疼痛中的不可分离的事物比处在同类疼痛的单个事物而增加更多的疼痛。”[②]

以上问题的关键在于：当贝克说构成是世界中特别类型的关系，是世界的形而上学黏合剂时，它需要解释关系是什么以及如何解释日常现象。正如我们提出了磁场理论，我们必须解释什么是磁场，否则我们就无法用磁场解释现象。托马斯认为贝克在形而上学犯了扩大化或者泛化的错误，并提出紧缩的形而上学观点。

形而上学必然的基本事实以及类似事实是我们术语的用法规则的对象语言

① Witt C. Review of Lynne Rudder Baker The Metaphysics of Everyday Life, Notre Dame Philosophical Reviews, http://ndpr.nd.edu/review.cfm?id=13725.

② Zimmerman D. The constitution of persons by bodies: a critique of Lynne Rudder Baker's theory of material constitution, Philosophical Topics, 30, 2002, p. 327.

反映。我们在理解对象的基本持续性条件时，是把它们作为基本条件的对象语言的关系，例如，我们说雕像没有艺术家不能存在，这就是规则的对象语言关联，即假如“艺术家”不被使用，“雕像”不可能被用。我们在谈论模态事实和属性时，是借用对必然事实的实体化，是根据用法规则的对象语言表述。在形而上学的认识论上，形而上学涉及概念分析，涉及它特定能力的表达的理解到用法规则的明确表述。紧缩的形而上学否认是或应当解释自然科学意义上的任何事物，它不涉及发现世界中的深度新事实，而仅是通过它们的关系和结果得出明确和系统化的特定语言或概念规则。

托马斯用紧缩术语对原初类、构成、属性推导和本体论意义进行建构。原初类被贝克认为是对象存在的依据，而托马斯认为基本类别的对象语言关联，类是一种适用条件（可被用于的概念相关条件）和共同适用条件（它可以用于相似类的概念相关条件）。一个基本类是一类术语，它对于任何 X 就存在 X 是 S，只要 S 继续适用于它，X 就继续存在。对于构成来说，贝克说不同原初类 F 和 G 的关系，其中相应的 F 加上 G 支持性环境保证了存在着 G 的例示。托马斯认为，这是假定一种形而上学必然性：必然有假如在 G 支持性环境中一个 F，那么就存在着 G。

假如我们用紧缩的方法来解释形而上学必然性，那么我们可以把它看成用术语 F 和 G 的用法规则的关系的语言表达。也就是说，假如 F 用于 G 支持的环境中那么可以分析推导出 G 也适用于这个环境。因此，在对象语言中，我们说，在这些环境中一个 F 的存在保证了 G 的存在。比如，大理石与雕像之间的关系，假如在支持雕像的环境中存在着大理石，那么保证了雕像的存在，这种必然性实际就是一种认识上的必然性，是一种用法规则的保证的必然性。

我们用 r 和 s 各指出 F 和 G 两类基本物质对象事物，当我们说 r 是由 s 构成时，当且仅当：

(1) “r”是一个 F 的名字，而“s”是一个 G 的名字（其中“F”和“G”是基本物质对象类）。

(2) “r”和“s”同时同地被使用。

(3) “F”的应用加在特定的其他（G 支持）条件满足分析性地推导出“G”在这些环境下应用。

(4) 但是，“F”的应用不同于分析性推导出“G”的应用（假如环境不是 G 支持的）。

(5) 同时，这些其他（G 支持）条件也被满足。

也就是当我们说大理石构成了大卫雕像，要符合下面条件：

（1）“大理石”是一块石头的名字，“大卫”是一个雕像的名字。

（2）这两个名字运用于相同地点和时间。

（3）“大理石”和“大卫”的用法有这样的关系，即“大理石”适用于特定条件被满足的情形下，以至于分析性推导出“雕像”也适用于此情形。

（4）但是“大理石”在没有分析推导出“雕像”的情况下也可以适用。

（5）其他条件也被满足。

托马斯认为，贝克只是指出了非还原物理主义的形而上学的问题，而没有给出对象之间的本质关系的形而上学理论，也不能解释所遇到的对象的困惑特征。而紧缩策略不但可以从严重的形而上学主义的问题摆脱出来，它也给出了我们识破构成观点的解释理论的困惑所在，使我们不需要得出理论性的构成观点。

我们要承认人工制品的本体论地位，经验感觉的本体论地位，但是当贝克说这些事物具有本体论意义时，“我们与日常关联的熟悉事物就其自身来说有本体论意义，它们在世界的显现有着本体上的差异”。按照贝克的说法，本体论意义就是说“一个（非推导）F的添加不仅是已经存在的某物的变化，而且是一个新事物的产生”。[①] 本体论意义的最初承载者是属性，其中“作为一个F的属性有一个本体论意义当且仅当，对于任何X，假如X作为一个F（非推导性）的属性，那么X的持存性条件部分或整体是由一个F的存在所决定的”。[②] 哪类属性决定它的承载者的持存性条件？是原初类属性。因此，任何原初类属性有着本体意义，原初类属性决定持存条件，因此赋予它们承载者本体意义。托马斯认为，原初类属性只是基本类的对象语言关联，因此用它的原初类属性区别的实在就是用基本类进行区别，而不是推导性类（如相类，phase-sortal）。贝克也认为，日常世界中的人或其他居住者并不是一个相位的类，它们是一种真实的类，其在世界的显现具有本体论不同。那么如何理解这个本体意蕴呢？

（1）任何日常对象不能简单地同一于部分学的微粒整体，而基本的类“雕像”和“部分学总和”有着不同的共同适用条件。雕像和总和有着不同的持续性条件。也就是当雕像被压碎就不存在了，而总和存在。

（2）用构成理论解释一些困惑现象。比如，（A）当既有一个雕像又有它的构成物质时，为什么说没有两个不同的对象存在；（B）当它们明显只是一个时，

① Baker L R . The Metaphysics of Everyday Life：An Essay in Practical Realism，Cambridge：Cambridge University Press，2007，p. 218.

② Baker L R . The Metaphysics of Everyday Life：An Essay in Practical Realism，Cambridge：Cambridge University Press，2007，p. 219.

为什么不存在两个属性实例呈现。对于这些问题，贝克说我们没必要用同一性进行计算，虽然雕像和大理石在数上是相同的，但是它们不是同一的。所以，构成者的同一性归并到被构成者下面。

托马斯说，对于（1）这个问题，非还原物理主义只能给出两个事物，一个是雕像，一个是大理石。如果我们对于“事物”进行语义学分析，发现它只是一个复杂的术语而且有着不同的用法。标准的用法，它是一个类术语，即统一的、独立的易变的中等尺寸的大理石之块，因此在这个意义上它是一。但是“事物”也有“涵盖”意义，即虚拟的类，可以保证第一阶的类都包括在里面。在这个意义上，它涵盖了某些一阶的类，如某些物构成了雕像，有些物构成了大理石，因此就存在着两个物。所以，当我们说雕像与大理石在数上是相同的，是因为采用了日常意义上的“事物”理解，而当从“涵盖”意义上理解时，则是存在着两个事物。

对于（2）来说，当贝克说有一个推导性的属性时，就是说它与构成者之间的关系是依靠推导出来的，而不是说它们属性是相同的。如果用紧缩的观点来看，所谓属性不同只是我们的术语膨胀所致，拥有一个属性 P 就是从以下事实分析推导而来的，即 r 有 P，并且 r 构成了 s。因此，P 这个术语就是从时空中或物质属性来说的术语。进一步说，我们把属性推导作为一个用我们术语的用法规则推导另外一种关系的对象语言表述：假设 r 和 s 是不同物质原初类的对象的名字，r 构成了 s，对于任何时空或物质属性术语 P，我们就有资格从 Pr 的事实推出 Ps。

总之，紧缩构成策略并不是对相同的事物而采用不同的描述方式的概念或语言分析，相反，托马斯只是说，当我们说真实存在着桌子和驾照时，并且它们不同于一堆总和时，这会真实地意指什么。紧缩形而上学的策略只是缩小那些捍卫日常对象的人所面临的问题，当我们在描述类似构成关系时，我们尽量给出紧缩的解释。

第七节　构成物理主义能避开二元论吗

下面我们总结构成物理主义的构成关系：

（1）共处条件（the colocation requirement）。

CR：假如 a 构成 b，那么 a 和 b 是空间上耦合的。这是构成的必要条件，但不能作为充分条件。

（2）不同的同一性条件（the difference identity requirement）。

DIR：假如 a 构成了 b，那么 a 和 b 不能在性质上等同；它们有不同的实在或属性。贝克和托马斯限定构成为类，但也学者认为应当是属性之间的关系。推导出构成是一种非反身性关系，没有什么构成它自身；也可以推出构成与被构成者具有不同的因果力。

（3）不对称条件（the asymmetry requirement）。

AR：假如 a 构成了 b，那么 b 不能构成 a，构成是一种非对称关系。这是构成的必要条件。也就是，b 依赖于 a，但是 a 不依赖于 b。

（4）有些人认为构成关系是一种传递性关系，如西蒙斯[①]；有些人认为构成是一种非传递性关系，如贝克。这种区别在于对构成的理解不同，有宽意义的理解，也有窄意义的理解。假如 a 直接构成 b，那么在 a 与 b 之间就没有实在可以宣称构成了 b。这就是直接构成。而也有间接构成，假如 c 是由其他组织 b_1～b_n 等多种组织构成的，每种这些构成直接是由不同的人构成的（a_1～a_n），那么 c 不能直接由人构成。这就不具有传递性。由于贝克坚持不传递性，所以反对部分与整体的关系。

（5）通常情况下，当一种类 A 是由类 B 构成的，那么它不是作为 A 的 a 是由作为 B 的 b 构成的。换句话说，“当 x 构成，那么有 x 的特定属性相对于 x 是偶然的，但是对于 y 则是本质。对于人来说本质上他有特定过程发生在身体内部，但是对于过程将要发生的身体而言则是偶然的”。[②]

我们根据（1）共处条件，两个事物共处一个空间，它们是在数目上相同的，也就是 1；再根据（2）两个事物又是不同一的，那么在这个环境下，就会存在着两个事物的两种存在，例如，一个是人，一个是身体。那么我们如何来计算这两个事物呢？这就是计算问题。

如果按照贝克的说法，这个计算问题混淆了数上相同性与同一性，把数上相同称为它们是同一的，贝克的解释办法就是区分了非派生和派生的原初类，即（3）（4）（5）。非派生的原初类是像人、雕像一样的原初类，它们不是从身体或石头派生出来的，而只是由后者构成的。至于身体或石头是派生的原初类，它们可以是我的身体，也可以是你的身体。当我们说身体不同于我时，并不是两个不同的存在，因为人是由身体构成的。但是贝克说拥有派生性的属性，需要区分内在属性和关系属性，内在属性排除那些依赖于构成关系的属性。派生属性并不是关系的，而是内在属性。例如，人是非派生的，而身体是派生的。

① Simons P. Parts：A Study in Ontology，Oxford：Clarendon Press，1987，p. 237.

② Johansson I. Constitution as a relation with in mathematics，The Monist，96，pp. 87 - 100.

如此，(a)不是只有两类实体，心理和物理，而是有多类实体。每一个原初类都是本体上具体的。(b)构成关系自身是完备的，它是由任何心理属性单独例示的。(c)派生与非派生区分是同样是完备的，它是任何心理属性单独例示的。这样，齐默尔曼就提出：一直需要表明，当两个思想的事物或处在疼痛的事物在贝克的意义是非分离的，但是不存在两个思考者或两个疼痛。它不能通过称为关系“非分离”简单表明，并且坚持它不是某个理论的部分，即疼痛中非分离的事物并不比处在相同类的疼痛中的单独事物增加更多的疼痛。这就产生“二元论问题”。

我们认为造成这两个问题的原因在于构成观有两个前提预设：其一是唯一性主张。假如某些 x 在 t 时构成 y，假如它们也在 t 时构成 z，那么 y=z 在 t 时。其二是多样性主张。某些 x 在 t 时构成了某物，它在 t 时具有特征 F，它也在 t 时构成某物，但是 t 时缺乏 F。当构成物理主义认为世界只有一个最基本的事物构成的，它是本体论意义上的，但是事物之所以为事物又具有独特性，从而表现出多样性，这又是在什么意义上的呢？如果把第二个前提预设看作本体意义上的，我们必须对本体论给出详细的说明，是坚持本体紧缩论或还是本体冗余论呢？

坚持本体紧缩论就会导致传统的本质主义，甚至回到还原主义；坚持本体冗余论又会导致多元论，甚至出现多元决定论。这样构成物理主义似乎并不能逃出非还原物理主义的困境。奈伊承认，非还原物理主义存在着多元决定论问题，然而这需要对多元决定论深入分析。多元决定论可以分成冗余多元决定论和非冗余多元决定论。所谓冗余多元决定论是指，一个事件不可能有两个不同的原因；非冗余多元决定论是指，一个事件可能有两个不同的事件，但是它们并不是冗余的，它们都可以成为事件的原因。因此，如果非还原物理主义能够与非冗余多元决定论相一致，就可以证明非还原物理主义是正确的。他认为：“寻找一种摆脱可以作为物理事件的非冗余决定的、不可还原心理殊型就是要寻找心理与物理殊型间没有同一的构成关系。正像其他人理解日常对象和潜在物质之间的关系。”① 所以，他说：构成关系是比随附性关系更为紧密的形而上学关系。因为随附性关系可以是上帝的偶然而关联，即先天偶合的，另外，随附性关系是一种粗暴的关系，它要求物理的出现必然有心理的出现。因此，“心理与物理殊型的结合并不是充分紧密的，随附的心理殊型既不是本体的，也不是

① Ney A. Can an appeal to constitution solve the exclusion problem? Pacific Philosophical Quarterly, 88, 2007, pp. 486 - 506.

没有因果地位的”。[①]

我们认为，构成关系相对于随附关系来说更具有解释力，而且也更适合解释我们的日常世界。因为，随附性只是表明不同的实存的相互依赖关系，并没有说明实存的本质是什么，整个世界也就是一种金字塔的建造。对于构成性来说，世界是统一的，你中有我，我中有你，相互构成，从而组成复杂多样、开放的世界。可以这样说，构成物理主义向我们传统的紧缩本体论提出了挑战，而又避开了二元论。

---

① Ney A. Can an appeal to constitution solve the exclusion problem? Pacific Philosophical Quarterly, 88, 2007, p. 489.

第九章

西方物理主义与马克思唯物主义

在本章我们回到西方物理主义与马克思唯物主义对比研究。当马克思唯物主义作为一种被恩格斯称赞为包含着新世界观的天才萌芽思想，它的“新”并不仅是表现为与当时的哲学理论如传统唯物主义和唯心主义对比之新，而且可能，也应当在后代哲学理论发展中寻找到它的革命性和科学性的判断依据和重要启示。我们认为，作为一种新理论，判断马克思新唯物主义的参照系不能仅限于马克思同时代的哲学理论，本着与时俱进的思想准则，还应当与当代西方物理主义进行对比，以此凸显马克思唯物主义之先进性。本章将从中国学者的视域对西方物理主义与马克思唯物主义进行比较，借此评价和发掘西方物理主义的哲学意蕴，丰富和发展辩证唯物主义思想和内容。

第一节　马克思唯物主义与西方物理主义比较的可能性

不可否认马克思继承了西方唯物主义传统，但他明确地宣布自己的唯物主义是一种“新唯物主义”，是一种彻底的唯物主义。在被恩格斯称为“包含着新世界观的天才萌芽的第一个文件”的《关于费尔巴哈的提纲》中，马克思批评了传统唯物主义和当时的唯物主义代表费尔巴哈的思想，并明确地宣称自己的唯物主义与它们有着鲜明的区别。无疑，与旧唯物主义相比，马克思唯物主义是一种新唯物主义，这也是当代中国学者研究马克思唯物主义的共识，即与以前的理论相比，马克思唯物主义在思想上是一种新的理论。但是，对于马克思新唯物主义之“新”的理解仅同于当时形形色色的哲学派别的对立与区别来进行阐释，显然不足以阐释马克思唯物主义的“新”。

那我们如何来理解马克思新唯物主义之“新”呢？就“新”这个词来讲，它有以下几层意思。其一，与“旧”相对，“新”是指在时间上初次出现，原来没有过的，如“衣不如新，人不如故”。这里的“新”主要强调变化，与在此之前的事物存在着差异或不同。在这个意义上，机械唯物主义与朴素唯物主义相比是新的，因为它虽然是唯物主义，但又不同于朴素唯物主义。同样，马克思唯物主义又是新的，因为它又是不同于朴素唯物主义和机械唯物主义而具有不同的特点。但如果这样理解，就可能把马克思唯物主义作为唯物主义的发展阶段，而作为唯物主义历史长河中的一朵浪花，随着时间的流逝它必将被后来的唯物主义所取代。这是否意味着，当代西方出现的新唯物主义，如同一论、随附唯物主义或突现唯物主义就是一种可以取代马克思唯物主义的唯物主义呢？甚至可以说，马克思唯物主义已经过时了。因此，这样的理解与其说是发展马克思唯物主义，倒不如是在贬低、弱化唯物主义。

其二，与逻辑上的“发展”相连，是向前看的，“新”是指一种发展趋势，一种代表着事物发展的方向，如“革故鼎新”。具体说，新是指一种革命性、科学性、先进性，强调的是发展规律性、预见性。比如，我们躯体内部的新陈代谢，就是在原来的基础上出现的能够取代原来的分子而又是不同于原来的原子的活动，这种活动代表着事物发展方面，推动着事物不断更新和成长。马克思唯物主义的“新”就在于它代表着唯物主义理论的发展趋势，指出了唯物主义发展方向，对于后来的唯物主义具有指导意义，甚至可以说是开启了一场影响深远的“革命”。

我们认为，只有这样的理解才能恰当地描述马克思唯物主义之新，而不是仅仅与以前或者是当时的各种理论对比。当然，马克思新唯物主义出现必定是在一定历史时期提出的，它有着自己的时空定位，但是作为一种新唯物主义理论，作为从逻辑发展来看，我们又不能局限于当时的时代，而应当超越时代，把马克思新唯物主义放在我们当下的境况下进行理解与阐释，深刻理解马克思唯物主义之新。

事实上，我们在阐释与理解马克思新唯物主义的时候，国内学者更多从马克思新唯物主义之前或同时代的各种理论进行对比。他们主要根据马克思在《关于费尔巴哈的提纲》中的论述来解释的，即“从前的一切唯物主义（包括费尔巴哈的唯物主义）的主要缺点是：对对象、现实、感性，只是从客体的或直观的形式去理解，而不是把它们当作感性的人的活动，当作实践去理解，不是从主体方面去理解，因此，和唯物主义相反，能动的方面却被唯心主义抽象地发展了，当然唯心主义是不知道现实的、感性的活动本身的”。[①] 他们认为，马克思唯物主义之新就在于与“从前的一切唯物主义”包括当时的费尔巴哈的唯物主义相比、与各种唯心主义相比，所以只要指出后者的缺陷就足以证明马克思唯物主义的新。这种研究在角度和视野上稍显狭窄，把马克思唯物主义放在了一个较为褊狭的领域，没有把马克思唯物主义放在整个历史的领域，因而在理论上并不能凸显马克思唯物主义的历史价值和意义。

有的学者也注意到这个方面的局限性，他们开始把马克思唯物主义与当代西方的各种唯心主义作对比，如西方现象学、解释学、结构主义，甚至后现代主义。但是我们知道，唯物主义与唯心主义有着天然的界限，它们之间的对立与其说是马克思唯物主义与当代西方唯心主义的区分，倒不如说是唯物主义与唯心主义的当代发展，实际上当代的西方唯物主义也仍然在批评各种当代版本的唯心主义。因此，我们认为，最有说服力的对比，就是把马克思新唯物主义与当代西方物理主义进行对比，以此说明马克思唯物主义之新。

按照比较哲学，对比有纵向对比和横向对比之分。马克思新唯物主义与当代西方物理主义就属于一种纵向对比，这种对比有利于区分异同和前者对后者的影响。但是我们在进行的对比的时候，并不是一般意义上同中求异或者异中求同，而是通过分析相互之间的区别与联系，从而寻找马克思新唯物主义在什么意义是“新”的。也就是说，我们主要从马克思新唯物主义之“新”出发，阐释说明当代西方物理主义发展哪些是自觉或不自觉地发展马克思新唯物主义，哪些又是没有超越马克思新唯物主义而陷入到传统唯物主义的局限之中，在这个角度上来证明马克思新唯物主义的新的地方。

作为同时哲学史上的唯物主义学派，尽管没有严格的前后继承性，然而马克思唯物主义与当代物理主义探讨的问题基本是相同的，这为二者比较提供了可能性。首先，二者都回答了哲学的基本问题，即思维与存在的关系问题。恩格斯说，任何哲学问题都要回答思维与存在的关系问题，即思维与存在何者第一性问题以及同一性问题。思维与存在问题也称为意识与物质的关系问题。当代物理主义则把这个问题具体为心与身、精神与物质、心理与物理的关系问题。无论是意识与物质、心理与物理等表述，都是对哲学基本问题的不同表述。马克思唯物主义不能避开这个基本问题去谈论下面的问题，回答意识与物质的关系是马克思唯物主义得以展开思想的基石。心理与物理的关系问题也是西方物理主义解决的首要问题，并且刺激着西方物理主义的不断发展。因此，对哲学

① 《马克思恩格斯选集》第1卷，北京：人民出版社，1995年，第54页。

的基本问题回答构成了二者比较的基础条件。

其次，二者都表达了物质观和意识观。回答哲学的基本问题首先要明确什么是物质和意识。马克思唯物主义给出不同传统唯物主义和唯心主义的概念，对物质和意识进行了哲学上的高度抽象概括。同样，当代物理主义也在自然科学特别是物理学的发展下对物质和意识进行重新考察，并且吸收分析哲学进行了语义分析。比较各自的物质观和意识观，有助于我们深化对物理和意识的本质理解。

最后，二者都表现了各自的哲学思维方法，它们既有联系又有区别。哲学思维方法决定着哲学结论。马克思唯物主义反对传统唯物主义和唯心主义的形而上学的思维方法，把实践引入到认识论领域，把许多哲学问题进行生成、生存论考察；当代西方物理主义虽然也是反对传统形而上学，然而它们仍然陷入到本质主义的旧范式。比较二者的哲学思维方式，将有助于我们丰富和发展辩证唯物主义。

第二节　本体论上的“突破”

哲学的基本问题之中的第一性问题也称为本原性问题，即这个世界是物质的还是意识的。这个问题总是与本体论或存在论相关。[①] 因为当我们问世界是什么时，我们总期望找到一个不变的、真实的存在，或者说“纯粹的存在”。然而，什么才是真正的存在呢？

对于西方物理主义来说，存在可以从两个方面理解：一个是绝对的存在，一个是相对的存在。绝对的存在是指纯粹的存在，它只与自身等同，没有任何特殊的规定性，如只存在着基本物质粒子；相对的存在是指除了纯粹的存在之外，还有依赖于它的其他存在，它们也具有存在的地位，如人工制品、心理实在等。绝对的存在表现为一种本体上的紧缩论，即以奥卡姆剃刀为原则“如无必要，勿增实体”，因而表现为还原主义或取消主义；相对的存在由表现为本体上的冗余论，按照英国突现论者亚历山大的说法是“凡是有因果性的都是实在的”，表现为非还原物理主义。

然而，无论是紧缩论还是冗余论都是西方本质主义的传统的表现。紧缩论

---

① 笔者这里采用高新民教授的观点，从规范性和宽容性原则出发，即探讨什么是存在，世界有哪些类型的存在作为本体论的内容。参见高新民：《非存在研究》，北京：社会科学文献出版社，2012 年，第 952 页。

把世界描述成一个单一、简单的世界，所有的一切皆是现象，只有基本的物理的东西才是真实不虚的。冗余论虽然说存在是相对的，但是它们仍然认为其他实在都是依赖于最基本的实在。不过不同于紧缩论的还原主义或取消主义倾向，它们认为世界是分成不同的层次，每个层次皆有实在的地位。在对各层次之间的关系上，非还原物理主义采用随附性、实现性、突现性、构成性来进行描述。从前面章节中可以看出，这些关系都无法说明高层实在如何具有因果性地位，最终只能回到紧缩论的还原主义或取消主义。美国著名哲学家金在权说："物理主义的一个核心的本体论问题，就是断言一切存在物都是一个基本的物质粒子及其集合体。因而，只有物理事物才存在。这个世界如果除去所有的物质粒子，不会有任何事物留下，甚至连时空本身也没有了。"①

客观地说，当代物理主义特别是非还原物理主义认识传统本体论的局限性。传统本体论的基础或核心内容是抽象的个体或实体，由这个个体或实体出发，形成了世界的图景②，如图 9-1 所示。

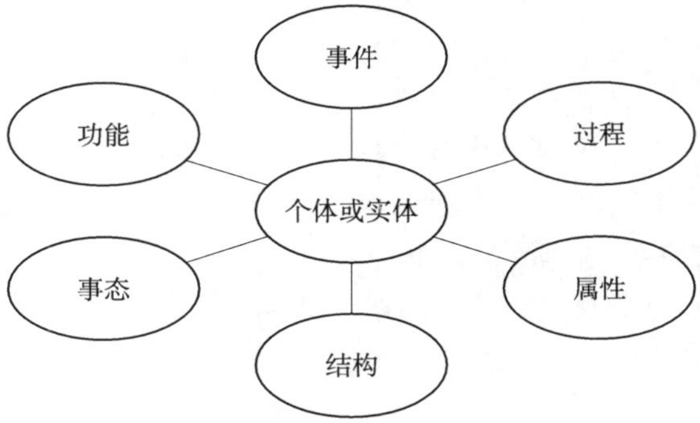

图 9-1　传统本论的世界

根据这种传统本体论，能独立存在的第一实体是个体，它支撑着各种事件、过程、属性、过程等，离开了它就没有独立性。当代物理主义特别是非还原物理主义否认这样的实体存在，它们认为真正存在的应当是属性、事件等存在，通过属性之间的关系形成了一种层次世界观（图 9-2）。

然而，当非还原物理主义认为心理属性等不能还原到物理属性时，它又回到传统本体论的老问题，真正存在的属性是哪一个？相比而言，马克思唯物主义从不承认世界存在着独立的、作为单独的存在物而存在的东西。不论个体的

---

① 欧阳康：《当代英美著名哲学家自述》，北京：人民出版社，2005 年，第 224 页。

② 高新民：《迈农主义与本体论的发展》，北京：科学出版社，2014 年，第 430 页。

图 9-2　物理主义的世界

人，还是作为整体的、类的人，无疑是一种存在，甚至本身就是自然存在物，但这种存在不是抽象的、而是具体的。因此，马克思批判传统唯物主义对对象、现实、感性，只是从客体或直观的形式去理解，而不是把它们当作感性的人的活动，当作实践去理解，不是从主体方面去理解。① 也就是说，所谓物理、化学、生物、心理和社会现象具有的不是抽象的同一性，而是具体的同一性，它们的存在不是由于某种抽象的东西，而是因为它们是在具体的时空中规定其自身。

正是由于马克思唯物主义反对传统唯物主义的抽象本体论，它认为世界只能是统一于物质之上的多样性世界。在马克思唯物主义看来，世界存在是一与多的关系，是在物质基础之上生成的丰富多彩的世界。世界是一个过程的集合体，而不是物质的部分学拼凑（图 9-3）。因此，恩格斯说，当我们深思熟虑地考察自然界或人类历史或我们自己的精神活动的时候，首先呈现在我们眼前的，是一幅由种种联系和相互作用无穷无尽地交织起来的画面。

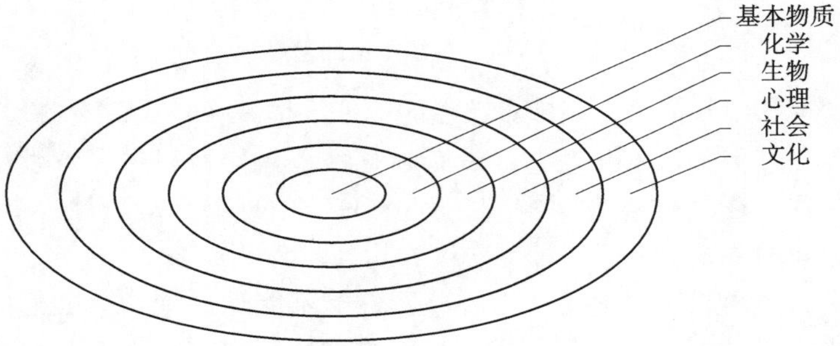

图 9-3　马克思主义的世界

从非还原物理主义与马克思唯物主义的世界本体论来看，它们都坚持实在

① 《马克思恩格斯选集》第 1 卷，北京：人民出版社，1995 年，第 54 页。

的一元论和多元论的统一。当然，这里的“元”不是纯粹的存在，而是具有因果性的具体存在。就其基本构成来说都是物质的，然而就其个体性而言就具有不同的因果属性，因而是多元的。不同的是，非还原物理主义只关注到本体上的依赖性，而没有认识到本体上的生成性，所以，它表现为一个闭合式的世界图景。马克思唯物主义从自然史的进化和人类的实践出发，强调世界的生成性和渐进性，把世界分成自在自然和人化自然，因而是一个开放式的世界。马克思唯物主义的本体论类似于后来的萨特提出的“存在先于本质”。

第三节　物质的理解

对于物质的理解是唯物主义发展中的一个必然回答的问题。我们前面说过，对物质的理解不同造成了马克思区别与旧唯物主义者的区别。同样，当代西方物理主义如果要继续发展也必然在这个问题提出新的回答。

首先，当代西方物理主义和马克思唯物主义都反对传统唯物主义的实体物质观。在古老的物质观那里，朴素的唯物主义认为物质是一种具体形式的实在，是惰性和不动的，如火、水等，即使德谟克利特的原子也是一种存在于巨大虚空中的不动的东西。这种对物质的理解完全出自纯粹的猜测或直观，无法解释与把握事物的多样性存在。随着自然科学的发展，人们对物质的了解不断深入，出现了近代的物质观。近代的物质观对于物质的理解以笛卡儿为代表，他认为物质是一种广延性的存在，具有空间或体积。以霍尔巴赫为代表的机械唯物主义从近代科学特别是力学的发展出发，认为物质的最基本形式就是原子，原子具有质量、广延和不可分性。这种对物质的理解虽然可以解释事物的多样性，但物质本身仍然是惰性的，没有从无限多样的物质形态和结构中概括出物质的基本特性，仍然把物质作为一种实体存在，因而与近代唯物主义认为的具有思维的心灵是分开的。传统实体观是受到常识物理学、常识心理学的影响，把物质视为一个可见的、具有空间的实体。随着人们对物质理解的不断深入，特别是自然科学的发展，传统物质面临着巨大的挑战。例如，如果物质是一种具有广延性的实体，那么像场、反物质等是不能归结为物质范畴之内。甚至像虚拟现实既非有形的物理现实，也非根本不存在的虚无，既非纯粹的物质，也非纯粹的意识。现代物理学的极大进步已经远远把近代物理观抛到了后面，反物质的发现和“夸克幽禁”的提出都为广大哲学家提供了对物质进行思考的丰富的素材。当代著名加拿大哲学家本格认为：“科学研究不仅预设了唯物主义的本体论，而且使之变得更为丰富了。应当由哲学家来对这种本体论经进行发掘、发展，并使之系统化。”[①]

因此，当代西方物理主义与马克思唯物主义都认识到自然科学对物质的理解重要性。恩格斯说，随着自然科学领域中每一个划时代的发展，唯物主义也必然要改变自己的形式。这其中也应当包括对物质的理解。马克思说：“自然科学将失去它的抽象物质的或者不如说是唯心主义的方向，并且将成为人的科学的基础，正像它现在已经——尽管以异化的形式——成了真正人的生活的基础一样；至于说生活有它的一种基础，科学有它的另一种基础——这根本就是谎言。”[②] 当代西方物理主义者如波兰德也说，我们对于物质的理解必将与物理科学提供的成果结合起来。可以这样讲，没有物理学充分发展就没有当代西方物理主义。哲学家赫尔曼和汤姆逊说：“作为科学中最基本和完备的科学，数理物理学在所有科学框架中占有特殊地位。就保守的看法，物理主义是对这种特殊地位的确认。”[③] 按照他们的说法，物理学在当代自然科学中取得的成功是其他学科所无法比拟，它给我们描绘了一个物理组成的世界，而且具有极强的解释力，我们没有理由否定物理学的地位。所以，蒯因也说：“（宣称没有物理的区别就没有意识区别的主张）等于说一个基本对象是一个物理对象。它给予物理学以基本自然科学以相应位置，而丝毫不怀疑能还原其他学科的期望。”[③]他还说：“我是坐在一个物理世界的一个物理对象。这个物理世界的某些力施加到我的体表。光线照射到我的视网膜上；分子轰击着我的耳膜与指尖。我的躯体发射着空气波并不断回击。这些波表现为一大股日常的桌子、人类、分子、光线、视网膜、空气波、基数、无穷层次、高兴与忧伤、善良与邪恶。”[④]

然而，马克思物理主义与西方物理主义在物质理解上仍然存在着一些分歧。因为，西方物理主义过于强调物理科学对于物质理解的重要性。确实，用物理学定义物质可以克服传统唯物主义的直观性。当代西方物理主义认为，随着对物理世界研究的不断深入，我们不能再停留于以前的实体的认识，而应当把物质作为一种属性，也就是说区分物理对象和物理属性。以前的唯物主义总是把物理对象当作物质，它具有大小、形状和空间广延，能够运动，可以变化，然而这不足以详细地说明物理对象的特点，有些物理对象并不具有上面的特征，

① 马里奥·本格：《科学唯物主义》，张相轮、郑毓信译，上海：上海译文出版社，1989年，第16页。
② 马克思、恩格斯：《马克思恩格斯全集》第42卷，北京：人民出版社，1995年，第128页。
③ Poland J. Physicalism：The Philosophical Foundations，Oxford：Clarendon Press，1994，p. 14.
④ Stoljar D. Physicalism，London and New York：Rutledge，Taylor &Francis Group，2010，p. 24.

如场、暗物质。物理对象和物理属性是两个不同的本体范畴，对象是属性的表现，而属性是一个对象可据此得以描述或刻画的特征，它是一对象所拥有的特点，并不必然与物对应，如我们说水具有湿性，但在氢和氧中并没有这种属性。所以，当代西方唯物主义认为物质并不是指物理对象而是物理属性，它只能为物理学所描述。因此，物质可以这样定义：一个属性是物质当且仅当它要么是物理理论告诉给我们的属性，要么是依赖于物理理论告诉给我们的属性。这个定义明确地主张物质只能依赖于物理学理论描述的内容，强调了物理学理论的优先性。按照这个定义，假如物理理论告诉给我们存在质量的属性，那么作为质量的属性就是一种物理属性；同样，假如物理理论告诉给我们存在一个岩石的属性或者它依赖于物理理论告诉给我们的属性，那么作为一个岩石的属性也是物理属性。这种以理论为基础的物质概念是建立在理论实在论基础上，它认为理论是描述的客观实在，尽管这个实在不可能为我们直观上掌握。所以，像场、量子，甚至是当代物理学所描述的基本粒子都可以作为物质。

我们通过与马克思新唯物主义对比来分析一下当代西方物理主义物质定义。

当代西方物理主义对物质的理解是建立在当代物理学发展的基础上，实际上在自觉或不自觉地践行着马克思关于物质的实践理解。传统唯物主义对于物质的理解是建立在日常经验的基础上，把物质作为一种具体感性的存在。当代西方物理主义认识到这种定义的局限性，引入自然科学成果特别是当代物理学的成果来阐释物质定义。当代物理学告诉我们物质是可分的，有些是我们不可能感性经验到的，但是通过科学实验是可以研究的。这表明了马克思把实践引入到物质观的正确性，即只有实践才能真正地把握物质的本质。我们甚至可以认为，随着物理学的不断深入，对于物质的理解有更为详尽的理解。

当代西方物理主义把物质实体观转向物质属性观，这是对马克思新唯物主义关于物质是一种关系存在论断的当代表述。我们前面说过，马克思新唯物主义认为物质并不是一种孤立存在的东西，而是作为一种与它物、与人相互关联的存在。按照当代学者的说法这是一种由物质实体观向关系实在论的转变。当代西方物理主义认为，物质并不是指物理对象，用物理对象定义物质只会陷入循环定义，即如果我们用原子或分子来定义椅子，那么我们可以说这是用一种物质来定义另一种物质，物质本身并没有得到解释。现代著名的物理学家薛定谔，有一个著名的理论即“薛定谔的桌子”。在他看来，摆在我们面前的同一个桌子有两个，一个是日常的桌子，一个是科学的桌子。日常的桌子有形状、大小、空间、质量等，而科学的桌子则不具有这些，它是空的，因为我们可以把组成它的基本粒子一直分到量子。那么这种科学的桌子难道不是物质吗？显然，我们不能把物质视为一种实体，它是一种关系或属性存在。所以，列宁说，物质就是一种客观实在性。这是对马克思唯物主义关于物质的明确表达。

然而，当西方物理主义仅把物质定义为物理学所描述的属性，其逻辑结论又是在否定马克思唯物主义关于物理的实践概念。因为当代西方物理主义把物理学作为当代科学最完备的理论，实际上等于说判断物质的定义只能由一个标准，而且只能到此为止。这会陷入到一个悖论，即亨佩尔悖论。亨佩尔悖论是由英国哲学家亨佩尔关于当代西方物理主义对物理定义所提出的责难。他说：

> 当代物理学确实是不完备的（甚至就它的本体论也是如此）以及不精确的（在它的定律上）。这提出一个困境：要么物理主义原则是基于当代物理学，在这种情况下，我们有任何理由认为它们是错误的；或者物理主义不是基于当代物理学，在这种情况下，它又难以解释它们，因为它们是基于一个“物理的”——它是不存在的，我们缺乏任何由独立于物理理论而形成的普遍标准去定义“物理对象、属性或定律”。①

我们总结一下亨佩尔悖论：

（1）假如物质是由物理学来定义的，那么这个物理学是指当代物理学或是未来的物理学？

（2）如果是指当代物理学，物理学的发展历史证明，任何阶段的物理学都存在着一定的错误，是不完备的或不精确的，那么我们不能用不完备或不精确的物理学来定义物质。

（3）如果是指未来的物理学，我们等于相信未来的物理学是完备或精确的，但谁又能断定未来的物理学是什么样子，为什么说它不会和当代物理学一样是不完备或不精确的。

（4）物质是由当代物理学或未来物理学定义都是不准确的。

我们认为，单纯地依靠某个或某时期的物理学成果并不能揭示物质的本质。王伟光先生说，哲学和自然科学表述各自研究内容所使用的概念、范畴也不完全相同。哲学使用的概念、范畴是在对自然科学、社会科学和思维科学等学科所使用的概念、范畴高度概括的基础上产生的，它具有最一般的意义。自然科学所使用的概念、范畴则是在特定的范围里使用的。例如，哲学的物质概念是指不依赖人的主观意识而独立存在的客观实在，而在自然科学里，物质是对自然界中具有一定结构和属性的物体的总称。前者是一般，后者是特殊；在概念的外

---

① Hellman G. Determination and logical truth，Journal of Philosophy，82/11，1985，p. 609.

延上，前者包括后者，但二者又不能互相替代。如果以哲学的物质概念代替一切，就会阻碍自然科学对物质结构及其属性的深入研究；如果以自然科学的物质概念代替哲学的物质概念，就必然产生诸如“物质消失了”的唯心主义结论。①

高新民先生认为，我们应当区分物质的广义和狭义用法。当马克思主义“说：世界上除了物质什么都没有时，这里的‘物质’是广义的，其外延等于存在的外延。具体而言之，它不仅包括真正的第一性的物质，如实体性的东西，而且还包括在它之上所派生出来的第二性的东西，如抽象的东西，精神性现象，甚至在复杂关系中所突现出的高阶关系和属性。它们之所以也被包括在物质之下，是因为它们要么以物质的属性表现出来，要么以运动形式表现出来，要么以产物出现，要么表现为高阶现象。狭义的物质是作为运动、属性之主体的、存在于时空之中的实体性存在，即名副其实的、相对于作为第二性存在的精神而言的、第一性的物质。由于它们最真实，是本原性实存，甚至其他存在形式的存在地位都是由之所规定的，因此可称作实体”②。根据这样的物质概念，我们就要“承认‘物质’一词有两种所指，一是指具体的物质，二是抽象的物质。当说‘物质’所指的东西有第一性的本体论地位时，这里所指的东西是前者。当我们强调物质作为本体论的基本范畴时，我们所说的是抽象的物质。这样的属性是以抽象实在即第二种存在形式存在的”。③ 因此，当物质被作为本体论理解时，不仅肯定物质这样的抽象存在，还承认共性、共相、一般之类的东西的存在地位，强调它们是以第二性的存在形式存在的，即寓于或依赖于个别而存在的。这与列宁所说“物质和意识的对立，也只是在非常有限的范围内才有绝对的意义”是一致的。因为在认识论中，世界可分为两部分，一是能认识的精神，一是被认识的物质。当“超出这个范围，物质和意识的对立无疑是相对的”。④ 因此，能成为最高、最广泛范畴的东西只能是物质。它反映的是一切存在、一切能用“是”加以述谓的对象的普遍本质，即客观实在性。

第四节　意识的随附性

思维与存在或意识与物质的关系是哲学的基本问题，也是唯物主义关注的

① 王伟光：《马克思主义哲学与自然科学》，《哲学研究》第 9 期，2010 年，第 4 页。

② 高新民：《非存在研究》，北京：社会科学文献出版社，2013 年，第 970 页。

③ 高新民：《非存在研究》，北京：社会科学文献出版社，2013 年，第 973 页。

④ 《列宁选集》第 2 卷，北京：人民出版社，1995 年，第 147 页、第 148 页。

主要问题。如果承认意识现象的存在，唯物主义就要对意识现象在物质世界中的地位给以自己的解释。如果不承认意识现象存在，那么唯物主义就得否认我们人类是有意识或意识的。但这个结论是我们不能接受的，唯物主义也容易陷入到庸俗唯物主义的指责。当代西方物理主义为了与传统唯物主义区别，对心与物的关系进行了深入的研究。

一般来说，当代西方物理主义认为所有现象都是物理现象，意识现象也是物理现象。关键问题在于，意识现象是物理现象的“是”如何理解。由于对“是”的不同理解，造成了各种唯物主义类型的出现。20 世纪 50 年代，以斯马特、普赖斯为首的澳大利亚哲学家认为，意识现象是物理现象就是指意识现象可以还原为物理现象，即把“是”理解为“同一”，称为同一论。根据同一论的表述，意识现象本身并没有特别之处，它本身就是一种大脑神经活动现象，只不过比单个的神经分子在数量上多一些。这种同一论实际上坚持了传统唯物主义的方式，是“人是机器”的当代表述。虽然它借鉴了脑科学发展的成果，把机器构件换成了神经元，但是直接把心同一于物，实际上是否定了意识的因果性或能动性。到 20 世纪 60～70 年代，西方许多哲学家认识到意识并不能仅仅作为一种大脑神经元分子，它本身应当是一种属性的存在，因此意识与物质的关系不是一种实体关系而是一种属性关系，这种属性关系也不是一对一的关系而是一对多的关系，进而是无法还原的。像美国著名哲学家戴维森等把“随附”关系引入到心与物的关系表述，后人称为随附物理主义。随附物理主义成为当代西方唯物主义占据主导趋势的流派。

所谓随附（supervenience）的字面意思是指“附生性、伴随发生、随后发生”，后经戴维森等哲学家的加工或赋予新的含义成为一个哲学名词。戴维森在他的《意识事件》一文中说：“意识特性在某种意义上依赖于或随附于物理特性。这个随附性可能应当这样理解，即不可能存在着两个在物理方面相似的事件，但是在某些意识方面不同，或者说，某个对象在意识方面有所变化但是在物理方面没有变化。”[①] 我们通过这段引文可以发现，随附物理主义对于意识的描述具有以下特征。

（1）意识依赖于物理，意识属性就是物理属性。随附物理主义认为，所有的现象、过程、状态或属性都是物理属性，它们都是依赖于物理属性而产生的，并没有离开物理属性而存在的属性。我们无法想象脱离物理属性的意识属性，就像一个人不存在了，那么他的意识属性也就不存在了。脑科学实验也证明，

① Davidson D. Mental events//Foster L，Swanson W. Experience and Theory，Amherst，MA：University of Massachusetts Press，pp. 79-101.

每当有物理属性变化，就会有意识属性变化。比如，有一个大脑受到损伤的病人，他的部分脑区功能丧失了，结果造成了他的性情大变。即使对每一个人来说，当他产生不同的意识属性时，在通过核磁共振技术扫描他的大脑活动区域，也会发现对应着不同的活动区域。当然，也有人可能会说，意识属性依赖物理属性并不表明意识就是物理属性，它们可能是两种事件，只是存在着偶然的关联。按照随附物理主义的说法，物理世界是闭合的，既然同一个物体会产生两个属性，那么它们应当都是物理属性。如果一个物理实体产生了一个不同于物理属性的属性，那么很难想象这是怎样出现的，其结果必然导致神秘主义或者是副现象论。

（2）意识与物理属性虽然都是物理属性，但意识属性又与物理属性存在着不同，也就是说意识属性不能还原到物理属性。这里的“不能还原”是指意识属性的描述语句不能还原物理属性描述的语句，如“我心烦”这句描述意识属性的语句就不能被“我内在某种大脑神经元被激活了”所取代，因为后者无法描述出我意识属性的某种特性。为什么意识属性不能还原到物理属性呢？这主要因为意识属性并不仅是微观物理状态的物理属性，它不具有单个结构所不具有的属性。比如说，椅子的属性就是具有可坐的功能属性，但是它的构件并不具有，我们也在构成的木质纤维中找不到这种属性。然而，当这些板材被组合在一起，它就出现了一种结构或功能属性，即一种高阶的属性。同样，意识属性也是一种高阶的属性，它是由大脑中的神经元突触及其相互关系，甚至还会涉及与外界环境关系的因素而形成的一种高阶属性。因此，意识属性虽然是物理属性，但是由于所观察视角不同，所描述的兴趣点不同，意识语言又不同于物理语言，它不能用物理语言进行描述。

（3）意识属性对物理属性具有因果性或能动性。意识因果性（按照马克思唯物主义来说是意识的能动性）是唯物主义所面临的一个重要难题。唯心主义就是抓住传统唯物主义无法解释人的主体性而反击唯物主义整个体系。对于随附物理主义来说，回答这两个问题应当从两个方面入手：第一，如何理解因果性；第二，意识因果性是如何产生的。从传统对因果性的理解来看，因果性应当按照力学的原则是两个在时空上分开的实体之间的作用关系，据此意识因果性就是意识实体对物理实体的作用关系，并且意识实体是独立于物理实体而存在。随附唯物主义认为，意识因果性并不是发生在两个不同实体之间，而是属性之间的关系。按照我们前面的分析，意识属性作为一种高阶属性，它会对物理属性产生作用。比如，我们有一种渴望喝水的意识属性出现，那么大脑相关神经区域就会处于活跃状态，通过神经纤维传导会引起相关的躯体行为，迈动我们的脚步，伸开手去拿到水杯，并放到嘴边。所以，意识因果性产生的机制就是一系列物理机制，它本身并没有什么非物理属性存在参与到其中。按照当代复杂性科学研究，高阶属性具有整体性特征，通过自组织系统而对低层基础施加一定类型的控制与影响。比如说，类似焦虑或者兴奋的意识属性会影响到低层神经活动，产生一定的抑制或激发作用。随附物理主义对于意识地位的描述比传统唯物主义更具有解释力。在坚持唯物主义道路上，随附物理主义认为意识既是物理的，同是又与物理有着区别，为意识在物理世界中寻找到了一个恰当的地位。

目前，国内学者认为，随附物理主义引入随附性对于丰富和发展马克思唯物主义关于心物关系的论断具有重要启示性作用。不可否认，我们国内有些马克思唯物主义的传统教科书对于马克思唯物主义有些片面的理解，在解读的时候经常陷入到还原论或二元论的误区。比如，讲到意识与物质关系的时候，要么讲大脑的功能，而把大脑视为意识；要么是讲意识的独立性，把意识与物质分开。因而，可能随附物理主义对这些传统教科书解释会有着启示意义，但它是否本身超越马克思唯物主义则值得我们加以对比分析。

随附物理主义与马克思新唯物主义都强调意识或意识都是物质，并且前者不能还原到后者。在这个意义上，随附物理主义实际上是与马克思新唯物主义共同反对传统唯物主义的还原论倾向。然而对于不可还原性，随附物理主义与马克思新唯物主义却有着不同的致思取向。随附物理主义认为，不可还原性是因为关于意识的理论不能还原到物理学理论，也就是说，关于意识的描述是不能还原为物理的描述，即理论上的不可还原性。因为理论都是对一定实在的描述，但也反映我们关心和注意的不同角度。意识理论特别是我们常识心理学是从大脑的功能或价值的角度进行描述的，采用了像“相信”“渴望”等命题态度术语，而且还涉及与人类躯体行为之间的关系，具有一定的规范性；但是物理理论则侧重于微观结构部分，描述微观层面物理活动的过程。这两种理论之间的术语并没有一一对应的关系，而是一种一对多，或多对一，甚至是相互交叉的关系，不可还原是必然的结论。

对于马克思新唯物主义来说，意识的不可还原性问题并不是意识属性的实质，也不仅是我们认识上的问题，它更多是我们实践所造成的问题。按照我们前面的分析，马克思认为意识不可还原性问题可能本身并不是问题。古人由于科学知识不发达，对于自己的大脑所产生的功能，他们并不太了解，也不知道是什么造成了人们具有各种情感体验或做梦等活动。因此，他们便造出了“灵魂”或“心”的概念。马克思说，意识头一开始就受到“物质的纠缠”，“思想、观念、意识的生产最初是直接与人们的物质活动，与人们的物质交往，与现实生活的语言交织在一起的”。从马克思这句话可以看出，意识与语言密切关联。虽然语言可能比意识较晚出现，但语言对于意识这个概念的影响是巨大的。我们的语言创造出“心”或“意识”的概念，而这些概念实际上预设了心或意识是与物质不同的思维框架。进而，当我们在思考意识与物质的关系时，就为二者的对立而烦恼。质言之，意识与物质的区分不是它本身就是对立的，而我们在创造概念时就已经设定下了，人是在“精神中使自己二重化”。

由此，马克思认为，探讨这个问题不能只用抽象、共时的研究方式，而应当放在整个历史阶段进行历时的分析。如果我们采用抽象、共时的研究，就如同把一个昆虫放到了一个盒子里，并关上盒子，等我们打开盒子时，发现没有了虫子而只有一只蛾子，那么我们就会对虫子和蛾子之间的关系产生疑虑，虫子与蛾子完全在形态学是不同的，而且在一定程度上存在着巨大的差异，它们之间是什么关系呢？我们能不能从虫子推出蛾子呢？当然，对于不知情的人来说，可能会做一番分析研究。然而，试想一下，如果我们没有关上盒子，我们对于虫子向蛾子的转化过程进行全程跟踪，就不会发现虫子与蛾子之间并没有不可逾越的鸿沟。同样，我们可以这样去对比心与物的关系，它们之所以成为问题的原因就在于我们的人类个体生命比较短暂，相对于物向心的演化历史是不够的，我们不能从共时的角度进行观测。

马克思在《德意志意识形态》中说，意识只是由于人们的需要和在实践中才产生的，它并不是先天就在人类那里所具有的，就如同人类的语言一样都是通过实践而创造的。马克思说，“意识一开始就是社会的产生，而且只要人们存在着，它就仍然是这种产物。当然，意识起初只是对直接的可感知的环境的一种意识，是对处于开始意识到自身的个人之外的其他人和其他物的狭隘联系的一种意识。同时，它也是对自然界的一种意识，自然界起初是作为一种完全异己的、有无限威力的和不可制服的力量与人们对立的，人们同自然界的关系完全像动物同自然界的关系一样，人们像牲畜一样慑服于自然界，因而，这是对自然的一种纯粹动物式的意识”。① 这段话表明，意识最初只是一种动物式的可感反应。人类面对自然界的无能为力，面对残酷的生存环境，他们越来越重视加强与他人的联系。这种联系不再是一种本能式的反应，而是一种有着主体性、能动性的交往，“他的意识代替了他的本能，或者说他的本能是被意识到了的本

① 马克思：《德意志意识形态》，选自：《马克思恩格斯选集》第 1 卷，北京：人民出版社，1995 年，第 81 页、第 82 页。

能”。[①] 随着人的社会化的不断发展，生产力的进步，意识越来越成为生产实践中不可缺少的部分，并且在个体出生起就不断地得到培训。当个体到了一定阶段，我们原来的感知反应就似乎变成了一种不同的东西，“它是和现存实践的意识不同的某种东西；它不用想象某种现实的东西就能现实地想象某种东西”。[②] 就通过意识的历史发展来看，意识只不过是人们实践需要而创造的产物，它本身并没有什么神秘而言。

当西方随附物理主义还在执著于意识不可还原问题而进行抽象的理解时候，马克思唯物主义告诉我们，意识的不可还原性是一个历史问题。考古资料证明，意识不可还原性起源于最初的人类灵魂观念，而灵魂观念是人类对自然、对自身的结构的无知造成的。如果我们认识到意识本身就是物质的，并且认识到它的起源与发展，意识的不可还原性问题就可以在实践中消解。在这个意义上，西方随附唯物主义相对于还原唯物主义来说是一个大的进步，但它并没有认识到马克思新唯物主义的思想突破，没有认识到马克思新唯物主义实践的意义。

令人欣喜的是，当代西方唯物主义已经出现一种取消唯物主义主张，它开始认识到意识不可不原性问题是一个假问题，直接从人类的思维框架上进行消解这个问题。但是，取消唯物主义认为，心灵或意识概念本身是没有真实所指的，它们只是我们建立在虚幻的基础而创造出来的东西，如代表性人物 P. M. 丘奇兰德说：

> 取消唯物主义是这样的一种命题，我们日常意识现象概念构成了一个根本错误的理论，这个理论具有根本性的缺陷，以至于无论理论的原理还是本体都将最终被神经科学所取代而不是平稳地还原。[③]

这种说法固然看到了人类语言与意识之间的关系，是由于人类的思维结构影响到我们对意识的认识，最终成为意识无法还原到物质。但是，我们也要看到，取消唯物主义本身预设了常识的意识概念在人类整个历史发展中并没有变化。根据历史文献考证，人类的意识概念是在发生变化的，比如，中国古代有“心之官则思”，这个心是指的心脏，但丝毫不影响我们现在进行使用，除了它被赋予新的意义与指称，在这句话里，它描述的是意识的功能，这是正确的。

---

① 马克思：《德意志意识形态》，选自《马克思恩格斯选集》第 1 卷，北京：人民出版社，1995 年，第 82 页。

② 马克思：《德意志意识形态》，选自《马克思恩格斯选集》第 1 卷，北京：人民出版社，1995 年，第 81 页、第 82 页。

③ Churchland P M. Elminative materialism and the propositonal attitude//Lycan W. Mind and Cognition：A Reader，Cambridge，MA：Basil Blackwell，1990，p. 206.

显然，取消唯物主义要取消所有的意识语言是不现实的，也是错误的。它们并没有认识到，我们之所以在意识不可还原性犯下错误，是没有认识到意识不可还原性实际是人与世界的关系，是人在与世界打交道的过程中产生的。

只有按照马克思新唯物主义所讲的，重新回到人与世界关系这个角度，在历史中去认识意识的本质，意识的不可还原性本身就不是问题。

第五节　唯物主义的论证

论证是一个理论的重要组成部分。没有论证，就没有一个说服力的理论存在，也就没有理论的发展。同样，唯物主义要得到发展，必须重视论证，必须在论证中突显理论的逻辑性和严密性。自过去的50年来，唯物主义在西方哲学中遭遇到铺天盖地的反对论证。这些论证令人眼花缭乱，有多样可实现性论证、非具身论证、可行性论证、僵尸论证（或无意识的自动机）、感受性缺乏论证、知识论证、颠倒光谱论证、具体科学论证、解释鸿沟论证、反个体论证、自我意识论证、意识因果性论证等。这些论证威胁到唯物主义的地位与作用。加拿大的哲学家本格在《科学的唯物主义》中说："大多数唯物主义哲学家都只说日常语言——从而必然只能以一种不精确的方式来表述自己的观点——他们很少考虑以一种令人信服的方法来对自己的观点进行论证。此外，唯物主义总是忙于建立全面的哲学体系并进而使之与现代逻辑学、数学、科学技术相一致的任务。结果，唯物主义就仅仅成为一种信念，而并非是一个充满新意的积极研究探索的领域，而且其中相当一部分已成为过时或不相干的话（你近来可曾听说过唯物主义哲学有什么新的突破?）。"作为唯物主义，它本身应当接受挑战，敢于反驳。那么，西方当代物理主义如何进行反论证的？马克思唯物主义有没有论证？它的论证比起西方当代唯物主义论证独特在哪里？

我们先看一下当代西方物理主义如何进行反论证的。首先是反二元论论证。当代西方物理主义在综合各种反唯物主义论证中发现，"许多现代哲学家以及某些处于哲学思考的科学家，在这样或那样的伪装下采纳了二元论，有些人是明显的，多数人则是较为含蓄的。所有学派都赞同这一点，如精神分析学及其谈论的寓于肉体中的非物质存在，又如人类学者和历史学家及其谈论的依赖于物质基础的精神上层建筑"。[①] 当然，当代西方反物理主义不再是坚持传统的实体

① 马里奥·本格：《科学的唯物主义》，张相轮、郑毓信译，上海：上海译文出版社，1989年，第10页。

二元论，而是转换成一种属性二元论的形式，即存在着意识属性和物理属性两种不同的属性。

对于属性二元论，西方物理主义进行了分析论证：

（1）意识与物理概念不明确。二元论并没有给出意识的定义，只是说意识不同于物理。意识属性到底是指的什么？如果说按照二元论说法，意识属性是不同于物理属性的属性，这是一种循环定义。那么物理属性是什么呢？如果物理属性是指当代物理学所研究的属性，那么意识属性就是不同于物理学所研究的属性？这仍然是一种循环定义。只有把意识属性看作物理属性才能避免这种定义错误。

（2）当二元论说意识是不同于物理的，就等于承认意识是与物理分开的；如果意识与物理是分开的，这就要说明意识状态是如何与物理状态发生作用的，即笛卡儿的意识因果性问题，两种不同的实在或属性如何能够发生作用呢？其结论必然是它们是同种实在或属性。又因为，二元论认为意识依赖于物理，物理是基础，所以意识只能是物理的。

（3）当二元论认为意识是不同于物理而存在，那么它也要回答意识是如何产生的问题。有的二元论借助于突现论，就必然导致神秘主义或者特创论；有的二元论借助进化论，坚持意识是自然选择的结果，那么它就回到了唯物主义。

（4）二元论的最大问题在于它把意识与物理分开，而只顾及意识的解释问题，并不关心对它的科学研究。就像有些人坚持意识疗法或者精神分析法，而假设意识是实在的，甚至是各种名目的传心术、心灵术也大行其道，这都不利于对意识的正确认识。

由上可得出，二元论不是一种严谨的理论，甚至算不上一种理论，它只是古老的巫术和宗教世界观的重要组成部分。按照西方语言哲学家赖尔的分析，这是一种人类在构建意识传统中的错误模式，即人们大脑中有两个不同的东西，一个是能思维的东西，一个是物质的东西，它们并列共处于一室。问题在于，它们之间是如何作用的呢？所以我们不得不认为存在着一个“小人”在进行操作。但我们知道，当我们打开大脑时，并没有发现什么小人存在。所以，剔除二元论，物理主义是必然的选择。

除了这种反二元论论证之外，当代西方物理主义还有着著名的“物理因果闭合论证”。物理主义者认为，在今天，物理学所取得的成就已经被科学家和哲学家广泛公认，并被作为描述世界的基本准则。在最低程度上，除非有更有说服力的自然科学出现并取代物理学，否则物理学就是我们认识和理解世界的前提。金在权认为，属性二元论只会导致副现象论或神秘主义。

第一步，物理因果闭合原则。这是为当代科学公认的准则，具体而言，在同一条因果链上，如果某个事物引起的结果是物理事件，则这个事物也是物理事件；相反，如果引起某个事物的原因是非物理事件，则这个事物也是非物理事件。[①] 如果否认这条准则，就等于说有非物理的原因存在，而承认非物理原因存在，就会把鬼神、灵异现象等引入到我们的解释中，在没有有力证据下，贸然引入这些现象，决非明智之举。

第二步，如果按照反唯物主义的属性二元论，意识属性是由物理属性实现的，但却不同于物理属性，那么意识属性是不能还原到物理属性。

第三步，既然意识属性是由物理属性实现的，那么它具有的因果性也是由物理属性实现的。

第四步，意识属性不同于物理属性，它就是作为一个独立存在的属性而应当具有因果性。

第五步，如果意识属性具有因果性，那么它就对其他物理属性具有因果效力。

第六步，按照因果封闭原则，这个意识属性作用的物理属性本身应当具有一个物理属性，所以它有两个原因，一个是意识属性，另一个是物理属性，导致了多元论。

第七步，假设多元论是正确的，那么它就和物理因果封闭原则相矛盾。

第八步，我们相信物理因果封闭原则，所以多元论是错误的，意识属性只能是物理属性。

当代西方唯物主义能够针对反唯物主义论证进行反驳，提出自己有说服力的论证，这对于发展唯物主义确实起到了重要作用。然而有学者认为，马克思唯物主义缺乏这样的论证，不能以令人信服的方法来论证自己的观点，其结果只停留在一种信仰上。他们的依据是马克思说过这样的话，即“在思辨终止的地方，在现实生活面前，正是描述人们实践活动和实际发展过程的真正的实证科学开始的地方。关于意识的空话将终止，它们一定会被真正的知识所代替”[②]。那么马克思有没有自己的论证呢？

在这些人看来，一个理论的论证应当采用抽象思辨的方式，通过严密的逻辑推理来进行。这等于把论证方式等同于论证。事实上，论证不只限于方式，

① 彭孟尧：《人心难测——心与认知的哲学问题》，北京：生活·读书·新知三联书店，2006 年，第 27 页。

② 马克思：《德意志意识形态》，选自：《马克思恩格斯选集》第 1 卷，北京：人民出版社，1995 年，第 73 页。

它包括三个方面，即论题、论据和论证方式。马克思唯物主义的论题就是唯物主义是科学的世界观，论据主要采用事实判断，而论证方式则是不同于思辨的方式，而是一种实践的方式。这种实践方式是一种更具有说服力的论证方式。

论证方式有多种，包括事实论证、理论论证、比较论证、比喻论证和因果论证。就西方物理主义的论证来看，它主要是一种理论论证，即在具有普遍性和规律性的观点基础上，采用演绎推理，得出逻辑一致的结论。西方唯物主义的论证主要是针对反物理主义论证来进行的，通过理论论证，按照逻辑规律证明物理主义的合理性。不可否认，逻辑论证比传统唯物主义强调信仰要进步得多，但这是否能对反唯物主义构成致命的反击呢？

任何理论论证都要有一个普遍性或规律性的观点作为基础，而这个基础又是从个别材料中归纳总结出来的，在某些情况下这个归纳是不完全的。当西方物理主义采用"物理因果闭合原则"作为自己的大前提时，这个前提就遭到反物理主义的质疑，即物理是因果闭合的，意识为什么具有自己的能动性或因果性呢？目前的物理学不能把意识因果性包含在内，那么能否证明将来的物理学就会不包含着这样的因果性呢？另外，物理学因果闭合原则怎么说明我们的主观经验的东西？我有疼痛的感觉能否用物理因果性来解释呢？如果不能解释，这个原则难道没有问题吗？

马克思唯物主义早就认识到这个问题，一般的理论论证只会导致更深奥的哲学问题。比如，"人对自然的关系这一重要问题就是一个例子，就是一个产生关于'实体'和'自我意识'的一切'高深莫测的创造物'的问题"[①]。唯物主义不能也不应当以抽象思辨的论证方式与反唯物主义进行较量，它只相信"只要这样按照事物的真实面目及其产生的情况来理解事物，任何深奥的哲学问题……都可以十分简单地归结为某种经验事实"[①]，即马克思唯物主义更相信事实论证。事实论证是相对于理论论证来说更具有说服力的论证。毛泽东说："没有调查就没有发言权。"马克思认为，凡是用思辨的方法无法解决的问题，只能回到人类实践活动和实践发展过程中的真正的实证科学。自然科学的发展就是立足于人类在长期生活和实践过程中总结出的规律，并且被不断地实践所检验。

然而，马克思唯物主义论证本身并不是只依赖于事实论证，它更强调一种实践论证，是一种在事实论证、理论论证等论证方式基础上的根本原则。所以，马克思说："人的思维是否具有客观的真理性，这不是一个理论问题，而是一个实践问题。人应该在实践中证明自己的真理性，即自己思维的现实性和力量，

① 马克思：《德意志意识形态》，选自：《马克思恩格斯选集》第1卷，北京：人民出版社，1995年，第76页。

自己思维的此岸性，并于离开实践的思维的现实性或非现实性的争论，是一个纯粹经验的哲学问题。”①

那么，我们如何来总结马克思唯物主义的论证呢？根据马克思在《关于费尔巴哈提纲》和《德意志意识形态》中的叙述，可以总结如下：

（1）全部人类、社会和自然都是依赖于物质前提，即使思想、观念、意识也是受到物质的纠缠。这是一个经验事实的前提，除非我们在想象中才能分离。

（2）如果我们把思想、观念和意识与物质分离，就不得不求助于“二重性的直观”，而“这种直观仅仅在于看到‘眼前’的东西的普通直观和看出事物的‘真正本质’的高级的哲学直观之间”②。这种二重性的根源在于我们预设了现象和本质的对立。

（3）事实上，事物从来不是始终如下、直接存在的东西，而是一种世世代代社会历史发展的结果。当我们回到事物的真实发展面目，根据事物产生的情况来理解事物时，一切哲学上的难题就不存在了。“凡是把理论引向神秘主义的神秘东西，都能在人的实践中以及对这个实践的理解中得到合理的解决。”③

（4）不存在着神秘主义的东西，一切都是实践基础上的唯物主义。

第六节　唯物主义的“明天”

作为一种“新”的理论，马克思唯物主义并不是当代西方唯物主义之新奇的概念、分析与论证意义上的“新”，而是一种对哲学思维方式的革命之“新”。通过与当代西方物理主义之间的对比，我们发现马克思新唯物主义许多革命性和科学性的判断与预言需要深入解读，从中可以发掘出对于后代哲学包括西方哲学和马克思主义哲学有前瞻性的资源。特别是对于唯物主义来说，我们的哲学工作者更应当放到当代整个东西方哲学背景下，就某些争论的焦点问题入手，通过引用马克思新唯物主义的“新”思维，做出符合马克思唯物主义思想的回答，进而不断丰富和发展马克思唯物主义的体系。

---

①　马克思：《德意志意识形态》，选自：《马克思恩格斯选集》第 1 卷，北京：人民出版社，1995 年，第 55 页。

②　马克思：《德意志意识形态》，选自：《马克思恩格斯选集》第 1 卷，北京：人民出版社，1995 年，第 75 页、第 76 页。

③　马克思：《关于费尔巴哈提纲》，选自：《马克思恩格斯选集》第 1 卷，北京：人民出版社，1995 年，第 56 页。

一、语言“更新”

马克思批判传统唯物主义虽然也用到“感性对象”来观察世界，但仍然停留在理论的领域，把“人”看成了一个抽象的个体。可以看出，传统唯物主义的思维方式受到固有思维模式的影响，根据已有的理论框架来研究唯物主义，自然不可避免会在社会现象等领域陷入唯心主义。只要我们还采用固有的语言或概念进行思维，唯物主义最后都只能是不彻底的唯物主义，甚至会导致二元论的结论。比如，当我们用到“意识”这个普通民众所耳熟能详的概念时，我们就要研究“意识”与“物质”之间是什么关系，它们是否可以还原。从前面我们对马克思新唯物主义的思维革命分析可以知道，这并不是一个哲学问题，而是我们在最初创新这个语言就已经埋下的二元对立的“种子”。语言的更新对于发展马克思唯物主义是重要的任务。

1. 用精确的语言取代模糊的语言

一个哲学理论应当用精确、系统和科学的语言去描述，而不是用日常语言或文学语言进行概括。我们许多学者在理解与解读马克思唯物主义的时候，往往采用日常语言的表述方式，完全不做区分与界定，其结果造成了看似马克思唯物主义的问题，而实际上是我们的表述问题造成的。

比如，我们在使用与物质相对立的概念时，会用到“心”“意识”“思维”等概念。但是这些概念是比较模糊的。就意识来说，从涉及的对象来看，有及物用法和非及物用法两种：及物用法是指“知觉、知晓”，如我意识到某种东西；不及物用法是指“清醒”，如我有意识。从意识形成来看，意识又分成自我意识、注视性意识、现象意识和通道意识。现象意识是人类的一种主观经验，它不同于我们的知觉意识，其特点比较复杂。我们在使用“意识”这个概念时，究竟采用哪一种呢？如果我们只是指人脑的一种功能，那么这就是把意识当成了一种物质属性，它本身并没有现象意识，或者说忽略了人经验的主观特征，这就成了马克思唯物主义问题。

2. 用科学语言取代日常语言

马克思说，意识总是与语言纠缠在一起。我们的语言影响到我们的思维框架，这也是造成我们哲学问题一个根源。比如，我们使用的“意识”这个概念本身就是一个空话，马克思说，只有使用描述人们实践活动和实践发展过程的科学知识才是真正的知识。

无论我们采用物质或意识概念，都受到我们常识的物理学或常识的心理学影响。对于物质来说，我们的常识物理学认为是一种具有广延、有空间的东西；

而对于意识或意识来说，我们常识心理学认为是一种没有广延、能思维的东西。如果用这样的概念去理解，尽管我们不断地强调意识依赖于物质，但又同时承认意识具有独立性，其结果就只能是二元论。

对于唯物主义来说，我们所使用的概念要不断更新，不断地用科学知识来丰富它的内涵与意义。随着自然科学的发展，物质概念并不是常识物理学的那种认识，而是更为深刻的物理学所认识的概念，它甚至会颠覆之前的物理学所认为的概念。对于意识或意识概念来说，也是同样的道理。

二、加强思维论证

在当代反唯物主义论证尖锐地批判下，唯物主义不能视而不见，也不能全部“用事实说话”，而应当迎接挑战，主动加强理论的逻辑性和系统性的建设工作。马克思唯物主义本身就是在不断批判其他哲学理论的基础上发展起来的，在今后，它仍然会把对手的批评作为促进自己发展的动力。

比如，当代西方反唯物主义的“知识论证”就是唯物主义遇到的一个鲜明的反论证。知识论证是这样说的：我们不应当否认我们都有一种主观经验的特征，如我们看到一个红色的东西，会有一种红色的感觉，这是用物理知识无法推断出来的，即使我们拥有丰富的大脑知识，也不能在里面找到丝毫的主观经验的东西。当然，西方物理主义进行了多种反驳，比如根据概念的分析，认为这只是我们概念结构的不同而造成的谬误。

马克思唯物主义者也应当提出自己的论证进行反驳。按照马克思的实践论证，我们可以这样进行反驳。

（1）人类主观经验的特性是在人类历史发展过程中形成的，它作为人与世界的关系中的一部分而存在，而并不是人类先天就具有的。

（2）凡是在人类历史发展过程中形成的，就只能交给人类的实践去认识。如果我们足够模拟这种过程，并把它们呈现我们的面前，就没有什么神秘而言。

（3）一切神秘的东西并不存在，所有东西都是物质的。

三、在实践中开辟新的领域

唯物主义是一种不断发展的哲学体系，其发展的参照系不应当停留在原有的哲学体系之内，而应当广泛吸收当代的哲学和自然科学成果，并在此基础上进行哲学概括与总结。马克思唯物主义所以具有永葆青春的活力，关键在于它坚持实践并与时俱进。

在当代自然科学中，出现了许多新颖的理论。例如，面对当代物理学提出的场和几率波概念，量子化所造成的世界明确的非物质化，以及黑洞、负物质，唯物主义如何对世界进行物质的描述。人工智能的发展，对于人类思维物质化提供了一定的经验基础，但面对人工智能中所遇到的难题，即一个由句法加工的机器如何会有人类思维中的意义，唯物主义如何对待。在当代认知心理学中，有学者提出了一个脑中具有两个心，一个是由自然选择所创造的，另一个是由当下的社会所形成的，唯物主义又当如何借鉴和批判。

当然，在当代西方哲学中也有马克思唯物主义应当注意的领域。例如，在语言哲学中，意义与物理的关系；在心灵哲学中，意识与物理的关系；在伦理学中，价值与物质的关系；等等。这些都是马克思唯物主义应当给以自己回答的问题。

后　　记

我接触西方物理主义是在12年前的华中师范大学哲学教研室里。当时我和我的同学邢起龙在整理教研室的书籍期刊，偶然发现了《华中师范大学学报》中高新民教授介绍的随附物理主义的论文。该文让还停留在马克思主义所批判的传统唯物主义认识的我耳目一新，然而其中的术语亦让我头痛不已，整个人懵懵懂懂。后来高新民教授在给我们研究生上课时说，当代西方唯物主义发展超出了我们的想象，其流派之多，参与哲学家之广，令人诧异，这是值得我们研究的。此番话给我留下了深刻的印象，也使我后来下决心去研究西方物理主义。

最早，我是从比较易于入手的还原物理主义开始，并且形成了后来的《还原论研究》一书。随着研究的深入，我发现非还原物理主义事实上占据了主流，特别是随附物理主义是不可绕过的理论，其中所包含的形而上学知识，又好像使我回到了当初懵懂的时候。幸运的是，我这些年能够跟随高新民教授不断地学习。高新民教授除了不断鼓励我们认真读书，还传授我们治学经验和方法。例如，要进行哲学思维，首先要学会逻辑；要进行学术创新，首先要博览群书；特别是他首创的“筐子论”，即在读书和科研过程中，必须带着问题去研究，适时归类整理和拓展。这些经验和方法让我获益良多，并最终体现在本书写作之中。

本书的完成离不开高新民教授的激励和帮助，以及赵小芳、郑肖波、张艳华等的校对和建议，同时真诚感谢科学出版社邹聪编辑的支持与厚爱。

刘明海

2015年2月17日